Zeit und Ewigkeit als Raum göttlichen Handelns

Beihefte zur Zeitschrift für die alttestamentliche Wissenschaft

Herausgegeben von
John Barton · Reinhard G. Kratz
Choon-Leong Seow · Markus Witte

Band 390

Walter de Gruyter · Berlin · New York

Zeit und Ewigkeit als Raum göttlichen Handelns

Religionsgeschichtliche,
theologische und philosophische Perspektiven

Herausgegeben von
Reinhard G. Kratz und Hermann Spieckermann

W
DE
G

Walter de Gruyter · Berlin · New York

G

∞ Gedruckt auf säurefreiem Papier,
das die US-ANSI-Norm über Haltbarkeit erfüllt.

ISBN 978-3-11-020577-0
ISSN 0934-2575

Bibliografische Information der Deutschen Nationalbibliothek

Die Deutsche Nationalbibliothek verzeichnet diese Publikation in der Deutschen
Nationalbibliografie; detaillierte bibliografische Daten sind im Internet
über http://dnb.d-nb.de abrufbar.

Printed in Germany
Einbandgestaltung: Christopher Schneider, Laufen
Druck und buchbinderische Verarbeitung: Hubert & Co. GmbH & Co. KG, Göttingen

Vorwort

Der vorliegende Band enthält die überarbeiteten und ausgeführten Beiträge zum 8. Internationalen Symposium des Göttinger Graduiertenkollegs „Götterbilder – Gottesbilder – Weltbilder. Polytheismus und Monotheismus in der Welt der Antike", das vom 7.–9. November 2007 in Göttingen stattfand. Die Beiträge beleuchten das Thema in verschiedenen Kulturkreisen: der altorientalischen und der klassischen Antike sowie den drei abrahamitischen Religionen des Judentums, des Christentums und des Islams. Ganz bewusst wurde der Versuchung künstlicher Brückenschläge widerstanden und stattdessen den unterschiedlichen Stimmen der einzelnen Kulturen und der sie erforschenden Disziplinen Raum gegeben. Die Querbeziehungen ergeben sich entweder von selbst oder bedürfen der weiteren Erforschung, die nur in seriösen Fallstudien eine solide Grundlage findet.

Wir danken allen, die zu der Entstehung dieses Bandes beigetragen haben: Zuerst sei den Autoren gedankt, die ihre Beiträge zur Verfügung gestellt haben. Sodann möchten wir den Herausgebern Prof. Dr. John Barton, Prof. Dr. Len Seow und Prof Dr. Markus Witte für die Aufnahme sowie dem Verlag Walter de Gruyter für die Publikation des Bandes in der Reihe BZAW danken. Unser besonderer Dank geht jedoch an Frau Dr. Mareike Blischke, die nicht nur einen eigenen Beitrag zu diesem Band beigesteuert, sondern als Koordinatorin des Graduiertenkollegs in Absprache mit Verlag und Autoren auch die Herstellung der Druckvorlage besorgt und den Index erstellt hat. Für die Bearbeitung der beiden arabistischen Beiträge danken wir Herrn Dr. Martin Jagonak, ebenfalls Mitglied des Graduiertenkollegs und Koordinator des Göttinger Centrum Orbis Orientalis.

Göttingen, im Februar 2009

Reinhard G. Kratz und Hermann Spieckermann

Inhaltsverzeichnis

Vorwort V

Teil I: Alter Orient 1

Ina Hegenbarth-Reichhardt: Von Zeiten und Räumen. Oder: Wie
     unendlich ist die altägyptische Ewigkeit 3
Eva Cancik-Kirschbaum: Zeit und Ewigkeit: ein Versuch zu
     altorientalischen Konzeptionen 29
Alan Williams: The Theological Significance of Dualism in the Three
     Times of Zoroastrian Eschatology 53

Teil II: Griechische Philosophie 67

Walter Mesch: Zeit und Ewigkeit in Platons *Timaios* 69
Thomas Brunotte: Ewige Zeit, räumliche Bewegung und göttliches
     Tätigsein bei Aristoteles 99
Jula Wildberger: Time and the Activities of God in Stoicism 123

Teil III: Altes Testament und jüdische Tradition 153

Matthias Köckert: Zeit und Ewigkeit in Psalm 90 155
Mareike V. Blischke: „Die Gerechten aber werden ewig leben
     (Sap 5,17)" Begrenzte und entgrenzte Zeit in der
     Sapientia Salomonis 187
Günter Stemberger: Zeit, Geschichte, Ewigkeit im rabbinischen
     Judentum 213

Teil IV: Neues Testament und christliche Tradition 231

Thomas Söding: Der Kairos der Basileia 233
Charlotte Köckert: Gott, Welt, Zeit und Ewigkeit bei Origenes 253
Eberhard Jüngel: Anteilgeben an der Ewigkeit. Erwägungen
     zu einem christlichen Ewigkeitsbegriff 299

Teil V: Koran und islamische Tradition 317

Angelika Neuwirth: Zeit und Ewigkeit in den Psalmen und im Koran
    (Ps 136 und Sure 55).. 319
Bärbel Beinhauer-Köhler: „Und für alle Zeit erschien aus ihrer Mitte
    das Alleräußerste Licht". Zeit und Ewigkeit im
    populären Islam der häretischen Schia Mesopotamiens.......... 343

Sachregister 357

Teil I:
Alter Orient

Von Zeiten und Räumen

oder: Wie unendlich ist die altägyptische Ewigkeit?[*]

INA HEGENBARTH-REICHARDT

In der Ägyptologie bedeutet die Beschäftigung mit dem Thema „Raum und Zeit" zu gleichen Teilen ein unbedingtes Desiderat, da hier immer noch vieles im Unklaren ist, und eine ungeheure Herausforderung für den Ägyptologen, dem sich, selbst bei permanenter Beschäftigung mit diesem Thema, mehr Fragen stellen als er (zunächst) zu lösen vermag.

Der Titel dieses hier nun als Artikel präsentierten Vortrages deutet die Herausforderung schon an: Es geht in der Ägyptologie in erster Linie darum, die Begriffe „Zeit", „Ewigkeit", „Unendlichkeit" und besonders auch den Begriff des „Raumes" für das altägyptische Weltbild klarer zu bestimmen.

Zeit und Raum – eine begriffliche Bestimmung

Ein Begriff der „Zeit" in dem heute gewöhnlichen, abstrakten Sinne existiert im Wortbestand des (Alt-)Ägyptischen nicht.[1] Stattdessen sind eine ganze Reihe von Begriffen auszumachen, die entweder einen Abschnitt oder Aspekt der Zeit bezeichnen. Wesentlich dabei ist, dass in Ägypten dennoch eine sehr differenzierte und hoch entwickelte Vorstellung von Zeit zu belegen ist, die sich in den die zeitlichen Phänomene bestimmenden Begriffen widerspiegelt.

Um eine gewisse Ordnung in diese Zeitbegriffe zu bekommen, soll an dieser Stelle zunächst auf die dreistufige Einteilung zurückgegriffen werden, wie sie Jan Assmann in „Stein und Zeit"[2] vornimmt. Dort machen die „Zeiteinheiten" den Anfang, also die Wörter für Stunde

---

[*] Dieser Aufsatz ist eine um anschauliche Beispiele erweiterte Zusammenfassung meiner Dissertation: Der Raum der Zeit. Eine Untersuchung zu den altägyptischen Vorstellungen von Zeit und Raum anhand des Unterweltbuches Amduat, ÄAT 64, 2006.

[1] L. Kákosy, in: W. Helck u. a. (Hg.), Lexikon der Ägyptologie, Bde. I-VII, 1975–1992, LÄ VI, s.v. Zeit, Sp. 1361.

[2] J. Assmann, Stein und Zeit. Mensch und Gesellschaft im alten Ägypten, ²1995, 35 ff.

(*wnw.t*), Tag (*hrw*, in bestimmten Ausdrücken aber auch *sw* oder *rˁ*), Monat (*ˁbdw*), Jahr (*rnp.t*) usw. Auffällig ist hierbei, dass es offensichtlich keinen Begriff für eine größere Einheit als das Jahr in Ägypten gegeben hat. Letztgenanntes entsprach unserem Sonnenjahr mit 365 Tagen und besaß ebenfalls zwölf Monate, die in drei Dekaden zu je 10 Tagen eingeteilt waren. Am Jahresende folgten dann fünf Zusatztage, die Epagomenen[3]. Auch besaßen der Tag und die Nacht jeweils zwölf Stunden, die im Sommer und Winter verschieden lang waren[4]. Bedenkt man, dass diese zeitlichen Einteilungen heute immer noch im Großen und Ganzen Gültigkeit besitzen, so erscheinen die Worte Erik Hornungs in dieser Hinsicht sicherlich nicht übertrieben:

> Wer über Zeit spricht, ist zutiefst dem alten Ägypten verpflichtet.[5]

Mit der „Zeit des Menschen und der Dinge" wird eine zweite Gruppe von Wörtern bezeichnet, die sich auf eher subjektive Zeitspannen wie den Moment oder Augenblick (*ȝ.t*), aber auch auf die Lebenszeit (*ˁḥˁw*) oder eine bestimmte Jahreszeit (*tr*) beziehen. Anzumerken ist hierbei, dass das Wort *ˁḥˁ.w* nicht nur die diesseitige Lebensspanne, sondern auch den Abschnitt der jenseitigen Existenz bezeichnen kann.

Allgemein gilt der Sonnengott als der Schöpfer der Zeit:

> Als Amun-Re erschuf er Jahre, Monate; die Tage, Nächte und Stunden existieren gemäß seinem Gang.[6]

So ist die Geburt der Zeit in der mythischen Vergangenheit zu suchen. Ihre Entstehung ist aber darüber hinaus ein permanenter Prozess, da sie innerhalb des Sonnenzyklus' immer wieder regeneriert und neu geboren wird.

Dieser für das altägyptische Weltbild so zentrale Gedanke der mit dem Sonnenlauf eng verknüpften Zeitentstehung leitet direkt über zur dritten Gruppe, den Begriffen für den Bereich der „*Kosmischen Zeit*", die eine Art übergeordnete Funktion im Hinblick auf die Zeitbegriffe und die Zeitentstehung im Allgemeinen hat. Bei der Bestimmung und Erklärung der Begriffe, die in diese Gruppe gehören, muss die rein semantische Ebene überschritten werden, da mit ihnen immer eine übergeordnete, *göttliche* und damit *religiös gefärbte* Zeitvorstellung impliziert wird. Die zentralen Ausdrücke dieser Gruppe sind *ḏ.t* und *nḥḥ*. Um ihre Bedeutung – nicht nur im Hinblick auf die Übersetzung der

---

3   Ägyptisch *dj(.w) 5 ḥrj.w rnp.t* „die fünf auf das Jahr gegebenen (Tage)" oder *msw.(w)t nṯr.w* „Geburtstage der Götter", weil an ihnen die Götter Osiris, Horus, Seth, Isis und Nephthys (als Kinder der Nut) geboren werden.

4   Vgl. Assmann, Stein und Zeit, 36 mit Anm. 17.

5   E. Hornung, Geist der Pharaonenzeit, 1992, 64.

6   L. Kákosy, in: LÄ VI, s. v. „Zeit", Sp. 1361.

beiden Wörter – hat sich eine große Diskussion entfacht, in der sich unter den Teilnehmern das „gleichschenklige Dreieck"[7] Assmann – Hornung – Westendorf herauskristallisiert hat.

Während Assmann und Hornung für beide Begriffe rein zeitliche Kategorien ansetzen, sieht Westendorf in ḏ.t den Raum,

> aus dem alles Leben (auch die Zeit selbst!) kommt[8].

Auf diese für die Ägyptologie so grundlegende Diskussion wird im Folgenden noch näher eingegangen werden. Doch an dieser Stelle ist es nun angebracht, eine nähere Bestimmung der altägyptischen Vorstellung vom Raum vorzunehmen. Problematisch ist dies insofern, als ebenso wie bei der Zeit kein allgemeiner Begriff für den Raum im Wortbestand des Ägyptischen existiert und noch nicht einmal das „Lexikon der Ägyptologie" einen Eintrag zu dem Begriff „Raum" aufweist. Anknüpfend an die Ausführungen Brunners[9], Hornungs[10] und Westendorfs[11] ist jedoch zu sagen, dass die Vorstellungen von Zeit und Raum in vielen Punkten analog konzipiert erscheinen. Dies lässt sich auch sehr schön an einer weiteren Gruppe von Begriffen zeigen, bei denen die *Anschauung des Raumes auf die Zeit* eingewirkt hat. Hierhin gehören ḥn.tj (Bereich/Frist), h3w (Nachbarschaft/Umgebung), ḏr (Ende/Grenze), besonders aber 3w.t (Länge/Zeitspanne) und die Konjunktionen bzw. Präpositionen m-h3.t (vor) und m-ḫt (hinter).

So wie für die Zeit scheinbar alltägliche (Zeiteinheiten/Zeit des Menschen und der Dinge) und religiöse Dimensionen (kosmische Zeit) aufgezeigt werden konnten, ist dies für den Raum ebenso möglich. Dieser ist dementsprechend – auch wenn hier Vorbehalte anzubringen sind – in einen „profanen" und einen „heiligen" einzuteilen[12]: „Dabei besteht ein enger Zusammenhang zwischen den vom Mythos abgegrenzten geistigen Bereichen und den räumlichen"[13]. Es bedeutet, dass

---

7   W. Westendorf, Die Geburt der Zeit aus dem Raum, in: GM 63 (1983), 71–76, 71.

8   Westendorf, Geburt, 71.

9   H. Brunner, Die Grenzen von Zeit und Raum bei den Ägyptern, AFO 17 (1954), 141–45; H. Brunner, Zum Raumbegriff der Ägypter, Stud. Gen. 10 (1957), 612–620. Brunner bezieht sich hier in seinen Überlegungen sehr stark auf die Ausführungen Ernst Cassirers, die im folgenden Abschnitt wieder aufgegriffen werden.

10   E. Hornung, Der Verborgene Raum der Unterwelt in der ägyptischen Literatur, in: A. Loprieno (Hg.), Mensch und Raum von der Antike bis zur Gegenwart, Colloquium Rauricum, Band 9, 2006.

11   W. Westendorf, Altägyptische Darstellungen des Sonnenlaufes auf der abschüssigen Himmelsbahn, MÄS 10 (1966). W. Westendorf, Raum und Zeit als Entsprechungen der beiden Ewigkeiten, FS Brunner, 422–435.

12   Brunner bezeichnet diese unterschiedlichen Bereiche als „Alltagswelt" bzw. „mythische" oder „Heilige Welt".

13   Brunner, Raumbegriff, 613.

die qualitativen Unterschiede der Dinge räumlich dargestellt werden, indem bewusste Abgrenzungen die Bedeutung eines Gegenstandes gegenüber anderen deutlich markieren: Die geistige Gliederung der Welt findet ihren Ausdruck in der räumlichen Positionierung der Dinge innerhalb der Schöpfung.[14] Hier zeigt sich auch, dass der Raum ebenso wie die Zeit nur innerhalb der Grenzen der Schöpfung erfahrbar ist, indem beide diese zugleich konstituieren und durch sie entstehen.

Bemerkenswert ist, dass beide Komponenten Raum und Zeit nach geraumer Zeit ein Ende haben, das mit der so genannten „Weltkatastrophe" einhergeht.[15] Somit wurde im Alten Ägypten der Zeit und dem Raum sowohl ein (mythischer) Anfang gesetzt, als auch ein ebensolches Ende.[16] Es bleibt noch zu betonen, dass die „Grenzen von Zeit und Raum"[17] zum einen in dem Spannungsverhältnis „Schöpfung und Weltkatastrophe" und zum anderen in der Vorstellung einer geordneten Welt, die fortwährend von chaotischen Elementen umgeben ist, greifbar werden.

II. Die Bedingungen der Möglichkeit – $ḏ.t$ und $nḥḥ$

Nachdem nun ein kurzer Einblick in die Zeit- und Raumvorstellungen des Alten Ägypten gewährt wurde, ist es an der Zeit auf die zentralen Begriffe der so genannten kosmischen Zeit, $ḏ.t$ und $nḥḥ$, näher einzugehen. Nach Assmann stellt dieses Begriffspaar zwei zeitliche Phänomene oder Aspekte dar, deren Verhältnis ein komplementäres oder sogar dialektisches ist. So geht Assmann davon aus, dass „die communis opinio wohl heute in $nḥḥ$ die ewige Bewegung des sich zyklisch Wandelnden, in $ḏ.t$ die ewige Dauer des in statischer Unwandelbarkeit Vollendeten"[18] erkennt. Er ist der Auffassung, beide Begriffe „mit Hilfe

---

14   So existiert innerhalb der Schöpfung eine Grenze zwischen der Sphäre der Menschen, die auf der Erde leben, und der göttlichen Sphäre, welche nur im Rahmen des Kultes oder nach dem Tod für Menschen zugänglich ist. Räumlich drückt sich dies z. B. in der (Tempel-)Architektur oder durch die heilige „Färbung" bestimmter Orte aus.

15   Siehe dazu H. Brunner, Die Grenzen von Zeit und Raum bei den Ägyptern, AFO 17, 1954, 141–45.

16   Das Ende von Raum und Zeit ist immer auch ein Neuanfang. Hier gilt der Gedanke des „Perpetuum mobile": vgl. Ph. Derchain, Perpetuum mobile, OLP 6–7 (1975/ 1976), 153–161. (Die Weltkatastrophe ist nach TB 175 wieder der Beginn der Schöpfung).

17   Brunner, Grenzen, Titel.

18   J. Assmann, Zeit und Ewigkeit im Alten Ägypten. Ein Beitrag zur Geschichte der Ewigkeit, AHAW, 1975, 41f.

einiger [...] Distinktionen schärfer formulieren zu können"[19], worunter er die Kategorisierung dieser Begriffe durch Gegensatzpaare, wie „Kontinuierlichkeit/Diskontinuierlichkeit", „Zyklisch/Linear", „virtuelle/ aktuelle Zeit", versteht.[20]

Hornung hat zu Beginn seiner Studien „zum ägyptischen Ewigkeitsbegriff"[21] sehr richtig herausgestellt, dass „die ägyptischen Begriffe *nḥḥ* und *ḏ.t* weder eine ‚durchaus andere Zeitlichkeit' noch die Zeitlosigkeit späterer Ewigkeitsbegriffe"[22] bezeichnen. In diesem Sinne kennzeichnen sie „nichts Absolutes im Sinne abendländischer Metaphysik, sondern Grenzbegriffe am Horizont zeitlichen Seins"[23]. Während er sich hier noch mit einer genaueren Bestimmung der Begriffe zurückhält, ist er später der Auffassung, dass am ehesten Assmanns Modell der Kontinuität/Diskontinuität der Zeit zuzustimmen sei, indem „Neheh der dahinfließende Strom der Zeit [sei], Djet das Becken, das ihn auffängt"[24].

Wolfhart Westendorf, der sich zwar in der Bestimmung des Begriffes *nḥḥ* den beiden vorangegangen Vorschlägen im Großen und Ganzen anschließt, wendet sich aber gegen die Bestimmung von *ḏ.t* als einen zeitlichen Aspekt der Dauer und Unwandelbarkeit. Er zeigt im Hinblick gerade auf diese Qualität der „Unwandelbarkeit" bzw. mit einer Anspielung auf Hornungs, der Erläuterung dienendes Bild des *Djet-Beckens*, dass gerade der statische Aspekt der *ḏ.t* und vielmehr noch der Vergleich mit einem Behältnis (Becken) die räumliche Qualität dieses Begriffes unterstreicht. Somit ist *ḏ.t* hier kein zeitlicher Begriff, sondern entspricht dem Raum an sich. Gerade auch im Hinblick auf die Schlangengestalt in der Schreibung des Begriffes und auch auf die diversen Schlangengestalten im Amduat lässt sich so der Versuch wagen, in *ḏ.t* den Raum zu sehen, „in dem die Zeit aufgehoben ist und der als Durchgang für die zyklischen Elemente der Neheh-Ewigkeit dient"[25].

Um der schwierigen Herleitung der Begriffe *ḏ.t* und *nḥḥ* eine anschauliche Basis zu geben, wird im folgenden Abschnitt das älteste Unterweltbuch, die „Schrift des verborgenen Raumes" vorgestellt wer-

---

19 Assmann, Zeit und Ewigkeit, 42.
20 Assmann, Zeit und Ewigkeit, 42 ff.
21 E. Hornung, Zum ägyptischen Ewigkeitsbegriff, FUF 39, Heft 11 (1965), 334–336.
22 Hornung, Ewigkeitsbegriff, 335.
23 Hornung, Ewigkeitsbegriff, 335.
24 E. Hornung, Zeitliches Jenseits im Alten Ägypten, Eranos-Jahrbuch 47 (1978), 269–307, 292.
25 W. Westendorf, Raum und Zeit als Entsprechungen der beiden Ewigkeiten, FS Brunner, 422–435, 435. Vgl. dazu auch W. Westendorf, Die Geburt der Zeit aus dem Raum, GM 63 (1983), 71–76.

den. Das heute „Amduat" genannte Buch kann m. E. aufgrund seiner
besonderen Gestaltung und systematischen Konzeption einen wichtigen Beitrag zur Klärung dieser Problematik leisten.

III. Das Unterweltbuch Amduat

Am Beginn des Neuen Reiches gehen die Herrscher der 18. Dynastie
dazu über, Felsengräber in einem abgelegenen Talkessel des thebani-
schen Westgebirges anzulegen, den sie aus einer komplexen Vielfalt
von Gründen wählten, darunter die Verehrung der Hathor im davor
liegenden Talkessel von Deir el-Bahari und die vermeintliche Sicherheit
dieses unwegsamen Tales mit seinen steilen Klippen. Doch einer der
herausragenden Gründe mag auch die berühmte, den gesamten Ort
überragende Bergspitze gewesen sein, die vielleicht schon in der „Titelei" des *Amduat* mit dem noch heute geläufigen Namen „Horn des
Westens" als der Eingangsbereich zur Unterwelt vorgestellt wird.[26]

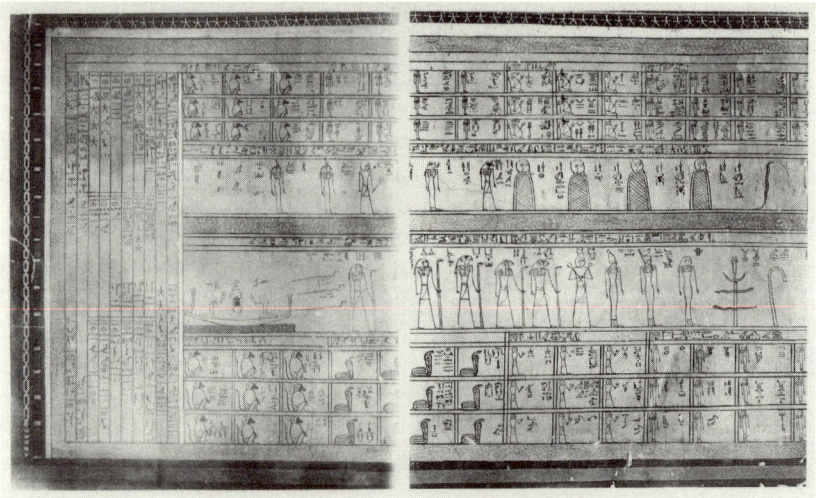

Abb.1: Die Titelei und die erste Stunde des Amduat aus KV 35 (Amenophis II.)

Dieses älteste ägyptische Unterweltbuch, dessen moderner Name auf
einen erst in der Spätzeit geläufigen Titel *t3 md3.t imj.t d3.t* „Das Buch

---

26   E. Hornung, Texte zum Amduat, Teil I, AH 13 (1987, 1), 100 f. (Titelei); siehe auch S.
     Schott, Die Schrift der verborgenen Kammer in den Königsgräbern der 18. Dynastie,
     NAWG 4, 1958, 336, wo er auf die geographischen Gegebenheiten in Ägypten ein-
     geht; zu dem Vergleich mit der Stelle im Amduat, ebenda, 340.

von dem, was in der Unterwelt ist" zurückgeht, behandelt – wie alle jüngeren Unterweltbücher auch – die zwölfstündige Fahrt des Sonnengottes in seiner Barke durch die Unterwelt in Text und Bild. Es befindet sich in seiner ausführlichsten Fassung[27] in den Königsgräbern der 18., 19. und 20. Dynastie. Die einzige Ausnahme bildet das älteste Exemplar, das sich in der Grabkammer des Wesirs Useramun aus der Zeit Hatschepsuts/Thutmosis' III. befindet.

Der Hauptanspruch des Amduat ist es, eine „vollständige, differenzierte Beschreibung der Unterwelt [...] – nicht nur als Landschaftsbeschreibung, sondern primär als Beschreibung der unterweltlichen Wesen und ihrer Funktionen"[28] zu geben. Darauf verweist schon die so genannte Titelei der Schrift, die ebenfalls betont, dass dieses Wissen (ägypt. *rḫ;* hier auch im Sinne von *rḫw* „Wissenschaft" verwendet)[29] nicht nur für den Verstorbenen von großer Wichtigkeit sei, sondern auch für den Lebenden, der auch um die „Kosmographie des Jenseits"[30] *wissen* sollte.

Die Nachtfahrt der Sonne beginnt im Westen. Ihr Ende ist mit dem Osthorizont erreicht, an dem der Sonnengott verjüngt seine Tagesfahrt antritt. Während der zwölf Nachtstunden befährt die Barke verschiedene Bereiche, die sie mit Beginn einer Stunde erreicht und mit deren Ende wieder verlässt, um zu einem neuen Gebiet der Unterwelt zu gelangen. Die ausführliche Fassung dieser Komposition, auch Langfassung genannt, beginnt mit der o. g. Titelei und gliedert sich dann in zwölf reich illustrierte Abschnitte, die (außer der ersten Stunde) in drei Register eingeteilt sind.[31] Im mittleren dieser Register befindet sich immer der Sonnengott mit seinem Gefolge in der Nachtbarke. Jeder dieser Abschnitte markiert den Anfang und das Ende einer Stunde und auch der dazugehörigen unterweltlichen Stätte, die ausführlich be-

---

27   Es findet sich außerdem (meist auszugsweise) auf Särgen der Spätzeit, Papyri von Privatpersonen aus der 21. und 22. Dynastie, in den Gräbern der 25. und 26. Dynastie, unter anderem auch im Grab des Petamenophis (TT 33).
28   E. Hornung, in: LÄ I, s. v. „Amduat", Sp. 185 f.
29   Dass es sich um einen wissenschaftlichen Text handelt (das Wort „Wissen" wird in der Art einer Litanei neunmal wiederholt), zeigen besonders deutlich der Listenstil (bei Gottheiten), die genauen Maßangaben und nicht zuletzt der Beschreibungsstil und die Schlussworte am Ende fast jeder Stunde, dass der Text sich bewährt habe für den, der ihn kennt.
30   Jan Assmann prägte diesen Begriff in „Der König als Sonnenpriester", Abhandlungen des Deutschen Archäologischen Instituts Kairo, Ägyptologische Reihe, Band 7, 1970, 40 ff.; aber auch wörtlich in J. Assmann, Ägypten– Theologie und Frömmigkeit einer frühen Hochkultur, 1984, 77.
31   Es existiert neben dieser Langfassung auch eine Kurzfassung, die ebenfalls zum ersten Mal im Grab des Wesirs Useramun auftaucht. Sie entbehrt der gesamten Illustrationen und besitzt außerdem einen stark gekürzten Text.

schrieben und detailliert dargestellt wird. Jede Stunde wird darüber
hinaus auch durch eine Göttin repräsentiert bzw. personifiziert, indem
jede der Göttinnen einen charakteristischen Namen trägt: beispielsweise heißt die Göttin der sechsten Nachtstunde *msprjj.t* „Ankunft". Diese
Ankunft bezieht sich nämlich zum einen auf das wichtigste Ereignis
der gesamten Nachtfahrt, das Zusammentreffen des Sonnengottes mit
Osiris, und zum anderen auf die tiefste Station der Unterweltfahrt, was
in den Texten durch das räumliche *mdꜣ.t* „Tiefe" auch immer wieder
betont wird. Jede der 12 Stundengöttinnen begleitet den Sonnengott in
dem ihr zugehörigen Stunden-Abschnitt, wobei sie allesamt äußerst
resolut auftreten und den Sonnenfeinden martialische Strafen andro-
hen (die erste Stunde heißt beispielsweise *wšm.t ḥꜣ.wt {ib.w} ḫftj.w rꜥ*
„Die die Stirnen {und Herzen}[32] der Feinde Res zerschmettert").

IV. Das Amduat als eine Komposition von Raum und Zeit

Der Titel dieses Aufsatzes ist bewusst mit den Begriffen Raum und Zeit
versehen, welche direkt auf die Funktion des Amduat als des „ *Raumes*
der *Zeit*" anspielt. Diese Bezeichnung bedarf nun insofern der Erklärung, da hier ein altägyptischer Text mit zwei Begriffen – Raum und
Zeit – charakterisiert wird, die wie vorhin gezeigt wurde im (Alt)-
Ägyptischen so nicht existieren. Zwar sind auch im Amduat Begriffe
für Zeiteinheiten oder bestimmte Bereiche oder Stätten zu verzeichnen.
Doch handelt es sich hierbei immer um konkrete Angaben, die niemals
den Raum oder die Zeit „an sich", also als Abstraktum meinen. Dementsprechend könnte diese Bezeichnung des Amduat, die kein Pendant
im Ägyptischen hat, auf den ersten Blick eher unangemessen anmuten.
  Jedoch ist sie so gewählt, dass sofort der Eindruck entstehen möge,
die Zeit habe eine räumliche Komponente. Aber hier soll keine beliebi-
ge Assoziation wachgerufen werden, sondern durch ihn soll die Aufmerksamkeit ganz bewusst auf den so genannten „Originaltitel" des
Amduat gelenkt werden: *sš n ꜥ.t imn.t* „Die Schrift des Verborgenen
Raumes". So soll mit dieser Formulierung erstens darauf hingewiesen
werden, dass allgemeine Aussagen über die Verhältnisse von Raum
und Zeit im ägyptischen Denken getroffen werden können. Zweitens
soll mit dem Titel der Arbeit durchaus eine Abhängigkeit von Raum
und Zeit anklingen und somit impliziert werden. Diese Abhängigkeit

---

32   Sehr interessante Variante der Kurzfassung, welche den martialischen Charakter der
      Stundengöttinnen unterstreicht.

bleibt in den ägyptischen Quellen zumeist latent und kann vom heutigen wissenschaftlichen Standpunkt aus explizit gemacht werden.

Doch es ist nicht Ziel dieses Aufsatzes, etwa eine dem modernen Zeit- bzw. Raumverständnis entsprechende Theorie der altägyptischen Auffassung zu rekonstruieren. Auch soll nicht anhand des Amduat eine Abhängigkeit der Zeit vom Raum im modernen physikalischen Sinne nachgewiesen werden. So darf der Titel keineswegs dahingehend verstanden werden, dass ich eine Verbindung zu dem o. g. modernen physikalischen Begriff der Raumzeit erkennen lassen möchte. Im Amduat handelt es sich darum, dass *zeitliche* Vorstellungen räumlich dargestellt werden, wie es typisch für das mythische Denken ist. Es handelt sich nicht etwa um eine Theorie über die gegenseitige Abhängigkeit von Raum und Zeit im Sinne der Einsteinschen Relativitätstheorie oder der relativistischen Kosmologie (nach J. Penrose bzw. S. Hawking).[33]

Um diese These zu untermauern, möchte ich ein Zitat des Hamburger Philosophen Ernst Cassirer anführen:

> Überhaupt ist die mythische Zeitanschauung, gleich der mythischen Raumanschauung, durchaus qualitativ und konkret, nicht quantitativ und abstrakt gefaßt. Für den Mythos gibt es keine Zeit, keine gleichmäßige Dauer und keine regelmäßige Wiederkehr oder Sukzession „an sich", sondern es gibt immer nur bestimmte inhaltliche Gestaltungen, die ihrerseits bestimmte „Zeitgestalten", ein Kommen und Gehen, ein rhythmisches Dasein und Werden offenbaren.[34]

Das Amduat nimmt in der Gruppe der Unterweltbücher eine besondere Position ein: als älteste dieser hoch komplexen Kompositionen behandelt es ausführlich beschreibend und dabei das zu Beschreibende zugleich abbildend die Unterweltfahrt des Sonnengottes durch die zwölf Nachtstundenbereiche von West nach Ost. Diese Nachtfahrt als einer von zwei Teilen des sich zyklisch wiederholenden (mythischen)[35] Sonnenlaufs ist grundlegend für die die Schöpfung erhaltende Regeneration.[36] Denn sie ist eng mit der Regeneration (und späteren Neugeburt) des Sonnengottes verknüpft. Diese vollzieht sich innerhalb des „Verborgenen Raumes", der gleichsam wie der Bauch der Himmelsgöt-

---

33   Vgl. K. Mainzer, Zeit. Von der Urzeit zur Computerzeit, [3]1999, 44–52. Speziell, wenn auch populärwissenschaftlich: S. W. Hawking, Eine kurze Geschichte der Zeit, 1991.

34   E. Cassirer, Philosophie der symbolischen Formen, 3 Bde., 2. Bd.: Das mythische Denken, 1994, 133.

35   Vgl. J. Assmann, in: LÄ III, Sp. 1087 f., s. v. „Sonnengott" und W. Westendorf, in: LÄ III, Sp. 1100 f., s. v. „Sonnenlauf".

36   Vgl. J. Assmann, Egyptian Solar Religion In The New Kingdom. Re, Amun And The Crisis Of Polytheism, Studies in Egyptology 22, 10 f.: „...a celebration of time that is maintained as the continuation of reality".

tin Nut oder der Leib einer Schlange als „Regenerationsraum" vorgestellt wird.[37] In diesem regenerierenden Bereich läuft der Verjüngungs-
prozess nach einem geordneten Prinzip ab, das gerade durch die
Einteilung der Unterweltfahrt in zwölf Nachtstunden(-bereiche) gewährleistet wird. Das Phänomen dieser „Zeiträume" setzt sich bis zum
Sonnenaufgang am Ende der zwölften Stunde fort: Indem hier die
(räumliche) Länge eines Unterweltgebiets der (zeitlichen) Länge einer
(Nacht-)Stunde entspricht, wird ein „Zusammenfallen"[38], nach Cassirer
eine *Konkreszenz* der räumlichen und zeitlichen Ebene erreicht. Durch
diese gegenseitige Abhängigkeit der beiden Komponenten Stunde/
Gebiet werden zum einen die Nachtstunden bildhaft durch das jeweilige Stundengebiet dargestellt und zum anderen bestimmen sie
sowohl die Handlungsabfolge innerhalb der jeweiligen Gebiete als
auch deren Reihenfolge untereinander. Gleichzeitig wird durch die
vorgegebene Reihenfolge der Stundengebiete auch die Fahrtrichtung
bestimmt. Denn jedes Gebiet ist einer bestimmten Himmelsrichtung
zugeordnet. So bewegt sich der Sonnengott während seiner Nachtfahrt
planmäßig von einem Gebiet der Unterwelt zum nächsten fort. Dementsprechend ist die Nachtfahrt strengen zeitlichen und räumlichen
Kriterien unterworfen, die gemäß den Vorgaben des Amduat eingehal-
ten werden müssen.[39] Erst nachdem der Sonnengott alle Handlungen
entsprechend der Reihenfolge und Anzahl der Stundenbereiche absol-
viert hat, kann der Prozess der Neugeburt und mit ihr der Abschluss
und die Vollendung der regenerierenden Nachtfahrt gewährleistet
werden.[40]

So wird zum einen bildhaft die Dynamik des Sonnenlaufes durch
zwölf Stundenbereiche dargestellt. Zum anderen werden jedoch diese
zeitlich und räumlich aufeinander folgenden zwölf Gebiete simultan
abgebildet und räumlich durch die Angaben der Himmelsrichtungen in

---

37 W. Westendorf behandelt die komplexen Zusammenhänge zwischen dem Regenerationsraum und der Vorstellung einer den Sonnengott verschlingenden, ihn ver-
jüngenden und wieder gebärenden Muttergottheit in: Altägyptische Darstellungen
des Sonnenlaufs auf der abschüssigen Himmelsbahn, MÄS 10, Berlin 1966. W. Barta,
Die Bedeutung der Jenseitsbücher für den verstorbenen König, MÄS 42 (1985), 89
und 91, schließt daran mit seinen Überlegungen an.

38 Dieses Phänomen der Verschmelzung der verschiedenen Ebenen nennt Cassirer,
Mythisches Denken, 81 f. Konkreszenz (speziell zum Begriff der Zeit, dort 132 ff.).

39 Sowohl die Titelei, die eine in das Gesamtwerk einleitende Funktion hat, als auch die
jeder Stunde zugeordneten Einleitungstexte betonen das Wissen um die „Standorte"
und stundenspezifischen Handlungen und Abläufe.

40 Diese strenge Gliederung widerspricht nicht der Auffassung, dass einige der
Handlungen wiederholt vorkommen, da ja ein linearer Ablauf durch die
Stundenzählung und durch das Betreten und Verlassen eines Stundengebietes
vorgegeben sind.

eine bestimmte Position zueinander gebracht. Dynamik und Statik, die Gleichzeitigkeit und das Nacheinander der Geschehnisse, das Räumliche und das Zeitliche fallen hier in der Darstellung der Gesamtkomposition des Amduat zusammen. Der durch Cassirer geprägte Begriff der Konkreszenz bezieht sich also nicht nur auf die als räumlich vorgestellten Zeitabschnitte im Amduat, sondern auch auf diese Art der „Verschmelzung" von Raum und Zeit.[41]

Aus dieser Skizzierung des nächtlichen Teils des zyklischen Sonnenlaufes in Raum und Zeit wird ersichtlich, dass das Amduat unter diesem Gesichtspunkt zentral für die Bestimmung der Begriffe ḏ.t und nḥḥ ist. Dies gilt, obwohl die Begriffe selber höchst selten im Haupttext vorkommen. Doch es ist m. E. möglich, die implizit im Amduat existierenden Vorstellungen mit Hilfe einer Analyse der Komposition explizit und damit verständlich zu machen. Darüber hinaus finden sich (hauptsächlich bei Thutmosis III.) zahlreiche königliche Einschübe, die dem um die Inhalte des Amduat Wissenden ein ewiges Leben innerhalb von ḏ.t und nḥḥ verheißen.[42]

Dazu bleibt zu sagen: Die Zeit regeneriert sich, wie oben ersichtlich wurde, während der Nachtfahrt des Sonnengottes. Dies geschieht in einem (verborgenen) Raum[43], der D(w)at. Es ist also wichtig, zum einen die Bedeutung des Raumes für die Regeneration und Entstehung von Zeit noch deutlicher und differenzierter herauszuarbeiten. Zum anderen soll die schon oben erwähnte Konkreszenz von Raum und Zeit, wie sie sich vor allem in der bildhaften Umsetzung des Amduat (Stundentableaus) ausmachen lässt, genauer betrachtet werden.

Um die komplexen Vorstellungen von Raum und Zeit und den Regenerationsgedanken im Rahmen der Komposition des Amduat herauszustellen, sind drei Schritte nötig: Der *erste Schritt* besteht darin, dass anhand der Titelei und des Schlusstextes der Gesamtanspruch des Amduat entschlüsselt wird. In einem *zweiten Schritt* soll anhand von ausgewählten Szenen des Unterweltbuches die Bedeutung der Komposition für die altägyptische Vorstellung von Raum und Zeit herausgestellt werden. Ich versuche schließlich im dritten Schritt auf der Grundlage der vorangehenden Ergebnisse die Bedeutung der Begriffe ḏ.t und nḥḥ näher zu bestimmen.

---

41   H. A. Groenewegen-Frankfort, Arrest and Movement. An essay on Space and Time in the representational Art of the Ancient Near East, 1951, passim.

42   Diese königlichen Einschübe finden sich vor allem am Ende der so genannten Einleitungstexte zu den Stunden.

43   Zu verweisen ist hier noch auf den ägyptischen Titel des Amduat: sš n ꜥ.t imn.t „Die Schrift des verborgenen *Raumes*"!

Zunächst werden also im *ersten Schritt* die einleitende Titelei und der so genannte Schlusstext untersucht. Beide Texte lassen die allgemeine Intention und den Gesamtanspruch des Amduat als einer systematischen Text- und Bildkomposition von Zeit und Raum erkennen. Bei genauerer Betrachtung wird hier eine Gliederung nach fünf bzw. sechs (mit Königseinschüben) inhaltlichen Punkten offenbar, die auch in den zwölf Einleitungstexten immer wiederkehren: *Zentrale Handlungen* während der nächtlichen Sonnenfahrt, die *unterweltlichen Wesen* und ihre Beziehung zum Sonnengott, dazu die Betonung der *Nützlichkeit* des Wissens um diese Dinge, die vor allem auch bei den *Königseinschüben* eine Rolle spielt. Von zentraler Bedeutung aber sind an dieser Stelle die Angaben über die *Topographie* und *Chronographie* der Unterwelt. Schon hier lassen sich deutlich die Raum- und Zeitkonzeptionen nachvollziehen, so dass zunächst eine allgemeine Einordnung der beiden Begriffe *ḏ.t* und *nḥḥ* geschehen kann.

Titelei des Amduat[44]	**Schlusstitel des Amduat**
Die Schrift des verborgenen Raumes, der Standorte der Bas und der Götter, der Schatten und der Achs und dessen, was zu tun ist ↔[45]	
Der Anfang ist das Horn des Westens, das Tor des Westhorizontes, das Ende ist die Urfinsternis, das Tor des Westhorizontes ↔	Der Anfang ist das Licht, das Ende die Urfinsternis. Der Lauf des Re im Westen, die geheimnisvollen Absichten, die dieser Gott in ihm macht.
	Der erlesene Leitfaden, die geheimnisvolle Schrift der D(w)at, die nicht gekannt wird von irgendeinem Menschen außer vom Erlesenen.
	Gemacht ist dieses Bild dergestalt im Verborgenen der D(w)at, unsichtbar und nicht wahrzunehmen!

---

44 Vorlage für diese Übersetzung war der Text der Titelei und des Schlusstitels in: E.Hornung, Texte zum Amduat, Teil I, AH 13 (1987)

45 ↔ markiert eine Lücke im Originaltext, die verschiedene Ursachen – wie z. B. schon in der Antike nicht mehr lesbarer, verderbter Text, der einfach ausgelassen wurde – haben kann.

Zu kennen die unterweltlichen Bas ↔ zu kennen die geheimen Bas ↔ zu kennen die Tore und Wege, auf denen der große Gott wandelt ↔ zu kennen das, was zu tun ist ↔ zu kennen das, was in den Stunden befindlich ist, ↔ (und) ihre Götter zu kennen den Lauf der Stunden↔ (und) ihre Götter zu kennen ihre Verklärungen für Re, ↔ zu kennen das, was er ihnen zuruft ↔ zu kennen die Anzuerkennenden und die zu Vernichtenden.	Wer kennt diese geheimnisvollen Bilder, ist ein wohlversorgter Ach. Er geht aus und ein in der D(w)at, er spricht zu den Lebenden. Als wahr erprobt, Millionen Mal!
	Der König Mencheperre, Sohn des Re, Thutmosis, Schön an Gestalten, gerechtfertigt, ist einer, der diese Bilder kennt. Er wird ein wohlversorgter Ach sein. Er wird aus- und eingehen in der D(w)at. Er wird sprechen zu den Lebenden in alle Ewigkeit ↔

Die Angaben der Titelei und des Schlusstitels ermöglichen, einen Gesamtanspruch schon vorab zu formulieren: die raum-zeitliche Komponente des nächtlichen Sonnenlaufs steht im Amduat besonders im Vordergrund. Betont wird das Wissen um die Richtigkeit des Ablaufes mit der Kenntnis der räumlichen Begebenheiten, die oftmals mit den zeitlichen zusammenfallen („konkreszieren"). Denn die in der Titelei formulierte Bestimmung der Örtlichkeit des nächtlichen Sonnenlaufes, i. e. die westliche Achet, schließt mit ihren Angaben zum Anfang und Ende auch den dynamischen Aspekt der Bewegung ein. Die Dynamik wird dann im Schlusstitel besonders hervorgehoben, indem hier explizit mit der Formulierung „Der Lauf des Re im Westen" auf die nächtliche Sonnenfahrt Bezug genommen wird. In diesem Zusammenhang sind die das Wissen um die Stundenabläufe und -bereiche betreffenden Angaben der Titelei besonders bemerkenswert. Denn durch die Nützlichkeitsvermerke des Schlusstitels wird deutlich, dass ihre genaue Kenntnis nicht nur die Teilnahme am Sonnenlauf ermöglicht, sondern

in erster Linie die Aufrechterhaltung der Weltordnung und damit der
Schöpfung gewährleistet. In diesem Sinne erhalten die Inhalte des Amduat eine für die gesamte Schöpfung grundlegende Bedeutung vor
dem Hintergrund der Regenerationsproblematik. So wird erreicht, dass
der kosmische Aspekt von Raum und Zeit die Grundlage der Komposition bildet, und umgekehrt die kosmische Ordnung mit Hilfe dieser
erhalten werden soll. Darauf verweisen dann auch wieder die Inhalte
des königlichen Einschubes am Ende des Schlusstitels: „Er wird aus-
und eingehen in der D(w)at. Er wird sprechen zu den Lebenden in der
ḏ.t und im nḥḥ". Offensichtlich betreffen diese nicht nur die Verjüngung des verstorbenen Königs, sondern in erster Linie auch seine
Fähigkeit, die Konstanten Raum und Zeit zu erhalten. Somit werden ḏ.t
und nḥḥ, ohne dass sie innerhalb der Titelei und des Schlusstitels
genannt werden, zugleich mit dieser Komposition vorausgesetzt und
auch erschaffen bzw. erhalten.

Um diesen Sachverhalt zu verdeutlichen, werden im *zweiten Schritt*
einzelne Szenen des Unterweltbuches im Hinblick auf die Problematik
vorgestellt. Neben den einzelnen Einleitungstexten der zwölf Nachtstunden, die wichtige Hinweise auf die Funktion der einzelnen
Stundenabschnitte aufweisen, indem sie die zeitlichen (Stundengöttinnen) und räumlichen (Stätten/Gefilde) Aspekte ausführlich beschreiben und deshalb besonders betonen, sind natürlich die zahlreichen
Szenen innerhalb der Stundengebiete für uns von entscheidender Bedeutung. Ich habe mich insbesondere auf solche Szenen konzentriert,
die erstens zeitbezogene Formen/Manifestationen des Sonnengottes
aufweisen, zweitens zeitliche und räumliche Phänomene seiner Handlungen in den Vordergrund stellen und schließlich drittens zeitliche
und räumliche Ausdrücke, insbesondere die Begriffe ḏ.t und nḥḥ
beinhalten. Die erste Szene stammt aus der siebten Stunde des Amduat:
Im unteren Register sieht man den Sonnengott in der Gestalt des *Ḥrw-
d(w)ꝫ.tj* „Unterweltlichen Horus'" sitzend auf einem Thron. Vor ihm
schreiten bzw. stehen zwölf männliche (Stern-)Götter und zwölf
Stundengöttinnen.

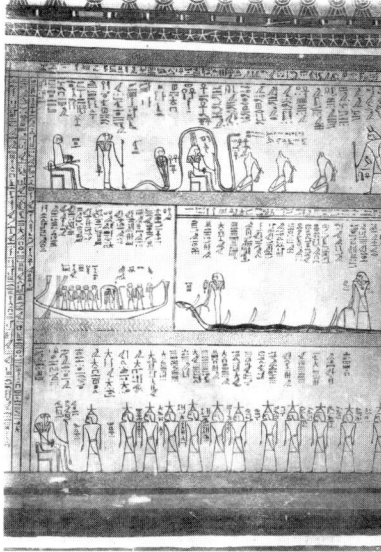

Abb. 2: Die Sternengötter vor dem thronenden Sonnengott im unteren Register
der siebten Stunde des Amduat aus KV 35 (Amenophis II.)

Die Beischrift[46] zu dieser Szene besagt:

563 *śśm pn Ḥrw ḥr ḫndw=f*   Dieses Bild ist Horus auf seinem Thron.
wnn śśm pn m śḫr pn   Dieses Bild ist so beschaffen: Das, was
irr.t=f pw m d(w)ʒ.t   er zu tun hat in der D(w)at,
564 *ś:nhp śbʒ.w irj.t*   ist, die Sterne in Bewegung zu setzen
ʿḥ ʿ.w wnw.wt m d(w)ʒ.t   und die Positionen der Stunden in der
                                    D(w)at zu machen.
528 *Ḥrw-ḫrj-ḫndw=f*   Horus, der auf seinem Thron ist
Ḥrw-ḫrj-ḫndw=f
      [...][47]

571 *in ḥm n Ḥrw-d(w)ʒ.tj n*   Es sagt die Majestät des
                                    „Unterweltlichen Horus" zu

46   Umschrift und Übersetzung nach der synoptischen Fassung des Textes von E.
      Hornung, Texte zum Amduat, Teile I-III, AH 13–15, 1987, 1992 und 1994. Die
      fettgedruckten Ziffern am Beginn der Zeilen beziehen sich auf die dortigen Sei-
      tenzahlen, die kursiven Ziffern beziehen sich auf die dargestellten göttlichen und
      dämonischen Wesen im Amduat, die alle durchnummeriert sind.
47   In diesem ausgelassenen Abschnitt spricht der Sonnengott zu den Sternengöttern.

wnw.wt imj.wt njw.t tn	den Stundengöttinnen, die in dieser Stätte sind
i wnw.wt ḫpr.wt	O Stunden, die entstanden sind,
572 *i wnw.wt śbꜣ.wt i wnw.wt*	o Sternstunden, o Stunden,
nḏ.wt Rꜥ ꜥḥꜣ.wt ḥr imj-ꜣḫ.t	die Re schützen, die für „Den im Horizont" kämpfen!
śśp n=ṯn	Möget ihr empfangen
573 *irw.w=ṯn rmn n=ṯn*	eure Gestalten, eure Bilder tragen und
śśm.w=ṯn fꜣj n=ṯn tp.w=ṯn	eure Köpfe erheben, wenn ihr
ś:šm=ṯn rꜥ pn	geleitet diesen Re,
574 *imj ꜣḫ.t r imn.t nfr.t*	der im Horizont ist, zum
m ḥtp	Schönen Westen in Frieden!
in nn n nṯr.w nṯr.wt	Es sind diese Götter und Göttinnen, die
ś:šm(.w) nṯr pn ꜥꜣ r wꜣ.t	geleiten diesen großen Gott zum
575 *štꜣ.t n.t njw.t tn*	geheimen Weg dieser Stätte.
541 *ḥknw.tt*	Preisende
542 *nb.t-tꜣ*	Herrin der Erde
543 *nb.t-nb.wt*	Herrin der Herrinnen
544 *d(w)ꜣ.tj.t*	Die von der D(w)at
d(w)ꜣ.tj.t	
545 *wnmj.tt*	Rechte
wnmj.tt	
576 546 *ḥrj.t-tp-kꜣ.w*	Oberhaupt der Kas
547 *inj.t*	Bringende
548 *iwnj.t*	Farbige
549 *tꜣj.t*	Tait
tꜣj.t	
550 *irj.t-iꜣḫ.w*	Die Glanz schafft
577 *irj.t-iꜣḫ.w*	
551 *irj.t-irw.w*	Die Gestalten schafft
irj.t-irw.w	
552 *wḥꜥ.t-śḏb*	Die das Unheil löst
wḥꜥ.t-śḏb	

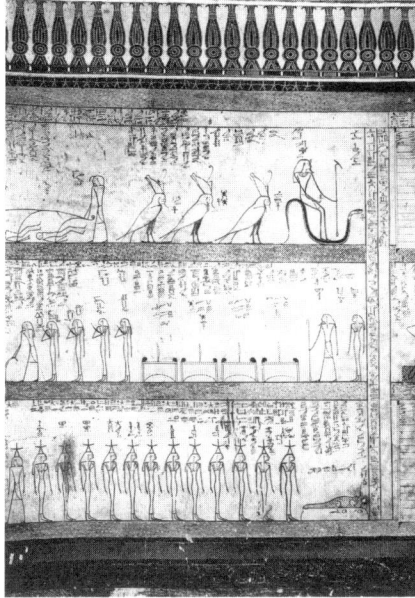

Abb.3: Die Nachtstundengöttinnen der siebten Stunde des Amduat aus KV 34
(Thutmosis III.)

Die Beischrift zu dem als eine nächtliche Form des Sonnengottes aufzufassenden „Unterweltlichen Horus" besagt, dass dieser „die Sterne in Bewegung zu setzen und die Positionen der Stunden in der D(w)at zu machen" hat. Dass die Sterne eine enge Verbindung zu den Stunden aufweisen,[48] ist hinreichend bekannt. Denn mit den Sternen lassen sich des Nachts die Stunden bestimmen.[49] Der Akzent dieses Textausschnittes liegt jedoch nicht auf den Sternen(göttern), sondern auf den Stundengöttinnen, deren Position laut Text durch den Sonnengott selbst bestimmt wird. Die zentrale Aufgabe dieser zwölf Göttinnen besteht aber darin, dass sie den Sonnengott schützend begleiten und ihm den Weg weisen. Dies ist in zweierlei Hinsicht bedeutsam: Obwohl der Sonnengott offensichtlich ihnen hierarchisch vorsteht, sogar sich für ihre Existenz verantwortlich zeigt, ist er auf ihre Hilfe angewiesen. Darüber hinaus ist ohne die schützende und wegweisende Begleitung

---

48 Dabei besteht die Verbindung nicht nur in der Schreibung der Nachtstunden mit einem Stern, sondern die Zeit wurde in der Nacht zum größten Teil mit der Bewegung der Sterne gemessen, bevor es die Wasseruhren gab. Vgl. etwa O. Neugebauer/R. A. Parker, Egyptian Astronomical Texts, 4 Bde., 1960–1964. I: The Early Decans.

49 Vgl. hierzu etwa Barta, Jenseitsbücher, 186 f.

der Göttinnen das richtige und wohlbehaltene Vorankommen nicht gewährleistet. Dies bedeutet im Umkehrschluss, dass die für den Fortbestand der Schöpfung so fundamentale Bewegung des Sonnengottes in Raum und Zeit *nur* mit Hilfe der in die Geschehnisse einbezogenen Götter geleistet werden kann. Die Regenerationsthematik ist praktisch ein Gemeinschaftsprojekt, an dem viele Gottheiten Anteil haben.

Dies lässt sich auch an der *elften Stunde* aufzeigen, wobei in der hier ausgewählten Szenerie der Sonnengott in seinen verschiedenen Erscheinungsformen wieder einmal der Protagonist ist. Als wichtigstes Element dieser Stunde gilt die Darstellung des „Sternen- bzw. Stundenverschlingers". Es handelt sich dabei um eine Schlange, auf der die als mumiengestaltige Göttin personifizierte *ḏ.t* -Ewigkeit sitzt. Vor ihr befinden sich elf Sterne bzw. Stunden. Dabei handelt es sich nach allgemeiner Auffassung um die „Verkörperungen der bis jetzt verflossenen Nachtstunden"[50]. Auch innerhalb des Einleitungstextes wird diese Szene besonders hervorgehoben: „Die Djet-Ewigkeit verschlingt ihre Bilder vor dem Schauenden, der in dieser Stätte ist, und gibt sie danach bei der Geburt Chepris in die Erde".

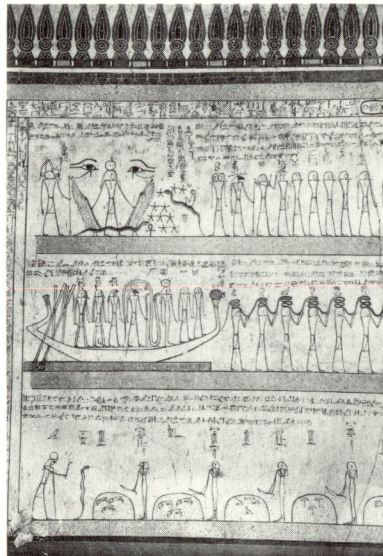

Abb. 5: Zwei Formen des Sonnengottes und der „Stundenverschlinger"
der elften Stunde des Amduat aus KV 34 (Thutmosis III.)

---

50 W. Barta, Komparative Untersuchungen zu den vier Unterweltsbüchern, MÄU 1, 1991, 80.

Im Folgenden sollen die ersten drei Szenen des oberen Registers vollständig vorgestellt und ihre Inhalte erläutert werden. Die erste Szene zeigt einen doppelköpfigen Gott, aus dessen Hals eine Sonnenscheibe herauskommt:

750	*wnn=f m śḫr pn*	So ist er beschaffen.
751	*ꜥḥꜥ=f n rꜥ iw.t iw.n=f*	Er erhebt sich für Re, ohne dass er fortgeht
	r ś.t=f n.t d(w)ꜣ.t	zu einem Platz der Dat.
754	*ꜥpr(.w)-ḥr nb-ḏ.t*	Ausgestatteter an Gesicht, Herr der Ewigkeit

Die zweite Szene zeigt Atum mit einer geflügelten Schlange:

751	*wnn=f m śḫr pn*	So ist er beschaffen.
752	*ḏwj nṯr pn r=f prj śšm*	Wenn dieser Gott ihm zuruft, kommt das Bild
	n itm.w m pśḏ=f	des Atum aus seinem Rücken heraus; danach
	ꜥm.ḥr=f śšm=f m-ḫt ꜥnḫ=f m	verschlingt er sein Bild. Er lebt von den
	šw.wt mt.w ẖꜣ.t=f tp{=f} (.w)[51]	Schatten der Toten, sein Leichnam und die Köpfe.

Die dritte Szene zeigt nun die Darstellung der „Zeitschlange":

753	*ḏ.t=ś ḏś=ś wnn=ś m ḥrj.t*	Ihr eigener Leib. Sie ist über „Dem, der
	šdj(.w)-wnw.wt irr.t=ś p(w)	die Stunden fortnimmt". Was sie zu tun hat, ist
	ꜥnḫ {ḥḏ} <ḥrw.>[52]*w rꜥ rꜥ-nb*	durch die Stimme Res zu leben, jeden Tag.
	ꜥm=ś śšm=ś r njw.t tn	Sie verschlingt ihr Bild bei dieser Stätte.
	wnw.t 11 p(w) wꜥ.t m	Es ist die elfte Stunde, eine aus
754	*-ḫtw nṯr*	dem Gefolge Gottes.

---

51 Nur Th III weist statt der Pluralstriche ein Suffix auf.

52 Die Lesung ist bei allen Textzeugen uneindeutig. Th III, A III und S I weisen ein ⸗ , U und A II ⸗, R VI ⸗auf. Aber die Lesung U und A II macht hier am meisten Sinn.

757 *ḏ.t*   Djet-Ewigkeit
758 *šdj-wnw.wt*   Der die Stunden fort
                            nimmt

Durch die „räumliche" und thematische Nähe dieser Szenen ist ein enger Zusammenhang zwischen allen drei Szenen zu vermuten. Zunächst wird der doppelköpfige Gott, der *nb-ḏ.t* genannt wird, durch die Sonnenscheibe auf seinem Hals in eine enge Verbindung zum Sonnengott gebracht, wenn nicht gar mit ihm identifiziert. Dasselbe gilt von dem in der zweiten Szene dargestellten Atum, der darüber hinaus zusammen mit der geflügelten Schlange offensichtlich mit dem im Einleitungstext erwähnten *ptrj* Schauenden" identifiziert werden kann. Darauf deuten möglicherweise auch die beiden über ihm befindlichen UdjatAugen hin.[53] Dieser „Schauende" beobachtet nun das Verschlingen der Stunden, wobei nicht so ganz deutlich wird, wer von beiden (Göttin oder Schlange) die Stunden fortnimmt. Denn laut Einleitungstext ist es die die *ḏ.t-*-Ewigkeit personifizierende Göttin, in der Beischrift ist es offenbar die Schlange. Da hier aber augenscheinlich eine Art Wortspiel zwischen *ḏ.t* „Leib" und *ḏ.t* „*ḏ.t* -Ewigkeit" anklingt, wird möglicherweise auch auf dieser Ebene eine Verbindung zu *ḏ.t* „Schlange" (als Leib par excellence!) bestehen, so dass alle drei Komponenten *ḏ.t* -Ewigkeit-Leib-Schlange eine Einheit bilden.[54] Somit sind auch die Göttin und die Schlange in einer engen Beziehung zueinander zu denken, indem sie als „Wesenseinheit" beide Anteil am Verschlingen der Stunden haben. Letztere werden im Allgemeinen in den zehn rot gezeichneten Sternen erkannt, wobei deren Anzahl in den einzelnen Amduatexemplaren variieren kann.

In der *zwölften Stunde* wird natürlich als zentrales Geschehen der Sonnenaufgang mit der Geburt des Sonnengottes als (auffliegender) Chepri thematisiert. Wichtige Informationen enthält schon der Einleitungstext, indem explizit auf die (Neu-)Geburt des Sonnengottes hingewiesen wird: „Geboren wird dieser große Gott in seiner Erscheinungsform des Chepri bei dieser Höhle". Im weiteren Verlauf des Textes heißt es dann, dass „Nun und Naunet, Huh und Hauhet entstehen bei dieser Höhle zur Geburt dieses großen Gottes, wenn er herausgeht aus der D(w)at und sich niederlässt in der Tagesbarke, indem er hervortritt aus den Schenkeln der Nut". Zudem wird in dieser Stunde

---

53 Vgl. auch Hornung, Das Amduat – Die Schrift des verborgenen Raumes, hrsg. nach Texten aus den Gräbern des Neuen Reiches, I: Text, II: Übersetzung und Kommentar, ÄA 7, 1963, Amduat II, 175.
54 Vgl. hierzu auch Wb V 503, 1 und 10 bzw. 507, 4.

die Verjüngung des Sonnengottes und seiner Barkenmannschaft in der Anch-Netjeru-Schlange gezeigt, von der es heisst:

826 *wnn śśm pn št3 n*	Dieses geheime Bild der
ꜥnḫ-nṯr.w r nś.t=f	Anch-Netjeru-Schlange befindet sich
n.t d(w)3.t	an seinem Sitz in der D(w)at,
827 *iw.t iw n=f r ś.t nb.t*	ohne dass es zu irgendeinem (anderen) Platz
rꜥ-nb mdw nṯr pn ꜥ3 r=f	fortgeht, täglich. Dieser große Gott redet
m rn=f n nꜥw	ihn an mit seinem Namen „Glatter",
nꜥꜥ=f n msw.t nṯr	dass er glatt sei zur Geburt Gottes.
nj sw im3ḫ	Er besitzt ein Rückgrat
828*1300 m 3w=f m mḥ ḏśr*	von 1300 heiligen Gottesellen Länge
n nṯr ꜥnḫ=f m ḫrw- hmhm.t n.t	und lebt vom Gemurmel der
im3ḫj.w imj.w	Ehrwürdigen, die in
im3ḫ=f	seinem Rückgrat sind
prr m r3=f	und aus seinem Maul
829 *rꜥ-nb*	herauskommen, täglich.

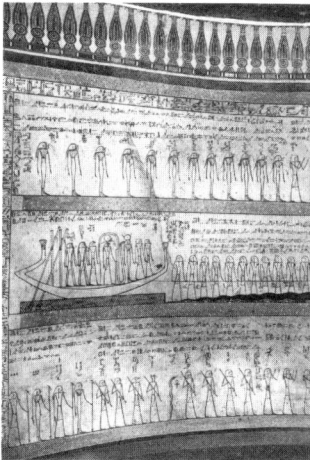

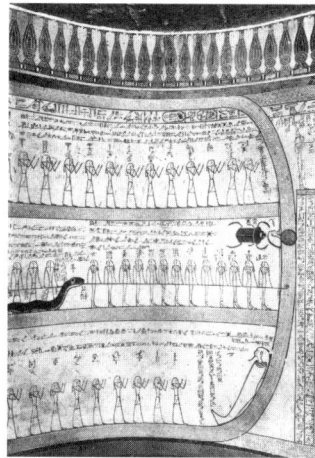

Abb.6: Die zwölfte Stunde des Amduat an der Ostseite der Sargkammer von KV 34
(Thutmosis III.)

Insgesamt ist zu sagen, dass die letzten Stunden des Amduat verschiedene Schlangengottheiten aufweisen, die offensichtlich eine regenerierende Funktion besitzen, indem sie entweder die Augen des Re, die Stunden (und damit die Zeit!) oder sogar die gesamte Mannschaft der Sonnenbarke verschlingen, um sie allesamt zu verjüngen. Die erneuernde Wirkung des Schlangenkörpers wird besonders im mittleren Register der zwölften Stunde verdeutlicht, da hier zum einen der Prozess der Verjüngung durch die auffällige „Riesenschlange" genau visuell umgesetzt wird und zum anderen die Beischriften ausführlich den Vorgang der eintretenden greisen Gottheiten und das Heraustreten als Verjüngte beschreiben.

So kann schon anhand dieser drei Szenen die besondere Funktion des Amduat bzw. des in ihm beschriebenen nächtlichen Teils des Sonnenzyklus' genau bestimmt werden: Die Regeneration und Erhaltung der Schöpfung geht zum einen Hand in Hand mit dem Fortschreiten des Sonnengottes in Zeit und Raum, und zum anderen hängt sie von dem Erfolg der nacheinander zu vollziehenden Handlungen und Aufgaben ab. Darüber hinaus sind die Aufgaben und die mit diesen verbundenen Handlungen der begleitenden Götter von größter Wichtigkeit. Denn sie beschützen die gesamte Nachtfahrt vor der Stagnation, indem sie zum einen als Mannschaft der Sonnenbarke diese nach Bedarf rudern oder treideln. Zum anderen beschützen sie den Sonnengott vor Gefahren und bestrafen bzw. vernichten seine Feinde. In Bezug auf die „Nachtstunden(-Göttinnen)" kann herausgestellt werden, dass die Göttinnen so genannte „sprechende", also auf die Thematik ihrer Stunde bzw. ihre jeweilige Funktion in Bezug auf den Sonnenlauf anspielende Namen besitzen. Die Hauptaufgabe der Göttinnen besteht natürlich darin, den Sonnengott in den jeweiligen Stundengebieten zu begleiten. Darüber hinaus müssen sie den Sonnengott beschützen und gegen seine Feinde kämpfen. Bei der genaueren Betrachtung der Angaben zur Anbringung der Stundentableaus wird deutlich, dass diese Angaben sich zunächst in der Praxis (zunächst) auf die vier, nach den Himmelsrichtungen ausgerichteten Wände der Sargkammer beziehen. Da aber in den Texten von einem Stundentableau als „Kapiteleinheit" bzw. von einer Sargkammer als Ort der Niederschrift nirgendwo explizit die Rede ist, wird klar, dass die Anweisungen sich zum einen auf den „Verborgenen Raum" als Stätte der Anbringung beziehen. Hiermit wird also suggeriert, dass man sich in dem wahrhaftigen, mit vier Seiten ausgestatteten unterweltlichen Raum befindet. Zum anderen geht es um die śśm.w „(Ab-)Bilder" der Stunden(abschnitte) und der jenseitigen Wesen, so dass hier nicht nur Zeichnungen bzw. gemalte Bildnisse dieser Stunden und Wesen dargestellt sind, sondern mit ihnen identische *Entitäten*. Die so genannten Nützlichkeitsvermerke stellen die Bedeutung des durch das Amduat vermittelten Wissens für den (auserwählten) Verstorbenen heraus. Dies spiegelt den zu Anfang so betonten Gesamtanspruch des Amduat wider, der durch die *rḫ*-Sentenzen der Titelei detailliert formuliert wird. Denn hier steht das Wissen um die Chrono- und Topographie des Amduat besonders im Vordergrund. Durch dieses Wissen, so führen die Nützlichkeits-vermerke aus, ist es dem Verstorbenen möglich, tagsüber die Unterwelt zu verlassen und nachts in die Unterwelt einzugehen. Dies ist im Rahmen des Sonnenlaufs zu verstehen, denn der gerechtfertigte Verstorbene begleitet den Sonnengott während seiner Fahrt. Der zyklische Prozess, welcher die Schöpfung regeneriert und für ihren Fortbestand garantiert, dient so auch der Lebenserneuerung des einzelnen Verstorbenen. Entsprechend den Nützlichkeitsvermerken betonen die „königlichen Einschübe", dass der König um die Inhalte des Amduat weiß und deshalb an den Opfern teilhaben und vor allem mit dem Sonnengott zusammen „in der D(w)at ein- und ausgehen wird",[55] also am regenerierenden Kreislauf der Sonne teilnehmen wird. In diesem Sinne dienen sie der Existenzsicherung für das sich ewig erneuernde Leben nach dem Tod. Darüber hinaus zeigen sie auch den König als aktiven Handlungsträger, der neben der durch das Wissen garantierten Regeneration und Teilnahme am ewig währenden Sonnenzyklus auch über den Tod hinaus die Macht erhielt, Einfluss auf das Gelingen des zyklischen Prozesses des Sonnenlaufes zu nehmen. So trug er wesentlich „zur In-Gang-Haltung des (nächtlichen) Sonnenlaufs"[56] bei. In diesem Sinne betonen sie also in erster Linie die Dynamik des Sonnenlaufes und die Rolle, die der König in ihm übernimmt.

Anhand der ständigen Bezugnahme auf die Inhalte des Amduat, wie sie sowohl in der Titelei als auch in den Einleitungstexten formuliert sind, wird deutlich, dass auch die königlichen Einschübe sich auf den Gesamtanspruch des Amduat beziehen. Die Kenntnis dieser Inhalte ermöglicht dem König das Weiterleben in Raum und Zeit, mit anderen Worten – im Hinblick auf göttliche Dimensionen – in *ḏ.t* und *nḥḥ*.

Die beiden zuletzt genannten Begriffe bestimmen dann auch den Aufbau des dritten und letzten Schrittes. Hierbei stellt sich heraus, dass die Begriffe entgegen der allgemeinen Erwartung nur selten im Amduat Erwähnung finden: *ḏ.t* und *nḥḥ* werden innerhalb des Amduat nur zwölf Mal angeführt (vgl. als Beleg die Tabelle am Schluss dieser

---

55   Vgl. auch F. Abitz, Pharao als Gott in den Unterweltsbüchern, OBO 146, 1995, 210.
56   J. Assmann, Ägypten in der Wissenskultur des Abendlandes, in: J. Fried /J. Süßmann (Hg.), Revolutionen des Wissens. Von der Steinzeit bis zur Moderne, 2000, 59.

Ausführungen). Dabei erscheint der Begriff *nḥḥ* nur viermal und der Begriff *ḏ.t* entsprechend achtmal in der gesamten Komposition. Im Großen und Ganzen besteht also eine stärkere Betonung des Begriffes *ḏ.t*, da er insgesamt doppelt so häufig genannt wird wie der Begriff *nḥḥ*. Es lassen sich aber bestimmte Kriterien herausarbeiten, unter denen eine Nennung der Begriffe vorkommt. Diese betreffen:

- Den Sonnenzyklus
- Die Bestrafung der Feinde
- Die Teilnahme des Königs am Sonnenzyklus
- Die Regeneration der Zeit

Durch diese Feststellung ist es möglich, zu erklären, warum die Begriffe erst häufiger in den letzten beiden Nachtstunden erwähnt werden. Dies ist mit der in diesen Stunden behandelten Thematik verbunden, so dass insgesamt postuliert werden kann: Die seltene Erwähnung der Begriffe *ḏ.t* und *nḥḥ* ist dem Amduat als Komposition von Raum und Zeit geschuldet, indem es *ḏ.t* und *nḥḥ* hier visuell umsetzt, so dass sie keiner ausführlichen Erwähnung bedürfen. Das Amduat bzw. der nächtliche Teil des Sonnenlaufs entspricht in seiner Funktion der Bedeutung von *ḏ.t* und *nḥḥ*. Während nun *nḥḥ* im Allgemeinen mit „(zyklischer) Ewigkeit" übersetzt wird, fehlt für *ḏ.t* als das räumliche Pendant eine genaue Übersetzung. Nach der ausführlichen Analyse der Komposition „Amduat" weist aber alles darauf hin, dass mit *ḏ.t* der regenerative Raum gemeint ist, der als D(w)at oder „Verborgener Raum" in Erscheinung tritt. Somit liegt es nahe, *ḏ.t* als „der Raum der Zeit" zu begreifen und zu übersetzen.

L	K	Ü
Vierte Stunde		
Unteres Register, letzte Szene In der Pforte: **383** *mdś-n-nḥḥ* *mdś-n-nḥḥ*		Schneidendes der Ewigkeit.

Fünfte Stunde		
Einleitungstext, waagerechte Zeile: **392** n dś.n ḫmj.t ḫȝ.t=f iw wdn.tw n=śn tp tȝ	n dn.n ḫmj.t ḫȝ.t=f [...] iw wdn.tw n nn n nṯr.w tp tȝ	Nicht zerschneidet die Chemit seinen Leichnam, sondern geopfert wird ihnen/ *diesen Göttern* auf Erden(.) durch den König Mencheperre, Sohn des Re, Thutmosis, schön an Gestalten, der leben möge von der *d̠.t* - Ewigkeit zur *nḥḥ* - Ewigkeit.
in nśw Mn-ḫpr-rᶜ ś3 Rᶜ D̠ḥwtj-mś nfr-ḫpr.w ᶜnḫ d̠.t r nḥḥ		
Siebente Stunde		
Oberes Register, dritte Szene: **539** njk t̠n njk.w m njk.t=f n prj=t̠n m s3w.t=f d̠.t		Es bestraft euch der Bestrafer mit seinem Strafenden (Messer), so daß ihr nicht herausgehen könnt aus seiner Bewachung unendlich.
Elfte Stunde		
Einleitungstext, waagerechte Zeile: **747**... ᶜm d̠.t śśm.w=ś m-bȝḥ ptrj imj njw.t t̠n		Die Djet-Ewigkeit verschlingt ihre Bilder vor dem Schauenden, der in dieser Stätte ist, und gibt sie danach bei der Geburt Chepris in die Erde.
748 dj=<ś> śn m-ḫt mśw.t ḫprj m tȝ		
Oberes Register: **751** 754 ᶜpr-ḥr nb-d̠.t		Ausgestatteter an Gesicht, Herr der *d̠.t*-Ewigkeit
754 757 d̠.t		*d̠.t*-Ewigkeit

Unteres Register, Vernichtungs-stätten:		Sie metzelt euch nieder, sie schlachtet euch, damit ihr nicht seht die Lebenden auf Erden unendlich!
785 *irj=ś šꜥ.t=ṯn*		
wdj=ś šꜥ.t=ṯn n		
mꜣꜣ=ṯn ꜥnḫ.w		
786 *tp tꜣ ḏ.t*		
Zwölfte Stunde		
Mittleres Register, Stundengöttinnen: 832 875 *nb.t-ḏ.t*		Herrin der *ḏ.t*-Ewigkeit
833 876 *nḥḥj.t*		Ewige
	Schlusstitel 97... *iw=f prj=f hꜣ=f m d(w)ꜣ.t iw=f mdw=f n ꜥnḫ.w r nḥḥ ḥnꜥ ḏ.t* ↔	Er wird aus- und eingehen in der D(w)at. Er wird sprechen zu den Lebenden in alle Ewigkeit ↔

Zeit und Ewigkeit: ein Versuch zu altorientalischen Konzeptionen

EVA CANCIK-KIRSCHBAUM

> Aion ist der Gleiche im Gleichen immerdar
> durch göttliche Natur dauernd
> Und das Weltall ein Einziges nach demselben (Gesetz)
> Wie er ist und war und sein wird
> ohne Anfang, Mitte und Ende
> keiner Wandlung teilhaftig
> göttlicher Natur Werker, der ewigen, in allem.[1]

Das Nachdenken über die Welt in zeitgebundenen Kategorien und Metaphern, die Spekulationen über ihren Anfang, ihr Alter und ihr mögliches oder gewisses Ende, derlei Diskurse haben in den Kulturen der Alten Welt Niederschlag in einer Vielzahl scheinbar verworrener, nicht selten widersprüchlicher Zeugnisse gefunden. Angesichts der reichen judäischen, griechischen, römischen und christlichen Überlieferung zu Zeit und Ewigkeit stellt sich nicht nur die Frage nach Art entsprechender altorientalischer Konzeptionen, sondern auch nach möglichen Einwirkungen auf bzw. Übernahmen in die zeitgenössischen Nachbarkulturen. Sind auch die genaueren Umstände dieses Transfers, des ‚Lernens von den Babyloniern' – wie Herodot es nennt – heute unklar, so war man sich doch im Altertum des Umfanges und der Bedeutung der Verbindungen in den Vorderen Orient bewusst und gewiss.

Der eigentliche Horizont altorientalischer Vorstellungen über Zeit und Ewigkeit, die produktiven, pulsierenden Reflexionszusammenhänge des mündlichen Diskurses sind verloren. Doch erlaubt die keilschriftliche Überlieferung aus drei Jahrtausenden immerhin Einblicke in die im Textzeugnis verdauerten Vorstellungen. Die im folgenden herangezogenen Quellen entstammen unterschiedlichen historischen und soziokulturellen Kontexten der keilschriftlichen Überlieferung.

Der Herausbildung einer ‚Zeitwirtschaft', das heißt der Erfindung der ‚zählbaren und gezählten Zeit' im Kontext institutionalisierter Ökonomie, werden Hinweise auf die Qualitäten der Weltzeit gegenüber-

---

1 Aus einer augusteischen Weihinschrift, gefunden in Eleusis, ausführlich behandelt durch G. Zuntz, Aion. Gott des Römerreichs, Abhandlungen der Heidelberer Akademie der Wissenschaften, phil.-histor. Klasse (1989, 2), 37–47, (Übers. Z. 1–7 S. 43).

gestellt, wie sie sich vor allem in erzählenden und systematisierenden Texten finden. Im Anschluss ist zu fragen, inwieweit die Erfahrung dieser beiden durchaus unterschiedlichen Zeitperspektiven zu generellen Konzeptionen über Zeitqualitäten wie ‚Ewigkeit' beigetragen hat.

Wenn dabei die Differenzierung der einzelnen Eigenkulturen hinter dem generellen Terminus ‚mesopotamisch' zurücktritt, dann deshalb, weil durch die Kontinuität grundlegender sozio-ökonomischer, politischer und religiöser Strukturen wie auch dem sogenannten *stream of tradition* der Schriftkultur ein gewisses sozio-kulturelles Kontinuum erzeugt wird, vergleichbar dem der graeco-römischen Antiken. Als stabiles konstitutives Element von Weltordnung erweist sich dabei das Neben- bzw. Ineinander von konkreter, materialisierter Zeitordnung und Vorstellungen über die Zeitlichkeit der Welt.

Angesichts einer Begrifflichkeit, die in das höchst schwierige Konzept der Zeit führt, wird man sich zunächst Gewissheit über die in Rede stehenden Begriffe, ihre Verwendung, ihr semantisches Umfeld, ihre Tradition verschaffen. Die Schwierigkeit eines solchen Unterfangens ist evident, zumal angesichts der anthropologischen, kulturphilosophischen und kulturhistorischen Schlussfolgerungen, die aus dem Zusammenhang von Sprache, Begriffsbildung und Denken gezogen wurden.[2] Auch für die altorientalischen Kulturen hat man auf der Basis des linguistischen Befundes Beobachtungen über Eigenart und Struktur des Intellekts angestellt.[3] Abgesehen von den systematischen Vorbehalten,

---

2   Vgl. die ausführliche Darstellung der Geschichte dieses Diskurses z. B. B. Lee, Talking Heads. Language, Metalanguage, and the Semiotics of Subjectivity, 1997 sowie – mit breiterer historischer Anlage J. Trabant, Europäisches Sprachdenken. Von Platon bis Wittgenstein, 2006.

3   B. Landsberger, Die Eigenbegrifflichkeit der babylonischen Welt. Ein Vortrag, Islamica 2 (1926), 355–372; Wiederabdruck erweitert um ein Nachwort, 1965/²1974. Das Wirkpotential dieses Artikels ist komplex. Einerseits hat er mit Blick auf die durchaus kontroverse Diskussion um die konzeptionelle und systematische Eigenständigkeit der altorientalischen Kulturen, mithin den Anspruch auf eine entsprechend disziplinär fundierte Erforschung und Begriffsbildung im frühen 20. Jhs. entscheidende Argumente vorgebracht. Diesbezüglich ist zu Recht von einem positiven Effekt gesprochen worden (s. z. B. J. Renger, Altorientalistik und jüdische Gelehrte in Deutschland – Deutsche und österreichische Altorientalisten im Exil, in: W. Barner/ Chr. König (Hg.), Jüdische Intellektuelle und die Philologien in Deutschland 1871-1933, 2001, 247–261, 253–257), wird immer wieder auf Landsbergers Ausführungen Bezug genommen. Andererseits sind die Ausführungen Landsbergers zeitgenössischen, nicht zuletzt in Leipzig selbst stark vertretenen, Denktraditionen der ‚Völkerpsychologie' und der Sprachphilosophie verpflichtet, die heute zumindest zu Teilen als überholt gelten müssen bzw. widerlegt sind. Vgl. W. Sallaberger, Benno Landsbergers „Eigenbegrifflichkeit" in wissenschaftsgeschichtlicher Perspektive, in: C. Wilcke (Hg.), Das geistige Erfassen der Welt im Alten Orient, Miscellanea Sum. V, 2007, 63–82, zu Landsbergers Ausführungen zum Zeitausdruck s. M. P. Streck,

die man einem derartigen Ansatz entgegenbringen wird, führt der Versuch, sich auf diesem Wege dem Zeitverständnis Altvorderasiens zu nähern, auf einen strukturell interessanten Befund: Weder im Sumerischen noch im Akkadischen, den beiden zentralen Sprachkulturen der keilschriftlichen Überlieferung Mesopotamiens, finden sich adäquate Äquivalente für ‚Zeit'[4] bzw. ‚Ewigkeit'. Andererseits verfügen beide Sprachen über ein breites Repertoire an temporalen Ausdrücken, unmittelbaren und metaphorischen Aussageformen über zeitliche Gegebenheiten, sowie strukturellen Möglichkeiten im Verbalsystem Vergangenheit, Gegenwart und Zukunft zu differenzieren.[5] Auf der Ebene der Texte wiederum belegt das chronographische Werk als eigenständiges produktives Format die Rolle der zeitlichen Sequentialisierung im historischen Bewußtsein. Die Ordnungs- und Orientierungsleistung temporaler Bezüge – etwa Synchronismen und Distanzangaben – wird vielfältig genutzt, chronologische und chronometrische Techniken erfassen die Großperioden der Makrozeit und entwickeln artifizielle Strukturen zur Unterteilung des Tages.[6] Die präzise chronologische Verortung von Ereignishorizonten auf der Basis von Komputistik ist dem administrativen wie dem historiographischen Kontext gemeinsam. Die regelhafte Beobachtung von Gestirnskonstellationen führte im Laufe der fortgeschrittenen 1. Jahrtausends in die Entwicklung einer (mathematisch fundierten) prognostischen Astronomie. Wiewohl, soweit man sieht, nicht abstrakt konzeptualisiert, wird „Zeit" in den altorientalischen Kulturen als Konstituente des Kosmos, als materialisierte Struktur erfasst.

Sprache und Denken im Alten Mesopotamien am Beispiel des Zeitausdrucks, Studia Semitica III, 2003, 425–428.

4   C. Wilcke, Zum Geschichtsbewusstsein im Alten Mesopotamien, in: H. Müller-Karpe (Hg.), Archäologie und Geschichtsbewusstsein, Kolloquien zur allgemeinen und vergleichenden Archäologie 3, 1982, 31–52, 33.

5   Zur Problematik des Verbal-‚Tempus', den Möglichkeiten einer *consecutio temporum* und des Irrealis der Vergangenheit vgl. die Ausführungen bei Streck, Sprache und Denken, mit weiterführender Literatur.

6   Einen Überblick bietet W. Sallaberger, Zeiteinteilung und Zeitvorstellungen im Alten Mesopotamien, in: H.-J. Bieber u. a. (Hg), Die Zeit im Wandel der Zeit, Intervalle 6, 2002.

1. Die Bewirtschaftung der Zeit

1.1

Die ältesten schriftlich dokumentierten Aussagen über Zeit-Vorstellungen in Mesopotamien finden sich auf Tontafeln des ausgehenden vierten und frühen dritten Jahrtausends.[7] Abgefasst im Umfeld der institutionalisierten Wirtschaftsverwaltung dokumentiert ein größerer Teil dieser Aufzeichnungen – Texte allenfalls in einem sehr weiten Sinne, es handelt sich um die Niederlegung von Informations-Gruppen in einem mehrgliedrigen Sinngefüge – den Ein- und Ausgang von Roh-, Halbfertig- und Fertigprodukten aus Ackerbau, Viehzucht und Fischwirtschaft. Es geht darin um die Abrechnung von Viehbeständen, beweglichen Gütern und Arbeitskräften, um Feldflächen, die Kalkulation von Saatgut, Erträgen und Arbeitsleistungen.[8] In diesen Aufstellungen kommt der Faktorierung bzw. der Operationalisierung der Zeit eine entscheidende Funktion zu: in der prospektiven Kalkulation der Vorratshaltung, in der Berechnung zur Dauer von Arbeitseinsätzen und der erforderlichen Anzahl von Arbeitskräften, und schließlich in der Ermittlung des Versorgungsbedarfs für die in den verschiedenen Arbeitsbereichen tätigen Personen.

Die Verwendung einer chronometrischen Konvention in diesen frühesten Zeugnissen liefert einen mittelbaren Hinweis auf eine elementare Systematisierung der Zeiterfahrung. Grundlage sind die unmittelbar physisch erfahrbaren Periodizitäten, nämlich Tag[9], (Mond-) Monat (Lunation) und der wiederkehrende Jahreslauf. Das Zeichen für „Tag" fungiert dabei wiederum als Grundeinheit, dem je nach in Rede stehender Größenordnung – Tag, Monat oder Jahr – zusätzliche nume-

---

7   Einführend H.-J. Nissen u. a., Frühe Schrift und Techniken der Wirtschaftsverwaltung im alten Vorderen Orient. Informationsspeicherung und –verareitung vor 5000 Jahren, 1990 (überarbeitete Fassung in engl. Sprache: Archaic Bookkeeping. Early Writing and Techniques of Economic Administration in the Ancient Near East, 1993) R. K. Englund, Texts from the Late Uruk Period, in: Mesopotamien, Späturuk-Zeit und Frühdynastische Zeit, OBO 160/1, 1998 mit weiterführender Literatur.

8   Freilich darf nicht übersehen werden, dass sich unter diesen frühesten Schriftzeugnissen auch eine Reihe von frühesten Vertretern der sogenannten lexikalischen Listen finden. Ob ihr Vorhandensein allein mit Hinweis auf die Notwendigkeiten einer systematischen Didaktik für Schriftgebrauch und Verwaltungsrepertoire erklärt werden kann, sei dahingestellt.

9   Das Ursprungsbild des Zeichens UD ist die hell-strahlend zwischen Bergen aufehende Sonnenscheibe, bezieht sich also auf die Lichtphase im Gegensatz zur Dunkelphase Nacht, GE6 ursprünglich wohl das Bild der herabfallenden Schwärze. Das chronometrische System weist jedoch bereits auf jene allgemeinere Verwendung von UD als Bezeichnung für das Nychthemeron, die auch später geläufig ist.

rische Merkmale beigefügt oder eingeschrieben wurden.[10] (Anhang I)
Neben den verschiedenen metrologischen Systemen für Mengen, Gewicht, Strecken und Flächen, entwickelte man also ein normiertes System zur Darstellung von Zeiteinheiten.

Ein besonderes Merkmal dieser frühen schriftlichen Repräsentation
der gezählten Zeit besteht in der Anbindung des chronometrischen
Systems an die Meta-Kategorie der „Arbeit" bzw. der „Leistung". Das
koppelnde Element ist offenkundig das Getreidemaßsystem ŠE, dessen
Basis-Größe die Tages-Ration an Getreide für einen Arbeiter darstellt.
(Anhang II). Die Analyse der Zeichenstruktur zeigt, dass das Zeichen
für die kulturspezifische Zeitqualität, nämlich den durch eine Essens-
Ration kompensierten „Arbeits-Tag", aus dem Grundzeichen für Tag
und der Erweiterung um das Zeichen „Getreide-Ration" besteht. verdeutlicht den Zusammenhang zwischen Zeitzeichensystem und Getrei-
demengensystem. (Anhang III) Dieses System wird systematisch erweitert: Das Zeichen für den Zeitraum 1 (Arbeits)-Monat (à 30 Arbeitstage)
besteht aus dem Grundzeichen für Tag erweitert um das numerische
Zeichen N1, das wiederum das 30fache einer Tagesrationen symbo-
lisiert.[11]

Um die Wende vom vierten zum dritten Jahrtausend rechnete man
im Bereich der staatlichen Wirtschaftsverwaltung mit einem Normjahr
zu 360 Tagen, verteilt auf 12 Normmonate zu 30 Tagen. Zugleich war
die tatsächliche Länge des Sonnenjahres (etwa 365 1/4 Tage) bekannt.
Dies ergibt sich aus der Praxis, bis zu maximal fünf oder besser Zusatztage über das administrative Normjahr hinaus anzusetzen. Ob dieses
chronometrische System eine genuine Konstruktion im Kontext der frühen Schriftentwicklung ist oder ob möglicherweise Anregungen aus
anderen Kulturräumen hier eine Rolle spielten, lässt sich beim derzei-
tigen Stand der Quellen nicht wirklich klären. Im pharaonischen Ägypten zählte seit dem frühen 3. Jahrtausend das Jahr 365 Tage.[12] Hinweise

---

10   Grundlegend für die Erschließung dieses Systems A. A. Vajman, Beiträge zur Ent-
      zifferung der Archaischen Schriften Vorderasiens I, Baghdader Mitteilungen 20,
      1989, 91–138; ders., Beiträge zur Entzifferung der Archaischen Schriften Vorder-
      asiens II, Baghdader Mitteilungen 21, 1990, 91–124.

11   Vgl. zu diesen Überlegungen die Ausführungen von M. W. Green/ H. J. Nissen, Zei-
      chenliste der archaischen Texte aus Uruk, Archaische Texte aus Uruk II, 1987, v.a.
      153 ff. Die These beruht auf der Annahme, daß das Schriftzeichen NINDA, das
      vermutlich allgemein „Nahrung" und konkreter „Brot" bedeutet, auf dem Bild-
      zeichen eines kleinen Gefäßes basiert, das mit 0,8 l eine Tagesration an Getreide für
      einen Arbeiter faßt.

12   Aufgrund der Differenz von 0.24220 d zum vollen Solarjahr (bzw. 0.25636 d zum
      stellaren Jahr) ‚wandert' nach Depuydt auch dieses Kalender-Jahr. (L. Depuydt,
      „What is Certain about the Origin of the Egyptian Civil Calendar?", in: H. Győry, Le
      lotus qui sort de terre. Élanges offerts à Edith Varga, 2001, 81–94; ders., Calendars

auf die Verwendung eines 364-Tage-Jahres im frühdynastischen Ebla, im nordwestlichen Syrien haben sich dagegen nicht bestätigt.[13]

Dieser normierte Kalender dient – soweit man sieht – allein der rechnerischen Operationalisierung der Beziehung zwischen Arbeitspensum, Arbeitszeit und Entlohnung. Im Sinne eines Computus erfüllt er diese Aufgabe in idealer Weise. Zugleich belegt er die Existenz einer in gewissen Sinne abstrakten, objektivierbaren Zeitkonzeption, die neben die „handlungslogisch verhaftete" subjektive Zeit tritt.[14] Dieses doppelte System hat sich offenbar bewährt und bleibt auch in den folgenden Jahrhunderten in Verwendung, wie sich zeigen lässt z. B. in den Wirtschaftstexten aus dem frühdynastischen Girsu/Lagasch[15] oder denjenigen des Reiches der III. Dynastie von Ur im 21. Jh. v. Chr.[16]

In den Texttraditionen des 3. Jahrtausends wird freilich zugleich auch deutlich, dass dieser administrative Norm-Kalender eine im wesentlichen virtuelle, rechnerische Größe war. Sehr viel mehr Bedeutung für den profanen Alltag und vor allem aber für die Belange des Kultes hatte der Lauf des Mondes, dessen Rhythmen kleinteilig und der Beobachtung verhältnismäßig leicht zugänglich sind. So sind die markanten Stadien des Mondlaufes (Neumond, Viertel-, Halb- und Vollmond) durch entsprechende Benennungen in die Nomenklatur der Zeitbeschreibung eingegangen. Als nach antiker Vorstellung besonders sensible Momente spielen sie in kultischen und magischen Zeremonien (v. a. Reinigungsritualen) eine besondere Rolle. Eine Reihe von Monatsnamen wiederum verweist auf jahreszeitlich gebundene Tätigkeitsfelder (Ernte-Monat, Aussaat-Monat) und damit auf eine Verbindung ka-

---

and Years in Ancient Egypt: The Soundness of Egyptian and West Asian Chronology in 1500–500 BC and the Consistency of the Egyptian 365-Day Wandering Year, in: J. M. Steele, Calendars and Years. Astronomy and Time in the Ancient Near East, 2007, 35–81.. Zur Diskussion über die Existenz eines Schaltsystems im pharaonischen Ägypten s. A. Spalinger, Some Remarks on the Epagomenal Days in Ancient Egypt, JNES 54 (1995), 33–47. Eine Reihe von Anhaltspunkten lassen, nicht ganz unerwartet, auf lunare Zyklen als ursprüngliche Basis der Zeit-Rhythmen schließen: ungeachtet der Dominanz des 365-Tage-Computus behielt der Lunar-Rhythmus in der religiösen Praxis Bedeutung Depuydt, Calendars and Years, bes. 70–72.

13 A. Archi, Revue Assyriologique 83 (1989), bes. 2. S. aber W. Horowitz, Tear in Mesopotamia, Again, N.A.B.U 49 (1989), 49–51; J. Koch, Ein für allemal: Das antike Mesopotamien kannte kein 364-Tage-Jahr, N.A.B.U 121 (1989).

14 G. J. Selz, Vom „vergangenen Geschehen" zur „Zukunftsbewältigung". Überlegungen zur Rolle der Schrift in Ökonomie und Geschichte, in: B. Böck u. a. (Hg.), Munuscula Mesopotamica. Festschrift für Johannes Renger, AOAT 267, 1999, 465–512, 509 Anm. 154.

15 R. K. Englund, Administrative Timekeeping in Ancient Mesopotamia, Journal of Economic and Social History of the Orient XXXI (1988), 121–189, 90.

16 Englund, Timekeeping; W.Sallaberger, Der kultische Kalender der Ur III-Zeit, 1993, 11.

lendarischer Rhythmen mit den Jahreszeiten, d. h. dem Solarjahr.[17] Wann erstmals im Raum der Keilschriftkulturen ein Ausgleich zwischen Solar- und Lunar-Jahr mithilfe der Einschaltung von Zusatztagen/monaten gefunden wurde, ist ungeklärt.[18] Die bislang ältesten eindeutigen Hinweise auf wiederholte Versuche, eine kalendarische Zeitordnung auf der Basis von Mondmonaten durch Einfügung von Schaltmonaten (ca. alle 3 Jahre) direkt an das Sonnenjahr anzupassen, stammen vom Ende des 3. Jahrtausends.[19] Aus der Existenz sogenannter diri- (d. i. Schalt-)Monate im Bereich des administrativen Normkalenders lässt sich jedoch zumindest indirekt auf entsprechende Praktiken auch im Bereich des kultischen Kalenders schließen. Inwieweit diese Praxis der Interkalation einem festen Rhythmus folgte, etwa dem – einer sehr viel späteren Tradition folgend – als ‚Metons Zyklus' bekannten, ist aus den verfügbaren Daten nicht mit Sicherheit herauszulesen. Zumindest bis in das 2. Drittel des 1. Jahrtausends basierte der Schaltrhythmus auf Himmels-Beobachtung, genauer gesagt: auf der Vergleichung der Angaben der artifiziellen kalendarischen Ordnung mit den vorgefundenen natürlichen Taktgebern d. h. Mond, Sonne, Jahreszeiten. Die periodische Systematisierung von Schaltrhythmen lässt sich mit Sicherheit ab dem 6. Jh. nachweisen.[20] Jedoch war die Regulierung der Zeit und das heißt auch die Anordnung von Schaltmonaten bereits im 3. Jahrtausend eine hoheitliche Aufgabe – und sie blieb es bis zum Untergang der altorientalischen Reiche.[21]

1.2

Das 360-Tage-Normjahr blieb nicht auf den Bereich der Wirtschaft beschränkt. Im Bereich der mathematisch-geometrischen und astronomischen Wissenschaften des Alten Orients wird dieses ‚Idealjahr' zur Grundlage eines Modells, gewissermaßen einer Theorie der Raum-

---

17   Zum kultischen Kalender vgl. M. E. Cohen, The Cultic Calendars of the Ancient Near East, 1993, mit älterer Literatur.

18   Ausführlich zu Schaltwesen und Jahreslänge s. J. Britton, Calendars, Intercalations and Year-Lengths in Mesopotamian Astronomy, in: J. M. Steele, Calendars and Years. Astronomy and Time in the Ancient Near East, 2007, 115–132.

19   Englund, Timekeeping, 128.

20   Ab 527 8-Jahre Schaltzyklus, ab 503 19-Jahre-Schaltzyklus, s. J. Britton, Scientific Astronomy in Pre-Seleucid Babylon, Grazer Morgenländische Studien 3 (1993), 68; ders., Calendars.

21   Auf kleinteiligere Formate der metrischen Zeiterfassung kann an dieser Stelle nicht eingegangen werden.

Zeit.[22] Indem der Jahreslauf mit der gedachten Kreisbahn der Gestirne gleichgesetzt wird, entspricht das Idealjahr der Figur des Kreises. Einem Jahr von 360 Tagen entsprechen die 360° des Kreises. Dem einzelnen Tag entspricht die scheinbare Fortbewegung der Gestirne auf der Kreisbahn um 1°. Genau dieselbe Art der kalkulierten Nicht-Exaktheit, anders ausgedrückt die Verwendung von runden, geradezu idealen Zahlen, mit der im administrativen Norm-Computus ein Rechen-instrument geschaffen wurde, führt in der Erweiterung zur Ausbildung eines Anschauungs-Modells für jene Prozesse, die dem Menschen nur noch indirekt zugänglich waren (und sind). Auch wenn – wie so häufig – weder die ‚Theorie' als solche, noch der Weg ihrer Entstehung, ihrer Weiterentwicklung und möglicher Kritik in eigenständigen Textformen überliefert sind, so lässt sich doch der Weg ihrer Anwendung, ihre Wirkungsgeschichte also, durch das 2. und 1. Jahrtausend verfolgen.

In einem relativ komplexen, zugleich enorm abstrakten Modell ist z. B. ein mathematisch-astronomisches Konzept des Jahreszeitenlaufes umgesetzt. Es handelt sich um einen ‚Text'-Typ, der heute unter der Bezeichnung „12 x 3" geführt wird, in der älteren Literatur jedoch unter der Bezeichnung Astrolab zu finden ist.[23] Der Sternenhimmel wird in der babylonischen Astronomie in drei Bereiche, genannt „Wege" oder „Pfade" eingeteilt: die Himmelskörper nördlich von ca. 17 Grad Deklination sind dem Weg des Gottes Enlil zugeordnet; diejenigen zu beiden Seiten des Äquators, etwa zwischen +17° bis -17° Deklination, dem Weg des Gottes Anu und die südlich davon liegenden Sterne bzw. Sternbilder liegen im Weg des Gottes Ea. Zwölf Abschnitte, entsprechend den zwölf Monaten des Ideal-Jahres sind – unter teilweise starker Schematisierung – mit jeweils einem Sternbild bzw. einem Planeten einem dieser 'Wege' zugeordnet. Die 12x3-Texte, die in zwei unterschiedlichen Layouts – nämlich als Listen und in Form von Kreis-Grafiken – überliefert sind, dienten offenbar ursprünglich der

---

22   D. Brown, Mesopotamian Planetary Astronomy-Astrology, Cuneiform Monographs 1, 2000, 113ff; E. Cancik-Kirschbaum, Rundzahlen und Ideal-Rhythmen. Beispiele aus dem Alten Orient, B. Naumann (Hg.), Rhythmus. Spuren eines Wechselspiels in Künsten und Wissenschaften, 2005, 71–91.

23   Zur ‚Mechanik' der „Zwölfmaldrei" s. C. B. F. Walker / H. Hunger, Zwölfmaldrei, Mitteilungen der Deutschen Orient-Gesellschaft 109 (1977), 27–34. Zusammen-fassend W. Horowitz, Mesopotamian Cosmic Geography, Mesopotamian Civiliza-tions 8, 1998, 154166; B. Casaburi, Tre-stelle-per ciascun(-mese): L'Astrolabio B: edi-zione filologica, 2003. Der bislang älteste bekannte Text diesen Typs ist das Astrolab B , KAV 218, aus der Bibliothek N1 in Assur, der von Weidner so genannten „Tiglat-Pilesar-Bibliothek" und stammt wohl aus dem 12. Jh. v.Chr. Der Text verwertet jedoch anscheinend Materialien, die bis in altbabylonische Zeit zurückreichen, s. den Hinweis bei Brown, Astronomy-Astrology, 253 (16).

Abgleichung der verschiedenen kalendarischen Zyklen.[24] Darüber hinaus jedoch stellt die Ideal-Struktur des 360-Tage-Jahres mit seinen regelhaften Subroutinen ein stabiles Koordinatensystem dar, das als Referenzrahmen für eine systematische Verifikation von ominösen Ereignishorizonten im Bereich der astronomischen Erscheinungen dient.[25]

Für diese Praxis ursprünglich zur Darstellung von Zeit-Relationen genutzte Verfahren in neuen Sinnzusammenhängen zu verorten, kann auch eine andere Gruppe von Texten herangezogen werden. Die von Ernst Weidner unter dem Sammelbegriff 'Kalendertexte' zusammengefassten Texte aus dem 1. Jahrtausend beziehen vermittels eines einfachen Algorithmus konkrete Daten aufeinander.[26] In einigen Texten finden sich zusätzliche Angaben zu Steinen, Aromaten, astronomischen Ereignissen oder Ortsnamen. Indem sie eine Beziehung ziwschen verschiedenen Phänomenbereichen herstellen, greifen sie eine Systematik auf, wie sie typischerweise divinatorischen und hemerologischen Strukturen zugrunde liegt.[27]

2. Die Herren der Zeit

2.1.

Diese und vergleichbare Texte stehen – das macht die Koppelung zu den interpretierenden Textsorten deutlich – nicht nur für hohe mathematisch-astronomische Techne und Episteme. Sie versinnbildlichen auch die Rolle des Göttlichen für die Zeitordnung. Denn im ‚Ideal-Ka-

---

24 Freilich haben diese Texte abgesehen von dem 12x3 Prinzip wenig Gemeinsamkeiten, sondern stellen sich nach derzeitigem Sachstand als flexibles Format dar, das Beziehungen zu einer Vielzahl thematisch verwandter Textgruppen aufweist, s. Horowitz, Cosmic Geography, mit einem Überblick über das Material.

25 Brown, Astronomy-Astrology, 235, E. Robson, Scholarly Conceptions and Quantifications of Time in Assyria and Babylonica C. 750–250 BCE, in: R. M. Rosen (Hg.), Time and Temporality in the Ancient World, 2004.

26 H. Hunger, Noch ein „Kalendertext"., Zeitschrift für Assyriologie 64 (1974), 40–43. H. Hunger, Ein astrologisches Zahlenschema, Wiener Zeitschrift zur Kunde des Morgenlandes (= Festschrift Hans Hirsch) 86 (1996), 191–196. Grundlegend jetzt L. Brack-Bernsen/J. M. Steele, Babylonian Mathemagics. Two Mathematical Astronomical-Astrological Texts, in: C. Burnett u. a. (Hg.), Studies in the History of the Exacts Sciences in Honour of David Pingree, 2004, 95–125, sowie exemplarisch L. Brack-Bernsen, The 360-Day Year in Mesopotamia, in: J. M. Steele, Calendars and Years. Astronomy and Time in the Ancient Near East, 2007, 83–100, 94.

27 O. Neugebauer /A. J. Sachs, The ‚Dodekatemoria' in Babylonian Astrology, Archiv für Orientforschung 16 (1952/53), 65–66; E. Reiner, Astral Magic in Babylonia, 1995, 108f.; 130f.

lender' gelingt jene Verschränkung mit theologischer Anschauung, die im Bereich des administrativen Norm-Kalenders nicht möglich ist und im Kontext des kultischen Kalenders auf die Ebene der monats- oder jahreszeitlich Gottheiten (meist agrarischen Charakters) fokussiert.[28] Die Götter Anu, Enlil und Ea gelten, zumindest nach einer nicht ganz unmaßgeblichen Theologie der jüngeren meospotamischen Geschichte als oberste Dreiheit des Pantheons und sie sind es, die als Herren der Zeit dem Menschen überhaupt die Bewirtschaftung der Zeit ermöglichen. Diese Vorstellung wird prägnant ausgeführt in der Einleitung der großen astronomischen Omenserie mit dem Incipit *Enuma Anu Enlil* „Als Anu, Enlil (und) Ea", deren Anfänge weit in das zweite Jahrtausend zurückreichen. Eine sumerische und akkadische Pseudo-Bilingue leitet die Serie ein.[29] (Der sumerische Text (Z.1–4) wird gefolgt von einer akkadischen Fassung (5–8)):

> „<Sumerischer Text>:Als An, Enlil, Ea, die großen Götter, mit ihrem Beschluss das Wesen von Himmel und Erde beschlossen, das Boot des Mondgottes, als Neu-mond zuzunehmen, den Monat hervorzubringen und die Zeichen von Himmel und Erde, die Barke des Himmels erscheinen ließen, im Inneren des Himmels hervorzugehen, um sichtbar zu sein ..."

> „Beziehungsweise<akkadischer Text>: Als Anu, Enlil. Ea, die großen Götter, in ihrem Ratschluss die Zeichnungen von Himmel und Erde festlegten, die Zuständigkeiten der großen Götter festmachten, den Tag hervorzubringen, den Monat zu erneuern zur Wahrnehmung durch die Menschheit, beauftragten sie Šamaš 'am' Tor (als Eröffner), Himmel und Erde getreulich aufzuscheinen."[30]

Interessanterweise findet sich eine abermals modifizierte Fassung noch an anderer Stelle, deren redaktionstechnische Einbindung in die Serie freilich schwierig ist. Sie ist nur in einer akkadischen Fassung erhalten in dem sogenannten Manuskript E der Assur-Rezension und zwar als

---

28 Vgl. aber H. Reculeau, Lever d'Astres et Calendrier Agricole à Mari, Florilegium Marianum VI, 2002, 517–538.

29 Ediert bislang nur in Ch. Virolleaud, L'Astrologie Chaldeene. Le livre intitulé „enuma <Anu> ilu Bel". Texte cuneiforme, Sin, 1908.

30 U4 an ᵈen-líl-lá ᵈen-ki dingir gal.gal.la galga-ne-ne-ta // me gal-gal-la an-ki-a má-gur{s dzu.en-na mu-un-gi-ne-eš // u4-sar mú-mú-da iti ú-tu-ud-da ù giskim an-ki-a mu-un-gi-ne-eš //má-gur₈ an-na impa-è aka-a-dè šà an-na igi-bar-ra-ta è
ša-ni-iš e-nu-ma ᵈa-num ᵈen.líl.la ᵈé-a dingir.meš gal.meš // ina mil-ki-šú-nu giš.ḫúr.meš an-e u ki-tim iš-ku-nu a-na šu-meš dingir.meš gal.meš ú-kin-nu // u4-mu ba-na-a iti ud-du-ša ša ta-mar-ti a-me-lu-ti // dutu ina šà ká i-mu-ru qé-reb an-e u ki-tim ki-niš uš-ta-pu!-ú
S. auch U. Koch-Westenholz, Mesopotamian Astrology. An Introduction to Babylonian and Assyrian Celestial Divination, 1995, 76–77.

Schlusssektion der Tafeln 1–22, die wohl den ursprünglichen Kern der Serie bilden. Sie greift dort den (verlorenen) Einleitungs-Passus auf.[31]

2.2

Seine ausdrucksvollste Gestaltung findet das Motiv der göttlichen Zeitordnung im Weltschöpfungslied Enuma Elisch,[32] wenn der Gott Marduk nach seinem Sieg über die Chaosmächte, die Welt erneuert und dabei auch den Himmel neu aufbaut. Nachdem die Wohnsitze der drei große Gottheiten Anu, Enlil und Ea festgelegt sind, richtet er an der untersten Himmelsebene die von der Erde aus sichtbaren Himmelskörper ein und weist ihnen ihre Aufgaben zu (Tafel V, 1–22, es schließt sich eine hier nicht aufgenommene Passage über die Funktionen des Gottes Sonnengottes Šamaš):[33]

> „Er (Gott Marduk) schuf die Standorte für die großen Götter und errichtete Sternbilder, die Umrisse der Konstellationen. Er bestimmte das Jahr, umschrieb seine Grenzen, setzte für zwölf Monate je drei Sterne ein. Nachdem er das Jahr eingeteilt hatte, bestimmte er den Standort des Neberu-Gestirns, um ihre Abstände zu fixieren. Damit keiner nachlässig sei, legte er die himmlischen Standorte von Ea und Enlil mit ihm fest. Er öffnete Tore an beiden Seiten und brachte rechts und links starke Riegel an.

---

31 Als Anu, Enli und Ea, die großen Götter,Himmel und Erde erschufen, sichtbar machten die Zeichen (d. i. die divin. Zeichen), fest machten die Standorte und bestätigten die Positionen der Götter der Nacht, zuteilten die Pfade, der Gestirne, ihre 'Abbilder' zeichneten als Entsprechungsanzeiger, Nacht und Tag […] Monat und Jahr schufen … Himmel und Erde zuteilten …
Ein identischer Text findet sich in Tafeln der Serie aus Ninive K 5981 und K 11867, die allerdings zu den Mondfinsternissen gehören. VAT 9805+ (publ. E. Weidner, Archiv f. Orientforschung XVII Taf. IV zur Stelle bsd. S. 89), Ergänzungen aus K 5981 und K 11867 (ibid. Taf. V). Zuletzt ausführlich: J. Rochberg-Halton, Aspects of Bayblonian Celestial Divination. The Lunar Eclipse Tablets of Enūma Anu Enlil, Archiv für Orientforschung Beiheft 22 (1988), 270.

32 Für den Keilschrifttext vgl. die Komposit-Edition von W.G. Lambert, S.B. Parker, Enuma eliš. The Babylonian Epic of Creation. The Cuneiform Text. 1966. Eine vollständige deutsche Übersetzung bietet z. B. W. G. Lambert, in: Texte aus der Umwelt des Alten Testaments II/4, 1994, 564–602.

33 Die Angaben zum nächtlichen Aufenthaltsort der Sonne/des Sonnengottes sind disparat und widersprüchlich. Doch wird daran sehr deutlich, dass in jedem Falle mit mehreren unterschiedlichen Vorstellungen zu rechnen ist. Dazu W. Heimpel, The Sun at Night and the Doors of Heaven in Babylonian Texts, Journal of Cuneiform Studies 38 (1996), 127–151. Zu den verschiedenen 'Weltbildern' vgl. F. Wiggermann, Scenes from the Shadow Side, in: M. E. Vogelzang/ H. L. J. Vanstiphout (Hg.), Mesopotamian Poetic Language. Sumerian and Akkadian, Cuneiform Monographs 6, 1996, 207–226.

Er erschuf Nannar, den Mondgott, dem er die Nacht anvertraute. Er bestimmte ihn zum Schmuckstück der Nacht, um die Tage festzulegen und Monat für Monat ohne Unterlass erhöhte er ihn mit einer Krone. „Am Monatsanfang scheine über dem Land, leuchte mit Hörnern um sechs Tage zu bestimmen, am siebenten Tage soll die Krone halbvoll sein, am 15. Tage, in der Hälfte des Monats, stehe in Opposition. Wenn der Sonnengott Šamaš dich am Horizont erblickt, nimm in den richtigen Stufen ab und leuchte rückwärts. Am 29. Tage nähere dich dem Pfade von Schamasch [... . Am 30. Tag stehe in Konjunktion und ..."

Vor dem Hintergrund der oben zitierten Passagen der Serie Enuma Anu Enlil wie auch der den „12x3" zugrundeliegenden Theorien wird plausibel, dass die in Enuma Elisch im mythologischen Kontext darge-stellten Himmelsmechanik auf ein ganz ähnliches Denkmodell rekur-riert.[34] Eine Systematisierung und Vertextung entsprechenden Gedan-kengutes könnte im letzten Drittel 2. Jahrtausend erfolgt sein, einem Zeitraum intensiver Textproduktion gerade auch im Bereich der wis-senschaftlichen Literatur. Nicht nur datiert in diese Zeit die Assur-Re-zension von Enuma Anu Enlil, sondern hierher gehören auch die äl-testen derzeit fassbaren „12x3"-Texte sowohl der babylonischen wie auch der assyrischen Überlieferungsstränge.[35] Dieser Zeitraum gilt wie-derum als (hypothetisches) Kompilationsdatum für Enuma Elisch.[36] Die Ausformung dieses Konzepts in unterschiedlichen Textsorten deutet auf den massiven intellektuellen Schub, der sich damit verbunden haben dürfte. Durch die Einbindung der natürlichen Rhythmen in die von Anfang an wirksamen Principia der Welt-Ordnung ist die durch sie (indirekt) repräsentierte Zeitordnung und Zeitlichkeit Teil dieses Weltmodells.

3. Welt-Zeit

Damit stellt sich die Frage nach möglichen Konzeptionen einer all-gemeineren Welt-Zeit, Überlegungen zu deren Ursprung, Anfang und Ende.

---

34 So bereits Weidner, Enûma Anu Enlil. – zuletzt W. Horowitz, The Astrolabes: Astro-nomy, Theology and Chronology, in: J. M. Steele (Hg.), Calendars and Years. Astronomy and Time in the Ancient Near East, 2007, 101–113, bsd. 109–111.

35 Horowitz, The Astrolabes, 103–107 zu den mittelassyrischen und mittelbaby-lonischen Textvertretern.

36 W. G. Lambert, The Reign of Nebuchadnezzar I. A Turning Point in the History of Ancient Mesopotamian Religion, in: Essays in Honour of T J. Meek, 1964, 3–11.

3.1

Das Motiv des Ursprungs aller Dinge wird in Enuma Elisch in einer für Mesopotamien sehr typischen Weise dargestellt: *„Als im Anfang oben die Himmel noch nicht benannt waren, und unten die Erde noch keinen Namen hatte"* heißt es in den beiden einleitenden Versen. Es wird nicht gesagt, *was war*, sondern vielmehr, was *nicht* war. Doch der Beginn wird nicht als ein abstraktes ‚Nichts' konzipiert, er wird vielmehr erfasst durch *Negierung*, umschrieben als ein Zustand, in dem *nicht* war.[37] Dies bedeutet keineswegs, daß im umgekehrten Sinne positiv kreative Schöpfungsberichte nicht existieren,[38] jedoch wird in keinem Falle etwa ein paradiesischer Urzustand evoziert.[39] Unterschieden wird dabei in den Schöpfungsberichten zwischen der Materialisierung von Natur und Zivilisation (im weitesten Sinne) und der Erschaffung des Menschen einschließlich der ihn kennzeichnenden gesellschaftlichen Institutionen.[40] Wenn zu Anfang nur Wasser war,[41] keine Kanäle, kein Land, keine Tempel, keine Pflanzen existierten, die Erde wüst und leer war (so eben auch Gen 1,2) wenn die Menschen wie es das Streitgespräch zwischen Mutterschaf und Getreide erzählt ohne Kleidung waren, Gras fraßen

---

37　Zur Negation als rhetorischem Motiv literarischer Texte vgl. P. Michalowski, Negation as Description. The Metaphor of Everyday Life in Early Mesopotamian Literature, Aula Orientalis 9 (1991), 131–136.

38　Z. B. M. Dietrich, „Als Anu den Himmel erschaffen hatte, ...", Assyriologica et Semitica. Festschrift für Joachim Oelsner, AOAT 252, 2000, 33–46. Zu dem ältesten bekannten „Schöpfungstext" (ev. ein Exzerpt) s. A. Sjöberg, In the Beginning, in: T. Abusch (Hg.), Riches Hidden in Secret Places. Ancient Near Eastern Studies in Memory of Th. Jacobsen, 2000, 229–247.

39　B. Lion, Âges d'or et paradis perdus dans la littérature sumérienne, in: V. Pirenne-Delforge/Ö. Tunca (Hg.), Représentations du temps dans les religions. Actes du Colloque organisé par le Centre d'Histoire des Religions de l'Université de Liège, 2003, 55–74, mit ausführlicher Textdokumentation. Dieser Befund entspricht der Zuweisung des Paradies-Gedankens an die persische Tradition – die in Mesopotamien nur im Motiv des königlichen Gartens eine Parallele findet, s. mit weiterführender Literatur M. P. Streck,„Paradies", RlA 10, 2004, 332–334.

40　E. Cancik-Kirschbaum, „Menschen ohne König...". Zur Wahrnehmung des Königtums in sumerischen und akkadischen Texten, in: C. Wilcke (Hg.), Das geistige Erfassen der Welt im Alten Orient, Miscellanea Sum V., 2007, 165–190.

41　Das Motiv des Anfangs-Wassers findet sich in den typischen Göttergenealogien, wie sie bspw. Enuma Elisch bietet, aber auch im Eingangspassus der Beschwörung CT 13, 35:10 „Alles Land war Wasser". Zur Weiterverarbeitung dieser Motivik vgl. O. Keel, Altägyptische und biblische Weltbilder, die Anfänge der vorsokratischen Philosophie und das Arché-Problem in späten biblischen Schriften, in: B. Janowski/B. Ego (Hg.), Das biblische Weltbild und seine altorientalischen Kontexte, FAT 32, 2001, 27–36, 36–38.

und aus Wasserrinnen tranken[42], so hat die Welt ihren geordneten Zustand noch nicht erreicht. Dem könnte man entgegenhalten, dass beispielsweise in einem sumerischen Schöpfungsmythos scheinbar ein goldenes Zeitalter evoziert wird, wenn es heisst: *„In jenen Tagen, da gab es weder Schlangen noch Skorpione, weder Löwen, noch Hyänen, weder Hunde, noch Wölfe, der Mensch hatte keine Feinde, Furcht und Angst existierten nicht.“*[43] Ist das nicht eine Beschreibung eines idealen Ursprungszustandes? Doch entscheidend ist das Phänomen der Unvollständigkeit, das beide Topen verbindet. Es ist eben nicht eine vollkommene Welt, wenn diejenigen Geschöpfe, die dem Menschen gefährlich sind, nicht existieren. Im Gegenteil, es ist dies ein Zustand, in dem die Ordnung der Welt *noch nicht* vollendet ist. Die Erinnerung an die Anfänge der Welt sind mit dem Prozeß des ‚Werdens und Entstehens‘ assoziiert, der gerade nicht mit Vollendung einsetzt. „Il faut bien souligner que nous ne voyons paraître nulle part l'idée d'un état idyllique, paradisique au début del'histoire.“[44] Es ist gerade nicht die Vertreibung aus einem Paradies, die Degradation eines goldenen Zustandes, es ist nicht die Lehre von den absteigenden Weltaltern, welche den Fortschritt der Zeiten kennzeichnen würde. Wenn überhaupt, so ist es in gewisser Weise die Idee von einem „Prozess der Zivilisation"[45], die fortschreitende Verbesserung eines ersten, unvollkommenen Zustandes, der den Weltenlauf prägt.

Wenn überhaupt je, so steht das Paradies als Telos im Raume, als eine Vision, die es zu erreichen gilt. In den ersten Zeilen des Mythos von Enki und Ninhursag wird ein Ideal beschrieben, eine Welt, die *noch nicht* existiert.[46] Das sagenhafte Dilmun wird sich in ein solches Paradies verwandeln – so der Mythos – wenn nur erst das Süßwasser, die Quelle des Lebens existiert. Es ist die Vorstellung des ‚Werdens‘, des „In-Existenz-Tretens", das vor allem die sumerische Konzeption

---

42   G. Pettinato, Das Menschenbild und die sumerischen und akkadischen Schöpfungsmythen. Abhandlungen der Heidelberger Akadmie der Wiss., phil.-hist. Klasse, 1971, 86–90.

43   UET VI 61; sumerische Schöpfungserzählung, I, 11'–15'.

44   D. O. Edzard, La vision de passé et de l'avenir en Mésopotamie, in: Histoire et conscience historique dans les civilisations du Proche-orient Ancien. Actes du Colloque de Cartigny 1986, CEPOA 5, 1989, 157–166, 163.

45   In idealer Weise gestaltet im Motiv der „me", jener zivilisatorischen Kräfte und Universalien, die den Menschen durch die Götter verliehen werden. S. G. Farber-Flügge, Der Mythos „Inanna und Enki" unter besonderer Berücksichtigung der Liste der me, Studia Pohl 10, 1973.

46   Zu diesem Text vgl. P. Attinger, Enki et Ninhursaga, Zeitschrift für Assyriologie 74 (1984), 1–53 sowie B. Lion, Âges d'or.

prägt.[47] Dieses substanzlogische Konzept findet in der akkadischen Überformung jene Ausprägung findet, für die man den Begriff „Zukunftsbewältigung" geprägt hat. Es geht nicht um die Rückkehr zum Besseren, vielmehr „tritt in dem Augenblick, in dem das – etwa durch ein Vorzeichen angekündigte – negative Schicksal, das Unglück strittig gestellt wird, ein Element nicht nur der „Zukunftsbewältigung" sondern auch der Zukunftsgestaltung auf. Auch hier eröffnet dann die Erfahrung, die Empirie im weitesten Sinne, zweckgerichtete Handlungsmöglichkeiten."[48] Der axiomatische Holismus der mesopotamischen Weltkonzeption determiniert nicht nur diese Entwicklung, sondern stellt zugleich ein Instrumentarium der Partizipation, ein Anteilhaben an diesem Prozess bereit.

3.2

Ist diesem ‚Anfang' ein ‚Ende' zur Seite gestellt? Der bislang einzige Hinweis auf ein apokalyptisches Geschichtskonzept besteht in einer durch Seneca dem Berossos zugeschriebene Überlieferung, wonach die Welt in einem kosmischen Kataklysmos zugrunde geht, wenn alle Sterne im Sternbild Krebs konvergieren.[49] Dass es sich dabei um ein ursprünglich tatsächlich in Mesopotamien beheimatetes Konzept handelt, ist freilich zweifelhaft. Der Verweis auf die astronomische Konstellation selbst könnte auf die oben bereits genannte Tradition der astronomischen Divination zurückgehen und eine Neuinterpretation im Kontext jüngerer apokalyptischer Vorstellungen erfahren haben.

Auch wenn das Konzept des Planens, eine nach vorne gerichtete ‚Zukunftsbewältigung' mit dem Begriff *schimtu* „Geschick" auf ein vorbestimmtes und daher von den einen als zyklisch, von den anderen als nicht-linear und von Dritten als unfrei bestimmtes Zeit- und Daseinsbewusstsein zu deuten scheint: In keinem Falle gibt es die Vorstellung eines sich in der Geschichte entfaltenden göttlichen Planes. Eschatologisches oder apokalyptisches Denken ist nicht Teil mesopotamischer Weltvorstellungen.[50] Dies schließt freilich das Konzept der (fast) vollständigen Vernichtung keineswegs aus. Die Neuschaffung der Welt durch Marduk im Enuma Elisch setzt die vollständige Auf-

---

47   Zu diesem Motiv in den Prologen der sumerischen Epen vgl. M. P. Streck, Die Prologe der sumerischen Epen, Orientalia 71 (2002), 189–266, 240–251.

48   G. J. Selz, Vom „vergangenen Geschehen" zur „Zukunftsbewältigung", Anm. 18.

49   W. G. Lambert, OrNS 39, 177 mit Verweis auf Jacoby, FGH III C. p. 397 (‚(Pseudo)-Berossos von Kos' bei Seneca N.Q. 3, 29, 1.

50   W. G. Lambert, OrNS 39 S. 175.

lösung der überkommenen Strukturen in dreifacher Weise voraus: die Tötung der göttlichen Urwesen, die völlige Neugestaltung des materiellen Kosmos und schließlich die vollständige Umgestaltung der Götterhierarchie, an deren Spitze Marduk tritt. Doch – trotz aller Umformungen, die Primärsubstanz bleibt erhalten – es ist keine vollständige Vernichtung, sondern das Ende als Beginn des Neuen. Ähnliches gilt für das Motiv der Sintflut, wie es beispielsweise in der Erzählung von Atramhasis, dem Überaus-Weisen überliefert ist.[51] Nach mesopotamischer Vorstellung ist der Weltenlauf durch Wandel, jedoch nicht durch ein vorbestimmtes Ende charakterisiert.

4. Das Konzept von Dauer und Beständigkeit

4.1

In sumerischen und akkadischen Texten wird auf diese zunächst konturlose Makrozeit in zwei Ebenen referiert. Die eine Ebene beschreibt vergangenes Geschehen: Durch eine teleskopierende Chronographie binden z. B. die myth-historischen Einleitungen der Königslisten die ‚zählbare' Jetzt-Zeit an die wenig strukturierten Früh- und Vorgeschichten an. „Vor der großen Flut" und „nach der großen Flut" sind die beiden großen Zeitabschnitte der Vergangenheit, die rückblickend aus der Gegenwart erfasst werden können. Das vielleicht bekannteste Beispiel findet sich in der Einleitung der Sumerischen Königsliste, deren früheste Textzeugnisse mittlerweile in das 22. Jh. v. Chr. zurückgeführt werden können.[52] An eine Phase „ohne Königtum" schließen dann bekanntermaßen die Herrscher-Folgen an. Die Königsliste ist ein typisches Format der Verbindung der individuellen Zeiträume mit der "objektiven Zeit" – unabhängig davon, ob sie auf dynastische Prinzipien, Clanbildung oder sonstige kognatische bzw. agnatische Struk-

---

51 Zu dieser Motivik s. C. Wilcke, Weltuntergang als Anfang, in: A. Jones (Hg.), Weltende. Beiträge zur Kultur- und Religionswissenschaft, 1999, 63–112.

52 Nach wie vor grundlegend ist die Edition von Th. Jacobsen, The Sumerian King List (=AS 11), 1939. C. Wilcke, Die Sumerische Königsliste und erzählte Vergangenheit, in: J. Ungern-Sternberg/H. Reinau (Hg.), Vergangenheit in mündlicher Überlieferung, Colloquium Rauricum 1, 1988; C. Wilcke, Genealogical and Geographical Thought in the Sumerian King List, in: H. Behrens u. a. (Hg.), Dumu-E₂-DUB-BA-A. Studies in Honour of A. W. Sjöberg, 1989, 557–571. Zu den ältesten Texten s. P. Steinkeller, An Ur III Manuscript of the Sumerian King List, Literatur, Politik und Recht in Mesopotamien (FS C. Wilcke), 2003, 267–292.

turen rekurriert.[53] „Zeit" manifestiert sich im Gefüge der solidarischen Beziehung.[54] Wie die Königslisten stehen auch die Listen der Jahresnamen und der Jahreseponymen für die Verbindung von Kontinuität und Erneuerung, von anthropogener Chronometrie und göttlichem Prinzip in einer linear explizierten Rekursivität. Dem Prinzip der Genealogie eignet dabei nicht nur ein in die Vergangenheit weisender Aspekt der Memoria, sondern zugleich ein in die Zukunft weisender Aspekt, der durch den Einzelnen während seiner Lebenszeit aktiviert werden muss: Der König muss seine Vorgänger übertreffen, muss sich einen Namen machen, der dauerhaft erhalten bleibt und sich auf diese Weise seiner „Geschichtlichkeit bewusst werden".[55]

Chronometrie und Chronologie, die Notwendigkeit einer exakten Planung der Gegenwart und der Zukunft beruht nach mesopotamischen Vorstellungen auf der Kenntnis und der Auseinandersetzung mit der Vergangenheit. Dies impliziert eine im weitesten Sinne „lineare" Erfassung des Handlungs-Rahmens, der sich im Vor- und Nacheinander darstellt, nicht etwa in zyklischen Rhythmen. Die Verbindung von historischen und mythischen Zeiten widerspricht einem solchen linearen Konzept keinesfalls. Vielmehr resultiert, wie Gebhard Selz argumentiert, gerade aus dem Fehlen des Kontingenz-Gedankens die Verschränkung von Zukunft und Vergangenheit, in dem erstere aus letzterer heraus planbar und gestaltbar wird.[56] Das Konzept der „Zukunftsbewältigung", wie Stefan Maul es am Beispiel der Löse-Rituale ausgearbeitet hat[57], stellt die Partizipationsmöglichkeit des Menschen an der Lebensgestaltung in diesen Zusammenhang und argumentiert zu Recht gegen die Vorstellung einer unabänderlichen Vorbestimmung.

---

53 J. Renger, Vorstellungen von Zeit und Zeitmessung und der Blick auf vergangenes Geschehen in der Überlieferung des alten Mesopotamien, in: H. Falk (Hg.), Vom Herrscher zur Dynastie, Vergleichende Studien zu Antike und Orient 1, 2002, 6–26, mit weiterer Literatur.

54 F. Kramer, Über Zeit, Genealogie und solidarische Beziehung, in: ders./Chr. Sigrist (Hg.),, Gesellschaften ohne Staat 2. Genealogie und Solidarität, 1978, 9–27.

55 C. Colpe, Die Zeit in drei asiatischen Hochkuturen, in: A. Peisel/A. Mohler (Hg.), Die Zeit, Schriftenreihe der Carl Friedrich von Siemens Stiftung 6, 1983, 230. Zur ‚Überdauerung' des Individuums durch Fortleben in den genealogischen Strukturen – Erinnerung, s. Wilcke, Genealogical and Geographical Thought, J. Dahl, The Quest for Eternity. Studies in Neo-Sumerian Systems of Succesion, in: J. G. Dercksen (Hg.), Assyria and beyond. Studies Presented to M.T. Larsen, 2004, 117–136; K. Radner, Die Macht des Namens. Altorientalische Strategien zur Selbsterhaltung, SANTAG 8, 2005.

56 Vgl. dazu Selz , Vom „vergangenen Geschehen" zur „Zukunftsbewältigung", 512.

57 St. Maul, Zukunftsbewältigung. Eine Unterschung altorientalischen Denkens anhand der babylonisch-assyrischen Löserituale (Namburbi), Baghdader Forschungen 18, 1994.

4.2

Die zweite Ebene erfasst Vergangenheit und Zukunft mit einem gemeinsamen Begriff – dem Sumerischen ul-lí-a bzw. (das aus dem Akkadischen entlehnte) da-rí bzw. dem Akkadischen *dārûm* und *ṣiātum*.[58]
Einzeln oder als Begriffspaar referieren sie auf andauernde Zeiträume,
Perioden, und schließlich auf Permanenz. Sie bezeichnen eine Zeitebene, die sich in einem kontinuierlichen Fluss entfaltet.[59] Während die
menschliche Lebensspanne charakterisiert ist als festumschriebener
Zeitraum (der durch den Termin *simānu* des Todes abgeschlossen
wird), erstreckt sich demgegenüber das Dasein der Götter in der ‚Dauerhaftigkeit'. So heißt es im Gilgamesch-Epos:

> „Mein Freund – wer kann den Himmel ersteigen? Es sind die Götter, die
> dort wohnen auf Dauer, die Menscheit aber – ihre Tage sind gezählt. Alles
> was sie unternimmt ist nichts als Wind".[60]

Tatsächlich ist es das Spannungsfeld zwischen Vergangenheit und Zukunft, in dem sich das Handeln der Herrscher Mesopotamiens ansiedelt. in ihren Tatenberichten und Bauinschriften aktualisieren diese mit
der Referenz auf die Vorgänger die Vergangenheit und mit dem Verweis auf künftige Herrscher die Zukunft. Der Referenzbegriff ist jeweils
darû. Dass dieser Vorstellung der „immanenten Dauerhaftigkeit" große
Bedeutung zukommt, belegt auch ihre theologische Repräsentation in
der großen Götterliste An = Anum. Darin wird die Genealogie der
Götter gegeben und an fünfter Stelle erscheint das Götterpaar *Dūri* und
Dāri die gegengeschlechtliche Personifikation der „Beständigkeit."[61]
Aus den amorphen Elementar-Prinzipien Oben und Unten gehen die
großen Konzepte hervor, die schließlich in die anthropomorphen Göt-
tergestalten münden. Und an der Schnittstelle zwischen diesen findet
sich die göttliche Personifikation der Beständigkeit. Man könnte fragen,
ob sich nicht in dem Fragment aus der Lehrschrift des Pherekydes von

---

58 Zu Belegen s. die Wörterbücher s. v.
59 Etymologische Schwierigkeiten ergeben sich aus der Ableitung des akkadischen
    dāru von der Wurzel DWR/DUR. Im Ugaritischen bedeutet dr „Haus, Dynastie,
    Generation" und die Folge drdr „Generation von Generationen" – eine Vorstellung,
    die eher mit ‚zyklischen', denn mit linearen Zeitvorstellungen verbunden wird.
    Doch zeigt die von Dominique Charpin aufgewiesene Existenz einer sekundär de-
    nomminierten Wurzel DRR „zu sich selbst zurückkehren" und die daraus abge-
    leiteten Begriffe andurārum bzw. andurāru, dass damit nicht ‚zyklische', sondern
    periodisch verstreichende Abschnitte gemeint sind.
60 Vgl. W. G. Lambert, Morals in Ancient Mesopotamia, JEOL 15, 1958, 184–196, 190.
61   Zu diesem Text s. die Edition durch R. L. Littke, A Reconstruction of the Assyro-
    Babylonian God-Lists, An. ᵈA-NU-UM and AN. Anu šá amēli, Texts from the
    Babylonian Collection 3, 1998.

Syros, in dessen Einleitung es heißt „daß Zas und Chronos immer waren samt der Chtonischen"[62] ein Rest dieser Konzeption erhalten hat.[63]

5. Zeit, Ewigkeit, Geschichte als Handlungsräume

Diese Skizze sollte zeigen, in welchem Kontext in Mesopotamien Denkfiguren entwickelt werden konnten, die das Konzept einer linearen, sequentialisierten Weltzeit mit den wiederkehrenden natürlichen Periodizitäten verbinden. Die konkrete Wirklichkeit ist geprägt durch das Nebeneinander von administrativer Zeitbewirtschaftung und kultischem Kalender. Beides – Arbeit und Kult – bindet die Menschen gleichermaßen an die göttliche Welt.

Die Götter als Schöpfer und Verkörperungen der natürlichen Taktgeber konstituieren die Zeit und handeln in der Zeit. Sie verbinden die zählbare Zeit mit dem Prinzip der Dauerhaftigkeit, personifiziert im Götterpaar der Dauerhaftigkeit, die in den Anfang der Schöpfung projiziert wurden, das dem Menschen nur im sozialen Kollektiv, nämlich in der genealogischen Erneuerung und im Konzept der Erinnerung gegeben ist. Die „ferne Zeit der Vergangenheit" auf der einen und die „ferne Zeit der Zukunft" auf der anderen Seite sind die beiden Aspekte der Dauer. Ut-napischtim, „der *Napištum* fand" – der babylonische Noah, lebt ‚unsterblich' an den Grenzen der Zeit. Er fand das, was Gilgamesch suchte, nicht das „ewige" Leben, sondern eine Qualität, die ursprünglich auch das griechische Wort *Aion* beschreibt, wie Günther Zuntz gezeigt hat.[64] Es bezeichnet jene „vitale Potenz", in der sich das Leben entzeitlicht.

---

62 H. Diels, Die Fragmente der Vorsokratiker, 1903, B4.

63 K. Koch, Wind und Zeit als Konstituenten des Kosmos in phönikischer Mythologie und spätalttestamentlichen Texten, in: Mesopotamica – Ugaritica– Biblica. Festschrift für K. Bergerhof zur Vollendung seines 70. Lebensjahres am 7. Mai 1992, 1993, 59–63.

64 G. Zuntz, Aion. Gott des Römerreichs, Abhandlungen der Heidelberger Akademie der Wissenschaften, phil.-histor. Klasse, (1989, 2), 12ff mit ausführlicher Darlegung der sich verändernden Konnotationen im Griechischen und im Lateinischen.

Anhang

I)

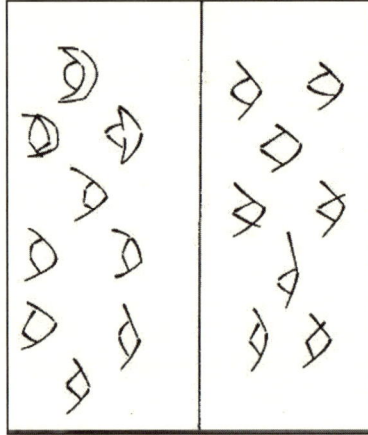

Abbildung I a: Frühe Varianten des Zeichen für „Tag"
(aus dem Ursprungsbild um 90° nach links gedreht)

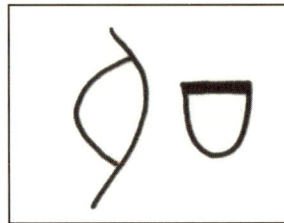

Abbildung I b: Adskription der Quantitätsangabe (N8) ergibt das Zeichen für
1 „Zeit-Tag" im Sinne von einem erfüllten Arbeitstag. Die nächste Bündelungsstufe
liegt bei dem Wert 10 (s. u. Anhang III)

Abbildung I c: Inskription der Quantitäsangabe (N1) in das Zeichen für „Tag" ergibt:
1 Monat, 2 Monate-...

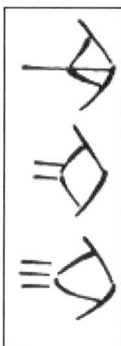

Abbildung I d: Präskription der Quantitäsangabe (N57) in das Zeichen für „Tag" ergibt:
1 Jahr, 2 Jahre, 3 Jahre....

II)

Als Vorlage für das Schriftzeichen NINDA (Abbildung IIa) mit dem (aus jüngerer Überlieferung zu erschließendem) Bedeutungsfeld „Essen" (Abbildung II b) ein standardisiertes Rationen-Gefäß zu etwa 0,8l. Durch Kombination mit dem Zeichen für „Kopf" ergibt sich das Bedeutungsfeld „essen".

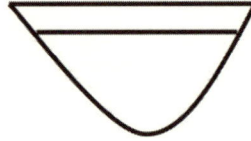

Abbildung II a

Abbildung II b

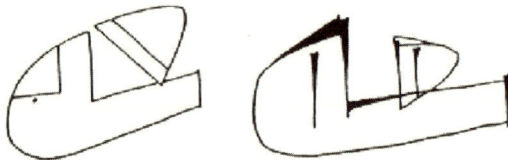

Abbildung II c

III)

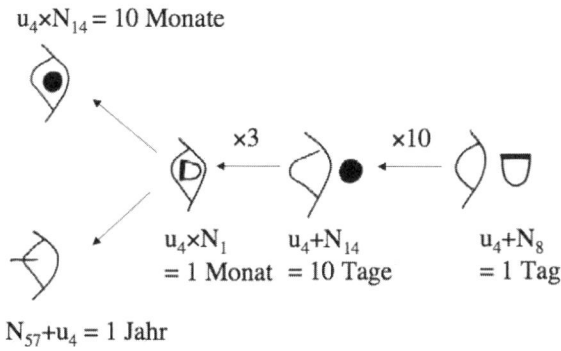

$u_4 \times N_{14}$ = 10 Monate

×3   ×10

$u_4 \times N_1$ $u_4 + N_{14}$ $u_4 + N_8$
= 1 Monat   = 10 Tage   = 1 Tag

$N_{57} + u_4$ = 1 Jahr

Abbildung III a: Die Einbindung der Symbolwerte des Getreide-Maßsystems in das Zeit-
Maßsystem der Uruk Iv- und Uruk-III Periode.
$N_{indexzahl}$: die moderne Katalog-Referenz des numerischen Zeichen (ATU 2 S. 166)

Abbildung III b: N_{14} steht hier für den 10fachen Wert

Abbildung III c: N_1 steht für das 30-fache einer Tagesration

The Theological Significance of Dualism
in the Three Times of Zoroastrian Eschatology

ALAN WILLIAMS

Introduction

In this paper I address the theme of time and eternity as the field of divine action in the Zoroastrianism of the ninth century AC books in Pahlavi. In such a discussion, neither of the terms 'time' and 'eternity' can be considered in abstraction from the epistemological context of the particular system of thought to which they belong. Thus, in the Zoroastrian system we find a particular understanding which is highly contextualised and peculiar to the definitions of Zoroastrian epistemology and theology. As in other philosophical and religious traditions this understanding is expressed in various modes and genres of representation. It is found in vividly imaginative narratives in the cosmogonic and other foundation myths; it is stated in doctrines and creeds; and it is worked out in terms of theological significance in the more philosophical texts. Here, after giving a brief impression of the mythological landscape envisioned by the Zoroastrian cosmogonies, I shall concentrate rather on the theological and philosophical texts of the 9th century. In this my focus will be that of the Zoroastrian texts of the late Sasanian and early Islamic periods.

The Mythological Representation of Time and
Eternity in the Pahlavi Books

At the outset I must acknowledge the fact that in the latter half of the twentieth century modern understanding of the Zoroastrian religious tradition was greatly influenced by one scholar, the British Iranologist, the late Mary Boyce. Her work on the general history of Zoroastrianism, the dating of the prophet Zaraϑuštra, and her interpretation of the religion, influenced not only scholars and students in the academic world, but also Zoroastrians themselves in Iran, India and in the international diaspora of the community across the world, and sometimes not without controversy. Boyce's principal thesis, which ran through so much of her work on Zoroastrianism, was her conviction of the continuity of Zoroastrian religious tradition via ritual and doctrinal fidelity from the time of the prophet Zaraϑuštra down to recent times. She located the modern manifestation of this tradition among, as she termed them, 'the faithful' communities of rural Zoroastrians in Iran, and also in the orthodox tradition of the Parsi community of India.[1] Her greatest contribution was her multi-volume History of Zoroastrianism,[2] of which she was working on the fourth of a planned eight volumes when she passed away in April 2006. It was back in 1975, however, that she published the first volume of her History, in which she not only pushed the date of Zaraϑuštra back by several hundred years into the second millennium BC, but she also reconstructed and explained the origins and background of the Zaraϑuštra and his teachings with an unprecedented lucidity and conviction. The book is divided into three parts, I 'The Pagan Background', II 'Zoroaster and his Teachings' and III 'The Prehistoric Period of the Faith'. In the section on the teachings of Zaraϑuštra , after offering a learned reconstruction of Zaraϑuštra that she had assembled from primary sources, she went on to describe Zaraϑuštra's radical vision, from which he taught a new dispensation, namely his vision of Ahura Mazdā 'Wise Lord', Angra Mainyu 'Hostile Spirit' and the ameshaspentas 'Bounteous Immortals'. This teaching, she argued, was also a reformation of the old Iranian pagan religion, which he had inherited from his forefathers and in which, Boyce maintained, he had been a priest. Central to Boyce's understanding of Zaraϑuštra's vision was a strongly eschatological current running through his teaching, which she explained in a brief chapter entitled 'The Two States and the Three Times'. Boyce found it necessary, even at this early stage of working out the history of the religion, to establish the plan of time and eternity by which the religion cohered. The chapter was, like her other two chapters in this section, a typically elegant historical reconstruction. The greatest difficulty she faced, however, in this reconstruction was that the most ancient texts, i.e. the Gāthās and early Avesta that are thought to originate from the time of Zaraϑuštra, make only allusive references to cosmogony, time and eternity. It is certainly evident that Zaraϑuštra's vision was profoundly eschatological and promised an eventual resolution to the strife of this world, but in order

---

1   See in particular M. Boyce, A Persian Stronghold of Zoroastrianism based on the
      ratanbai Katrak Lectures 1975, 1977; and M. Boyce, Zoroastrianism. Its Antiquity and
      Constant Vigour, Columbia Lectures on Iranian Studies 7, 1992.
2   M. Boyce, A History of Zoroastrianism, Handbuch der Orientalistik Series, Vol I
      1975, Vol. II 1982, Vol. III 1993.

to discover Zaraθuštra's own ancient conceptions of time and eternity it was necessary for Boyce to turn to the ninth century AC Bundahišn in Middle Persian / Pahlavi. This text, she explained,

> … is a compilation concerned mainly with cosmogony and cosmology, which derives directly from lost parts of the Avesta itself together with their later commentary or zand. Its most ancient layers of material can usually be identified as such, since direct quotations from the Avesta are introduced by a standard formula, pad dīn gōwēd "in the Religion he (i.e. Zoroaster) says"; and this scriptural matter accords admirably with incidental allusions in the surviving Avestan texts themselves.[3]

This statement is important, as it is fundamental to Boyce's working method. Although her use of such a late text has seemed problematic to some of her critics, Boyce argued (and many have supported her in this view), that it is legitimate to take the evidence of religious teaching which had been preserved faithfully for centuries in oral tradition and written down only later, in order to shed light on the earliest period of the faith which preceded written scriptures. It is certainly widely believed that Zaraθuštra's Gāthās, the Avesta and the exegetical tradition of zand, not to mention the Indian Vedas and many other examples of oral religious 'scriptures' which predate cheirographic manuscription, were 'faithfully' transmitted down the centuries. To this day there continues to be an oral transmission of the liturgy and Avestan prayers by Zoroastrian priests.

Boyce's chapter on 'The Two States and the Three Times' represents a new level of understanding of the Zoroastrian tradition by western scholarship: this is not only a result of painstaking reconstruction based on fragments of evidence from ancient texts and from comparison with cognate languages such as Vedic Sanskrit, but also by taking seriously the traditions of the later sources as trustworthy evidence of the earlier religion in a faithful continuity of tradition. In the earliest Avestan texts attributed to the Zaraθuštra, Ahura Mazdā is regarded as creator of the spiritual and physical worlds; in the later textual tradition of Pahlavi texts these two worlds are given the names mēnōg 'invisible, immaterial' and gētīg 'visible, material'. In resorting to the 9th century Bundahišn Boyce describes the time of creation dramatically represented in mythological form as the transition from unlimited time, that is, eternity, to limited or bounded time, within which the events of cosmic history take place.[4] Boyce's writing here is cautious yet intent on reconstructing the past in spite of the paucity of obvious evidence. She generally implies that the understanding of eternity and time gra-

---

3   Boyce, History of Zoroastrianism I, 131.
4   Boyce, History of Zoroastrianism I, 230.

phically represented in the Bundahišn and similar texts is a mythological representation of what Zaraθuštra himself would have taught.
To give a flavour of this text I quote the first few sections of ch. 1 of the
text of the Bundahišn on the spiritual creation: this discloses a metaphysical structure couched in terms of a dramatic imagery which is
unique to Zoroastrianism:

> (1–5) It is thus revealed in the Good Religion that Ohrmazd was on high in
> omniscience and goodness. For boundless time He was ever in the light.
> That light is the space and place of Ohrmazd. Some call it Endless Light....
> Ahriman was abased in slowness of knowledge and the lust to smite. The
> lust to smite was his sheath and darkness his place. Some call it Endless
> Darkness. And between them was emptiness (tuhīgīh).

> (6–10) They both were limited and limitless: for that which is on high,
> which is called Endless Light, ... and that which is abased, which is End-
> less Darkness – those were limitless. (But) at the border both were limited,
> in that between them was emptiness. There was no connexion between the
> two. Then both two Spirits were in themselves limited. On account of the
> omniscience of Ohrmazd, all things were within the knowledge of
> Ohrmazd, the limited and the limitless; for He knew the measure of what is
> within the two Spirits.

> (11–12) Then the entire kingship of the creation of Ohrmazd, in the future
> body for ever and ever, that is limitless. The creation of Ahriman, at the
> time when the future body will be, shall be destroyed. That truly is limited.

> (13–14) Ohrmazd by His omniscience knew that the Evil Spirit existed,
> what he plotted in his enviousness to do, how he would commingle, what
> the beginning, what the end; what and how many the tools with which He
> would make an end. And He created in the spirit state the creatures He
> would need as those tools. For 3,000 years creation remained in the spirit
> state.[5]

This is the majestic opening of the Bundahišn, announcing, but not yet
detailing, the mēnōg creation of Ohrmazd's pantheon of divine, bounteous immortals and yazads, and the fravahrs or spirits of humankind.
Thus follows Ahriman's response, which is the independent, antithe-
tical 'mis-creation' of the evil mēnōg 'spiritual' creation. This, again, is
followed by Ohrmazd's creation of the material world. It goes on to describe what was already in the omniscience of Ohrmazd yet which had
to be played out in material reality. There is a consultation between the
divine and human spirit:

> (Ohrmazd) consulted with the fravahrs of men. He bestowed the wisdom
> of all knowledge upon (the fravahrs of) men, and said: 'Which seems to
> you the more profitable, that I should fashion you for the material world,

---

5   Tr. M. Boyce, Zoroastriansim, Textual Sources for the Study of Religion, 1984, 45–46.

and that you should struggle, embodied, with the Druj, and destroy the Druj; and that at the end I should restore you, whole and immortal, and recreate you in the physical state, for ever immortal, unageing, free from enemies; or that you should be protected for ever from the Assault? And the human fravahrs saw by the wisdom of all knowledge the evil which would come upon them in the world through the Druj and Ahriman; yet for the sake of freedom in the end from the enmity of the Adversary, and restoration, whole and immortal, in the future body for ever and ever, they agreed to go into the world.[6]

This has occupied 6,000 years of limited time already and signals the end of the period of bundahišn creation. I reproduce here Boyce's own préçis of the whole 12,000 year cycle of limited time:

0–3000	Ahura Mazdā, with foreknowledge of the need and means to destroy evil, brought his creation into being in an invisible or spirit (mēnōg) state. The Evil Spirit, rising from the deep, perceived this creation. He shaped the lesser evil spirits and attacked. Ahura Mazdā cast him down helpless by reciting the Ahunvar prayer.
3000–6000	The Evil Spirit lay prostrate. Ahura Mazdā gave material (gē-tīg) form to his creation, shaping the world in seven stages, with one plant, animal and man.
6000–8969	The Evil Spirit broke into and polluted the material world, destroying the plant, animal and man. From their seed grew all existing plants, animals and men. Yima reigned first over mankind and all other events of Iranian myth and ancient epic took place.
8970	Birth of Zaraϑuštra
9000	Beginning of the millennium of Zaraϑuštra. He received his revelation, and began to preach.
9012	Zaraϑuštra converted King Kavi Vištāspa, his first patron.
9013–9969	A time of goodness followed by slow decline, leading to the present day.
9970	Birth of the first World Saviour, Uxšyat-ərəta (Pahl. Hušēdar)
10000	Beginning of the millennium of Hušēdar. He will lead the forces of good and overcome evil. A new time of goodness will again be followed by slow decline.
10970	Birth of the second World Saviour, Uxšyat-nəmah (Pahl. Hušēdarmāh

---

6   Bundahišn 3. 23–4, tr. Boyce, Zorastrianism., 50.

11000	Beginning of the millennium of Hušēdarmāh. He will again lead the forces of good and overcome evil. A new time of goodness will again be followed by slow decline.
11943	Birth of the third World Saviour, Astvat-ərəta, the true Saošyant.
11973	The Saošyant will begin the work of Frašo-kərəti (Pahl. Frašegird), with the resurrection of the dead, the Last Judgment and the final conquest of evil.
12000	History will end. The Kingdom (Xšaθra) of Ahura Mazdā will come on earth, and he will reign in bliss for ever.[7]

A Pahlavi text, the Pahlavi Rivāyat, preserves an account of the final period of resolution of the universe:

> They (the souls of the righteous who have passed through judgment) will perform one act of worship and the earth will rise by three spears in height ... with the second act it will rise by 300 hundred spears... with the fifth act of worship it will reach the star station and Heaven will descend from where it is now to the star station. Then Ohrmazd and the amahraspands and all the yazads and mankind will be in one place, and the star too and the moon and the sun and the Victorious Fire will all be in the form of a man who is strong, and they will all be in the form of a man and they will come to the earth. Then it will be entirely the creation of Ohrmazd... And after that it will not be necessary for him to perform any action, and mankind, in the likeness of a body of 40 years of age, will all be immortal and deathless, and ageless, and without feeling or decay, and their work will be this, to behold Ohrmazd and to pay homage, and to do for the other lords all hat seems to themselves very peaceful. Everyone will love others like himself. And the goodness of the Future Body, apart from what I have written, is such that it can neither be known nor described through limited human knowledge and reason...
>
> ... and the principal kinds of plants will be restored, and there will be no diminution of them, but every place will be like the springtime, resembling a garden, in which there are all kinds of plants and flowers; and with the wisdom of this world it is not possible to comprehend and know its wondrousness and worthiness and pleasantness and purity.[8]

Boyce had to concede, in her chapter on the two states and the three times:

> There is no trace in Zoroaster's own utterances of any fixed chronology, or of any speculation about the world-age in which Frašō.kərəti will be

---

7   Quoted from Boyce, Zoroastrianism., 21, with changes in the transcription.

8   PRDd. 48.98–107, A. V. Williams, The Pahlavi Rivāyat Accompanying the Dādestān ī Denīg, Det Kongelige Danske Videnskabernes Selskab, Historisk-filosofiske Middelelser 60, 1, 2 Vols., 1990, II, 87f.

brought to pass; but in the Gāthās, as in the Christian Gospels, there is a sense of urgency, of the end of things being at hand.[9]

And so it is that the Zoroastrian religion, as has often been said, is a profoundly eschatological religion, which, like Christianity, looks forward to the coming of a saviour who will overcome the evils which have beset this world. In Zoroastrianism it was not the fall of man nor man's straying from the righteous path that brought about evil in this world, but rather evil arose as a negative force—the force of the Lie—afflicting the universe from the beginning, that is, the hostile spirit opposed to the spirit of Ahura Mazdā. Yet, it must be said that, in spite of Boyce's and others' portrayal of the religion, it is not just a profoundly eschatological faith. It is also theologically distinctive in regard to its understanding of dualism.

The Theological Exposition of Dēnkard III

In Boyce's discussion of the two states and the three times she confines herself entirely to the mythological view of the subject as found in the Bundahišn and Persian texts which follow on from it. She did not explore the meaning and significance given to these ideas in the more philosophical, theological, analytical and aphoristic literature of the Sasanian and early Islamic period. Whether because of a characteristic caution in the face of such texts, or her sense that such texts did not as accurately reflect the prophet's own views from early antiquity, Boyce did not much refer to the theological and philosophical apologetic, in other words the intellectual tradition preserved in the few Pahlavi books of this genre, most importantly the Dēnkard. Modest as the size of this intellectual tradition is, when compared with that of the other religions, it is not a negligible body of text, as it runs to many hundreds of pages in the modern printed editions. More significant is the fact that the most important book of the Dēnkard, the third, has remained virtually ignored, undiscussed and misunderstood in English for over a century since the Parsi scholar Sanjana and the English scholar West attempted to make sense of it. The most recent published translation is the 1973 French version of de Menasce. Its language is different from that of any other Pahlavi text and is very difficult to construe: it is judged to be obscure in its coinages, hapax legomena and compound philosophical terminology, and scholastic in its argumentation. It is written in a particularly dense style of Pahlavi (whose anarchic gram-

---

9   Boyce, History of Zoroastrianism I, 253.

mar and mixed 'system' of writing, in ideographic and phonetically spelled words written in a cryptic, hieratic script derived from Aramaic, make even the simplest expression difficult to read). Nevertheless, those who have studied it have found that it more than amply rewards the effort. The French translator de Menasce says in his Introduction:

> Il y en a des preuves presque à chacun des chapitres du livre III, sans préjudice de sa prétention et de son effort pour démontrer par l'évidence, la raison, le caractère plausible, la « convenance » philosophique et théologique de l'enseignement de la Dēn. Son caractère miraculeux, merveilleux, est constamment affirmé, mais c'est l'exercice de la raison qui le met en lumière.[10]

The Zoroastrian religious tradition is of interest as an example of a religious system which is markedly different from the three main systems of western, so-called Abrahamic, monotheism, not to mention the religions of South and South East Asian origin. Zoroastrian cosmological and eschatological landscapes of are of different conception and design, and they would appear to give rise to a different religious psychology. Zoroastrian communities in Iran, India and now in the West have lived in circumstances of varying difficulty since the Islamic conquest of Iran in the 7th century. For centuries now they have been obliged, coerced and acculturated into accepting the aesthetic and intellectual milieux of the Muslim and Hindu majorities; during the British colonial period in India they absorbed many of the values – cultural and theological – of Christianity also. It is a long time since Zoroastrians defended their own theological distinctiveness in robust terms against alien, aggressive religious teachings. They did so, however, in the 9th century Dēnkard, and in similar books such as the Škand Gumānīg Wizār ('Doubt-Dispelling Exposition') and Wizidagīhā-ī Zādspram ('Selections of Zādspram'). Fortunately these works survived largely intact thanks, perhaps, to the fact that the script of Pahlavi in which they were written made them illegible to Muslims. Dēnkard III is at the same time the most articulate of this distinctive theological vision, and also perhaps the most difficult to translate, because it is expressed in a contracted, idiosyncratic style. In every word it seems to address the oldest symbolic language of the Gāthās as the supreme authoritative text of the tradition (ch.7). Yet the very acuity of its arguments has sometimes to be camouflaged in cautious language when it is addressed to those who could take actual revenge for polemics against their religious doctrines, the Muslim authorities. The Dēnkard could be described as an attack on the Abrahamic world view on behalf of the Iranian. The metaphor of

---

10   J. de Menasce, Le troisième livre du Dēnkart. Traduit du pehlevi, 1973, 12.

colour and food is used most graphically early on in the book, when the Dēnkard declares in chapter 28:

> The proper colour of the Land of Iran is the law and the custom of the Mazdean religion; its alien colours are the non-Iranian character, doctrines, customs contrary to the custom of the Mazdean religion of Iran. Whenever Iran possesses its proper colour, that is the Iranian law and the custom of the Mazdean religion, the good mēnōg dwells there and the evil one is chased out; it becomes repaired, ordered, well-arranged, decorated, pure, beautiful, perfumed, full of happiness, just as the health of the body is regulated by nourishments themselves. And whenever it possesses alien colours, that is the non-Iranian character, doctrines, customs of all kinds, the evil mēnōg dwells there and the good one is chased out; it becomes accursed, distressed, miserable, impure, stinking, ugly and full of unhappiness, just as when the illness of the body is the result of terrible excess or deprivations from bad nourishment.[11]

The Dēnkard seems to be written in the faith that the religion must survive in Iran, but in the knowledge that it is already fading away, poisoned by the presence of the alien faith which had settled upon the land. The author speaks as if constrained by fears for his safety so that he never mentions Islam or Muslims, but refers instead to kēšdārān, 'upholders of (false) religions', which is a thinly veiled reference to the 'ulemā and foqāhā. Yet it relentlessly questions the intellectual, theological foundations upon which Islam, Christianity and Judaism are established. In the course of this sustained attack upon the alien religious teachings, the Mazdean religion is prescribed as the medicine against the maladies which afflict the earth and mankind, which are in turn directly linked to the assault of the evil spirit. The doctrines of the creation, assault of evil, and the 'Renovation' of Frašegird and the Future Body (tan ī pasēn) are interpreted at many levels, and are not just left as mythological stories. They have cultural, political, psychological and spiritual significance, which is often explained by Dēnkard III in theological terms, as the following passage:

> Ohrmazd, through his omniscient wisdom and the plan of his will, determined through action a limit to time, and through time a limit to action. This limit lasts from the beginning to the end. Action upon completion returns to its original rest, and time, having gone its limited course returns to its original unlimitedness: it is Frašegird, the elimination of the Druj, the resurrection, the Future Body, eternal bliss and the salvation of all the creation. Wisdom, will, action and time are unchanging, from the initial plan and as to the progress in relation to the plan of the will, notably in the progress of Mazdean religion and the union of all the creatures at the

---

11   Tr. from the French of de Menasce, Le troisième livre du Dēnkart, 46, with changes in the transcription.

Renovation, and on the destruction of all that which could be the elimi-
nation notably of the Mazdean religion and the separation of all the
creatures from the Renovation. The rule of the will and the action of men is
the Mazdean Religion; every result of Ohrmazd's is beneficial, even when
in the gētīg a disadvantage resulted from the attack of the adversary; but
the end of the rule of all that which is of the evil spirit is disadvantageous,
even when in the gētīg, through deception of the adversary, there is pro-
duced an advantage, with the result that the wisdom and the plan of the
will of Ohrmazd for the advantage of all the creatures are realised as
unchangeable.[12]

Such a narrative was also expressed in the form of aphoristic wisdom
(handarz) as in the following passage, from Dēnkard VI E35k:

It is the duty of every person to do these four things: the Renovation, the
Creation of the Creatures, the Resurrection and the Future Body.
The Renovation is this: A man who separates himself from the demons.
The Creation of Creatures is this: a man who does well these things,
(namely) thought, speech, and action
The Resurrection is this: a man who knows how to retrieve that which has
been taken away from him by force.
The Future Body is this: he who knows how to return to that place from
which he came.[13]

This would never have been said in the Bundahišn. As de Menasce
tried to explain in his 1946 Paris Ratanbai Katrak Lectures on the exposition of the Dēnkard:

le rédaction d'un compendium doctrinal fut un aboutissement de cette
préoccupation. Voilà ce qu'est le Dēnkart, et c'est lui qui convient d'étudier
pour se faire une idée de la dernière phase de l'orthodoxie mazdéenne en
Iran. Nous sentons bien que le fait d'exprimer la doctrine d'un magistère
quasi officiel donne à cet écrit un caractère particulier. Les documents de
cette espèce n'insistent généralement pas sur ce qui, dans une croyance, est
le plus courant ou le plus vécu. L'intérêt se porte davantage sur ce qui
risque d'etre oublié et sur ce qui est objet de controverse. On n'y cherchera
donc pas un exposé équilibré et intégral.[14]

Indeed, the Dēnkard does not describe doctrine, whether explicitly or
in mythological form: rather, it argues doctrine rationally, extending
out into the world for its political and cultural significance in the face of
the oppression and subjugation by Islamic authorities, and then retrea-
ting into the psychological and spiritual significance for individual Zo-

---

12   Tr. from the French of de Menasce, Le troisième livre du Dēnkart, 218f., with
     changes in the transcription.
13   Tr. S. Shaked, The Wisdom of the Sasanian Sages (Dēnkart VI),1979, 217.
14   J. de Menasce, Une encyclopédie mazdéenne: le Dēnkart. Quatre conférences
     données à l'Université de Paris sous les auspices de la fondation Ratanbai Katrak,
     1958, 5.

roastrians. This makes it all the more interesting theologically, and the more a sad loss that the argumentation and explication of the Dēnkard have long ceased to be well known in the Zoroastrian tradition. The Zoroastrians of Iran and India no longer profess the theology of dualism that is so staunchly asserted in the Dēnkard. Centuries of acculturation and propaganda by Muslims in Iran obliged them to conceal, and latterly altogether to deny, the dualistic basis of their theology as expounded in the Dēnkard. Zoroastrian dualism, it may be said, is a theological system which served to protect the integrity and purity of its religious vision and epistemology. In a brief but masterly essay, the Italian historian of religion Ugo Bianchi drew up a taxonomy of dualism across the religions.[15] In order to establish the various different characteristics of dualism across the world, Bianchi insisted that 'all dualistic positions, whether systematic, mythological or otherwise, are bound to give an answer to each of these three alternatives'.[16]

1) Was the dualism, Bianchi asked, radical or softened? 'Radical dualism admits two principles from the very metaphysical beginnings', whereas 'Softened dualism exhibits only one principle in the beginning while a second principle… acts as such in the coming into existence of the world or of constituent parts of the same'.

2) Was the dualism dialectical or eschatological? Dialectical dualism admits two principles whose relation is productive and eternally irreducible, although one of them is often conceived as 'good' and the other as 'evil' … Eschatological dualism admits that the evil is to be evacuated at the end of history.

3) Was the dualism pro-cosmic or anti-cosmic? Pro-cosmic dualism contends that the creation is good, and evil comes from outside into it. Anti-cosmic dualism contends that the evil comes from inside the world, from a substance essentially negative, or illusive, intrinsic to this, such as matter or body, or the inferior soul.

By these criteria, Bianchi states, 'as it results from our table, the position of Zoroastrianism between all the possible forms of dualism is the most specific one.'[17] Zoroastrian dualism is the only example of a theology that is simultaneously radical, eschatological and pro-cosmic dualism. This form of dualism, which is the very substance of the theology of Dēnkard III, was believed to act as a protection for Zaraϑuštra's pristine vision of Ahura Mazdā, creator of all goodness in order to prevent the religion from falling into the errors, as the Zoroastrian authors

15   U. Bianchi, 'The Category of Dualism in the Historical Phemonenology of Religion', Temenos 16 (1980).

16   Bianchi, The Category of Dualism, 16f.

17   Bianchi, The Category of Dualism, 17.

saw it, which had corrupted the teachings of the other faiths. Principally this was the error of associating God with evil, and thereby raising the spectre of the theological problem of theodicy, with which Jewish, Christian and Muslim theology is confronted. Yet the theology of Dēnkard III, as a radical, pro-cosmic, eschatological dualism, has now for centuries been confined to the recesses of Zoroastrian collective memory, surviving only in such obscure and difficult 9th century Pahlavi texts as the Dēnkard and a few others. It has survived in mythological and ritual formulations down to modernity, and is even being rediscovered by 21st century Zoroastrians interested in recovering their theological heritage.[18] Centuries of Muslim, Hindu and, latterly, Christian influences had obliged Zoroastrians to repudiate all theological dualism, to forget the arguments of Dēnkard III and to treat dualism as if it were altogether inimical to their prophet Zaraϑuštra's vision, like the gnostic, Manichaean dualism which is so vigorously condemned and opposed in the Dēnkard itself. Père Jean de Menasce summed up the polemical argumentation of the Dēnkard on this matter in a complex but crucially important explanation which, for the sake of conformity with the English of this essay, I have rendered into English:

> These broadside attacks against the (Islamic) conquerors come in support of the principal offensive led simultaneously against monotheism and against the eternity of hell which, for the Mazdeans, directly contradicted the wisdom of the divine governance. If the existence of evil postulates a first principle of evil, and thus dualism, the perennity of the pain due to the sinner could not correspond to the total plan of which the realisation must be the effect and the sign of omnipotence, of the providence and of the triumph of the Creator. Mazdaism is dualist in so far as it admits of a 'substantial' evil, having no consistency with good, but this consistency being conceived exclusively in keeping with that of good, evil being no more than a parasite of existence, existence being fully just. Mazdaism is monotheist in so far as Ohrmazd is alone in organising and bringing to the end, that is to say to immortality and the transfiguration of Frašegird, this world of good which He alone has created; moreover, he is alone in being able to take account of the existence of 'the other', in knowing his project and his means, in tolerating him for a time so as to make of His (Ohrmazd's) creatures agents and collaborators for Him, Ohrmazd, in the work which must be completed in the victory of good and the expulsion of evil. 'Independent' of Him, evil is nevertheless inferior – if not subordinated – he is one might say, 'futureless'. Ohrmazd, the single principle of beings and their single end, is thus the single God. The principle of evil and of evil spirits being no more than a dēv, and wisdom being unique to God, the time limit, the end of beings and its creation cannot not entail

---

18   E.g. Zoroastrian Studies of Mumbai. See P. G. Kreyenbroek/S. N. Munshi, Living Zoroastrianism. Urban Parsis Speak about their Religion, 2001.

their ultimate separation from being with evil in all its forms. Hell and its pains will cease; death will end, and even the gētīg (material world), descended from mēnōg (spiritual world) in order to lead the combat, will be reabsorbed, as good as it is, in the original mēnōg. It is thus the eternity of hell, not hell itself, which Mazdaism rejects.[19]

Conclusion

The conception of time and eternity as the field of divine action in Zoroastrianism served far more than as merely an eschatological model of hope and salvation. As we have begun to see in the Dēnkard, the conceptions of the three times are part of a general theological position which has applications as an ethical, philosophical and spiritual programme. Since the Middle Persian Pahlavi language died out as a medium of intellectual discourse long ago, the Dēnkard has been read or understood by no more than a very few Zoroastrian priests for many centuries, until a revival of interest in the 19th century, alongside the translations and editions of a few Parsis and of Western scholars such as de Menasce and Shaked. This could be seen as having been a great loss to the theological health of the Zoroastrian religion, whose theological traditions may be said to have withered on the branch in the season of drought which arrived with the imposition of Islamic rule in Iran. For all the work Mary Boyce did on the history of ancient Zoroastrianism and the ethnography of the traditions that survived down to the 20th century, her advocacy of a dualistic interpretation of Zoroastrianism was not popular among the majority of Iranian and Parsi Zoroastrians. Boyce's account of Zoroastrian dualism seemed to Zoroastrians in India, Iran and the diaspora to be something regrettable in her work, as if it reminded the world of a remarkable difference that was represented in the teachings of their ancient prophet, Zaraϑuštra, that they preferred to forget. In my view Boyce was correct to see the continuity of theological tradition, as well as the line of ritual and doctrinal observance, down from Zaraϑuštra to the writers of the Pahlavi books, and thereafter in the devotional tradition. But the intellectual exposition of Dēnkard III was just as much part of that chain of transmission, not an unnecessary scholastic intellectualisation, and its value as a missing link in the exposition of the uniqueness of the Zoroastrian tradition lies in its explanation of the theological necessity of its radical, procosmic, eschatological dualism. By describing Zoroastrian dualism

---

19   Translated from de Menasce, Le troisième livre du Dēnkart, 21f.

and its eschatology not just in terms of the mythology of the Bundahišn but also with attention to the theological discourses of the h, we are able to see the intellectual vigour of a religious tradition fighting for its life in the 9th century against competing ideologies.

Teil II:
Griechische Philosophie

Zeit und Ewigkeit in Platons *Timaios*

Eine Untersuchung des demiurgischen Modells

WALTER MESCH

Wer danach fragt, was Platon unter Zeit versteht, hat sich dem *Timaios* zuzuwenden. Denn nur in dessen berühmter Kosmologie findet sich eine Bestimmung, die als platonische Zeitdefinition angesehen werden kann. Die Zeit ist demnach das nach Zahl voranschreitende ewige Abbild der im Einen bleibenden Ewigkeit (37c). Was dies bedeutet, lässt sich nur schwer verstehen, weil Platons Zeittheorie von komplizierten Voraussetzungen ausgeht, ohne sie ausführlich zu erläutern. Was bedeutet es, dass die Zeit voranschreitet, und was ist das Verhältnis dieses Voranschreitens zur Zahl? In welchem Sinne ist die Zeit Abbild, ja sogar ewiges Abbild? Was ist die abgebildete Ewigkeit und in welcher Einheit ruht sie? All diese Fragen sind nur schwer zu beantworten. Schwierigkeiten bereitet vor allem die Ewigkeit, über die der Text nur sagt, dass sie im Einen ruht. Das zahlenmäßige Voranschreiten der Zeit wird dagegen ausführlich erläutert. Es liegt deshalb nahe, sich zunächst an diesen zugänglicheren Aspekt zu halten. Dabei darf die Ewigkeit aber nicht aus dem Blick geraten. Denn im zahlenmäßigen Voranschreiten der Zeit muss sich zeigen, inwiefern sie die Ewigkeit abbildet. Und der Sache nach wird dieser Aspekt als grundlegend betont: Die Zeit ist ein ewiges Abbild der Ewigkeit. Um dies zu verstehen, reicht es sicher nicht, nur auf das zahlenmäßige Voranschreiten der Zeit zu blicken. Inwiefern ihr Voranschreiten die Ewigkeit abbildet, dürfte nämlich nur zu verstehen sein, wenn man auch versteht, was hier abgebildet werden soll und wie diese Abbildung aufzufassen ist.

Die zeittheoretische Passage der Kosmologie hilft dabei kaum weiter. Was die Ewigkeit ist, wird hier nur angedeutet. Und dasselbe gilt für das Verständnis der Abbildung. Es wird nur gesagt, das Vorbild des Kosmos insgesamt sei ein immer seiendes Lebewesen (*zôon aidion on*), dessen ewige Natur (*physis aiônios*) dem Werdenden, Entstehenden oder Erzeugten (*tô gennêtô*) nicht vollständig mitgeteilt werden konnte. Und deshalb habe der Vater (*patêr*) ihn als ein bewegtes Abbild der Ewigkeit (*eikô … kinêton tina aiônos*) hergestellt (37d). Warum und inwiefern die Zeit ein Abbild sein soll, erfährt man hier nicht. Es ist deshalb wichtig, die zeittheoretische Passage im Zusammenhang zu betrachten und auf die Grundlagen der platonischen Kosmologie zu beziehen. Besonders wichtig ist dabei das einleitende Proömium, das den Kosmos als Abbild von Ideen bestimmt. Denn mit dieser Bestimmung liefert der Timaios den entscheidenden Ansatzpunkt für das Verständnis seiner schwierigen Zeittheorie: Die Zeit ist Abbild der Ewigkeit, weil der gesamte Kosmos Abbild von Ideen ist. Sie ist im selben Sinne Abbild wie der Kosmos insgesamt. Und die von ihr abgebildete Ewigkeit muss eine Eigenschaft von Ideen sein. Folgt man dem Proömium, ist der Kosmos ein Abbild von Ideen, das ein göttlicher Demiurg herstellt, indem er ungeordnete Bewegung in geordnete Bewegung überführt. Die Zeittheorie setzt diese Struktur der Kosmologie voraus. Ich muss deshalb zunächst das demiurgische Modell (1.) und die damit verbundene Abbildtheorie erläutern (2.), bevor ich zeittheoretische Fragen besprechen kann. Ausgehen werde ist dabei von der Herstellung der Zeit, wie sie im Text erzählt wird (3.). Um das zahlenmäßige Voranschreiten der Zeit verständlich zu machen, ist dann einerseits das Verhältnis von Zeit und Bewegung (4.), andererseits das Verhältnis von Zeit und Zahl zu untersuchen (5.). Danach folgt ein Versuch, das zahlenmäßige Voranschreiten der Zeit als Abbild der Ewigkeit verständlich zu machen, indem genauer nach dem Ewigkeitsbegriff gefragt wird (6.). Am Ende steht eine kurze Schlussbetrachtung, die das Ergebnis für die zentrale Bestimmung zusammenfasst (7.).

1. Das demiurgische Modell

Im späten Dialog *Timaios* wird von der gleichnamigen Dialogfigur erläutert, wie der Demiurg als eine Art göttlicher Handwerker den wahrnehmbaren Kosmos gestaltet. Demnach geht er von einer ungeordneten Körperbewegung aus, die für die Gestaltung des Kosmos gewissermaßen das Material liefert, und macht daraus eine geordnete Körperbewegung. Er greift etwas auf, was sich nicht in Ruhe, sondern in einer regellosen und ungeordneten Bewegung befindet, und überführt es aus Unordnung in Ordnung (*eis taxin auto êgagen ek tês ataxias*, 30a). Um dies leisten zu können, muss sich der Demiurg, wie Timaios betont, an der vorbildlichen Ordnung immer seiender Ideen orientieren. Sonst hätte der Kosmos nicht so gut gelingen können, wie er offenkundig gelungen ist. Ein geordneter Kosmos konnte nur im Rückgriff auf Ideen eingerichtet werden (29a). Dieser Rückgriff auf Ideen ist kaum für selbstverständlich zu halten, zumal seine Begründung sehr knapp ausfällt. Dass ein geordneter Kosmos vorausgesetzt werden muss, leuchtet dagegen leichter ein. Wie Timaios annimmt, ist der Kosmos schön, ja sogar das Schönste unter dem Werdenden. Dies ist nicht erstaunlich, wenn man Schönheit als sichtbaren Ausdruck von Ordnung versteht. Und ein solches Verständnis wird bereits durch die Verwendung des Wortes „*kosmos*" signalisiert. Im vorphilosophischen Sprachgebrauch bezieht es sich auf eine Ordnung, Anordnung oder Einrichtung, die technisch gelungen oder moralisch gerechtfertigt und in dieser Qualität wahrnehmbar ist. Die angesprochene Ordnung besitzt eine deutliche ästhetische Komponente. Und diese kann sich sogar verselbständigen, wenn „kosmos" nicht die Ordnung als solche, sondern Schmuck, Ausschmückung oder Zierde meint. Von hieraus lässt sich nachvollziehen, weshalb bereits die vorsokratischen Physiologen auf das Wort zurückgriffen, um das geordnete Weltganze zu bezeichnen.[1] Platon setzt diese philosophische Terminologie schon früh voraus, wenn er das Weltganze (*holon*) nicht nur „Ordnung" (*taxis*), sondern auch „*kosmos*" nennt (*Gorg.* 506c-508a). Am deutlichsten zu erkennen ist die kosmische Ordnung in den regelmäßigen Bewegungen der Himmelskörper, die auch für die Zeittheorie des *Timaios* eine wichtige Rolle spielen. Obwohl diese astronomischen Bewegungen durchaus Abweichungen zeigen, setzen sie nämlich feste Zahlenverhältnisse voraus. Und darin lassen sie sich durch die Vernunft erkennen, wenn man sich nicht nur auf sinnliche Wahrnehmungen stützt. Auch dieser Gesichtspunkt wird nicht erst im *Timaios* betont (*Rep.* 529b ff.).

Dass von einem geordneten Kosmos auszugehen ist, mag damit klar sein. Aber wer zu verstehen versucht, weshalb er sich nur im Rückgriff auf Ideen einrichten ließ, wird sich fragen müssen, ob er überhaupt jemals einzurichten war. Kann es nicht auch sein, dass die Ordnung des Weltganzen schon immer bestand? Offenkundig rechnet das demiurgische Modell mit einer Entstehung des Kosmos, indem es ihn wie ein umfassendes Produkt behandelt. Und vor diesem Hintergrund wird im Proömium der Kosmologie sogar ausdrücklich gesagt, dass der Kosmos entstanden sei (*gegonen*, 28b). Da man ihn sehen und anfassen könne, besitze er nämlich einen wahrnehmbaren Körper. Und das Wahrnehmbare, das wir durch Meinungen erfassten, indem wir von Wahrnehmungen ausgingen, sei als Werdendes und Entstehendes zu betrachten, wie sich bereits gezeigt habe. Beschränkt man sich auf diesen Gesichtspunkt, mag es so aussehen, als sei die Frage für Platon entschieden. Der Kosmos muss demnach entstanden sein, indem er von einem Anfang aus anfängt (*ap᾽ archês tinos arxamenos*), weil er als

---

1   Vgl. G. Vlastos, Plato᾽s Universe, 1975, 3ff.; J. Dalfen, Voraussetzungen und Entwicklungen des griechischen Begriffes „Kosmos", Philosophia Naturalis 17 (1978), 460–478.

wahrnehmbarer Körper ein Werdendes ist. Denn das Werdende, war zuvor gesagt worden, benötigt eine Ursache (*aitia*), um ins Sein zu treten (28a). Trotzdem ist die Lage aus verschiedenen Gründen alles andere als eindeutig. *Erstens* ging es zuvor nur um eine nicht näher erläuterte Ursache, die beim Entstehen des Werdenden vorauszusetzen ist. Und dabei liegt es zunächst nahe, an materielle und körperliche Ursachen zu denken. Weshalb dies nicht reicht, warum die Ursache also zumindest letztlich als Demiurg aufzufassen ist, bleibt im Text offen. Und deshalb erfährt man auch nicht wirklich, warum der Kosmos demiurgisch hergestellt worden sein muss. Der unvermittelte Übergang hat die Interpreten häufig irritiert.[2] *Zweitens* weist Timaios bei der späteren Erzählung der Herstellung darauf hin, dass die erzählte Reihenfolge nicht wörtlich genommen werden darf. Zuerst geht es nämlich um den Weltkörper und erst dann um die Weltseele. Aber dies darf nicht so verstanden werden, als hätte der Demiurg die Seele tatsächlich erst nach dem Körper hergestellt. Denn sonst müsste Jüngeres das Ältere beherrschen, was zurückzuweisen ist (34a). *Drittens* bereitet die Vorstellung einer Entstehung der Zeit Schwierigkeiten, weil die Entstehung als zeitlicher Vorgang selbst Zeit vorauszusetzen scheint. Bereits Aristoteles formuliert deshalb den berühmten Einwand, eine Entstehung des Kosmos sei unsinnig, weil eine Entstehung der Zeit unsinnig sei (*Cael.* I, 279b ff.). Dabei setzt er zwar voraus, dass Platon mit einer demiurgischen Herstellung gerechnet hat. Dies geschieht aber nur, um den platonischen Vorschlag zurückweisen zu können.

Angesichts dieser Schwierigkeiten überrascht es nicht, dass die meisten Interpreten seit der Antike annehmen, die Herstellung des Kosmos werde nur aus didaktischen Gründen (*didaskalias charin*) als zeitlicher Vorgang erläutert.[3] Eigentlich habe es den Kosmos auch für Platon immer gegeben. Aber seine Ordnung sei am leichtesten zu verstehen, indem man sie als hergestellt betrachte. Dies bedeutet jedoch keineswegs, dass es sich hier in jeder Hinsicht um ein bloßes Bild handelt. Das demiurgische Modell taucht nämlich in vielen Dialogen auf. Und niemals wird auch nur angedeutet, dass die Rede von einer Herstellung des Kosmos nicht ernst gemeint sein könnte. Es scheint vielmehr *ontologische* Gründe zu geben, die das demiurgische Modell für

---

2   Th. Ebert, Von der Weltursache zum Weltbaumeister, Antike und Abendland 37 (1991), 43–54.

3   M. Baltes, Die Weltentstehung des platonischen Timaios nach den antiken Interpreten, 2 Bde. 1976; M. Baltes, Genonen (Platon, Tim. 28b 7). Ist die Welt real entstanden oder nicht? in: K. A. Algra u. a. (Hg.), Polyhistor. Studies in the History and Historiography of Ancient Philosophy, 1996. Für eine reale Weltentstehung votiert z. B. R. Hackforth, Plato's Cosmogony (Timaeus 27d ff.), The Classical Quarterly 9 (1959), 17–22.

Platon attraktiv machen. Vermutlich geht es darum, die *kausale* Abhängigkeit des Kosmos von Ideen zu veranschaulichen.[4] Dies zeigt nicht zuletzt die wiederholte Kritik an den Vorsokratikern. So wird deren Annahme, kosmische Strukturen verdankten sich körperlichen Ursachen oder bloßem Zufall, mehrfach zurückgewiesen (*Soph.* 265a, *Phlb.* 28d ff., *Leg.* 888e ff.). Um die gute Ordnung des Kosmos verständlich zu machen, braucht man eine ordnende Vernunft (*nous diakosmôn*), die das Gute als höchstes Prinzip zu betrachten erlaubt, indem sie sich an Ideen als eigentlichen Ursachen orientiert. Körperliche Ursachen sind dagegen nur von untergeordneter Bedeutung (*Phd.* 95e ff.). Das demiurgische Modell erlaubt es, nachvollziehbar zu veranschaulichen, wie diese ordnende Vernunft zu verfahren hat. Auch ein üblicher Handwerker erzielt nur dann verlässlichen Erfolg, wenn er gemäß den Regeln seiner Kunst verfährt, sein eigentümliches Werk (*ergon*) im Auge behält und dem Produkt eine bestimmte Ordnung (*taxis*) oder Gestalt (*eidos*) verleiht (*Gorg.* 503d-504a).[5] Dabei muss er nicht zuletzt wissen, was er herzustellen hat. Und diese Wissensbedingung ist aus platonischer Sicht nur dann zu erfüllen, wenn sie auf Ideenwissen beruht. Demnach blickt selbst ein einfacher Handwerker, der ein einzelnes Bett herstellt, auf die Idee des Bettes (*Rep.* 596b). Und für den göttlichen Demiurgen, der den gesamten Kosmos verfertigt, gilt dies erst recht. Wie Timaios ausdrücklich sagt, kann er den geordneten Kosmos nur herstellen, indem er auf immer seiende Vorbilder blickt. Die Herstellung wörtlich zu nehmen, verbietet sich schon deshalb, weil der Demiurg oder Gestalter (*synhistas*) immer wieder auch Vater genannt wird (28c, 37c, 50d). Denn buchstäblich genommen sind das demiurgische und das genetische Modell nicht zu vereinbaren. Beiden Modellen dürfte es aber darum gehen, die vorbildlichen Ideen kausal an die körperliche Materie zu vermitteln. Dabei dominiert das demiurgische Modell wohl deshalb, weil es deutlicher zeigt, inwiefern dies ein kosmologisches Wissen ermöglicht. Angesichts seiner ontologischen Grundlage ist jedenfalls damit zu rechnen, dass es nicht nur eine *didaktische*, sondern auch eine *heuristische* und *epistemologische* Bedeutung besitzt.

---

4   Vgl. W. Mesch, Die Bildlichkeit der platonischen Kosmologie. Zum Verhältnis von Logos und Mythos in Platons Timaios, in: M. Janka/Ch. Schäfer (Hg.), Platon als Mythologe. Neue Interpretationen zu den Mythen in Platons Dialogen, 2002,194–213.

5   Vgl. M. v. Ackeren, Das Wissen vom Guten. Bedeutung und Kontinuität des Tugendwissens in den Dialogen Platons, 2003, 111.

2. Vorbild und Abbild

Die Vorbilder, an denen sich der Demiurg orientiert, werden nicht ausdrücklich Ideen genannt. Doch dies gilt auch für viele andere Stellen, an denen sich Platons Dialoge auf schlechthin seiende Erkenntnisgegenstände beziehen. Auch im Proömium der Kosmologie sind mit jenen Vorbildern zweifellos Ideen gemeint. Timaios fragt nämlich, ob der Demiurg auf das sich immer gemäß demselben (*kata tauta*) und gleich (*hôsautôs*) Verhaltende oder auf das Werdende geblickt habe (29a). Und die erste Möglichkeit, die er bereits vorweggenommen hatte (28a) und für die er sich kurz darauf endgültig entscheidet, benutzt Bestimmungen der Ideen aus Platons mittleren Dialogen, und zwar bis in Einzelheiten des Wortlauts. Hält man sich an ihre Standardbestimmung, sind Ideen Gegenstände, die sich anders als wahrnehmbare Körper im eigentlichen Sinne erkennen lassen, weil sie sich immer gemäß demselben oder gemäß sich selbst gleich verhalten (*Symp.* 211b, *Crat.* 439e, *Rep.* 479a-e). Anders als die Einheit von Körpern ist ihre Einheit nicht zusammengesetzt, sondern ursprünglich und deshalb unvergänglich (*Phd.* 78d). Es ist diese bleibende und unauflösliche Struktur, durch die sie sich zu eigentlichen Erkenntnisgegenständen qualifizieren. Und eben diese Struktur wird hier angesprochen. Dabei erläutert Timaios die Unterscheidung von Seiendem und Werdendem genau so, wie man es im Anschluss an die Ideenlehre der mittleren Dialoge erwarten muss. Schon zu Beginn des Proömiums unterscheidet er das immer Seiende, das keinerlei Veränderung aufweist, und das immer Werdende, das kein wahres Sein besitzt. Und auch hier wird auf die epistemologischen Konsequenzen dieser ontologischen Perspektive hingewiesen (27d –28a). Das immer Seiende ist vernünftig zu erkennen, und zwar durch eine Vernunft, die mit Begründung oder Argumentation verbunden ist (*noêsis meta logou*). Es liegt nahe, dies auf eine dialektisch verfahrende Vernunft zu beziehen, wie sie etwa im Liniengleichnis der *Politeia* thematisiert wird (*Rep.* 511b).[6] Das Werdende erlaubt dagegen nur eine Meinung, die mit Wahrnehmung verbunden ist (*doxa met' aisthêseôs*). Auch dies passt zum Liniengleichnis und anderen Passagen, die Ideen von wahrnehmbaren Körpern unterscheiden. Es gibt deshalb keinen Grund, die Vorbilder, auf die der Demiurg blickt, nicht für Ideen zu halten.

Allerdings ist richtig, dass die Kosmologie von dieser ontologischen und epistemologischen Unterscheidung nur ausgeht, um sie zu

---

6   Dies sieht schon F. M. Cornford, Plato's Cosmology. The Timaeus of Plato translated
     with a Running Commentary, 1937 (repr. 1977), 28.

vermitteln. Der Kosmos gehört zwar zum körperlich Werdenden, das nur wahrzunehmen und nicht dialektisch zu erkennen ist. Aber als Schönstes und Bestgeordnetes unter dem Werdenden kann immerhin als Abbild von Ideen gelten. Auch ein solches Abbild kann die Vollkommenheit der Ideen niemals ganz erreichen. Denn ein Abbild ist grundsätzlich nur „das einem Wahren ähnlich gemachte andere Derartige" (*Soph.* 240a). Trotzdem kommt der Kosmos seinem Vorbild so nahe, wie es für ein Werdendes möglich ist. Dem Demiurgen geht es nämlich darum, den entstehenden Kosmos seinem unentstandenen Vorbild möglichst ähnlich zu machen (29e, 30c, 37c). Von entscheidender Bedeutung ist die Einführung der Weltseele. Als ihre Grundlage dient die Annahme, dass nichts vernünftig sein kann, was keine Seele besitzt.[7] Denn damit muss auch der körperliche Kosmos ein beseeltes Lebewesen sein, um Vernunft zu besitzen und den erkennbaren Ideen möglichst nahe kommen zu können (30b). Wenn der sichtbare Kosmos ein beseeltes Lebewesen ist, muss aber auch sein ideales Vorbild ein vollendetes Lebewesen (*panteles zôon*, 31b) sein. Doch was ist mit diesem vollendeten Lebewesen gemeint? Eine unmittelbare Identifikation mit dem Demiurgen scheidet aus, weil es um das Vorbild geht, an dem er sich orientiert. Noch weniger hilft es, an die später erläuterte Weltseele zu denken, weil sie Teil des sichtbaren Kosmos ist und auf die Ebene des Abbilds gehört.[8] Die Bestimmung bezieht sich eindeutig auf die vorbildlichen Ideen, die in gewisser Weise als lebendige Gedankenstruktur, als bewegter Kosmos der Vernunft zu betrachten sein dürften. Als externe Bestätigung kann jene berühmte Stelle aus dem *Sophistes* gelten, an der gesagt ist, dass Ideen bewegt sein müssen, wenn sie erkennbar sein sollen (248a ff.). Ich werde darauf zurückkommen. Im Moment ist nur festzuhalten, dass die Ideen natürlich nicht körperlich bewegt sein können, wenn man ihre ontologische Differenz zu wahrnehmbaren Dingen berücksichtigt. Es kann sich nur um eine intelligible Bewegung handeln, wie sie sich in ihrer dialektischen Erkenntnis zeigt.

Die schwierigen Details der anschließenden Gestaltung des Weltkörpers und der Weltseele sind für die platonische Zeittheorie von keiner großen Bedeutung. Wir können sie deshalb übergehen. Wichtiger sind ihre Grundbedingungen. Dem Demiurgen geht es durchgängig um die Maximierung der Ähnlichkeit von Vorbild und Abbild. Doch auch eine perfekte Abbildung kann ihre Differenz nicht völlig überwinden. Der Kosmos bleibt ein defizientes Abbild der Ideen, weil es

---

7   Vgl. M. v. Perger, Die Allseele in Platons Timaios, 1997, 69ff.
8   J. Halfwassen, Der Demiurg. Seine Stellung in der Philosophie Platons und seine Deutung im antiken Platonismus, in: A. Neschke-Hentschke (Hg.), Platos Timaios. Beiträge zu seiner Rezeptionsgeschichte, 2000, 39–62.

unmöglich ist, ihre vollkommene Vernünftigkeit im Körperlichen vollständig zu verwirklichen. Die Bildlichkeit der Kosmologie lässt sich
deshalb nicht durch die genaue Rede der Ideendialektik ersetzen. Vielmehr entspricht die Ungenauigkeit der kosmologischen Rede der Bewegtheit des körperlichen Erkenntnisgegenstandes. Die Kosmologie
kann für Platon nur eine bildliche Rede (*eikôs logos*) sein, weil der Kosmos selbst nur ein Bild (*eikôn*) ist (29a-c). Bei der Einschätzung des Befundes empfiehlt sich Vorsicht. Gemeint ist natürlich nicht die Bildlichkeit einer bloßen Fiktion, die keine wissenschaftlichen Ergebnisse liefern würde. Es geht aber auch nicht um die Bildlichkeit einer gleich-
nishaften Rede, die allegorisch zu deuten wäre. Und an eine künstle-
rische Darstellung, die etwas erschließt, das sich ohne sie nicht erschließen lässt, darf ebenfalls nicht gedacht werden, obwohl der erzählte Mythos durchaus literarischen Ansprüchen genügt. Maßgeblich ist vielmehr das Bildverständnis, das sich aus der kosmischen Abbildung idealer Vorbilder ergibt. Die Rede der Kosmologie kommt der Wahrheit
ebenso nahe wie der Kosmos seinem Vorbild. Es handelt sich hier um
eine Wahrscheinlichkeit, die in der Ähnlichkeit zur Wahrheit liegt.[9]
Diese zeigt sich in der allgemeinen Struktur des Kosmos, die als solche
zu erkennen ist, und nicht in der Untersuchung von Einzelfällen, mit
denen man allgemeine Hypothesen erprobt. Die Wahrscheinlichkeit
der platonischen Kosmologie besitzt zwar eine wissenschaftliche
Bedeutung. Aber diese muss anders verstanden werden als die statisti-
sche Wahrscheinlichkeit, mit der die moderne Naturwissenschaft rechnet. Es geht um die Nähe zur Ideendialektik, von der die Kosmologie
doch immer geschieden bleibt. Dies gilt auch für die Zeit, durch die der
Kosmos zur größten Ähnlichkeit mit seinem Vorbild gelangt. Auch die
Zeittheorie des *Timaios* ist Theorie nur im eingeschränkten, wenn auch
angemessenen und unersetzbaren Sinne des *eikôs logos*.

3. Die Herstellung der Zeit

Vor diesem Hintergrund können wir nun genauer auf die Zeittheorie
eingehen. Betrachten wir zunächst die berühmte Passage, die davon
berichtet, wie der Demiurg die Zeit herstellt:

> „Als der Vater, der ihn erzeugt hatte, vernahm (*enoêsen*), wie er bewegt
> wurde und lebendig war, dieser entstandene Schrein immer währender
> Götter (*tôn theôn gegonos agalma*), freute er sich und wohlgemut gedachte
> er, ihn seinem Vorbild noch ähnlicher zu machen. Wie nun dies ein immer

---

9   K. Gloy, Studien zur platonischen Naturphilosophie im Timaios, 1986, 7–43; W.
     Mesch, Die Bildlichkeit, 199ff.

währendes Lebewesen (*zôon aidion*) ist, machte er sich daran, dieses All (*to pan*) ebenso nach Möglichkeit zu einem Derartigen zu vollenden. Nun war die Natur dieses Lebewesens eine ewige (*aiônios*), und diese dem Erzeugten vollständig mitzuteilen war nicht möglich. Ein bewegtes Bild der Ewigkeit (*eikô ... kinêton tina aiônos*) dachte er zu machen, und zugleich mit der Durchordnung des Himmels machte er von der im Einen bleibenden Ewigkeit (*aiôn*) ein nach Zahl voranschreitendes ewiges Bild, das wir dann Zeit (*chronos*) nannten: Tage, Nächte, Monate und Jahre, die es nicht gab, bevor der Himmel wurde, deren Entstehung bewerkstelligte er da, während er zugleich jenen zusammenfügte." (37c–e).

Der Beginn dieser Passage setzt die Herstellung der Weltseele voraus. Dass sie allgemeines Bewegungsprinzip ist, zeigt sich vor allem an der Bewegung der Himmelskörper. Denn die Weltseele zeichnet deren Bahnen derart vor (36c–d), dass sie als immer während Götter in diesen Schrein gesetzt werden können. „Agalma" bedeutet zwar auch Abbild im Sinne eines Götterbildes. Es darf hier aber nicht als Abbild im Sinne des Leitbegriffs „eikôn" verstanden werden, weil man sonst für die Bestimmung der Zeit auf die falsche Fährte gerät.[10] Folgt man dieser Bestimmung, ist die Zeit ein *bewegtes*, wenngleich *ewig* bewegtes Bild der Ewigkeit. Dass sie ewig bewegt wird, dürfte nichts anderes bedeuten, als dass ihre Bewegung nicht aufhört. Die Bewegung der Zeit dauert unbegrenzt. Schon deshalb lässt sich die Ewigkeit nicht einfach als unbegrenzte Zeit verstehen. Es sind hier Bestimmungen zu berücksichtigen, die sie von der Zeit unterscheiden. Im Text werden diese deutlich genannt. Während die Ewigkeit im Einen bleibt (*menontos en heni*), schreitet die bewegte Zeit nach Zahl voran (*kat' arithmon iousan*). Die Differenz wird sogar so deutlich betont, dass man sich fragen mag, worin die Ähnlichkeit von Vorbild und Abbild liegen soll. Im besonderen Maße gilt dies für die Differenz von Ruhe und Bewegung, und zwar vor allem dann, wenn man die Ruhe auf die strikte Bewegungstranszendenz von Ideen bezieht. Das Verhältnis von Einheit und Zahl lässt sich dagegen leichter erkennen, weil Zahlen Einheiten sind, die Einheiten voraussetzen. Aber dieser Gesichtspunkt hilft nicht viel, solange man nicht versteht, was Ewigkeit ist. Und der Text bleibt hier recht unergiebig. Was es bedeutet, dass die Ewigkeit im Einen ruht, wird nämlich nicht erläutert. Das Verständnis der Ewigkeit hat den Interpreten deshalb großes Kopfzerbrechen bereitet. Aber auch die Bewegtheit und die Zahlhaftigkeit der Zeit, die ausführlicher behandelt werden, verlangen nach Erläuterung. Der Text sagt zunächst, die Zeit schreite nach Zahl voran, und etwas später, sie gehe nach Zahl im Kreise (38a). Wie in der Folge deutlich wird, geht es dabei um eine Zeit-

---

10   F. M. Cornford, Plato´Cosmology, 99.

messung, die auf Zahlen und auf die Kreisbewegung von Himmelskörpern zurückgreift. Gleichwohl muss man fragen, *in welchem Sinne*
mit Zahlen und zahlenmäßigen Bewegungen zu rechnen ist. Bewegt
sich die Zeit selbst nach Zahlen? Oder gilt dies nur für die Himmelskörper? Erst wenn man dies geklärt hat, lässt sich erläutern, inwiefern
die Zeit Abbild der Ewigkeit ist, obwohl die Ewigkeit nicht nach Zahl
voranschreitet, sondern im Einen ruht.

4. Zeit und Bewegung

Ich beginne mit der Frage nach der zeitlichen Bewegung. Hält man sich
an Aristoteles, bereitet dieser Aspekt der platonischen Zeitbestimmung
besondere Schwierigkeiten. Denn Aristoteles bestimmt die Zeit als Zahl
oder als Maß der Bewegung gemäß früher und später (*arithmos/metron
kinêseôs kata to proteron kai hysteron*, 219b 1, 220b 32). Dabei betont er
ausdrücklich, Zeit sei keine Bewegung, sondern etwas *an* der Bewegung (*Phys.* IV, 218b 18), nämlich ebenjene Zahl oder jenes Maß, mit
dem wir die Dauer von Bewegungen messen. Dass die Zeit selbst eine
Art Bewegung sein könnte, wird von ihm entschieden bestritten, und
zwar vor allem aus zwei Gründen: *Erstens* betont Aristoteles, dass sich
die Bewegung immer nur dort befindet, wo das Bewegte gerade ist.
Und für die Zeit, die in gleicher Weise überall und bei allem ist, gilt
dies nicht. *Zweitens* können Bewegungen schneller und langsamer sein.
Für die Zeit gilt auch dies nicht, weil man die Geschwindigkeit einer
Bewegung ja gerade unter Rückgriff auf Zeit bestimmt. Dies geht nur
mit unveränderlichen Zeitmaßen. Wäre die Zeit eine Bewegung mit
wechselnder Geschwindigkeit, könnte es gar keine messbare Geschwindigkeit oder auch nur Dauer von Bewegungen geben. Die moderne Zeittheorie ist der aristotelischen Kritik häufig gefolgt. Besonders
ausgeprägt ist diese Tendenz in der analytischen Zeittheorie. Als Bezugspunkt dient meist McTaggarts berühmt-berüchtigter Beweis für
die Irrealität der Zeit, der mit der Annahme eines widersprüchlichen
Zeitflusses rechnet. Und gegen diese Annahme wird unermüdlich betont, daß es streng genommen unsinnig sei, von einer Bewegung der
Zeit zu sprechen.[11] Die beliebten Metaphern vom Vergehen und vom
Fluss der Zeit, müssten aufgegeben werden, weil sie auf einer unsinnigen Dynamisierung der Zeit beruhten. Dabei bedient man sich desselben Gedankens, den schon Aristoteles gegen Platon geltend machte:

11 J. J. C. Smart, The River of Time, Mind 58 (1949), 484; D. C. Williams, The Myth of
    Passage, Journal of Philosophy 48 (1951). Zu neueren Perspektiven vgl. L. N.
    Oaklander/Q. Smith (Hg.), The New Theory of Time, 1994, 157–285.

Die Zeit ist Zahl oder Maß der Bewegung, weil sie unregelmäßige Bewegungen in ihrer Dauer oder Geschwindigkeit zu messen erlaubt, indem man auf die bekannte Dauer und Geschwindigkeit regelmäßiger Bewegungen zurückgreift. Mit ihrer arithmetischen Ordnung oder Form ermöglicht die Zeit eine Bewegung, die sich durch sie messen lässt. Und deshalb kann die Zeit selbst keine Bewegung sein. Wäre sie eine Bewegung, müsste auch diese eine Dauer und Geschwindigkeit besitzen. Die Annahme einer bewegten Zeit führt also in einen Zirkel, dem nur auszuweichen wäre, indem man in einen infiniten Regress gerät. Denn die unterstellte Dauer und Geschwindigkeit der Zeit könnte allenfalls im Rückgriff auf eine andere, höhere Zeit gemessen werden. Und für diese würde sich dasselbe Problem ergeben, wenn auch sie bewegt sein soll.

Was wäre zu dieser Kritik mit Platon zu sagen? Auf den ersten Blick sieht es so aus, als könnte er ihr kaum etwas entgegen halten. Es drängt sich der Eindruck auf, dass sich der Dynamisierungsvorwurf auch anhand platonischer Perspektiven formulieren ließe. Demnach können Formen des Bewegten nicht selbst bewegt sein. Sonst würde es sich gar nicht um seine Formen handeln, sondern nur um irgendein Bewegtes, das im Rückgriff auf unbewegte Formen erst verständlich zu machen wäre. Formen oder Ideen können nicht bewegt sein, wenn sie Bewegtes verständlich machen sollen. Besonders deutlich ist dies bei Ideen, deren Unbewegtheit, wie wir gesehen haben, häufig betont wird. Aber sind nach Platon alle Formen als unbewegte Ideen aufzufassen? Spätestens hier melden sich Bedenken, und zwar gerade im Blick auf Platons Zeittheorie. Denn zumindest für das „war" und das „wird sein", also für Vergangenheit und Zukunft, spricht der *Timaios* ausdrücklich von gewordenen Formen der Zeit (*chronou gegonota eidê*, 37e). Man könnte einwenden, dass es dabei nur um eine Herstellung der Zeit geht, und diese als ein bloßes Bild marginalisieren. Doch ein solches Ausweichen wäre durch den Text kaum zu rechtfertigen, und zwar auch dann, wenn sich die demiurgische Herstellung des Kosmos nur didaktisch verstehen ließe. Denn auch unter dieser fragwürdigen Voraussetzung bliebe es dabei, dass der Text mit einem Voranschreiten der Zeit rechnet. Und dabei kann, wie gleich zu erläutern sein wird, nur die Dynamik der Zeitmodi gemeint sein. Es geht um eine Bewegung der Zeit aus der Vergangenheit in die Zukunft oder, je nach Perspektive, aus der Zukunft in die Vergangenheit. Jedenfalls hilft ein schematischer Gegensatz von Bewegung und Form, wie er durch die Standardbestimmung *transzendenter* Ideen suggeriert wird, offensichtlich nicht weiter, wenn es sich um Formen im Bewegten handelt. Angesichts der bildlichen Anlage der platonischen Kosmologie ist dies kaum überraschend. Denn es geht ihr ja gerade darum, körperlich Bewegtes in der Orientierung an selbständigen Formen bzw. Ideen so vollkommen zu formen, wie irgend möglich. Und dies setzt voraus, dass zumindest formale Abdrücke von Ideen in die Materie eintreten (50d-e). Ein bloßer Gegensatz von Bewegung und Form hilft in der platonischen Kosmologie nicht weiter, weil sie von ihm nur ausgeht, um ihn in der Gestaltung des Kosmos zu überbrücken. Dies muss auch dort gelten, wo die kosmische Bewegung zeitliche Formen annimmt.

Auch von der Sache her leuchtet die Kritik nicht ein, wenn man sie auf die Spitze treibt. Es ist nicht zu sehen, warum sich mit Notwendigkeit Unfug ergeben soll, sobald man von einer bewegten, vergehenden oder fließenden Zeit spricht. Wie bereits angedeutet, muss dies keineswegs zu einer unsinnigen Dynamisierung unbewegter Zeitstrukturen führen. Die Kritik leuchtet nur dann ein, wenn man die Zeit als Maß versteht und dabei Zeitmaße oder die von ihnen vorausgesetzten Strukturen als bewegt betrachtet. Zeitstrukturen, die vorauszusetzen sind, um Zeitmessung als Messung der Dauer von Bewegungen verständlich zu machen, können nicht bewegt sein, weil sonst Zeitmessung unmöglich wäre. Schon Aristoteles verweist dabei auf die Zeitrelationen "früher", "später" und "gleichzeitig". Tatsächlich kann man sich durch eine einfache Reflexion klarmachen, dass diese Zeitrelationen unbewegt sein müssen. Was einmal früher oder später ist, war oder sein wird als ein anderes, bleibt dies immer. Der Abstand eines Früheren und Späteren ändert sich nicht mehr, sobald er einmal fixiert ist. Ein zeitlicher Abstand, der als solcher gemessen und datiert werden kann, unterscheidet sich darin nicht von einem räumlichen Abstand, der von Ortsbewegungen durchlaufen wird. Er steht zwar erst fest, wenn die Bewegung abgeschlossen ist. Aber dann ändert sich hier ebenso wenig wie bei einem räumlichen Abstand. Zeitrelationen sind insofern unbewegt. Doch daraus folgt mitnichten, dass die Rede vom Vergehen oder Fluss der Zeit unsinnig sein müsste. Wer von ihnen spricht, bezieht sich nämlich gar nicht auf Zeitrelationen, sondern auf die Bestimmungen Vergangenheit, Gegenwart und Zukunft, also auf Zeitmodi. Es geht darum, dass etwas, das einmal gegenwärtig war, es jetzt nicht mehr ist. Es geht um die vergehende Gegenwärtigkeit von Gegenwärtigem. Natürlich handelt es sich dabei nur um eine Metapher, in der die Zeitbestimmung der Gegenwart mit dem je Gegenwärtigen und seiner Bewegung verglichen wird. Was metaphorisch in den Blick gebracht wird, ist aber keine philosophische Erfindung,

sondern eine zentrale Struktur unserer Zeiterfahrung.[12] Und diese wird
auch von Aristoteles durchaus anerkannt. Ungeachtet seiner Kritik an
der Identifikation von Bewegung und Zeit erläutert nämlich auch er,
wie wir Zeit in ihrem Vergehen messen. Dass die Zeit vergeht bzw. entsteht, wird auch von ihm unterstellt (*Phys.* IV, 219a 24). Es verbietet
sich also, Aristoteles in diesem Punkt gegen Platon auszuspielen.
Aristoteles betont zu Recht, dass Zeit keine räumliche und körperliche
Bewegung eines Dings sein kann. Dass sie eine metaphorisch zu beschreibende Bewegung eigener Art ist, die wir unterstellen, sobald wir
vom Vergehen der Zeit sprechen, wird auch von ihm nicht bestritten.

Wie die Bewegung der Zeit mit dem *Timaios* aufzufassen wäre, ist
nicht leicht zu sagen. Ein sachlicher Ansatzpunkt hat sich zwar gezeigt.
Geht man von der ontologischen Unterscheidung aus dem Proömium
aus, liegt es sicher nahe, die vergehende Zeit als vergehende Gegenwärtigkeit von bloß Werdendem und niemals wirklich Seiendem zu
verstehen. Aber ausdrücklich gesagt ist dies hier nirgendwo. Dabei
wird der Bezug zwischen Zeitmodi und zeitlicher Bewegung durchaus
betont. Das „war" und das „wird sein", sagt Timaios, sollte man nur
„über das in der Zeit voranschreitende Werden" (*peri tên en chronô
genesin iousan*) aussagen. „Das nämlich sind Bewegungen" (*kinêseis gar
eston*, 38a). Wie ist dies zu verstehen? Das in der Zeit voranschreitende
Werden ist natürlich nicht das Werden der Zeit selbst. Es handelt sich
vielmehr um Bewegungen, Abläufe, Ereignisse, die sich in der Zeit ereignen. Um dies geltend zu machen, muss man nicht mit einer Bewegung der Zeit selbst rechnen. Doch dann wird gesagt, dies seien Bewegungen. Worauf bezieht sich Timaios hier? Auf die Bewegungen, die
sich in der Zeit ereignen? Dies leuchtet kaum ein, weil ein solcher Hinweis auf Selbstverständliches vollkommen überflüssig wäre. Es liegt
deshalb nahe, ihn auf das „war" und „wird sein" zu beziehen, um das
es in der ganzen Passage geht. Und dies wird dadurch bestätigt, wie
die Passage endet. Nachdem verschiedene grammatische Formen des
„war" und „wird sein" angeführt wurden, sagt Timaios nämlich, all
dies seien „nur Formen (*eidê*) der die Ewigkeit nachahmenden und
nach Zahl im Kreis laufenden Zeit". Es scheint mir kaum möglich, dies
anders aufzufassen als derart, dass es diese Formen der Zeit sind, die
der Zahl nach im Kreise laufen und dabei voranschreiten. Also ist
davon auszugehen, dass die Zeit nach Platon bewegt ist, weil die Zeit-

---

12 Besonders eindringlich wurde sie in der Phänomenologie thematisiert. Vgl. vor
    allem E. Husserl, Vorlesungen zur Phänomenologie des inneren Zeitbewusstseins
    (1928), GW, Bd. X, 1966. Aber auch in der analytischen Zeittheorie braucht sie nicht
    geleugnet zu werden. Vgl. P. Bieri, Zeit und Zeiterfahrung. Exposition eines Pro-
    blembereichs, 1972.

modi eine temporale Dynamik aufweisen. Und trotzdem bereitet das nahe liegende Verständnis dieser Dynamik Schwierigkeiten. Wir hatten vermutet, dass die vergehende Gegenwärtigkeit des Werdenden gemeint sein muss. Aber im Text wird die Gegenwart gar nicht als Zeitmodus bzw. als eine gewordene Form der Zeit bezeichnet. Dies liegt vor allem daran, dass es hier primär um die Differenz von Zeit und Ewigkeit geht. Es geht vor allem darum, eine unangemessene Übertragung von Zeitbestimmungen auf die Ewigkeit auszuschließen. Was zurückgewiesen wird, ist die alte Formel, die Ewigkeit einfach als unbegrenzte Zeit, als Gesamtheit dessen, „was war, ist und sein wird" auffasst. Geht man von der platonischen Ideenlehre aus, die das „immer während Sein" (*aidios ousia*, 37e) strikt vom bloß Werdenden unterscheidet, muss dies als unangemessen zurückgewiesen werden. Das „war" und „wird sein" kann man in Wahrheit nur vom Werdenden aussagen, weil dem immer Seienden nur das „ist" zukommt. Das immer Sein von Ideen schließt jede Veränderung aus, die es erlauben würde, von seiner Vergangenheit und Zukunft zu sprechen.

Aber folgt daraus, dass es gar keine zeitliche Gegenwart gibt? Auf den ersten Blick sieht es so aus. Während die Ewigkeit keine Vergangenheit und Zukunft besitzt und insofern zeitlos ist, scheint die Zeit keine Gegenwart besitzen zu können. Doch wie soll die Zeit über Vergangenheit und Zukunft verfügen, wenn zwischen ihnen gar keine Gegenwart liegt? Fasst man die Gegenwart als unausgedehnt, wie es im aristotelischen Jetzt (*nyn*) geschieht, wäre dies möglich, weil eine solche Gegenwart kein Teil der Zeit ist (*Phys.* IV, 218a). Doch von einer derartigen Annahme findet sich hier keine Spur. Außerdem würde der *Timaios* nur noch rätselhafter, wenn man auf sie zurückgreift. Denn offenbar rechnet er mit einem Vergehen der Zeit. Und dieses muss sich in einer ausgedehnten Gegenwart ereignen, weil sich in einer unausgedehnten Gegenwart gar nichts ereignen kann. Es ist deshalb wichtig, sich klar zu machen, inwiefern die zeittheoretische Passage doch mit einer zeitlichen Gegenwart rechnen könnte. Und im Grunde ist dies gar nicht so schwer. Die Grundlage, die man hierfür benötigt, kennen wir nämlich längst. Man muss sich lediglich klar machen, dass die Kosmologie eine strikte ontologische Unterscheidung voraussetzt, um sie durch eine Abbildtheorie zu vermitteln. Da der Ewigkeit ein reines, weil unvergängliches „ist" zugeschrieben wird, darf man der Zeit im Sinne des Abbildungsgedankens durchaus ein vergängliches „ist" zuschreiben. Wenn die Gegenwart nicht *ausdrücklich* als Form der Zeit bezeichnet wird, so dürfte dies vor allem damit zu tun haben, dass die *wahre* Gegenwart als zeitlose Ewigkeit verstanden werden muss. Die bleibende Gegenwart darf auf keinen Fall mit der vergehenden

Gegenwart verwechselt werden. Der Text betont deshalb mehrfach die Differenz: „Dass das Gewordene geworden *sei* und das Werdende im Entstehen *sei*, schließlich, dass das in Zukunft Entstehende zukünftig *sei* und dass das Nichtseiende nicht da *sei*, von alledem sagen wir nichts *genau*." (38a,b) Obwohl wir vom Sein des bloß Werdenden, das ständig vergeht und auf uns zukommt, nicht *genau* (*akribes*) sprechen können, sprechen wir aber von ihm. Und dies ist nicht nur kritikwürdig, sondern gerechtfertigt, wenn es im Sinne des *eikôs logos* geschieht: Es kann sich hier zwar nur um eine defiziente, weil vergängliche Gegenwart handeln. Berücksichtigt man die Abbildtheorie, kann dem Kosmos aber durchaus eine zeitliche Gegenwart zugeschrieben werden. Und Timaios tut dies auch, wenn er nach der Differenzierung von Ewigkeit und Zeit sagt, das Vorbild sei die ganze Ewigkeit gegenwärtig (*panta aiônos on*), der Himmel dagegen die ganze Zeit vergangen, gegenwärtig und zukünftig (*ton hapanta chronon gegonôs te kai ôn kai esomenos*, 38c). Die Gegenwart taucht hier wie selbstverständlich als Zeitmodus auf.

5. Zeit und Zahl

Die Zahlhaftigkeit der Zeit ist leichter zu verstehen als ihre Bewegtheit. Wenn man auch hier wieder Platon mit Aristoteles vergleicht, bieten sich zwei verschiedene Interpretationen an: Entweder geht es Platon schon um eine abstrakte Zeitmessung im aristotelischen Sinne oder er versteht Zeitmessung auf irgendeine Art konkreter. Die aristotelische Zeitmessung ist insofern abstrakt, als sie nur darauf zielt, Bewegung in ihrer reinen Dauer zu messen. Es geht lediglich darum, wie lange eine Bewegung zwischen einem früheren Zeitpunkt und einem späteren Zeitpunkt dauert. Gemessen wird also nur die zeitliche Ausdehnung vom Anfang bis zum Ende der Bewegung. Dazu braucht man sowohl *abstrakte Zahlen*, die überhaupt zu zählen erlauben, als auch ein *konkretes Maß*, das eine bekannte Dauer vorgibt. Dieses Maß kann nur durch eine regelmäßige Bewegung geliefert werden. Und dabei muss es für uns zugänglich, sichtbar und erkennbar sein. Denn eine regelmäßige Bewegung, auf die wir nicht zurückgreifen können, nützt uns wenig, wenn wir Zeit zu messen versuchen. Ohne ausgereifte technische Hilfsmittel bleibt deshalb letztlich keine Wahl, als sich auf die regelmäßigen Bewegungen von Himmelskörpern zu beziehen. Sanduhren oder Wasseruhren helfen nur sehr eingeschränkt weiter. Es ist deshalb kaum erstaunlich, dass Platon und Aristoteles Zeitmaße astronomisch gewinnen. Doch der Grundgedanke der abstrakten Zeitmessung hängt hiervon nicht ab. Entscheidend ist zunächst nur Folgendes: Die unbekannte Dauer einer unregelmäßigen Bewegung lässt sich nur messen, indem sie mit der bekannten Dauer einer regelmäßigen Bewegung verglichen und darin unter Rückgriff auf abstrakte Zahlen durchgezählt wird. Im einfachsten Fall bedeutet dies, auf die Reihe der natürlichen Zahlen zurückzugreifen und die Anzahl der kürzeren Vergleichsbewegungen, die das Zeitmaß liefern, zu zählen. So wird etwa gemessen, wie lange ein Schiff von Syrakus nach Athen unterwegs war, indem man zählt, wie viele Rotationen der Fixsternsphäre während seiner Reise stattfinden. Am Ende wird festgehalten, dass die Schiffsreise z. B. vier Tage gedauert hat. Dazu muss man nur zählen können und wissen, dass die regelmäßige Rotation immer genau einen Tag benötigt. Dass in Wahrheit gar nicht die Fixsternsphäre um die Erde rotiert, sondern die Erde um ihre eigene Achse, wie die moderne Astronomie nachgewiesen hat, kann dabei vernachlässigt werden. Entscheidend ist die wahrgenommene Struktur und nicht ihre astronomische Interpretation.

Eine abstrakte Zeitmessung besteht darin, die Dauer unbekannter Bewegungen zu messen, indem man bekannte Vergleichsbewegungen zählt. Wie bei räumlichen Ausdehnungen setzt jede Messung auch hier eine Zählung voraus. Hält man sich an Aristoteles, sind Messen und Zählen trotzdem nicht schlechthin dasselbe. Gezählt werden nämlich primär Diskreta wie Körper, Formen oder Zahlen, die als solche zählbare Einheiten sind (*Cat.* 6, 4b 20 ff.). Wer Pferde zählt, greift etwa auf solche diskreten Einheiten zurück. Gemessen werden dagegen primär Kontinua, bei denen zählbare Einheiten erst durch Anlegen eines Maßes ausgegrenzt werden müssen. Dies gilt nicht nur für räumliche, sondern auch für zeitliche Ausdehnungen (*Phys.* IV, 219a 10 ff.). Dass es die Einheit eines Tages gibt, zeigt sich erst, indem man sich auf die astronomische Vergleichsbewegung bezieht. Vom zeitlichen Kontinuum selbst werden nach Aristoteles keine festen Grenzen und Maße vorgegeben. Das schließt aber nicht aus, dass die Zeitmessung eine Zählung impliziert. Und nur deshalb kann Aristoteles die Zeit als Zahl verstehen. Zeit ist Zahl, weil sie die Dauer einer Bewegung zwischen früher und später als Anzahl bekannter Maße bestimmt. Aber hat Platon dies bereits ebenso verstanden? Oder geht es hier um Zeitmessung in einem konkreteren Sinne, der nicht oder zumindest nicht nur mit der Dauer von Bewegungen zu tun hat?[13] Eine einfache Antwort ist kaum

---

13 G. Böhme, Zeit und Zahl. Studien zur Zeittheorie bei Platon, Aristoteles, Leibniz und Kant, 1974, 122ff. (Platonteil neu aufgelegt: Idee und Kosmos. Platons Zeitlehre – Eine Einführung in seine theoretische Philosophie, 1996); K. Held, Zeit als Zahl. Der pythagoreische Zug im Zeitverständnis der Antike, in: S. Blasche u. a. (Hg.), Zeiterfahrung und Personalität, 1992, 13–33.

zu erwarten, weil schon die komplexe Anlage der Kosmologie dafür spricht, dass die Zeittheorie auch ontologische, epistemologische, psychologische, ethische und politische Konsequenzen besitzt. Den ontologischen und epistemologischen Hintergrund haben wir bereits betrachtet und die Frage nach der Ewigkeit wird uns gleich zu ihm zurückführen. Zu berücksichtigen ist aber auch, dass die kosmologische Rede durch ethisch-politische Fragen motiviert wird. Der Phythagoreer Timaios erläutert die Strukturen eines Kosmos, der für den von Sokrates eingangs skizzierten Idealstaat als natürliche Entfaltungsbasis dienen soll. Und deshalb erstaunt es nicht, dass auch innerhalb der Kosmologie ethische Perspektiven auftauchen.[14] Dies gilt vor allem für die Theorie der Weltseele (34b ff.), die für menschliche Einzelseelen vorbildlich ist (41d ff.). Vor diesem Hintergrund muss durchaus damit gerechnet werden, dass auch die Zeitmessung für Platon eine konkretere Bedeutung besitzt als für Aristoteles. Auch hier mag das Problem, wie ein menschliches Leben einzurichten ist, um das angestrebte Gut der *eudaimonia* zu erreichen, mit im Spiel sein. Es spricht ohnehin viel dafür, dass dieses Thema bei Platon letztlich überall maßgeblich ist, obwohl es natürlich nicht immer gleichermaßen im Vordergrund steht.

Eine ganz andere Frage ist es jedoch, ob Platon nur eine konkrete Zeitmessung kennt. Könnte es nicht sein, dass die Zahl im *Timaios* gar nicht von der Zeit abstrahiert wird? Und ist nicht sogar die Zeit mit der konkreten Bewegung der Himmelskörper zu identifizieren?[15] Wie mir scheint, gibt der Text genügend Hinweise, die solche Bedenken zu zerstreuen erlauben. Vor allem ist Folgendes zu beachten: Die Himmelskörper dienen, wie Timaios ausführt, „zur Bestimmung und Bewachung der Zeitzahlen" (*eis dihorismon kai phylakên arithmôn chronou*, 38c). Ohne ihre regelmäßigen Bewegungen gibt es keine Zeit, weil sie Zeitmaße ausgrenzen, die man zur Messung der Dauer von unregelmäßigen Bewegungen benötigt. Es ist deshalb nicht erstaunlich, dass der Demiurg Zeit herstellt, indem er zugleich den Himmel ordnet (*diakosmôn hama ouranon*, 37d). Doch dies bedeutet keineswegs, dass sich die Zeit mit der Bewegung der Himmelskörper identifizieren lässt. Die Himmelskörper sind nur Wächter der Zeit, weil sie Zeitzahlen bzw. Zeitmaße bleibend ausgrenzen, miteinander vergleichbar und dadurch messbar machen. Es gibt also nicht nur eine Vergleichsbewegung, sondern ein ganzes System aufeinander abgestimmter Zeitmaße. Beson-

---

14 L. Brisson, Den Kosmos betrachten, um richtig zu leben: Timaios, in: Th. Kobusch/B. Mojsisch (Hg.), Platon. Seine Dialoge in der Sicht neuer Forschungen, 1996, 229–248; L. Schäfer, Das Paradigma am Himmel. Platon über Natur und Staat, 2005.

15 Dies scheint schon Aristoteles zu unterstellen, obwohl er Platon nicht namentlich erwähnt (*Phys*. IV, 218a33 ff.).

ders wichtig ist dabei die Sonne, die den Himmel erleuchtet und dadurch leichter erkennbar macht, wie die Fixsternsphäre rotiert. Das letzte Maß liefert allerdings die Fixsternsphäre selbst, die den schnellsten und regelmäßigsten Umlauf aufweist. Dass die Sonne jeden Tag auf und unter geht, liegt nämlich nur daran, dass sie nicht nur ihre Eigenbewegung besitzt, sondern auch vom täglichen Umschwung der Fixsterne mitgenommen wird.[16] Ihre Eigenbewegung grenzt dagegen die Dauer eines Jahres ein. Die zweite offensichtliche Bewegung ist die des Mondes, der einen Monat eingrenzt. Aber auch andere Himmelskörper sollen feste Umlaufzeiten besitzen, obwohl sie noch nicht bekannt sind (39a ff.). Ich kann mich hier auf astronomische Details nicht einlassen und betone deshalb lediglich, dass die astronomischen Bewegungen nur die Funktion haben, Zeitmaße zu liefern. Man könnte auch sagen, dass sie die Uhr bereitstellen, an denen man die Zeit ablesen kann. Es ist aber falsch, wenn immer wieder gesagt wird, für Platon sei die Zeit selbst eine kosmische oder astronomische Uhr.[17] Wäre dies der Fall, besäße die Zeit nichts, was über den wahrnehmbaren Aufbau der Uhr hinausginge. Zeit wäre lediglich das sichtbare System der astronomischen Bewegungen. Doch selbst eine astronomische Uhr ist nicht dasselbe wie die Zeit, sondern macht sie nur erkennbar. Der *Timaios* bestimmt Zeit als das nach Zahl voranschreitende Abbild der Ewigkeit, nicht als die Bewegung von Himmelskörpern.

Dass Platon das Verhältnis von Zeit und Bewegung ebenso eingeschätzt hätte wie Aristoteles, wird man nicht sagen können. Differenzen sind bereits an der schwierigen Frage nach der Bewegtheit der Zeit deutlich geworden. Allerdings hat sich gezeigt, dass sie wohl kleiner sind, als man häufig annimmt. Für die Rolle der astronomischen Bewegungen gilt dies erst recht. Platon hat die Zeit genau so wenig mit dieser großen Uhr identifiziert wie Aristoteles. Und deshalb liegt es nahe, dass er auch das Verhältnis von Zeit und Zahl bereits ähnlich einschätzt wie sein Schüler. Wenn Aristoteles sagt, Zeit sei Zahl der Bewegung, meint er nicht das reine Soundsoviel einer abstrakten Zahl, sondern das Soundsoviel einer Bewegung nach früher und später. Es geht um die Dauer zwischen ihrem Anfang und ihrem Ende. Die Zeit, die eine Schiffsreise dauert, kann aber nicht einfach mit einer abstrakten Zahl angegeben werden. Gerade weil Zeitmessung im aristotelischen Sinne unterstellt, dass wir Zeit im Rückgriff auf abstrakte Zahlen messen, kann sie nicht mit diesen identifiziert werden. Nach Aristoteles ist Zeit vielmehr eine *Anzahl*, nämlich die Anzahl von soundsoviel

---

16   F. M. Cornford, Plato´s Cosmology, 86.
17   W. K. C. Guthrie, A History of Greek Philosophy, Bd. 5, 1978, 300; R. D. Mohr, The Platonic Cosmology, 1985, 54.

Bewegungsabschnitten einer bestimmten Dauer. Die abstrakte Zahl allein vermag nicht anzugeben, wie lange ein Schiff unterwegs war. Es ist eben ein Unterschied, ob es für seine Reise vier Tage, vier Monate oder vier Jahre benötigte. Man muss zwischen abstrakten Zahlen, mit denen wir zählen, und konkreten Anzahlen unterscheiden. Der *Timaios* lässt erkennen, dass dieser Unterschied auch von der platonischen Zeittheorie berücksichtigt wird. Wie sich bereits gezeigt hat, spricht er nicht nur von der abstrakten Zahl, gemäß der die Zeit voranschreitet, sondern auch von so genannten Zeitzahlen (*arithmoi chronou*). Gemeint sind die Umlaufzeiten der Himmelskörper, die als Zeitmaße diesen können. Es handelt sich um konkrete Anzahlen von Zeit, die durch den Umlauf der Himmelskörper vorgegeben und aneinander *gemäß Zahlen* zu messen sind, indem man die Himmelskörper beobachtet (*pros allêla summetrountai skopountes arithmois*, 39c). Dabei ergeben sich die konkreten Zeitzahlen des Jahres, Monats und Tages. In welchem Verhältnis sie stehen, ist aber nur anzugeben, indem man auf abstrakte Zahlen zurückgreift. Die Zahlen, gemäß denen die Zeitzahlen gezählt werden, können nicht selbst wieder Zeitzahlen sein, sondern nur die *abstrakten Zahlen* der Zahlenreihe. Wer die Zeitzahlen vergleicht, will nämlich herausfinden, wie viele Tage ein Monat oder ein Jahr dauert. Und wenn sich dabei auf Anhieb kein ganzzahliges Verhältnis zeigt, muss man versuchen, es durch Verlängerung auf der Zeitskala ausfindig zu machen.

Es gibt keinen Hinweis darauf, dass Platon die gemessene Zeit wie die zeitgenössische Phänomenologie für eine sekundäre Zeit gehalten haben könnte. Von einer ursprünglichen Zeit des Erlebens, die von der gemessenen Zeit der Natur unterschieden werden müsste, ist nirgendwo die Rede. Ebenso wenig bietet es sich an, Platons Zeittheorie in die Nähe eines archaischen Pythagoreismus zu rücken. Es mag durchaus sein, dass dieser nicht über ein abstraktes Verständnis von Zeit und Zahl verfügte. Aber für den Pythagoreer, der Platons Kosmologie artikuliert, gilt dies auf keinen Fall. Betrachtet man das Verständnis des Zeiterlebens und der Zeitmessung, befinden sich Platon und Aristoteles in grundsätzlicher Übereinstimmung, obwohl sie durchaus unterschiedliche Akzente setzen. Keiner von beiden reduziert die Zeit darauf, dass sie erlebt, oder darauf, dass sie gemessen wird. Denn beide berücksichtigen sowohl die vergehende Gegenwart, mit der sich das Zeiterleben primär konfrontiert sieht, als auch ihre bleibende Anzahl, die von der Zeitmessung unterstellt wird. Dabei setzen beide die genannten Aspekte in eine verständliche Beziehung. Dies gilt vor allem für Platon, der die Bewegtheit der Zeit nicht nur am Rande einräumt, sondern im Bezug auf zeitmodale Bestimmungen an zentraler Stelle thematisiert. Wie seine Zeitbestimmung geltend macht, schreitet die Zeit nach Zahl voran. Die Bewegtheit und die Zahlhaftigkeit der Zeit sind darin untrennbar verbunden. Es ist das erlebte Vergehen der Gegenwart, das gemäß der Zahl erfolgt. Diese vergehende Gegenwart zeigt jedes Bewegte, das wir wahrnehmen können. Allerdings gibt es wichtige Unterschiede. Bei unregelmäßigen Bewegungen ist ihre Dauer nämlich unbekannt. Und messen lässt sie sich nur, indem sie mit der bekannten Dauer einer regelmäßigen Bewegung verglichen wird. Dabei ist davon auszugehen, dass die vergehende Gegenwart, die sich an allem Bewegten zeigt, nur deshalb wahrgenommen oder erlebt werden kann, weil sie eine zählbare Ordnung aufweist und feste Zeitrelationen enthält. Denn ein allumfassender Fluss, der kein festes Ufer kennt, wäre als Fluss überhaupt nicht auszumachen. Umgekehrt können Zeitrelationen aus Zeitmodi gewonnen werden, indem man auf das Nacheinander von Vergangenheit, Gegenwart und Zukunft reflektiert. Vergangenheit und Zukunft sind früher bzw. später als die Gegenwart. Um zu einem rein relationalen Früher und Später zu gelangen, ist also von ebendiesem Gegenwartsbezug abzusehen. Erforderlich ist eine Abstraktion, die das reine Nacheinander von Gegenwarten, das im beständigen Vergehen ihrer Gegenwärtigkeit hervorgebracht wird, als solches bestimmt.

Gerade diese Integration erlebter und gemessener Zeit verleiht der antiken Zeittheorie für die zeitgenössische Theoriebildung, in der sich die phänomenologische Reduktion auf erlebte Zeit und die analytische Reduktion auf gemessene Zeit gegenüberstehen, ein besonderes Interesse.[18] Fragt man genauer danach, wie diese Integration bei Platon und Aristoteles gedacht ist, teilen sich freilich die Wege. Die aristotelische Zeittheorie verweist vor allem auf ein unausgedehntes Jetzt (*nyn*), das Zeitspannen exakt einzugrenzen erlaubt. In der platonischen Zeittheorie geht es dagegen vor allem darum, Zeit als Abbild der Ewigkeit zu verstehen. Diese Differenz einzuschätzen, fällt nicht leicht. So versucht Aristoteles nachzuweisen, dass das Jetzt im Vergehen der Zeit einerseits immer dasselbe und andererseits immer ein anderes ist. Und wenn man auf diesen Nachweis blickt, mag seine Integration erlebter und gemessener Zeit deutlicher erscheinen als die platonische. Dies ändert jedoch nichts daran, dass Aristoteles, anders als etwa Augustinus, auf die Gegenwärtigkeit der Zeitausgrenzung nur am Rande reflektiert. Und auch dabei betrachtet er das Jetzt primär nicht als erlebte Gegenwart, sondern als zeitstellenneutralen Zeitpunkt. In Platons *Timaios* ist

---

18 Vgl. dazu W. Mesch, Reflektierte Gegenwart. Eine Studie über Zeit und Ewigkeit bei Platon, Aristoteles, Plotin und Augustinus, 2003, 16ff.

von einem unausgedehnten Jetzt nicht die Rede. Vorarbeiten finden sich zwar im *Parmenides* (151e ff.) Aber dieser Dialog lässt Platons Philosophie nur in einer komplizierten eleatischen Brechung erkennen, der ich hier nicht nachgehen kann. Dafür liefert die platonische Konzeption einer Ewigkeit, die als Vorbild der Zeit zu denken ist, anders als das aristotelische Jetzt einen überzeitlichen Grund für die Integration erlebter und gemessener Zeit. Und hier ist der *Timaios* zweifellos die erste Adresse. Es ist zwar einzuräumen, dass auch Aristoteles über einen Ewigkeitsbegriff verfügt. Vor allem die berühmte Konzeption des unbewegten Bewegers besitzt eine deutliche platonische Färbung (*Met.* XII, 1072a 19 ff.). Offenkundig spielt dieser Ewigkeitsbegriff in seiner Zeittheorie aber keine wichtige Rolle. Angesichts der prominenten aristotelischen Ideenkritik kann dies kaum überraschen. Denn das Vorbild, an dem sich der Demiurg nach platonischer Darstellung orientiert, indem er den Kosmos gestaltet, ist das lebendige Ganze der Ideen. Und als Vorbild der Zeit kann die Ewigkeit nur ein Aspekt dieses lebendigen Ideenganzen sein. Ein platonischer Ewigkeitsbegriff im eigentlichen Sinne ist für Aristoteles deshalb gar nicht möglich. Ohne platonische Ideen gibt es keine platonische Ewigkeit.

6. Zeit als Abbild der Ewigkeit

Kommen wir nun also zum zentralen Aspekt der platonischen Zeitbestimmung und fragen danach, inwiefern die Zeit Abbild der Ewigkeit ist. Auf den ersten Blick scheint sie dies gerade nicht sein zu können, wenn man von ihrem zahlenmäßigen Voranschreiten ausgeht. Denn die Ewigkeit ruht im Einen. Und von Einheit und Ruhe kann bei einer Zeit, die zahlenmäßig voranschreitet, wohl kaum uneingeschränkt die Rede sein. Zumindest wird man sagen müssen, dass zunächst die Differenz ins Auge fällt: Zahlen bedeuten Vielheit und nicht Einheit, Voranschreiten bedeutet Bewegung und nicht Ruhe. Auf den ersten Blick sieht es so aus, als handele es sich hier um einen Gegensatz, und zwar vor allem dann, wenn man von der Ideenlehre der mittleren Dialoge ausgeht und mit schlechthin unbewegten Ideen rechnet. Doch dies ist offenkundig eine Verkürzung. Die Zeit besitzt nämlich nicht irgendeine unverständliche Bewegung, die strikt von bleibenden Ideen unterschieden werden müsste. Vielmehr besitzt sie eine vergehende Gegenwart, die in ihrem Vergehen arithmetisch strukturiert ist. Und durch diese Struktur kommt sie den Ideen so nahe, wie es im Bereich des Bewegten überhaupt geht. Vorausgesetzt ist das arithmetische Verhältnis abstrakter Zahlen, das auf dem Prinzip der Einheit beruht. Denn

Zahlen sind, wenn man sich an einen Minimalbegriff hält, gar nichts anderes als zählbare Einheiten von Einheiten. Allerdings geht es hier keineswegs um arithmetische Verhältnisse als solche, sondern darum, wie sie die Dauer unregelmäßiger Bewegungen durch astronomische Vergleichsbewegungen zu messen erlauben. Wer sich fragt, inwiefern Zeit Abbild der Ewigkeit ist, wird von dieser Gesamtstruktur der Zeit ausgehen müssen. Denn diese Struktur und nichts anderes muss als Abbild der Ewigkeit verstanden werden. Dazu ist eigentlich nur noch zweierlei erforderlich. *Erstens* muss man wissen, in welchem Sinne hier von einem Abbild gesprochen wird. *Zweitens* muss man wissen, was Ewigkeit ist, was es also bedeutet, dass die Ewigkeit im Einen ruht. Die erste Frage haben wir bereits beantwortet. Maßgeblich ist Platons Bildverständnis, wie es im *Sophistes* artikuliert wird. Denn an diesem Bildverständnis orientiert sich auch das Proömium der Kosmologie, das den gesamten Kosmos als Abbild von Ideen bestimmt. Demnach ist ein Abbild "das einem Wahren ähnlich gemachte andere Derartige (*heteron toiouton*)" (240a). Um eine solche Ähnlichkeit aufzuweisen, muss es trotz aller Differenz zu seinem Vorbild, die auf seine Stofflichkeit zurückzuführen ist, im abgebildeten Inhalt mit seinem Vorbild identisch sein, und sei es auch nur teilweise. Jedenfalls gilt dies dann, wenn es sich nicht um Trugbilder, sondern um Ebenbilder handelt, was in der Kosmologie zweifellos zutrifft.

Die zweite Frage ist noch unbeantwortet. Und eine Antwort fällt hier besonders schwer, weil der Text nicht genauer erläutert, was es bedeutet, dass die Ewigkeit im Einen ruht. Es liegt deshalb nahe, sich dem Vorbild vom Abbild aus zu nähern. Die Zeitbestimmung ist daraufhin zu befragen, inwiefern sie nicht nur die unabdingbare Differenz von Zeit und Ewigkeit, sondern auch ihre partielle Identität zum Ausdruck bringt. Wie sich bereits gezeigt hat, scheint es unabdingbar, die Ewigkeit als zeitlos oder überzeitlich zu betrachten. Im Text wird deutlich betont, dass sie keine Vergangenheit und Zukunft, sondern nur die Gegenwart des „ist" besitzt. Und eine solche Gegenwart kann kaum als zeitliche Gegenwart verstanden werden. Doch allein diese Differenz erlaubt noch nicht, die Zeit als Abbild der Ewigkeit zu verstehen. Man hat deshalb versucht, die Ewigkeit verständlich zu machen, indem man auf die vorplatonische Bedeutung von „*aiôn*" zurückging.[19] Ursprünglich bedeutet das Wort nämlich Leben, Lebendigkeit oder Lebenskraft.[20] Und dass diese Bedeutung auch im *Timaios* mit-

---

19 G. Böhme, Zeit und Zahl, 68–98; R. Brague, Du temps chez Platon et Aristote, 1982, 55–71.

20 A. J. Festugière, Le sens philosophique du mot aiôn, La Parola del Passato 10 (1949), 172–189; M. Theunissen, Pindar. Menschenlos und Wende der Zeit, 2000, 18.

schwingt, liegt auf der Hand. Wie wir gesehen haben, ist das Vorbild des Kosmos genau genommen nicht die Gesamtheit unbewegter Ideen, sondern ein vollkommenes Lebewesen. Und kurz vor der Herstellung der Zeit wird darauf wieder Bezug genommen. Denn auch hier wird ausdrücklich gesagt, das Vorbild des Kosmos sei ein immer währendes Lebewesen. Und ebendiesem soll der Kosmos durch die Herstellung der Zeit noch ähnlicher gemacht werden. Die Lebendigkeit des Vorbilds ist für die platonische Konzeption also sicher wichtig. Aber wie ist sie aufzufassen? Es scheint mir offenkundig, dass Platons Konzeption verfehlt wird, sobald man die Lebendigkeit des Vorbilds so auffasst, dass sie Zeit voraussetzt. Denn damit würde die ontologische Grundlage der gesamten Kosmologie, die in der Differenzierung von Zeit und Ewigkeit explizit bestätigt wird, ungerechtfertigt aufgegeben. Wenn Ewigkeit als Lebendigkeit zu verstehen sein soll, darf sie nicht in einem zeitlichen Sinne aufgefasst werden, weil sonst die gesamte Konzeption kollabieren würde. Dazu kommt, dass die Ewigkeit nicht einfach mit dem vollkommenen Lebewesen, das Vorbild für den gesamten Kosmos ist, identifiziert werden darf, sondern lediglich einen Aspekt an ihm bezeichnen kann. Eine Interpretation der Ewigkeit muss also genauer angeben, *in welchem Sinne* hier von Lebendigkeit die Rede sein kann. Dies ist zunächst so unproblematisch, dass gar nichts anderes erwartet werden kann, wenn man der erzählten Weltgestaltung unvoreingenommen folgt. Problematisch wird die Forderung erst, weil der *Timaios* das Vorbild fast nur aus der Perspektive des hergestellten Abbilds thematisiert. Der konzeptionelle Zusammenhang unterstellt zwar, dass es sich um eine zeitlose Lebendigkeit von Ideen handeln muss, erläutert sie aber nicht.

Nun schließt der *Timaios* keineswegs aus, dass es eine genaue Ideendialektik gibt, sondern rückt sie nur in den Hintergrund, weil sie für den bewegten Kosmos nicht einschlägig ist. Es liegt deshalb nahe, die vorenthaltene Auskunft in anderen Dialogen zu suchen. Dabei geht es weniger um bestimmte Dialoge, Passagen oder Stellen als um die insgesamt praktizierte Gesprächsführung. Denn diese greift in einer Weise auf Ideen zurück, die sich kaum verstehen lässt, wenn man dialektische Erkenntnis nur als zeitlichen Vorgang und die Ideen nur als dauernde Entitäten betrachtet. Aber natürlich gibt es Stellen, die den Zusammenhang deutlicher artikulieren. Dies ist vor allem dort der Fall, wo das Vorgehen des Dialektikers nach seinen ontologischen und epistemologischen Voraussetzungen reflektiert wird. Und besonders wichtig ist dabei die Erläuterung der Dialektik aus dem späten *Sophistes* (246ab ff.). Denn hier wird explizit formuliert, was auch das Vorgehen in früheren Dialogen bestimmt hatte. Ideen können nur erkannt werden, wenn sie selbst über Bewegung, Leben, Seele und Vernunft verfügen. Ich kann die umstrittene Stelle hier nicht eingehend interpretieren, sondern nur auf die wichtigsten Gesichtspunkte verweisen. Es scheint mir nicht geleugnet werden zu können, dass hier tatsächlich von einer Bewegung oder Lebendigkeit der Ideen die Rede ist (248e). Erst wirft der Fremde aus Elea die Frage auf, ob das wahrhaft Seiende (*pantelôs on*) Bewegung, Leben, Seele und Vernunft aufweise. Dann wird diese Frage schrittweise für alle genannten Eigenschaften mit einem eindeutigen Ja beantwortet. Und im Ergebnis einigt man sich darauf, dass Bewegtes und Bewegung als seiend zu betrachten sind, weshalb „niemand nirgends von nichts vernünftige Einsicht haben könnte" (*noun mêdeni peri mêdenos einai mêdamou*), wenn das Seiende unbewegt wäre (*akinêtôn te ontôn*, 249b). Ideen müssen bewegt sein, um erkannt werden zu können. Man hat diesem Textbefund immer wieder auszuweichen versucht, weil er auf den ersten Blick schlecht zur Bewegungstranszendenz von Ideen passt. Ist hier vielleicht nur von einer Bewegung der Seele oder Vernunft die Rede?[21] Oder geht es um die Gesamtheit des Seienden, die neben unbewegten Ideen auch Bewegtes wie die Seele, den Kosmos und einzelne Körper einschließt?[22] Wie mir scheint, ist all dies wenig überzeugend. Denn das Thema der Passage ist das wahrhaft, vollkommen oder schlechthin Seiende (*pantelôs on*). Und dieses wird gerade in den mittleren Dialogen, die Ideen als bewegungstranszendent erläutern, eindeutig auch als Idee aufgefasst (*Rep.* 477a). Es dürfte also kein Weg an der Tatsache vorbeiführen, dass Platon mit bewegten Ideen gerechnet hat.

Geht man vom *Timaios* aus, lässt sich dies unschwer bestätigen. Auch hier rechnet die platonische Darstellung offenkundig mit bewegten Ideen. In der Kosmologie erscheint sie einfach als eine Konsequenz, die sich aus der Lebendigkeit des Kosmos ergibt. Wenn der hergestellte Kosmos ein Lebewesen ist, muss auch sein ideales Vorbild ein Lebewesen sein, freilich nicht irgendeines, sondern ein vollkommenes Lebewesen (*panteles zôon*). Das vollkommene Lebewesen muss auf der idealen Ebene genau so umfassend sein, wie es das kosmische Lebewesen auf der körperlichen Ebene ist (30c). Die Ideen, die ebenfalls als Vorbilder des Kosmos erläutert werden, müssen also in diesem vollendeten Lebewesen enthalten sein. Dies wird im Text zwar nicht gesagt, ergibt sich aber aus der doppelten Erläuterung des Vorbilds. Wenn das vollkommene Lebewesen mit der Vorbildlichkeit von Ideen vereinbar sein soll, muss es sich um ein bewegtes Ideenganzes handeln. Als

---

21 H. Cherniss, Aristotle's Criticism of Plato and the Academy, 1944 (2. Aufl. 1962).
22 W. D. Ross, Plato's Theory of Ideas, 1935 (2. Aufl. 1953).

solches muss es zumindest alle Ideen enthalten, die als Vorbilder für den Kosmos in Frage kommen. Der *Timaios* und der *Sophistes* deuten also in dieselbe Richtung, wenn man nach der Bewegung von Ideen fragt. Es geht deshalb gar nicht darum, ob es diese Bewegung für Platon überhaupt gibt, sondern nur darum, wie er sie verstanden hat. Dabei ist klar, dass es sich um eine vernünftige und unkörperliche Bewegung handeln muss, die zumindest letztlich nicht von Materie, Raum oder Zeit abhängig sein kann.[23] Aber worin besteht diese Bewegung? Blickt man auf den *Sophistes*, wird man vor allem an das Vorgehen des Dialektikers denken müssen. Denn dessen Vorgehen wird hier ausführlich erläutert, um ihn vom Sophisten unterscheiden zu können. Im Zentrum steht eine Theorie höchster Ideen oder Gattungen (*megista genê*), die zu zeigen versucht, wie das Seiende bewegt und unbewegt sein kann, obwohl sich Ruhe und Bewegung ausschließen (251a ff.). Demnach ist das Seiende als solches weder Ruhe noch Bewegung, sondern hat lediglich an ihnen teil. Die Lösung liegt also in einem Begriff der Teilhabe, der verständlich macht, wie eine Idee durch eine andere bestimmt sein kann, ohne mit ihr identisch werden zu müssen. Worin die Bewegung der Idee liegt, wird leider auch hier nicht wirklich ausgeführt. Aber durch ihren Teilhabebegriff deutet die Theorie der höchsten Gattungen eine mögliche Antwort zumindest an: Der Dialektiker kann eine Idee nur bestimmen, indem er zu einer anderen Idee übergeht. Dies liegt an der Bestimmtheit der Idee, die es zu denken gilt, und nicht an einer Bewegung seines Denkens, die der Idee äußerlich bleibt. Denn die Bestimmtheit einer Idee liegt in ihrer Teilhabe an anderen Ideen.

Wie dieser Übergang im Einzelnen aufzufassen wäre, kann ohne eine eingehende Interpretation kaum beantwortet werden. Deutlich scheint mir aber immerhin zu sein, dass eine intelligible Bewegung der Ideen, die sich mit ihrer Unabhängigkeit von körperlicher Bewegung vereinbaren lässt, nur als eine Erkenntnisbewegung aufzufassen ist, wie sie von der Dialektik vorgeführt wird. Und dabei ist im Kern an Teilhabeverhältnisse zu denken, die den Übergang von einer Idee zur anderen vorgeben. Es erscheint zunächst zwar nahe liegend, nur das Denken, das diese Verhältnisse zu erkennen versucht, als bewegt aufzufassen, während sie selbst eine unbewegte Struktur aufweisen. Doch dies kann nur so lange einleuchten, wie man das Denken für einen vorläufigen Erkenntnisprozess hält. Betrachtet man es nicht mehr als bloße Annäherung an seinen Gegenstand, sondern als dessen erken-

---

23 Dies betont schon C. de Vogel, Platon a-t-il ou n´a-t-il pas introduit le mouvement dans son monde intelligible?, Actes du 13ième Congrès International de Philosophie, 1953, 61–67.

nende Bestimmung, muss die Trennung von bewegtem Erkenntnis-
vollzug und unbewegtem Erkenntnisgegenstand fragwürdig werden.
Und auf dieses Ziel dialektischer Erkenntnis hat man den *Sophistes*
wohl zu beziehen, wenn die Annahme bewegter Ideen nicht unsinnig
erscheinen soll. Ideen sind bewegt, weil sie selbst in andere Ideen übergehen, indem sie an ihnen teilhaben. Von einem „Übergang" (*meta-
ballein*) ist im Text ausdrücklich die Rede. Ausgeschlossen wird nur,
dass Ideen in das Gegenteil ihrer Natur übergehen (255b). Doch inwiefern soll in diesem Übergang Zeit transzendiert werden? Auch dies
wird im *Sophistes* nicht deutlich thematisiert. Der Text betont zwar,
dass die Ideen immer schon ineinander übergegangen oder miteinander gemischt sind (254e). Aber wie dieses „immer" (*aei*) aufzufassen ist,
bleibt unklar. Ähnlich steht es mit dem Immersein, durch das die Ideen
in den mittleren Dialogen und im Proömium der Kosmologie bestimmt
werden. Ist es im Sinne permanenter Dauer[24] aufzufassen oder im Sinne einer absoluten Zeittranszendenz[25]? Die Interpreten streiten sich seit
jeher. Ich neige zu der Auffassung, dass die Anamnesislehre, nach der
Ideenerkenntnis als Erinnerung an ein vorgeburtliches Ideenwissen
verstanden werden muss, die Annahme einer absoluten Zeittranszendenz nahe legt. Denn Erklärungswert hat sie nur, wenn man sich hier
nicht an zeitlich Früheres, sondern an ontologisch Früheres erinnert.
Und wenn diese ontologisch früheren Ideen keine körperliche Bewegung aufweisen, können sie auch nicht in der Zeit sein. Bildlich
gesprochen, gilt es, die Ideen am „überhimmlischen Ort" (*hyperouranios
topos*) zu erkennen (*Phdr.* 246a ff.).

Dasselbe folgt aus der Anlage der platonischen Kosmologie, nach
der Zeit eine Eigenschaft des Kosmos und Ewigkeit eine Eigenschaft
von Ideen ist. Denn selbst, wenn man noch nicht genau sagen kann,
was ihre Ruhe im Einen bedeutet, liegt auf der Hand, dass man Ewigkeit auf ein vollkommenes Lebewesen und damit auf bewegte Ideen zu
beziehen hat. Und da zeitliche Bestimmungen nicht auf die Ewigkeit
übertragen werden dürfen, ist damit auch klar, dass Ideen keine zeitlichen Bestimmungen aufweisen können. Doch dies ist nicht alles. Auf
dieser Grundlage lässt sich nun nämlich auch endlich sagen, was es bedeuten dürfte, dass die Ewigkeit im Einen ruht. Sie ruht nicht nur insofern, als sie körperliche Bewegung ausschließt. Dies war angesichts

---

24   F. M. Cornford, Plato's Cosmology, 98ff.; J. Whittaker, The „Eternity" of the Platonic
      Forms, Phronesis 13 (1968), 131ff; D. O'Brien, Temps et éternité dans la philosophie
      grecque, in: D. Tiffenau (Hg.), Mythes et représentations du temps, 1985, 62ff.
25   A. E. Taylor, A Commentary on Plato's Timaeus, 1928, 186 f.; H. Cherniss, Aristotle's
      Criticism, 211ff.; L. Tarán, Perpetual Duration and Atemporal Eternity in Parmeni-
      des and Plato, The Monist 62 (1979), 43ff.

der Anlage der platonischen Kosmologie von vornherein klar. Sie ruht auch insofern, als die Bewegung von Ideen, wie man aus Sicht des Abbilds sagen müsste, Zeit transzendiert. Und dies wiederum liegt daran, wie im Blick auf die vorbildlichen Ideen selbst zu sagen wäre, dass der Übergang von einer Idee zur anderen als Rückkehr zur ersten Idee zu betrachten ist.

Nimmt man dies zusammen, erweist sich Ewigkeit als *zeit-transzendierende Vollzugsform der Ideendialektik*. Wer eine Idee bestimmt, indem er zu einer anderen Idee übergeht, an der sie teilhat, kehrt insofern zur ersten Idee zurück, als es ja nur um deren Bestimmung geht. Es geht hier gar nicht um den Übergang zu einem schlechthin Anderen, sondern nur um die *innere Differenzierung derselben Einheit*. Genau dadurch soll sich im *Sophistes* die Verschiedenheit des Anderen denken lassen, ohne Verschiedenheit als widersprüchliches Nichtsein aufzufassen und damit gegen eine parmenideische Einsicht zu verstoßen (241d). Der Gedanke, dass sich das Seiende bzw. die Idee differenzieren lässt, ohne Seiendes zu schlechthin Nichtseiendem zu machen, ist für den Gang des Dialogs von entscheidender Bedeutung. Letztlich spielt sich diese Differenzierung nicht nur innerhalb einer Idee, sondern in der Gesamtheit der Ideen ab. Und deshalb wird man wohl sagen müssen, dass das Eine, in dem die Ewigkeit ruht, eben jene Gesamtheit von Ideen ist. Die Ewigkeit ruht in diesem Ideenganzen bzw. im vollkommenen Lebewesen, das Vorbild für die Gestaltung des ganzen Kosmos ist. Wie mir scheint, ist dies zumindest die Deutung, die der *Timaios* nahe legt. Wer auf die indirekte Überlieferung der platonischen Prinzipienlehre blickt, wird sich fragen müssen, ob es nicht noch eine höhere Einheit gibt, in der die Ewigkeit ruhen könnte, nämlich die schlechthin bestimmungslose Einheit des Einheitsprinzips selbst. Schon Plotin hat die platonische Ewigkeit in diesem Sinne interpretiert (*Enn.* III 7, 6, 4). Ich muss die Frage hier offen lassen, weil sie sich anhand des *Timaios* nicht entscheiden lässt. Für ein Verständnis der platonischen Zeittheorie scheint mir ein Rückgriff auf ein bestimmungsloses Einheitsprinzip jedenfalls nicht erforderlich zu sein.

7. Schlussbetrachtung

Was also bedeutet es, dass die Zeit ein Abbild der Ewigkeit ist? Um diese Frage zu beantworten, haben wir nur zusammenzufassen, was sich bisher ergeben hat. Folgt man dem *Timaios*, ist der Kosmos Abbild eines vollendeten Lebewesens bzw. eines lebendigen Ideenganzen. Die Zeit ist im selben Sinne Abbild wie der gesamte Kosmos. Auch hier geht es um verständliche Strukturen, durch die der körperliche Kosmos unkörperlichen Ideen ähnelt. Dabei ist die Zeit jene Struktur, durch die der Kosmos seinem idealen Vorbild insgesamt am nächsten kommt. Doch auch hier kann er nicht ganz mit ihm identisch werden. Auch Zeit und Ewigkeit sind zu unterscheiden wie werdende Körper, die nur wahrgenommen werden können, und schlechthin seiende Ideen, die wahrhaft zu erkennen sind. Es gilt deshalb, das ewige Sein der Ideen von Zeitbestimmungen frei zu halten. Trotzdem kommt die Zeit ihrem Vorbild besonders nahe, weil sie eine besonders vernünftige Bewegung des Kosmos darstellt. Es handelt sich um ein beständiges Voranschreiten bzw. Vergehen der Gegenwart, das im Rückgriff auf die Bewegung der Himmelskörper und auf abstrakte Zahlen gemessen werden kann. Es ist diese vernünftige Bewegung, durch die sich die Zeit als Abbild der Ewigkeit erweist, sobald man in ihr die zeittranszendierende Vollzugsform der Ideendialektik wiedererkennt. Das wahrnehmbare Voranschreiten der Zeit ist zählbar bzw. messbar strukturiert, weil jeder Tag, jeder Monat und jedes Jahr wieder ein Tag, ein Monat und ein Jahr von bekannter Dauer ist. Diese sukzessive Wiederholung von Zeiteinheiten, die das Vergehen der Gegenwart zahlenmäßig ordnet, bildet die Zeittranszendenz philosophischer Reflexion ab. Denn die philosophische Reflexion bleibt in ihrem Voranschreiten von einer Idee zu einer anderen Idee immer in einer Ideenganzheit, für deren Erkenntnis das zeitliche Nacheinander keine Rolle spielt. Die Ewigkeit ruht im Einen, sofern der erkennende Übergang von einer Idee zu einer anderen Idee nur bedeutet, das eine Ideenganze zu differenzieren. Die Zeit kann dagegen nicht im Einen ruhen, weil jeder Tag, jeder Monat und jedes Jahr wieder ein anderer Tag, ein anderer Monat und ein anderes Jahr sind. Trotzdem ist sie ein Abbild jener Ruhe, weil sie nach Zahl voranschreitet. Die aufeinander folgenden Zeiten sind Wiederholungen derselben Zeiteinheiten. Und deshalb gibt es auch hier eine gewisse Einheit und eine gewisse Ruhe. *Zeit ist Abbild der Ewigkeit, weil ihr Voranschreiten bzw. Vergehen bleibende Zeiteinheiten wiederholt.* Sie ruht zwar nicht schlechthin im Einen wie die zeittranszendierende Vollzugsform der Ideendialektik. Aber sie zeigt durch die Himmelsbewegungen eine Einheit, die alles Körperliche umfasst und bleibt. Dabei ist sie selbst eine umfassende Bewegung, die durch ihre arithmetische Struktur dem dialektischen Vorbild besonders nahe kommt. Es geht nicht um das bloße Verhältnis von Einheit und Zahl, sondern um eine zahlenmäßige Bewegung, die bewegten Ideen ähnelt. Und worin sie ihnen ähnelt, sind die wiederkehrenden Zeiteinheiten, die in die Einheit der ganzen Zeit gehören wie die Einheit einzelner Ideen in die Einheit des Ideenganzen. Der Unterschied liegt darin, dass die Zeiteinheiten auch in dieser Wiederkehr immer nacheinander auftreten müssen. Nur die Einheit, in der die Ewigkeit ruht, schließt ein solches Nacheinander aus.

Ewige Zeit, räumliche Bewegung und göttliches Tätigsein bei Aristoteles

THOMAS BRUNOTTE

Zusammenfassung

Eine bestimmte Form der Bewegung kann für Aristoteles ewig und kontinuierlich sein, die Rotation. Für die Ewigkeit und Kontinuität dieser Bewegung argumentiert Aristoteles mit einem Kurzargument aus der Ewigkeit und Kontinuität der Zeit an drei wichtigen Stellen seiner Naturphilosophie und Metaphysik (*Metaph.* XII.6, 1071b6—11; *Phys.* VIII.1, 251b10—28; *GC* II.10, 337a17—33). Im analytischen Teil I dieses Beitrags sollen anhand dieser drei Textpassagen die Voraussetzungen ewiger und kontinuierlicher Bewegung geklärt werden: Eine solche Bewegung kann es nur geben, wenn Beweger und Bewegtes jeweils einfach sind. Dies hat nachhaltige Konsequenzen für die aristotelische Theorie vom ersten Beweger. Im systematischen Teil II soll daher gezeigt werden, warum der Selbstbeweger als komplexer Beweger, der aus einem bewegenden und einem bewegten Teil besteht, nicht die Ursache von ewiger und kontinuierlicher Bewegung sein kann und damit als der erste Beweger für den gesamten Kosmos ausscheidet. Diesen Nachweis bezeichnet Morison in seinem Aufsatz „Self-motion in *Physics* VIII"[1] als „final puzzle".

I Analytischer Teil

Metaphysik XII.6: Ein Argumentationsschema für zwei Beweise

Wenn es ewige Bewegung gibt, dann handelt es sich um eine Form von Bewegung, die weder entstehen noch vergehen kann; um eine Bewegung, die weder einen Anfang noch ein Ende hat. Eine unaufhörliche Bewegung, die einmal angefangen hat und nicht wieder aufhört, meint Aristoteles nicht, sondern eine Bewegung, die immer war und

---

1   B. Morison, Self-motion in *Physics* VIII, in: A. Laks/M. Rashed (Hg.), Aristote et le mouvement des animaux. Dix études sur le De motu animalium, 2004, 78—79.

immer sein wird. Warum es eine solche Bewegung geben muss, sagt Aristoteles nur in äußerst knapper Form. Sein Argument kann man nur erahnen:

> [A] Es ist aber unmöglich, dass die Bewegung (*kinêsin*) entsteht oder vergeht, denn sie war immer. Ebensowenig die Zeit (*chronon*). Denn z. B. sowohl das Früher (*to proteron*) als auch das Später (*to hysteron*) gibt es nicht, wenn es die Zeit nicht gibt. Und die Bewegung ist ebenso kontinuierlich (*sunechês*) wie die Zeit, da diese entweder dasselbe (*to auto*) [wie Bewegung] oder eine gewisse Beschaffenheit (*ti pathos*) der Bewegung ist. Kontinuierliche Bewegung aber ist einzig die Ortsbewegung, und zwar unter dieser die Kreisbewegung. (*Metaphysik* XII.6, 1071b6—11)

Auch wenn in diesen Zeilen vieles unklar ist, so kann man ihnen doch entnehmen, dass Aristoteles hier offenbar zwei Fliegen mit einer Klappe schlagen möchte. Zunächst beweist er, dass die Zeit nicht nur ewig sein muss, sondern auch, dass sie kontinuierlich ist. Dabei verwendet er ein und dasselbe Argumentationsschema, um beide Beweise zu führen. Er geht dabei davon aus, dass Bewegung und Zeit in einem engen Verhältnis zueinander stehen,[2] wenn sie bei ihm nicht sogar als dasselbe gelten. Zumindest ist die Zeit eine Beschaffenheit (*pathos*) der Bewegung, sie ist deren Maßzahl (*arithmos*), wie er in der *Physik* etwas genauer sagt.[3] Das Argumentationsschema sieht folgendermaßen aus:[4]

> Wenn B eine Beschaffenheit von A ist und B die Eigenschaft f hat, dann muss auch A die Eigenschaft f haben.[5]

---

2   Den deutlichsten Beleg für die Abhängigkeit der Zeit von der Bewegung liefert *GC* II.10, 337a23—24. Joachim liest *chôris* „getrennt", Rashed die einfachere und geläufigere Version *aneu* „ohne". S. u. Text [C].

3   Vgl. *Phys.* IV. 11, 219b1—2: „Die Zeit ist Maßzahl der Bewegung hinsichtlich des Früher und Später." Die Zeit als *arithmos* der Bewegung impliziert wohl vor allem deren Messbarkeit und ist so eine Weise der Ordnung der Bewegung, vgl. U. Coope, Time for Aristotle. Physics IV. 10—14, 2005, 85—109.

4   Die Entwicklung dieses Argumentationsschemas verdenke ich den Teilnehmerinnen und Teilnehmern des Metaphysik-Kolloquiums im Wintersemester 2006/07 an der Ludwig-Maximilians-Universität München bei Herrn Prof. Dr. Buchheim und Herrn Prof. Dr. Axel Hutter. Darüber hinaus profitiert dieser Beitrag erheblich vom Hauptseminar *Metaphysik Lambda* von Herrn PD Dr. Johannes Hübner im Sommersemester 2006. Neben den Genannten bin ich auch Herrn PD Richard King und Herrn Prof. Dr. Michael Bordt, SJ, für viele wertvolle Anregungen und Hinweise zu diesem Beitrag dankbar.

5   Wenn hier zwischen Beschaffenheit und Eigenschaft unterschieden wird, so nur deshalb, um kenntlich zu machen, dass Ewigkeit und Kontinuität klar Eigenschaften der Zeit oder der Bewegung sind. Wie hingegen das Verhältnis zwischen Bewegung und Zeit zu beschreiben ist, ist nicht klar.

      Auf ein ähnliches Transitivitäsprinzip wie hier für die Weitergabe von Eigenschaften beruft sich Aristoteles auch in *Cat.* 5, 2a34—2b6. Für die Zeit gilt hier analog, was in der *Kategorienschrift* für die sekundären Substanzen gilt. Wenn das, worin die Be-

Mit diesem Schema liefert Aristoteles zwei Beweise: (1) Die Bewegung ist ewig. (2) Die Bewegung ist kontinuierlich.

(1) Aristoteles glaubt, ein sicheres Argument dafür zu haben, dass die Zeit (B) ewig (f) sein muss. Zeitliche Ordnung setzt Zeit voraus – das ist sein Punkt. Ohne Zeit gäbe es kein Früher und kein Später. Also muss es immer Zeit gegeben haben. Denn was war *vor* dem Beginn der Zeit, was kommt *nach* dem Ende der Zeit?[6] Eine entstandene Zeit, die einen Beginn hat, an dem sie ins Sein getreten ist, akzeptiert Aristoteles nicht. Er unterstellt, dass es immer sinnvoll ist zu fragen, was vor oder nach der Zeit war oder sein wird. Dass auch das Früher und das Später mit der Zeit ins Sein getreten sein könnten, zieht er nicht in Betracht. Also muss nach dem verwendeten Argumentationsschema auch die Bewegung ewig sein, weil die Zeit, die eine Beschaffenheit der Bewegung ist, ewig ist.[7]

(2) Weil die Zeit, wie er hier behauptet, zudem auch noch kontinuierlich ist, gilt mit demselben Argumentationsschema, dass die Bewegung kontinuierlich sein muss. Denn wenn die Zeit (B) eine Beschaffenheit der Bewegung (A) ist und zudem kontinuierlich (f) ist, dann muss auch das kontinuierlich (f) sein, von dem die Zeit eine Beschaffenheit ist, nämlich die Bewegung.

Dass Kontinuität und Ewigkeit der Bewegung für Aristoteles zusammenhängen, sieht man nicht nur daran, dass er ein und dasselbe Argumentationsschema verwendet, um sie als Eigenschaften der Bewegung aufzuweisen. Deutlich wird dieser Zusammenhang vor allem in der Diskussion der Rotation in *Physik* VIII. 8 als derjenigen Bewegung, die als einzige nicht nur ewig, sondern auch kontinuierlich ist. Natürlich gibt es im aristotelischen System auch diskontinuierliche Bewegung oder endliche Bewegung. Aristoteles ist jedoch der Meinung, dass es eine Bewegungsart geben muss, die ewig und kontinuierlich ist, eben die Bewegung im Kreis, die Rotation. Als solche ist die Rotation auch die primäre Bewegung in seinem hierarchisch aufgebauten System von Bewegungen.[8] Kreisbewegung kann für Aristoteles ewig sein,

---

wegung ist, nämlich die Zeit, ewig ist, so ist auch die Bewegung ewig, weil die ewige Zeit ihre Maßzahl ist und die Zeit ohne Bewegung nicht sein kann.

6 Einen solchen Deutungsversuch des vorliegenden Arguments liefert M. Bordt, Aristoteles' „Metaphysik XII", 2006, 90.

7 E. Rudolph, Zeit und Gott bei Aristoteles aus der Perspektive der protestantischen Wirkungsgeschichte, 1986, 27, versucht den Schluss von der Ewigkeit der Zeit auf die Ewigkeit der Bewegung einsichtiger zu machen, indem er darauf verweist, dass für Aristoteles auch eine Ruhephase eine Form von Bewegung darstellt und in der Zeit ist (vgl. *Phys.* IV. 12, 221b13).

8 Aristoteles kennt vier Formen natürlicher Bewegung: Werden (*genêsis*) und Vergehen (*phthora*), Eigenschaftsveränderung (*alloiôsis*), Wachstum (*auxêsis*) und

weil sie weder einen Anfang noch ein Ende hat. Diese Eigenschaft würde zwar auch eine elliptische Bewegung aufweisen. Eine elliptische Bewegung ist jedoch im Denken des Aristoteles nicht zugleich auch kontinuierlich, denn eine elliptische Bewegung ist eine komplexe Bewegung, das heißt eine solche, die aus mehreren Bewegungen zusammengesetzt ist.[9] Auch eine Bewegung auf einer unendlichen Geraden kommt für Aristoteles nicht infrage, weil eine solche Bewegung für ihn niemals vollendet sein kann und damit als primäre Bewegung ausscheidet.[10] Auch die ewige Bewegung hin und her auf einer Geraden von A nach B, also einer mit Anfangs- und Endpunkten, scheidet aus: Eine solche Bewegung muss Wendestellen haben, sie ist damit nicht mehr einfach, sondern komplex, und nicht kontinuierlich.[11]

Doch was bedeutet die Kontinuität der Bewegung genau? Klar ist, dass eine kontinuierliche Bewegung offenbar eine einfache Bewegung sein muss, die in keiner Hinsicht komplex oder aus verschiedenartigen Bewegungen zusammengesetzt ist. Der Bewegungsverlauf geht dabei ineinander über, Abschnitte oder Teile kann man nur heuristisch an ihr ausmachen. Aristoteles betont den Unterschied zwischen einer Aneinanderreihung (*ephexês*)[12] und einem kontinuierlichen Verlauf (*synechês*).[13] Wenn eine kontinuierliche Bewegung überhaupt Abschnitte hat, dann nur solche, deren Grenzen gleichzeitig auch die Grenzen des darauffolgenden Abschnitts sind. Solche aneinandergrenzende Abschnitte haben nicht zwei separate, sondern eine gemeinsame Grenze.[14] Eine kontinuierliche Bewegung ist für Aristoteles damit nicht nur eine unaufhörliche, gleichförmige Bewegung, sondern weist darüber hinaus auch ein Maximum an Stetigkeit auf. Sie ist unendlich oft teilbar in

---

Schwinden (*phthisis*) sowie Ortsbewegung (*phora*). Vgl. besonders *Phys* III.1, 201a9—15, und *Metaph*. XII.2, 1069b9—14. Dabei ist die Rotation nicht nur die erste unter den Formen der Ortsbewegung, sondern auch die primäre Bewegung in der gesamten Bewegungshierarchie überhaupt. Sie steht noch vor dem Werden und Vergehen. Zum Primat der Ortsbewegung der Zeit nach vgl. *Phys*. VIII.7, 260b29—261a12. Zum Primat der Ortsbewegung der Substanz nach vgl. *Phys*. VIII.7, 261a14—23.

9   Zur Diskussion der anfangs- und endlosen elliptischen Bewegung und der Bewegung auf einer Geraden vgl. auch M. Bordt, Aristoteles' „Metaphysik XII", 90.

10   Die Kreisbewegung ist im Gegensatz zur Bewegung auf einer Geraden geschlossen, Anfangs und Endpunkt sind derselbe. Die Bewegung auf einer unendlichen Geraden hat aber weder einen Anfangs- noch einen Endpunkt, ist also unvollkommen. Vgl. *Cael*. I.2, 269a20—24.

11   Vgl. *Phys*. VIII.8, 261b31—36.

12   Vgl. *Phys*. V.3, 226b34—227a6, aufeinanderfolgend ist das, wo nichts anderes derselben Art oder Gattung mehr dazwischen passt.

13   Vgl. *Phys*. V.3, 226b27—31 und 227a10—17.

14   Vgl. *Phys*. V.3, 227a13.

Stücke, die ebenfalls Bewegungen sind.[15] Diese Stetigkeit bezieht sich nicht nur auf die Bewegung, sondern auch auf die Zustandsformen, die ein bewegter Gegenstand durchläuft, sowie die Zusammensetzung und innere Beschaffenheit des Gegenstands selbst.[16] Für die Kontinuität der Bewegung ist damit auch unerheblich, dass sie mal schneller und mal langsamer sein kann.

Ewig und kontinuierlich kann allein die Rotation sein. Wenn Aristoteles die Rotation als die primäre Bewegung noch vor das Werden und Vergehen stellt, so bedeutet das, dass es innerhalb seines Systems möglich ist, von nicht kontingentem, ewigen und bewegtem Sein zu sprechen. Volles und ewiges Sein muss nicht ausschließlich nur starr und unbewegt sein, sondern kann durchaus auch in Bewegung sein. Wenn nun das Werden und Vergehen nicht die primäre Bewegung ist, so bedeutet das auch, dass man Werden und Vergehen nicht selbst auch von der Bewegung aussagen kann. Es gibt Bewegung, die nicht dem Werden und Vergehen unterliegt.[17] Es gibt Bewegung, die weder Anfang noch Ende hat.[18] Es gibt eine Bewegung, die ewig sein muss. Der beste Kandidat für eine solche ewige Bewegung ist die primäre Ortsbewegung, die Rotation.

An dieser Stelle sei auch erwähnt, dass Aristoteles die Ewigkeit der Bewegung auch unabhängig vom oben aufgestellten Argumentationsschema beweist. Nämlich in *Physik* VIII.1 mit der Selbstvoraussetzung der Bewegung: Wenn eine Bewegung initiiert wird, dann muss es immer vor dieser Bewegung eine Bewegung geben, die diese hervorruft. Folglich muss es immer Bewegung geben. Der kritische Leser würde sich noch mehr solche von dem Argumentationsschema unabhängigen Beweise wünschen, denn die Voraussetzungen für dieses Schema sind problematisch. Zunächst ist festzustellen, dass sich mit diesem Schema auch Sätze beweisen lassen, die absurd klingen. So ließe sich z. B. auch zeigen, dass Bewegung eine Beschaffenheit sein muss. Denn die Be-

---

15 Zur unendlichen Teilbarkeit des Kontinuierlichen, vgl. *Cael.* I.1, 268a7—9. In Bezug auf die Teilbarkeit der Bewegung vgl. *Physik* VI und die problematisierende Diskussion bei D. Bostock, On Continuity in *Physics* VI, in: Space, Time, Matter, and Form. Essays on Aristotle's Physics, 2006, 158—188.

16 Vgl. *Phys.* V. 3, 226b27—31. Mit *pragmatos* kann in dieser Passage nicht nur der Sachbereich der Bewegung, in dem die Bewegung stattfindet, gemeint sein, sondern auch der bewegte Gegenstand selbst. Dass es Aristoteles auch auf die Kontinuität des bewegten Gegenstands ankommt, belegt vor allem *GC* II.10, 337a25—33, s. u. Text [C].

17 Zum Primat der ewigen Bewegung vor dem Werden und Vergehen siehe G. Aubry, Dieu sans la puissance. Dunamis et energeia chez Aristote et chez Plotin, 2006, 162.

18 Zur anfangslosen Bewegung vgl. auch *Physik* VI.5, 236a15. Zur Unmöglichkeit eines ersten Moments der Bewegung siehe R. Sorabji, Aristotle on the Instant of Change, in: J. Barnes u. a. (Hg.), Articles on Aristotle. Vol. III. Metaphysics, 1979, 159—177.

schaffenheit (B) ist mit Sicherheit auch eine Beschaffenheit (f). Klar ist, dass man den Geltungsbereich des Arguments einschränken muss. Diese Einschränkung erfolgt bei Aristoteles über einen explanatorischen Rahmen von Abhängigkeiten. Die Zeit ist, wie wir bereits gesehen haben, von der Bewegung abhängig. Die Bewegung aber ist ihrerseits vom *megethos* abhängig, der Dimension der Bewegung oder dem Bereich, in dem sie stattfindet.[19] Die aristotelische Theorie der Zeit folgt vermittelt über die Bewegung seiner Theorie des *megethos*.[20] Das bedeutet zweierlei: Bewegung kann es einerseits nicht geben ohne einen räumlich ausgedehnten Gegenstand, der bewegt wird. Andererseits ist die primäre Bewegung eine Ortsbewegung, also die Bewegung entlang oder über eine bestimmte räumliche Strecke. Weil die Zeit der Bewegung folgt, folgt sie letztlich auch der Logik des Orts. Die Logik der Bewegung folgt der Logik der Dimension oder Strecke der Bewegung (*megethos*). Die Logik der Zeit wiederum folgt der Logik der Bewegung. Dies bedeutet nicht nur eine Form der Abhängigkeit, sei sie ontologisch, logisch oder epistemisch, sondern auch die Weitergabe einer gewissen explanatorischen Struktur.[21]

Es ist diese Struktur, die es Aristoteles ermöglicht, von Aussagen über die Zeit auf Aussagen über die Bewegung zu schließen.[22] Hierbei ist jedoch zu beachten, dass die Weitergabe der Struktur nur in eine Richtung funktioniert, nämlich vom *megethos* über die Bewegung zur Zeit und nicht umgekehrt. Aristoteles schließt in *Physik* VIII. 8, 264b7,

---

19 Gemeint ist z. B. eine Wegstrecke für eine Ortsbewegung oder eine Farbskala für eine Eigenschaftsveränderung, nicht nur eine räumliche Größe, wie das Wort *megethos* vermuten lassen könnte. Vgl. *Physik* III.7, 207b23—25.

20 Besonders deutlich wird dies in den Passagen *Physik* IV.11, 219a10—14 und b15—16, sowie IV.12, 220b24—28. E. Hussey, Aristotle's Physics. Books III fand IV, 1983, 142—146, lässt offen, ob es sich um eine ontologische und/oder logisch und/oder epistemologische Abhängigkeit handelt. U. Coope, Time for Aristotle, 47—55, deutet die Abhängigkeit als ein explanatorisches Projekt, eine Deutung, auf die sich der hier verfolgte Ansatz stützt. Formuliert wird dieses Abhängigkeitsverhältnis auch in Bezug auf das Unbegrenzte (*apeiron*), vgl. *Physik* III.7, 207b21—25, und G. E. L. Owen, Aristotle on time, in: J. Barnes u. a. (Hg.), Articles on Aristotle. Vol. III. Metaphysics, 1979, 145—146. Darüber hinaus auch in Bezug auf Teilbarkeit, vgl. *Physik* VI.1, 231b18—20, und VI.2, 233a11—12.

21 Die epistemische Abhängigkeit der Bewegung vom Raum ist offenbar wieder ein moderner Aspekt an Bewegung: Martin Hilpoltsteiner (Fachhochschule Würzburg) z. B. bildet in seiner Diplomarbeit Bewegung auf einen virtuellen dreidimensionalen Raum ab, um Bewegung so besser verständlich zu machen. Insbesondere für den Vergleich von Bewegungen, z. B. bei einem Crashtest, ergeben sich hier interessante Anwendungsmöglichkeiten. Mehr dazu unter www.recreating-movement.com und www.moframes.net.

22 Wir werden später noch sehen, welche wichtige Rolle der Fixsternhimmel bei der Begründung dieser Struktur und der Einschränkung des Geltungsbereichs des aufgestellten Argumentationsschemas spielt.

eindeutig aus, dass man von der Kontinuität der Zeit auf die Kontinuität der Bewegung schließen kann. Was er aber zu denken scheint und mit dem Argumentationsschema ausdrückt, ist, dass man an der für ihn leichter verständlichen Kontinuität der Zeit auch die Kontinuität der Bewegung ablesen kann, weil die Zeit von der Bewegung abhängig ist. Die Kontinuität der Zeit ist am Jetzt (*to nun*) ablesbar, wie der nächste Abschnitt zeigen wird.

Physik VIII.1: Die Kontinuität der Zeit und der Bewegung

Das ausführlichste Argument für die Ewigkeit der Bewegung in Abhängigkeit von der Ewigkeit der Zeit findet sich in *Physik* VIII.1 unter den Beweisgängen für die Ewigkeit von Bewegung.

> [B] (a) Außerdem, wie werden das Früher (*to proteron*) und das Später (*to hysteron*) sein können, wenn es die Zeit (*chronos*) nicht gibt? Oder die Zeit, wenn es Bewegung nicht gibt? Wenn aber die Zeit die Maßzahl der Bewegung (*kinêseôs arithmos*) oder bestimmte Bewegung (*kinêsis tis*) ist, dann ist notwendig, wenn die Zeit jeweils/immer (*aei*) ist, dass auch die Bewegung ewig (*aïdion*) ist. (b) Aber bezüglich der Zeit scheinen sich alle bis auf einen einmütig zu verhalten: Denn sie sagen, dass sie [sc. die Zeit] ungeworden sei. Gerade damit zeigt Demokrit, dass unmöglich alles entstanden sein kann: Denn [er sagt], dass die Zeit ungeworden sein müsse. Platon ist der einzige, der sie erzeugt. Denn [er sagt], dass sie zugleich mit dem Himmel, der Himmel aber entstanden sei. (c) Wenn es nun unmöglich ist, dass die Zeit ohne das Jetzt (*to nun*) sein (*einai*) und erfasst (*noêsai*) werden kann, das Jetzt aber eine bestimmte Mitte ist, die zugleich Anfang und Ende hat – Anfang der Zeit, die noch sein wird, Ende der vorbeigegangenen – ist es notwendig, dass jeweils/immer (*aei*) Zeit ist. Denn das Letzte des als Ende genommenen Zeitstücks wird in einem der Jetzte sein (denn nichts anderes als das Jetzt kann man in der Zeit fassen), so dass, wenn das Jetzt ein Anfang und ein Ende ist, notwendig auf beiden Seiten davon jeweils/immer (*aei*) Zeit ist. (d) Wenn aber doch Zeit, so ist offenbar, dass notwendig auch Bewegung sein muss, wenn wirklich die Zeit eine bestimmte Beschaffenheit (*pathos ti*) der Bewegung ist. (*Physik* VIII.1, 251b10–28)

Abschnitt (a) argumentiert mit dem bereits aus der *Metaphysik* bekannten Argumentationsschema. Auch inhaltlich knüpft es an dieses Argument an. Die Zeit muss ewig sein, weil man immer fragen kann, was vor beziehungsweise nach der Zeit war beziehungsweise sein wird.

Mit Abschnitt (b) unterfüttert Aristoteles seine These der Ewigkeit der Zeit mit einem *argumentum ex auctoritate*. In der Philosophiegeschichte vor Aristoteles herrsche weitgehende Übereinkunft in der

Ansicht, die Zeit sei ewig. Einzig sein Lehrer Platon sei der Meinung, die Zeit sei geworden und mit dem Himmel entstanden.[23] Die Art und Weise, wie Aristoteles hier seine Vorgänger über einen Kamm schert und seinen Lehrer Platon mit einer ihm unliebsamen Position isoliert, zeigt, wie sehr das Argument für die Ewigkeit der Bewegung aus der Ewigkeit der Zeit den Charakter eines Kurzarguments hat, das *ad hoc* eingeführt und verwendet wird. Er glaubt, nur noch zeigen zu brauchen, dass die Bewegung auch ewig sein muss, weil die ewige Zeit von ihr abhängt.[24]

Für den hier zu betrachtenden Zusammenhang sind allerdings die Abschnitte (c) und (d) interessanter. Abschnitt (c) enthält die Prämisse des Arguments für die Ewigkeit der Bewegung aus der Ewigkeit der Zeit: Ohne das Jetzt (*to nun*) könne die Zeit weder sein (*einai*) noch begrifflich erfasst werden (*noêsai*). In dieser Prämisse wird ein ontologischer Aspekt der Zeit mit einem epistemischen[25] verbunden. Diese Prämisse ist nur sehr schwer zu verstehen. Klar ist nur, dass Aristoteles den ontologischen Status der Zeit als eine Schwierigkeit diskutiert.[26] Die Zeit ist zusammengesetzt aus dem, was war, und dem, was sein wird. Das, was war, ist nicht, weil es vergangen ist, und das, was sein wird, ist nicht, weil es noch nicht ins Sein getreten ist. Damit ist die Zeit aus Nichtsein zusammengesetzt, hat aber offenbar dennoch irgendwie am Sein teil (vgl. *Phys.* IV. 10, 218a2—3). Vor diesem Hintergrund spielt das Jetzt eine besondere Rolle:[27] Das Jetzt ist einerseits der, wenn auch

---

23 Vgl. *Timaios* 28b mit 38b. E. Rudolph, Zeit und Ewigkeit bei Platon und Aristoteles, in: ders. (Hg.), Zeit, Bewegung, Handlung. Studien zur Zeitabhandlung des Aristoteles, 1988, 109—128, zeigt anhand des Begriffs *aiôn*, dass dies ein verkürztes Platon-Referat ist und dass die platonische und die aristotelische Zeitauffassung weit mehr gemein haben als Aristoteles hier lieb ist. Zum selben Thema siehe auch: R. Brague, Du temps chez Platon et Aristote, 1982.

24 Vielleicht kann man so auch die Schwierigkeit verstehen, dass Aristoteles in *Physik* IV.13, 222a29—30, die Frage stellt, ob die Zeit auch aufhören könne, sodann aber antwortet, sie könne es nicht, weil es immer Bewegung gäbe. Nur innerhalb eines Kurzarguments, bei dem man davon ausgeht, einen leichteren Beweis für die Ewigkeit der Zeit zu haben als für die Ewigkeit der Bewegung, kann man über eine solche Interdependenz hinwegsehen. Wenn Zeit und Bewegung voneinander abhängen, die Zeit aber ewig ist, so muss es auch die Bewegung sein.

25 Die epistemische Dimension der Zeit wird ganz deutlich in *Physik* IV.11, 218b21—219a2, und VI.14, 223a16—29, betont. Zum Verhältnis zwischen subjektiver und objektiver Zeit siehe P. Welsen, Subjektive und objektive Zeit bei Aristoteles, in: Prima philosophia 14 (2001), 111—122.

26 Zur Diskussion der besonderen Realität der Zeit bei Aristoteles vgl. G. E. L Owen, Aristotle on Time, 140—141, und Th. Buchheim, Die Virtualität der Zeit nach Aristoteles, in: J. Klose/K. Morawetz (Hg.), Aspekte der Zeit. Zeit-Geschichte, Raum-Zeit, Zeit-Dauer und Kultur-Zeit, 2004, 11—14.

27 Zu einer ausführlichen Analyse der Bedeutung des Jetzt für Aristoteles' Zeitbegriff siehe H. Kuhlmann, Jetzt? Zur Konzeption des *nûn* in der Zeitabhandlung des

stets verschwindende, so doch der gegenwärtige – und damit seiende – Aspekt der Zeit. Andererseits ist durch das Jetzt die Zeit sowohl zusammenhängend oder kontinuierlich (*synechês*) als auch – der Möglichkeit nach – in Abschnitte eingeteilt, das Jetzt ist Zusammenhang und Grenze der Zeit (vgl. *Phys.* IV. 11, 220a4—5 und IV. 13). Das Jetzt hält nämlich einerseits Vergangenheit und Zukunft zusammen und ist als solches immer gleich (*to auto*). Andererseits ist es aber auch Ende der Vergangenheit und Anfang der Zukunft und als solches jeweils verschieden (*aei heteron*) und ein Umschlags- oder Wendepunkt.[28]

Aus dieser Beschaffenheit der Zeit schließt Aristoteles nun in den Abschnitten (c) und (d) wie auch in *Physik* IV. 13, 222a34—b7, wo ein und dasselbe Argument vorzuliegen scheint, auf die Ewigkeit der Zeit. In *Physik* IV. 13 sagt er, man könne auf die Zeit schauen wie auf einen Kreis, der an der gleichen Stelle, von seinem Mittelpunkt aus betrachtet, konkav erscheint, von außen betrachtet aber konvex. Analog dazu könne die Zeit an derselben Stelle, nämlich an einem beliebig herausgegriffenen Jetzt, zugleich am Anfang und am Ende sein. Weil das Jetzt aber nicht Anfang und Ende desselben Zeitabschnitts sei, sei Zeit auch ewig. Egal wo man eine Jetzt-Stelle ansetzt, meint Aristoteles, davor und danach ist immer Zeit. Dasselbe Argument wiederholt Aristoteles in den Abschnitten (c) und (d). Das Jetzt ist immer ein Umschlagspunkt vom Davor ins Danach, was für Aristoteles bedeutet, dass es davor und danach immer Zeit gibt.[29]

An diesem Argument ist mit Graham zu kritisieren,[30] dass es keine essentielle Eigenschaft eines Jetzt sein muss, immer auf ein Davor und Danach zu verweisen. Dies ergibt sich lediglich aus der aristotelischen Definition. Man kann zwar durchaus der Meinung sein, an jedem beliebigen Punkt der Zeit ein Jetzt herausgreifen zu können. Dass aber davor und danach immer Zeit liegen muss, ist eine dem Jetzt rein subjektiv beigegebene Eigenschaft, die sich nicht notwendig aus der Einteilung der Zeit durch Jetzt-Stellen ergibt. Im allerersten Moment der

---

Aristoteles (Physik IV 10—14), in: E. Rudolph (Hg.), Zeit, Bewegung, Handlung. Studien zur Zeitabhandlung des Aristoteles, 1988, 63—96.

28   Zur Gleichheit und Verschiedenheit des Jetzt siehe H. Kuhlmann, Jetzt?, 77—88. Zur besonderen Bedeutung der technischen Wendung *ho pote on* in diesem Zusammenhang siehe R. Brague, Sur la formule aristotélicienne *ho pote on* (*Physique*, IV, 11 et 14), in: ders., Du temps chez Platon et Aristote, 1982, 97—144.

29   H. Kuhlmann, Jetzt?, 86—88, problematisiert diesen Punkt: Der verbindende Charakter des Jetzt kann nicht in Absehung von seinem trennenden verstanden werden. Das Jetzt, das immer dasselbe ist, ist zugleich auf das Jetzt bezogen, das immer verschieden ist und gemeinsam mit einem anderen eine Zeitspanne eröffnet, in der Bewegung stattfindet.

30   D. W. Graham, Aristotle Physics Book VIII, 1999, 48—49.

Entstehung der Zeit, könnte man sagen, muss es kein Davor gegeben haben. Nicht so bei Aristoteles: Egal wo man das Jetzt ansetzt, davor und danach war immer Zeit und wird immer Zeit sein. Das Jetzt ist immer ein Anfang und ein Ende und verweist auf Zeit davor und danach.

Damit ist aber klar, dass die Prämisse, Zeit könne ohne das Jetzt weder sein noch verstanden werden, die Kontinuität der Zeit voraussetzt. Und zwar eine Kontinuität im aristotelischen Sinn, nach der die Zeit durch das Jetzt zusammengehalten wird. Das Jetzt verbindet immer, egal an welcher Stelle, Vergangenheit und Zukunft. Das hier diskutierte Argument für die Ewigkeit der Bewegung fußt auf der Prämisse, dass die Zeit kontinuierlich ist. In jeder Jetzt-Stelle sind Anfang und Ende von Zeit verbunden, hierin besteht nicht nur ihre Kontinuität, sondern auch ihre Ewigkeit.

Für die Kontinuität der Zeit argumentiert Aristoteles kaum explizit; man kann das Argument nur aus Passagen wie der vorliegenden erschließen.[31] Offenbar gilt bei Aristoteles die Zeit als eine dichte, fließende, ineinander übergehende kontinuierliche Struktur, die nicht aus einer Aneinanderreihung von in sich abgeschlossenen Ereignissen besteht. Man kann sie nur hilfsweise über Jetzt-Stellen verstehen, mit denen man Zeitabschnitte einteilt. Diese Jetzt-Stellen sind keine in sich abgeschlossenen Größen, keine zeitlichen Episoden, sondern gehen ohne klar erkennbare Grenze ineinander über. Sie sind auch nicht aufeinanderfolgend, denn aufeinanderfolgend (*ephexês*) ist nach Aristoteles das, wo nichts anderes derselben Art oder Gattung mehr dazwischen passt.[32] Zwischen zwei Jetzt-Stellen passen aber unendlich viele weitere Jetzt-Stellen: Jetzt-Stellen folgen nicht aufeinander (*ephexês*), sondern gehen kontinuierlich (*synechês*) ineinander über, verweisen immer auf Zeit davor und Zeit danach.

Zwar liefert das Argument in Text [B] keine klarere Erklärung dafür, warum die Zeit ewig sein muss. Es leistet aber einen anderen wichtigen Beitrag: Es bringt implizit die Kontinuität der Zeit mit ins Spiel, die Aristoteles im Argument in der *Metaphysik* stillschweigend

---

31 Für die Kontinuität der Zeit argumentiert Aristoteles in *Physik* IV.11, 219a10—19, mit der Kontinuität der Bewegungsdimension (*megethos*), in der die Bewegung stattfindet. Primär ist die Bewegungsdimension, dem folgt die Bewegung, dann die Zeit. Hierzu besonders G. E. L. Owen, Aristotle on Time, 145—148.

H. Kuhlmann, Jetzt?, 75—77 und 86—87, betont, dass sich die Kontinuität der Zeit aus dem Wahrnehmen und Messen ergibt, an der Zählweise wird sichtbar, dass es sich um ein Kontinuum handeln muss.

Ein ganz anderes Argument findet sich in *Physik* VI.1, 231b18—232a21: Weil Bewegung nur und in unendlich viele Bewegungen teilbar ist , ist auch die Zeit nur und in unendlich viele Zeitabschnitte teilbar. Damit sind beide kontinuierlich.

32 Vgl. *Phys.* V.3, 226b34—22a6.

vorausgesetzt hatte. Die Kontinuität der Zeit kann man am Jetzt ablesen. Es muss damit eine Bewegung geben, die ewig und kontinuierlich ist. Wie wir sehen werden, hat diese Forderung entscheidende Konsequenzen.

De generatione et corruptione II.10: Der Beweger, das Bewegte und die Einheit der Bewegung

Ist die Ewigkeit und Kontinuität der Bewegung einmal nachgewiesen, so ergeben sich daraus für Aristoteles zwei weitere notwendige Implikationen. Sie betreffen den Beweger, der die Bewegung verursacht, und den Gegenstand, der bewegt wird. Ohne einen Beweger und ohne Bewegungsgegenstand ist Bewegung für Aristoteles nämlich nicht denkbar. Die Bewegung ist darüber hinaus durch den Gegenstand, der bewegt wird, bestimmt. Letztlich teilt diese Eigenschaften auch der Beweger. Dank des Kurzarguments für die Ewigkeit und Kontinuität der Bewegung aus der Zeit wissen wir bereits, dass es für Aristoteles ewige und kontinuierliche Bewegung geben muss. Diese kann es aber nur geben, wenn es auch einen ewigen und kontinuierlichen Gegenstand gibt, der bewegt wird.[33] Dasselbe gilt für den Beweger, der für diese Bewegung verantwortlich ist. Diesen Gedanken entfaltet Aristoteles ausführlich in *Physik* VI.4. Bewegung hat eine materiale Basis, das Bewegte, und eine Ursache, den Beweger. Beide sind verantwortlich für die Einheit und Kontinuität der Bewegung. Insbesondere gilt dies für die Bewegung, die der unbewegte Beweger anstößt, und seinen Bewegungsgegenstand, den Fixsternhimmel.

[C] (a) Da aber notwendig etwas das Bewegende (*to kinoun*) ist, wenn Bewegung sein soll, wie früher woanders gesagt wurde,[34] und wenn [die Bewegung] jeweils/immer (*aei*) ist, jeweils/immer etwas [das Bewegende] sein muss, und wenn sie kontinuierlich (*sunechês*) sein soll, [das Bewegende][35] eines, dasselbe und unbewegt und ungeworden und unveränderlich sein muss, und wenn es mehrere Kreisbewegungen gibt, sind sie zwar

---

33 Diesen entscheidenden Punkt lässt Aristoteles in seinem berühmten Argument in *Metaphysik* XII.6 unerwähnt. Weil überall da, wo Bewegung vorliegt, auch etwas sein muss, das bewegt wird, muss es auch, weil es ewige und kontinuierliche Bewegung gibt, einen Gegenstand geben, der ewig und kontinuierlich bewegt wird. Was aber in ewiger und kontinuierlicher Bewegung ist, ist selbst auch ewig und kontinuierlich. Diese Bedingungen erfüllt der Fixsternhimmel.

34 Vgl. vor allem *Phys.* VIII.4—6, 255b31–260a19; ferner *Metaph.* IX.8, 1049b26—27; 1050b3—6; XII.4, 1070b22—27; XII.6, 1071b12—16, XII.7, 1072a21—26.

35 Unter Berufung auf *Physik* VIII.6, 259b32–260a19, unterstreicht M. Rashed, De la génération et la corruption, 178, dass es sich bei dem Bewegenden in diesem Kontext um das erste Bewegende, den unbewegten Beweger, handeln muss.

mehrere, diese sind aber alle notwendig wie unter einem Prinzip. (b) Da aber die Zeit kontinuierlich ist, ist klar, dass es mit Notwendigkeit kontinuierliche Bewegung gibt, wenn es doch unmöglich ist, dass die Zeit ohne Bewegung existierte. Folglich ist die Zeit Maßzahl von irgendetwas Kontinuierlichem – mithin von der Kreisbewegung, wie in den Darlegungen über die Zeit am Anfang festgestellt wurde. (c) Ist die Bewegung aber kontinuierlich, weil das Bewegte kontinuierlich ist oder weil das es ist, worin die Bewegung stattfindet, ich meine z. B. den Ort oder den Zustand? Klarerweise ist es so, weil das Bewegte kontinuierlich ist (denn wie kann der Zustand kontinuierlich sein außer dadurch, dass das Ding kontinuierlich ist, dem er zukommt? Wenn aber auch durch das, in dem die Bewegung stattfindet, so kommt dies nur dem Ort zu; denn es besitzt eine gewisse Größe). Davon ist aber allein das im Kreis Bewegte kontinuierlich, so dass dies mit sich selbst immer in Kontinuität ist. Dies ist folglich das, was kontinuierliche Bewegung hervorbringt: der im Kreis bewegte Körper. Die Bewegung hingegen macht die Zeit kontinuierlich. (*De generatione et corruptione* II.10, 337a17—33)[36]

Text [C] verbindet zwei Aspekte der Einheit einer ewigen und kontinuierlichen Bewegung miteinander: Einerseits die Ewigkeit und Kontinuität des Bewegers, der diese Bewegung verursacht, andererseits die Ewigkeit und Kontinuität des Bewegten, das in ewiger und kontinuierlicher Bewegung bewegt wird. Genau diese Verbindung taucht nahezu formelhaft auch in der *Physik* auf: „Eine ist die Bewegung unter Einwirkung eines Bewegenden und eines Bewegten (*mia d' hê hyph' henos te tou kinountos kai henos tou kinoumenou*)" (*Physik* VIII.6, 259a18—19).

Abschnitt (a) von Text [C] thematisiert den ersten Aspekt, den einen Beweger: Ewige kontinuierliche Bewegung hat eine ewige und kontinuierliche Ursache. Daher muss das Bewegende verschiedene Kriterien erfüllen: Es muss eines sein, dasselbe, unbewegt, ungeworden und unveränderlich. Und mehr noch: Wenn es mehrere ewige kontinuierliche Rotationsbewegungen gibt, so müssen sich diese unter einem Prinzip sammeln lassen.[37] Dieser Aspekt soll uns im vorliegenden Kontext aber nicht weiter interessieren. Entscheidend ist, dass Aristoteles klar die Forderung nach einer einzigen kontinuierlichen Ursache für die kontinuierliche Bewegung stellt.

Beim Wechsel von Abschnitt (a) auf Abschnitt (b), zur Betrachtung des Bewegten, fällt besonders auf, dass Aristoteles, nachdem er von den vielen Kreisbewegungen, die sich alle unter einem einzigen Prinzip sammeln lassen, gesprochen hat, auf die Kontinuität der Zeit und dann auch auf die Kontinuität der Bewegung zu sprechen kommt. Das soll

---

36 Übersetzung nach Buchheim, Manuskript des geplanten Kommentars zu *De generatione et corruptione*.
37 Vgl. *Phys.* VIII.6, 259a6—13.

wohl bedeuten, dass die Zeit hier eine vermittelnde Stellung im Be-
weisgang einnimmt, der auf die Kontinuität eines bewegten Gegenstands hinausläuft. Diese Rolle kann der aristotelische Zeitbegriff erfüllen, wenn man sich vor Augen führt, dass Aristoteles davon ausgeht,
dass es nur eine einzige Zeit geben kann (*Phys.* IV. 14, 218b3—5).[38] Die
Zeit ist gerade nicht mit der Rotationsbewegung zu identifizieren. Es
gibt schließlich mehrere solcher Rotationsumläufe, wohingegen die
Zeit notwendig nur eine ist. An welcher der vielen Rotationen sollte
man die Zeit dann festmachen? Die Zeit ist ubiquitär,[39] sie ist überall
und in jedem, eine Bewegung aber nur in dem jeweils Bewegten (*Phys.*
IV. 10, 218b10—13). Dennoch ist klar, dass es Zeit ohne Bewegung und
damit ohne den bewegten Gegenstand nicht geben kann. Damit sind
starke Forderungen an den bewegten Gegenstand formuliert, an dessen
Bewegung die Zeit nicht nur sichtbar wird, sondern von dem sie auch
existentiell abhängt. Wenn es nur *eine* Zeit gibt, so braucht man auch
genau *einen* bewegten Gegenstand, an dem man die Zeit festmachen
kann – was jedoch nicht ausschließt, dass es nicht auch mehrere ewig
bewegte Gegenstände geben kann.

Die Einheitsbedingungen für den Gegenstand einer Bewegung formuliert Aristoteles in *Physik* V.4, 227b29—228a3: Schlechthin eins
(*haplôs mia*) ist eine Bewegung, wenn neben der Einheit des Bewe-
gungstyps (z. B. Ortsbewegung) und der Einheit der Zeit (d.h. Unun-
terbrochenheit) auch der bewegte Gegenstand eins ist und zwar weder
akzidentell (*kata symbebêkos*) noch der Art nach (*eidei*). Daraus folgt,
dass eine einzige Bewegung weder an mehreren bewegten Dingen einer Art festgemacht werden kann noch an einem einzelnen, aber komplexen Ding, das wie eine Substanz mit ihrem Akzidenz zusammengesetzt ist. Zentral für die Einzigkeit des bewegten Gegenstands, von
dem die Zeit abhängt, ist seine Kontinuität. Diese Kontinuität begründet auch seine Einheit.[40] Das bedeutet auch, dass der bewegte Gegen-

---

38 U. Coope, Time for Aristotle, 32—37, diskutiert das Verhältnis von Zeit zur
    Bewegung des Universums anhand der in *De caelo* I.8—9 zurückgewiesenen
    Position, es könne mehrere Universen geben. Zwar seien „Himmel" und „Uni-
    versum" jeweils Universale, die mehrere Instanzen haben könnten, die Tatsache
    aber, dass nach Aristoteles im Universum alle Materie verbaut sei, zeige, es gibt nur
    einen Himmel und ein Universum geben kann. Zeit also mit dem Himmel oder dem
    Universum zu identifizieren, verfehle damit die Bedingung, dass die Zeit notwendig
    eine sein müsse.

39 Für H. Kuhlmann, Jetzt?, 64—65, ist die Ubiquität der Zeit bei Aristoteles das einzige
    Argument für die Zeit, das sich aus dem Kontext des Wahrnehmens und Messens
    löst.

40 Vgl. hierzu auch *Metaph.* V.6, 1016a2—7. In *Metaph.* X.1 wird die Einheit durch
    Kontinuität als erste Bedeutung des Einen besprochen. Dieser Fall läge besonders bei

stand nicht nur einer ist, sondern auch einfach im Sinn von unzusammengesetzt; andernfalls wäre er nicht mehr kontinuierlich. Das bedeutet nicht, dass ein solcher Gegenstand keine Teile hat, denn einerseits ist Kontinuität wie oben gesehen über die Teilbarkeit und das
Verhältnis von Teilen zueinander definiert, andererseits kann nur das,
was Teile hat, in Bewegung sein.[41] Der Gegenstand ist aber nicht zusammengesetzt, auch nicht so wie Substanz und Akzidenz zusammengefügt sind.

Aus der Kontinuität einer Bewegung folgt ihre Einheit, Einheit der
Bewegung setzt Unzusammengesetztheit von Beweger und Bewegtem
voraus. Dies ist der entscheidende Schritt hin zu einem unbewegten
Beweger, dessen Aufweis nicht nur das Ziel der *Physik*, sondern der
auch zentraler Gegenstand der *Metaphysik* ist.

Textabschnitt (c) macht nun besonders deutlich, dass die Kontinuität einer Bewegung von der Kontinuität des bewegten Gegenstands
abhängt und nicht von der Kontinuität der Bahn oder der Dimension,
auf der er sich bewegt. Lediglich im Falle der Ortsbewegung komme es
zu einer Kongruenz der Kontinuität des bewegten Gegenstands und
der Strecke (*megethos*), auf der sich der Gegenstand bewegt.

Offenbar wird hier eine besondere Form von Kontinuität der Bewegung verhandelt, denn in *Physik* V. 4, 228a20, sagt Aristoteles, jede
Bewegung sei kontinuierlich. Die Kontinuität eines Eigenschaftswech-
sels von hell nach dunkel kann man sich wie bei einem Dimmer vorstellen, der die Helligkeit stufenlos regelt. Schwieriger wird es für den
Ausdifferenzierungsprozess einer Gattungsform, den Aristoteles in
Metaphysik VII.12 zu beschreiben scheint. Mit jedem Determinations-
schritt der Gattungsform ist auch eine neue Stufe erreicht, die eben
nicht kontinuierlich mit der vorherigen verbunden ist, sondern sich
durch weitere Spezifikation von ihr abhebt.

Es scheint, als ginge es Aristoteles hier[42] in *De generatione et corruptione* um die besondere Einheit und Vollendung der Kreisbewegung und des im Kreis bewegten Körpers. Er will darauf hinaus, dass
der im Kreis bewegte Körper *mit sich selbst in Kontinuität* ist (*auto autô
syneches*, 337a31). Ist die Bahn, die ein im Kreis bewegter Körper beschreibt, tatsächlich eine perfekte Kreisbahn und nicht verwackelt, so
handelt es sich um eine im höchsten Maße einfache Bewegung, die
noch nicht einmal zwischen einem Anfangs- und einem Endpunkt

Dingen vor, so Aristoteles, deren Bewegung unteilbar (*adihairetôtera*) und einfach
(*haplê*) ist, vgl. 1052a20—21.

41   Vgl. *Phys*. VI.4, 234b10. Hierzu D. Bostock, On Continuity in *Physics* VI, 176—188.
42   Wie auch in *Metaph*. V.6, 1016b16—17. Zur Kontinuität und Vollendung des Ganzen
      siehe *Metaph*. V.26, 1023b32—34.

verläuft, sondern auf einen Mittelpunkt bezogen ist. Hinzu kommt, dass die Rotationsbewegung im Gegensatz zur Bewegung auf einer Geraden nicht zwischen Gegensätzen verlaufen kann. Somit befindet sich die Rotation aus inneren Gründen heraus mit sich selbst in Kontinuität (vgl. *Cael.* I.3, 269b29—270a35). Stellt man sich den so bewegten Körper als einen sphärischen Gegenstand vor, der im Kreis rotiert, folgt ein weiterer wichtiger Punkt: Für Aristoteles ist ein Ort die Grenze des umschließenden Körpers, mit der ein Gegenstand Kontakt hat.[43] Da ein sphärischer Körper auch – im Gegensatz etwa zu einem Würfel – nur eine einzige Oberfläche hat, behält er, wenn er in sich rotiert, auch ständig denselben Ort. Ein in sich sphärisch rotierender Körper führt nicht nur eine einzige Bewegung aus, sondern befindet sich auch immer nur an einem einzigen Ort.[44]

Doch das ist nicht der zentrale Grund dafür, dass eine kontinuierliche Bewegung kontinuierlich ist. Entscheidend ist für Aristoteles die Kontinuität des bewegten Gegenstands. Doch was bedeutet die Kontinuität des bewegten Gegenstands? Insbesondere ist ein Gegenstand dann kontinuierlich, wenn er unzusammengesetzt und ewig ist. Beim Fixsterhimmel muss dies der Fall sein. Die Kontinuität der Bewegung des Fixsternhimmels misst sich an seiner Kontinuität, Einheit und Vollendung.[45] Ein komplexer Gegenstand könnte nach Aristoteles nicht in kontinuierlicher Bewegung sein.

Das Entscheidende der vorliegende Passage ist damit die Einsicht, dass Kontinuität eine materiale Basis hat. Die beste Basis dafür bilden Körper, deren konstitutive Materie der Äther ist und die sphärisch bewegt werden. Wo aber ein kontinuierlicher Körper ewig bewegt wird, sagt Aristoteles, gibt es auch einen kontinuierlichen und ewigen Beweger.

Das Verhältnis von Kontinuität und Rotation des Fixsternhimmels zum zyklischen Zeitverlauf: *Physik* IV. 11+14

Neben der Bewegung selbst ist nun auch der Beweger und der bewegte Gegenstand ins Zentrum der Betrachtung gerückt. Beide sind nicht nur

---

43   Vgl. *Phys.* IV.1—5.
44   Hierzu besonders B. Morison, On Location. Aristotle's Concept of Place, 2002, 166—169: Als sphärischer Körper in Rotation handelt es sich bei der Bewegung des Universums um eine Ortsbewegung, die nur an einem Ort stattfindet. Das in sich rotierende Universum hat zwar nach Aristoteles keinen echten Ort, aber für Morison ist es doch *an* einem Ort, denn es ist in seinen Teilen vorhanden, die jeweils einen Ort haben.
45   Nach *Cael.* II.3, 286a12, ist der Fixsternhimmel ein „göttlicher Körper."

Voraussetzung für ewige und kontinuierliche Bewegung, sondern auch für Bewegung selbst. Ohne einen Beweger und einen Gegenstand, der bewegt wird, kann es keine Bewegung geben. Dies zieht die Frage nach sich, welche Rolle die Kontinuität und Ewigkeit der Zeit beim Aufweis dieser Eigenschaften an der Bewegung spielen. Hat z. B. die Bewegung ihre Ewigkeit und Kontinuität nun von der Kontinuität der Zeit her oder von der Ewigkeit und Kontinuität des bewegten Gegenstands? Oder ist die Ewigkeit und Kontinuität der Zeit dieselbe wie die Ewigkeit und Kontinuität des bewegten Gegenstands?

Ginge es nach Aristoteles, so eröffneten diese Fragen keine echten Alternativen. Die aristotelische Theorie der Zeit folgt, wie wir oben gesehen haben, seiner Theorie des Raums oder Orts, die ihre Struktur an die Zeit weitergeben.

Dennoch besteht ein entscheidender Unterschied zwischen Zeit und Bewegung: Bewegung ist für Aristoteles immer ein Aspekt, der an einem bewegten Gegenstand festzumachen ist und mit diesem steht und fällt. Zeit hingegen kann es auch unabhängig davon geben, denn Zeit ist ein Aspekt an allen bewegten Dingen, der nicht an ihnen selbst festzumachen ist.[46] Auch von bereits vergangen Dingen kann man sagen, dass sie in der Zeit sind. In der Zeit sieht man auch die vergehende Bewegung, weshalb Buchheim (S. 16) die Zeit als „gläsernen Sarg" der Bewegung beschreibt. Es scheint, als sei Zeit zugleich bei allen Dingen, die sich verändern. Geschwindigkeitsunterschiede bei zwei sich bewegenden Gegenständen werden ebenfalls nur durch *eine* Zeit gemessen, ihre Bewegungen aber an verschiedenen Gegenständen festgemacht.[47] Darüber hinaus gilt: Während eine Bewegung hin und her laufen kann oder vor und zurück gehen kann, verläuft die Zeit im Gegensatz dazu linear und immer nur in eine Richtung. Wie hier die Zeit der Bewegung oder gar dem bewegten Gegenstand folgen soll, ist nicht verständlich.[48]

Einsichtiger wird dies vielleicht für einen wie oben beschriebenen unzusammengesetzten, ewigen, sphärischen Körper, der sich in permanenter Rotation befindet. An einem solchen sphärischen und in Rotation befindlichen Körper kann man sich die Zeit als eine Zahl vorstellen, die die Perioden der Rotation misst. Dabei hängt die Kontinuität der Zeit von der Kontinuität dieses räumlich bewegten Gegenstands und seiner Bewegung ab. Der Gegenstand könnte niemals kontinuierlich in sich rotieren, wenn er nicht auch unzusammengesetzt wäre. Ein komplexer Gegenstand aus mehreren „zitternden" Atomen, so wie wir

---

46 In Übereinstimmung mit Th. Buchheim, Die Virtualität der Zeit nach Aristoteles, 17.
47 Vgl. *Phys.* IV.10, 218b9—18.
48 Dieses Problem benennt G. E. L. Owen, Aristotle on Time, 154—158.

heute physische Körper verstehen, wäre kein Gegenstand, der sich in einer einfachen und kontinuierlichen Bewegung befinden kann. Er würde permanent eine Vielzahl von komplexen Bewegungen ausführen, die sich aus dem „Zittern" seiner Atome herleiten. Ein solcher Gegenstand wäre auch nicht in der Lage, eine einfache ewige Ortsbewegung wie die Rotation auszuführen, weil es sich um eine permanent verwackelte Rotation handeln würde. Die Zeit, die die Periode von Rotationen misst, ist aber auf eine solche klare Vorgabe angewiesen. Gemäß dem oben erläuterten aristotelischen Verständnis von Ort hätte ein solcher Gegenstand, selbst wenn er in sich rotieren würde, immer mehrere Orte, zwischen denen er hin und her zitterte.

An keinem anderen Beispiel wird nach Aristoteles die Verbindung von Rotation eines Gegenstands und zyklischem Zeitverlauf so deutlich wie am Fixsternhimmel, dessen Rotation aufs Engste mit der Zeit verbunden ist.[49] Dies entfaltet Aristoteles in *Physik* IV.14. Alle Bewegungsvorgänge werden, so Aristoteles, an der zyklischen Bewegung des Fixsternhimmels gemessen: Das umlaufende Jahr, die Jahreszeiten, Monate, Tag und Nacht. Mehr noch, sogar die menschlichen Schicksale haben zyklischen Charakter: Dies gilt nach Aristoteles zumindest für das Werden und Vergehen. Nach *De generatione et corruptione* II.11 hat es zyklische Struktur. Man könnte, so Aristoteles, sogar geneigt sein, die Zeit selbst als Kreis zu betrachten.

Das Beispiel zeigt, wie die Zeit der Bewegung und der Struktur des Fixsternhimmels folgt. Hier gilt die Strukturgleichheit von Bewegung und Zeit: Der Fixsternhimmel ist eine ewige und kontinuierliche Ausdehnungsgröße, die permanent im Kreis bewegt wird. Bewegung ist ewig und kontinuierlich, sie folgt der Struktur des Fixsternhimmels. Ebenso folgt die Zeit dieser Struktur, sie ist nicht nur ewig und kontinuierlich, sondern als Maßzahl ist sie Maßzahl von periodischen, d. h. zyklischen Vorgängen. In diesem Sinn ist sie womöglich auch identisch (*to auto*) mit der ewigen und kontinuierlichen Bewegung (*Metaph.* XII.6, 1071b10, vgl. Text [A]). Auf dem Hintergrund dieser aristotelischen Einsichten ist auch der Geltungsbereich des anfangs herausgearbeiteten Argumentationsschemas verständlicher: Es bezieht sich offenbar nur auf das Verhältnis zwischen Ort, Bewegung und Zeit.

Bei all dem muss jedoch berücksichtigt werden, dass ewige Dinge für Aristoteles nicht *in* der Zeit sein können.[50] Ewige Dinge entziehen sich zeitlicher Ordnung, weil sie wegen ihrer Anfangs- und Endlosigkeit nicht zwischen zwei Jetzt-Stellen, die immer auf ein Davor und

---

49 Aller Wahrscheinlichkeit nach ist dies ein Erbe aus Platons *Timaios*. Platon identifiziert die Zeit mit der Bewegung der Himmelskörper (37c—39e, bes. 39d1).

50 Vgl. *Phys.* IV.12, 221b3—4.

Danach verweisen, betrachtet werden können. Dennoch aber stehen ewige Dinge im temporalen Zusammenhang mit vergänglichen Dingen, denn die Zeit ist ubiquitär. Also sind auch ewige Dinge da, wo Zeit ist.[51] Da es bei Aristoteles auch mehrere in ewiger Rotation befindliche Himmelskörper gibt, ist klar, dass die Ubiquität und Einzigkeit der Zeit über den sie fundierenden ewig bewegten Fixsternhimmel hinausweist auf die einzige Bewegungsursache, unter der sich alle anderen Bewegungen sammeln lassen.

II Systematischer Teil

Kontinuierliche Bewegung, Selbstbeweger und der Schritt zum unbewegten Beweger

Die Analyse der Passagen, in denen Aristoteles für die Ewigkeit der Bewegung aus der Ewigkeit der Zeit argumentiert, hat ergeben, dass Aristoteles mit diesem Kurzargument weitere zusätzliche Prämissen einholen möchte. Er verwendet dasselbe Argumentationsschema, um zu beweisen, dass die Bewegung nicht nur ewig, sondern auch kontinuierlich sein muss. Damit ist aber eine ganz entscheidende Voraussetzung für seine Theorie vom ersten unbewegten Beweger mitgegeben: Kontinuierliche Bewegung ist eine einfache Bewegung. An ihr sind ein Beweger und ein bewegter, kontinuierlicher Gegenstand beteiligt. Damit sind der Fixsternhimmel und der erste unbewegte Beweger eingeführt. Die besondere Ökonomie des Arguments muss Aristoteles dazu bewogen haben, es immer wieder einzusetzen.

Im Buch VIII seiner *Physik* diskutiert Aristoteles neben der Ewigkeit der Bewegung auch mögliche Einwände gegen die These der Ewigkeit von Bewegung. In Kapitel VIII.2 erwägt er Selbstbewegung als eine Alternative, die ewige Bewegung überflüssig macht. Unter einem Selbstbeweger versteht Aristoteles ein Lebewesen, das aus Leib und Seele zusammengefügt ist. Darüber hinaus handelt es sich auch um ein besonders entwickeltes Lebewesen, das zur Ortsbewegung fähig ist. Denn wenn überhaupt eine Bewegung selbstverursacht sein kann, dann ist es die Ortsbewegung.[52] Aristoteles betrachtet den Selbstbeweger als Alternative zur ewigen Bewegung, weil es so scheint, als könne bei einem Selbstbeweger die Bewegung plötzlich, spontan und unvermittelt auftreten, ohne dass er von einer äußeren Ursache dazu

---

51 In Übereinstimmung mit U. Coope, Time for Aristotle, 143—158.
52 Vgl. *Phys.* VIII.2, 253a14—15.

angestoßen worden ist. Aus der völligen Ruhe heraus, so scheint es, sind Selbstbeweger auf einmal in Bewegung. Das würde das Problem, was *vor* der ersten Bewegung war, hinfällig machen.

Doch Aristoteles hat eine Antwort auf diesen Einwand. Die Ewigkeit der Bewegung ist durch den Selbstbeweger nicht bedroht. Es ist nicht der Fall, dass ein Selbstbeweger sich spontan in Bewegung setzen kann. Dies sei nur scheinbar der Fall, denn ein natürlicher Teil eines Lebewesens sei immer in Bewegung, die nicht selbstverursacht sei, sondern durch die Umgebung.

> [D] Dies aber ist falsch. Denn wir sehen ja doch, dass irgendeiner der dem Lebewesen von Natur mitgegebenen Körperteile in ihm immer in Bewegung sich befindet. Von dieser Bewegung aber ist nicht das Lebewesen selbst Ursache, sondern wohl die Umgebung. (*Physik* VIII.2, 253a11—13)

Das Argument kann so verstanden werden, dass ein Lebewesen, das sich selbst bewegt, entweder nie wirklich in Ruhe gewesen ist, oder aber die Umgebung immer einen Einfluss auf das Lebewesen ausübt, so dass die Bewegung nicht im eigentlichen Sinn selbstverursacht ist.[53] Auch im Ruhezustand durchläuft ein Lebewesen Bewegungsprozesse, etwa Stoffwechselprozesse. Während es sitzt oder schläft, sind der Verdauungstrakt und Atmungsapparat in Bewegung. Ein Teil des Lebewesens ist also immer bewegt. Wenn das Lebewesen dann aufwacht oder aufsteht, könnte nur scheinbar eine spontan begonnene Selbstbewegung vorliegen. Möglicherweise wacht das Lebewesen nur auf, weil sein Stoffwechselprozess zu einem Ende gekommen ist und es Hunger hat.

Trotz dieser Analyse ist die Selbstbewegung der Lebewesen nicht immer fremdverursacht, etwa durch Bewegungen, die aus seiner Umgebung kommen. Aristoteles kündigt in *Physik* VIII.2, 253a20—21, an, auf dieses Problem noch einmal rekurrieren zu wollen. Morison versucht, die aristotelische Theorie der Selbstbewegung vor der Interpretation zu bewahren, sie sei immer fremdverursacht.[54] Es gibt auch Selbstbewegung, die tatsächlich selbstverursacht ist, ansonsten wäre die Rede von der Selbstbewegung leer. Diese Bewegung ist eine bestimmte Form der Ortsbewegung. Die Wiederaufnahme des Themas erfolgt in Kapitel VIII.6, nachdem Aristoteles in Kapitel VIII.5 den Nachweis erbracht hat, dass ein Selbstbeweger sich immer aufteilen muss in einen bewegten und einen unbewegten Teil, also in etwas, das bewegt wird, und etwas, das bewegt.

---

53 Zu dieser Deutung des Arguments siehe D. W. Graham, Aristotle Physics Book VIII, 62—63.

54 B. Morison, Self-motion in *Physics* VIII, 67—79.

Bei einem Selbstbeweger sind der bewegende Teil, die Seele, und der bewegte Teil, der Körper, eng miteinander verbunden. Der Beweger ist damit immer zugleich auch ein bewegter Beweger. Die Seele, die bewegt, wird durch den Körper, der bewegt wird, akzidentell mitbewegt. Dies erklärt, warum der Selbstbeweger kein Kandidat für den in *Physik* VIII und *Metaphysik* XII gesuchten unbewegten Beweger sein kann.

Doch diese Lesart bringt eine Schwierigkeit mit sich: Aristoteles sagt in Zeile 259b7—8, die Ursache für die Bewegung komme nicht aus dem Lebewesen selbst (*ou gar ex autou to aition*). Morsion begegnet dieser Schwierigkeit mit einer eigenen Interpunktion (S. 73, Fn. 11)[55] und dem Hinweis, mit „nicht aus ihm selbst" könne auch gemeint sein, dass die Bewegung nicht vom *ganzen* Selbstbeweger, sondern eben nur von einem *Teil* des Selbstbewegers verursacht sei (S. 74).

Im Anschluss an diese Passage liefert Aristoteles eine nicht ganz einfache Begründung dafür, warum ein Selbstbeweger keine Ursache für kontinuierliche Bewegung sein kann.[56] Morison problematisiert dieses Argument und lässt es als *final puzzle* seines Beitrags stehen (S. 78—79). Im Folgenden soll hier eine Interpretation des Arguments vorgetragen werden, die auf den Ergebnissen des analytischen Teils dieses Beitrags fußt und Morisons Position weiter stärken soll. Zu zeigen ist, dass ein Selbstbeweger, egal ob ein einziger oder mehrere zusammen, niemals die Ursache von kontinuierlicher Bewegung sein können.[57] Es gibt einen systematischen Grund, der den Selbstbeweger als Ursache für kontinuierliche Bewegung untauglich macht.

> [E] Aufgrunddessen kann man sich überzeugen, dass, wenn etwas zu den unbewegten, aber bewegenden Dingen zählt, aber akzidentell (*kata symbebekos*) sich selbst bewegt, es unmöglich ist, dass es kontinuierliche Bewegung (*sunechê kinêsin*) hervorbringt. So dass, wenn es notwendig kontinuierliche Bewegung geben muss, das erste Bewegende auch akzidentell etwas unbewegtes sein muss, wenn doch, wie wir gesagt haben, es unter allen Dingen gewissermaßen pausenlose und unsterbliche Bewegung geben muss, und das Sein (*to on*) selbst in sich selbst und in demselben bleiben soll. (*Physik* VIII.6, 259b20—26)

Was zu den unbewegten, aber bewegenden Dingen zählt, aber akzidentell sich selbst bewegt, ist der Selbstbeweger. Er bewegt, wie wir gesehen haben, akzidentell sich selbst, weil er einen bewegenden *Teil* hat, der durch den bewegten *Teil* mitbewegt wird. Im akzidentellen Be-

---

55   Ein Komma nach *kyriôs* in Zeile 7 und ein Punkt nach *aition* in Zeile 8: ... *kai hoti tautên ou kyriôs, ou gar ex autou to aition. all' eneisin allai kinêseis physikai tois zôois* ...

56   D.W. Graham, Aristotle Physics Book VIII, 115—118, erwägt dieses Argument sogar als eigentlichen Sinn der Ausführungen in *Physik* VIII.6, 259b1—20.

57   Vgl. *Phys.* VIII.6, 258b29—30.

wegtwerden steckt die Komplexität des Selbstbewegers. Eben diese Komplexität hatte Morison schon zur Interpretation der aristotelischen Bemerkung angeführt, der Selbstbeweger bewege sich nicht im eigentlichen Sinn selbst. Es ist eben *nur ein Teil* von ihm, der für die Selbstbewegung verantwortlich ist.

Doch warum ist der so analysierte Selbstbeweger ungeeignet, kontinuierliche Bewegung hervorzurufen? Einen Hinweis für den gesuchten Grund liefert die oben analysierte Passage aus *De generatione et corruptione* II.10. Dem Selbstbeweger fehlt die innere Unzusammengesetztheit, Gleichmäßigkeit und Vollendung. Der Selbstbeweger ist komplex, er besteht aus zwei Teilen. Ein *einfacher* Selbstbeweger stünde im offenen Konflikt mit dem Satz vom Widerspruch, nach dem nicht eine Eigenschaft und ihre Negation zugleich auf eine Sache zutreffen können. Etwas kann nicht zugleich bewegt und unbewegt sein. Nach aristotelischer Analyse muss ein Selbstbeweger aber einen bewegten und einen unbewegten Teil haben. Er ist komplex, und nicht unzusammengesetzt, sein unbewegter Teil ist akzidentell mitbewegt. Da sich die Kontinuität der Bewegung von der Kontinuität des bewegten Gegenstands herleitet, kann die Bewegung, die ein Selbstbeweger verursacht, nicht mehr kontinuierlich sein.[58] Der Selbstbeweger ist komplex, besteht aus Körper und Seele. Der Körper, der von der Seele bewegt wird, bewegt akzidentell die Seele mit. Damit fällt der Selbstbeweger als Bewegungsursache für eine ewige und kontinuierliche Bewegung aus.[59] Genau dieses Argument liefert Aristoteles in *Physik* VIII.4, 255a12—19, mit Bezug auf die Elemente, die wegen ihrer Einfachheit und Kontinuität keine Selbstbeweger sein können.[60] Für Aristoteles gilt damit: Weder ein einziger Selbstbeweger noch die Gesamtheit aller Selbstbeweger kann in der Lage sein, eine ewige und kontinuierliche Bewegung hervorzurufen. Die hier vorgeschlagene Deutung liefert einen weiteren Beleg für die Plausibilität von Morisons Vor-

---

58 Mit Blick auf *De anima* I.4, 409a13—14, könnte man hier eine Schwierigkeit sehen. Aristoteles spricht an dieser Stelle so, als könne es auch in Kontinuierlichem ein bewegendes und ein bewegtes Moment geben. Hierzu ist anzumerken, dass *sunechei* in Z. 14 keineswegs als gesichert gelten kann. Möglich ist auch die Lesart *megethei*. Zu beachten ist auch, dass Aristoteles in *Physik* VII.5, 258a21—22, nur davon spricht, dass kontinuierlicher Beweger und kontinuierliches Bewegtes sich einander berühren. Von einem kontinuierlichen Selbstbeweger ist nicht die Rede.

59 Dass Selbstbewegung nicht kontinuierlich sein kann, ist auch Beweisziel der Lectio XVIII des Kommentars von Thomas von Aquin zum achten Buch der aristotelischen *Physik*.

60 Zu einer ausführlicheren Diskussion dieser Passage siehe H. S. Lang, Why the Elements Imitate the Heavens: *Metaphysics* IX,8, 1050b28—34, Ancient Philosophy 14 (1994), 339.

schlag, „nicht aus ihm selbst" im Hinblick auf den bewegenden *Teil* zu verstehen.

Mit seiner Zurückweisung des Selbstbewegers als Ursache für ewige und kontinuierliche Bewegung distanziert sich Aristoteles in aller Klarheit von der platonischen Theorie in den *Nomoi* X, nach der das Ende einer Kette von Bewegten und Bewegern immer ein Selbstbeweger sei. Darüber hinaus etabliert er in aller Deutlichkeit, dass einerseits die Bewegung des Kosmos nicht wie die Bewegung eines Lebewesens zu beschreiben ist[61] und dass es andererseits neben der Bewegung von Lebewesen noch eine andere, transzendente Ursache für die Bewegung des Kosmos gibt. Die ewige und kontinuierliche Bewegung des Kosmos liegt nicht in Selbstbewegern begründet. Es gibt einen systematischen Grund, der den Selbstbeweger für die Verursachung von kontinuierlicher Bewegung untauglich macht.

Damit gilt aber auch, dass der erste Himmel kein Selbstbeweger sein kann. Das gilt, weil er unzusammengesetzt sein muss. Die echte Ursache für die ewige Bewegung muss damit in einem unbewegten Beweger gesucht werden, der den Fixsternhimmel bewegt, und selbst nicht einmal akzidentell bewegt wird. In *Physik* VIII.6, 259b28—31, betont Aristoteles ausdrücklich, dass die Himmelskörper im Gegensatz zu den vergänglichen Dingen nicht durch sich selbst, sondern *durch ein anderes* (*hyph' heterou*) bewegt werden.[62] Himmelskörper sind keine Selbstbeweger so wie Lebewesen es sind. Ihr (unbewegter) Beweger ist etwas strikt anderes als ihr ätherischer Körper und nicht wie die Seele der Lebewesen mit dem Körper eins. Auf die Suche nach dem unbewegten Beweger macht sich Aristoteles im weiteren Verlauf von Buch VIII der *Physik*. In Buch XII der *Metaphysik* bringt er diese Ergebnisse in Einklang mit der Terminologie von Möglichkeit (*dynamis*) und Wirklichkeit (*energeia*) und beschreibt den unbewegten Beweger als göttlichen *Nous*, der reines Denken ist und dessen Substanz reine Wirklichkeit ist.[63] Warum nach einem solchen Prinzip zu suchen ist, hat die Analyse von ewiger Zeit und Bewegung deutlich gemacht. Weil die

---

61 Eine solche These würde wohl Platon vertreten: *Timaios* 40b und *Nomoi* 898d—899b. Dass Aristoteles dies jedoch ablehnt, zeigt auch M. L. Gill in ihrem Aufsatz Aristotle on Self-Motion, in M. L. Gill/J. G. Lennox (Hg.), Self-Motion. Form Aristotle to Newton, 1994, 28—34. Gill (S. 29) beruft sich unter anderem auf *De motu animalium*, III—IV, bes. 700a6—11, wo Aristoteles die Bewegung der Lebewesen, die einen externen und einen internen unbewegten Beweger haben müssen, mit der des Himmels kontrastiert, der keinen internen unbewegten Beweger haben kann.

62 Diesen Hinweis verdanke ich Thomas Buchheim.

63 Vgl. *Metaph.* XII.6, 1071b19—20: Er ist ein Prinzip, dessen Wesen reine Tätigkeit ist. Diese Tätigkeit besteht nach den Kapiteln *Metaphysik* XII.7 und 9 in reiner Denktätigkeit (*noêsis*).

Bewegung, die durch den unbewegten Beweger erklärt und verursacht werden muss, eine ewige und kontinuierliche Bewegung ist, ist der göttliche *Nous*, der diese Aufgabe erfüllen soll, letztlich auf reine Tätigkeit festgelegt.

Time and the Activities of God in Stoicism

JULA WILDBERGER

In this paper I wish to explore possible connections and antinomies between Stoic concepts of time and Stoic theology. For sharper focus the discussion will concentrate on 'god' in the narrower Stoic sense of the principle (ἀρχή) god. This is justified because the principle god appears as a source from which time derives its being. And by analysing the various concepts of time proposed by Stoics, we can catch a glimpse of a fundamental shift in ontology that had intricate consequences for the way in which god and his agency could be understood.[1]

For, as will be shown in what follows, there is no such thing as one universally accepted Stoic concept of time. Roughly speaking, we can distinguish a first phase in which the original definition by Zeno was developed and refined, and a second phase, beginning with Posidonius at the latest, in which new concepts of both objective and subjective time were introduced that turned out to be incompatible with the strictly "corporealist" ontology into which the original definitions had been embedded.

Our most important source and the one that gives us the clearest sense of this historical development is an excerpt from Arius Didymus' *Epitome of Physics* preserved in the monumental anthology compiled by Ioannes Stobaeus in the 5th century AD.[2] Stobaeus is a particularly helpful source for our purposes. As Jaap Mansfeld and David T. Runia

---

1   The limits of space do not permit an adequate acknowledgement of the extensive scholarship on all the issues touched upon in this paper. Only a few contributions with a particular bearing on what is being discussed could be mentioned. I have tried to give a more comprehensive account in my habilitation thesis Seneca und die Stoa: Der Platz des Menschen in der Welt, 2006. Still the most influential study on Stoic conceptions of time is Victor Goldschmidt, Le système stoïcien et l'idée de temps, [4]1979. Another important work of reference is R. Sorabji, Time, Creation and the Continuum: Theories in Antiquity and the Early Middle Ages, 1983. The following collections of sources are quoted in abbreviated form:
FDS = K. Hülser, Die Fragmente zur Dialektik der Stoiker, 1987–88,
LS = A. A. Long and D. E. Sedley, The Hellenistic Philosophers, 1987,
SVF = H. von Arnim, Stoicorum Veterum Fragmenta, 1903–05.
2   Arius Didymus *Frg.* 26 Diels = Stobaeus, *Eclogae* 1.8.40e and 42a, vol. 1, pp. 104 and 105–6 Wachsmuth.

have shown,[3] he is keen to attribute excerpts to named individuals, and where we can compare the results with parallel sources, we see that he tends to copy more faithfully and literally than others. As a consequence, even less obvious but philosophically crucial differences between individual Stoics have been preserved. Unfortunately, our knowledge about Arius Didymus, Stobaeus' source, himself is scanty. Apart from his doxographical work on ancient physics, from which our fragment is derived, he has written a well informed *Epitome of Stoic and Peripatetic Ethics*, which we find copied out in one long excerpt in Stobaeus' *Eclogae*, Book 2. Arius Didymus might have been the Alexandrian philosopher Arius who was famous for his association with the Roman emperor Augustus, but this identification does not rest on very firm ground.[4]

In what follows, I will discuss each of the four accounts transmitted in Arius Didymus *Frg.* 26 Diels in roughly chronological order, introducing additional source material wherever appropriate and raising theological questions as they suggest themselves on the basis of our analysis. A complete Greek and English text is given in an Appendix at the end of this paper.

1

According to Arius' report, Zeno, the first Stoic, defined time as 'extension of movement' (κινήσεως διάστημα),[5] and this is the definitory core we find preserved in most of our sources.

Διάστημα is often translated as 'dimension', but this translation is misleading. It is a key element of early Stoic ontology that there are no dimensions in the sense of empty local or temporal spaces or a timeline in or on which something, *e. g.* a body, can be posited. Both space (in the narrower sense of the place occupied by a body) and time are, so to speak, extended by bodies and only have a being dependent of them.[6]

---

3   J. Mansfeld and D. T. Runia, Aëtiana: The Method and Intellectual Context of a Doxographer. Vol. 1: The Sources, 1997.

4   Apart from Mansfeld/Runia, Aëtiana, see in particular the thoroughly sceptical study of T. Göransson, Albinus, Alcinous, Arius Didymus, 1995.

5   Stobaeus 1, p. 104,7–8 Wachsmuth; see Appendix, Text 1.

6   This is, however, not a common view among historians of Stoic philosophy. As concerns space, Keimpe Algra (Concepts of Space in Greek thought, 1995) proposes a contrary reading that must be carefully considered. I have done this in Wildberger, Seneca und die Stoa, chapter 2.2, as part of a more comprehensive and sustained discussion of Stoic ontology and incorporeals, including time. See also J. Brunschwig, 'Stoic Metaphysics,' in: B. Inwood (ed.), The Cambridge Companion to the

Translating διάστημα with 'interval' would be misleading too, yet in a different way. 'Interval' refers to a distance between fixed points, *e. g.* the onset and the end of a movement. This word could in principle be used for distances between different movements, for example to indicate a time span between one movement and another. But such an interpretation of διάστημα would imply that there is a temporal space or timeline, a dimension independent of particular continuously moving bodies, within which time, or times, could be defined by measuring intervals between reference points. Although the difference seems slight, it is crucial for the early Stoic conception of time, because it results from the peculiar way in which early Stoic time depends on movement.

As is clear from Zeno's definition, Stoic time cannot be conceived without movement. There is no absolute time that passes even if nothing moves or happens. All the same, we could conceive of the physical or ontological link between time and movement in more than only one way. If we would understand διάστημα as 'interval of movement(s)', we could, for example, imagine a space in which time passes whenever some movement takes place somewhere and stops when there is no movement anywhere. This could mean that the movement of a single item within the whole space could constitute the passing of time throughout the temporal space. We could speak of time in two senses, then: [1] as a given temporal dimension in which movement and the passing of time can happen and [2] as the thing that passes throughout the whole temporal space or dimension when something moves within it.

I have constructed[7] this counter-example in order to work out more clearly what the early Stoic view is and what it implies for the relation of god and time. According to the early Stoics, there is no such thing as a temporal dimension independent of actual particular movements, and time does neither exist nor pass absolutely. In fact, Zeno does not describe time as passing at all. Rather, it is extended and thus comes into being when a particular movement happens, similarly to the manner in which a place (τόπος) comes into being when it is occupied by a body. Zenonian time is an 'extension of *a* movement' or, as a late antique commentator on Aristotle's *Categories* clarifies, 'without [further]

Stoics, 2003, 206–32 and Brunschwig's paper 'La théorie stoïcienne du genre suprême et l'ontologie platonicienne' in: J. Barnes/M. Mignucci (ed.), Matter and Metaphysics: Fourth Symposium Hellenisticum, 1988, 19–127 (an English version is to be found in: J. Brunschwig, Papers in Hellenistic Philosophy, 1994).

7   In fact, this construction is not very dissimilar from what Aristotle describes in *Physics* 4.10, 218b. See also below, p. 140f.

qualification (ἁπλῶς) the extension of every movement'.[8] This means that each movement has its own time that can be compared with the times of other movements to measure its speed.[9]

Since a movement (κίνησις) in the Stoic sense is a body that is moving,[10] we can also say that a time comes into being because a moving body extends (*i. e.* expands and thus creates) a time, which 'subsists' (ὑφίσταται) at this body. As one of the four Stoic incorporeals, time has only the secondary, derivative form of being which the Stoics called subsistence.[11] The only things that exist, *i.e.* ὄντα in the proper Stoic sense, are bodies.[12] The meaning of this distinction is disputed, as is the meaning of 'body' in the Stoic statement that only bodies exist. According to my reading, which I expound in detail elsewhere, 'body' refers to a 'thrice-extended [object] with resistance', *i. e.* something that can be regarded as a three-dimensional internal unity

---

8   Simplicius, *On Aristotle's 'Categories'*, 350,15–16 Kalbfleisch = SVF 1.93 = LS 51A = FDS 807 τῶν δὲ Στωικῶν Ζήνων μὲν πάσης ἁπλῶς κινήσεως διάστημα τὸν χρόνον εἶπεν, Χρύσιππος δὲ διάστημα τῆς τοῦ κόσμου κινήσεως. An alternative translation of πάσης κινήσεως would be 'of all movement' (so LS). In any case, the lack of an article τῆς as well as the context, in which πάσης κινήσεως is contrasted with one particular movement, namely the movement of the cosmos as a whole (see below, section 3), supports an interpretation according to which Zeno is referring to a plurality of single movements.

9   Stobaeus 1, 104,8–9 Wachsmuth; see Appendix, Text 1.

10   Every movement (κίνησις) is an activity (ἐνέργεια) of god (see below, section 2, in particular n. 21). As we know from other sources, activities are bodies (Wildberger, *Seneca und die Stoa*, 594–5 n. 445, 166 f.; Plutarch, *Common Notions* 1084c [...] ἀλλὰ πρὸς τούτοις ἔτι καὶ τὰς ἐνεργείας σώματα καὶ ζῷα ποιοῦσι. Activities are also sentient living beings (ζῷα) because they are such a living being, *e. g.* god or a person, that is moving). This crucial distinction between corporeal movements and incorporeal events (*e. g.* in the sense of true propositions or obtaining effects) is not always drawn in scholarship. More often, movements are understood as incorporeal events, or their ontological status remains uncertain.

11   E.g. Galen, *De methodo medendi* 2.6, vol. 10,155,1–8 Kühn = SVF 2.322 = LS 27G = FDS 717: Galen criticises some philosophers for their μικρολογία [...] ἐν ᾗ διαιροῦνται κατὰ γένη τό τε ὂν καὶ τὸ ὑφεστός; Plutarch, *Against Colotes* 1116b–c = FDS 721 πολλὰ γὰρ καὶ μεγάλα τῆς τοῦ ὄντος ἀποστεροῦσι προσηγορίας, τὸ κενὸν τὸν χρόνον τὸν τόπον, ἁπλῶς τὸ τῶν λεκτῶν γένος, [...] ταῦτα γὰρ ὄντα μὲν μὴ εἶναι, τινὰ δ' εἶναι λέγουσι, χρώμενοι δ' αὐτοῖς ὡς ὑφεστῶσι καὶ ὑπάρχουσιν [...]. In addition to the studies mentioned in note 6, see also A. Schubert, *Untersuchungen zur stoischen Bedeutungslehre*, 1994; D. Sedley, 'Stoic Physics and Metaphysics. 6. The Incorporeals,' in: The Cambridge History of Hellenistic Philosophy, 1999, 395–402; V. Caston, 'Something and Nothing: the Stoics on Concepts and Universals,' Oxford Studies in Ancient Philosophy 17 (1999), 145–213. Still influential, in particular in French and Italian scholarship, is the seminal study by É. Bréhier, *La théorie des incorporels dans l'ancien stoïcisme*, 1910. Contrary to the reading proposed here, Bréhier understands the Stoic incorporeals as 'objects de pensée' (p. 60).

12   E. g. Plutarch, *Common Notions* 1073e = SVF 2.525 ὄντα γὰρ μόνα τὰ σώματα καλοῦσιν.

with a defined, resistant limit to the outside.[13] Incorporeals subsist at existing bodies in the sense that their being is secondary and derived from the existing bodies. They are only there because the bodies are there and do certain things. Accordingly, for Zeno, a time is there because a body moves;[14] a particular time subsists at a particular moving body.

2

This reading according to which time subsists only at moving bodies seems to be called into question by the last part of Arius' report, according to which Zeno said that it is 'in respect of' or 'according to time' that 'what comes into existence comes into existence and all that is being completed [is being completed] and what exists exists'.[15] It is

---

13   Pseudo-Galen, *Quod qualitates incorporeae sint* 8, vol. 19, 483 Kühn/18,12 f. Westenberger = SVF 2.381 = LS 45F τὸ τριχῇ διαστατὸν μετὰ ἀντιτυπίας. Further references and discussion in Wildberger, Seneca und die Stoa, chapters 1.1.3, 1.1.2.3 and, as concerns the existence of bodies, 2.1.1. – According to a view prominent in modern scholarship, Stoics regarded bodies as existent because of their capacity to act upon other bodies or to be acted upon. This allows for a wider conception of corporeality according to which something that acts or acts upon need not necessarily be thrice-extended and have resistance. The main reason for introducing such a wider conception is the desire to make sense of Stoic descriptions of the principles god and matter (ὕλη or οὐσία). Many scholars feel that this is easier if one takes the principles not to be bodies in the full sense of the word but, for example, corporeal aspects of one and the same thrice-extended body, such as a body's capacity to act (= god) or to be acted upon (= matter) would be.

14   This might be the meaning of a fragment from a collection of definitions by an unknown doxographer active probably in the first century AD whose name might have been Aëtius. According to this source, 'the Stoics' said that 'movement itself was the being of time' (in Stobaeus, *Eclogae* 1, p. 102,19 Wachsmuth = 'Aëtius' 1.22.7 Diels = SVF 2.514 = FDS 810 οἱ Στωικοὶ χρόνου οὐσίαν αὐτὴν τὴν κίνησιν). In other sources, times are directly identified with movements themselves, *e. g.* a month as the [sc. changing] state of the air from one new moon to the next: Cleomedes 2.5, 92–101 Todd/202 Ziegler and, *e. g.*, Plutarch, *Common Notions* 1084c–d = SVF 2.665 = LS 51G = FDS 971; further references in Wildberger, Seneca und die Stoa, chapter 2.3.5.2.

15   Stobaeus 1, 104,9–11 Wachsmuth; see Appendix, Text 1. 'According to time' is the translation of κατὰ χρόνον proposed by Long and Sedley in a different context (51A2). 'According to' is frequently used in English translations of Greek philosophical texts to render the difficult polysemous preposition κατά. It can express all kinds of relations between different items. Usually, the precise nature of the relation and thus the exact meaning of the preposition must be determined from what is explained in the context. Here, I take κατὰ χρόνον to be equivalent to 'temporally': the movements outlined in the rest of the sentence are 'temporal', *i.e.* have a temporal aspect in that time is extended by them (compare the examples of such periphrastic use in LSJ s.v. B.VIII). But, of course, it cannot be excluded linguistically that κατὰ χρόνον refers to a temporal dimension in which a movement takes place.

clear that something which comes into being or something which is being completed is – or could be – a movement in the Stoic sense, *i. e.* a moving body. But what about things which exist? Is existence a movement? Should one not rather say that a body which exists and does not change but just is there as a 'thrice-extended [object] with resistance' is at rest and, thus, not moving at all? Should this be true, Zeno's time could not be the time of particular moving bodies because it would also subsist at non-moving, simply existent bodies.

As plausible as this objection seems to be, it could only be true of the two principles god and matter. These principles, however, exist eternally and are indestructible.[16] They do not come into existence nor are they being completed. Therefore, Zeno must be referring to particular bodies that are composed of portions of god and matter. The existence of such particular compound bodies as something separately and individually defined is caused by a constant 'tensional movement' (τονικὴ κίνησις)[17] within them. And in this sense existence is, indeed, a movement too.

It is a well-known fact that Stoics attributed to each particular body within the cosmos a particular portion of god, which was called 'pneuma' or 'individual quality' (ἰδία ποιότης),[18] and that this particular portion of god was responsible for that body's existence, its properties and all its movements. What is less well known is that the Stoics did not regard this as a quantitative definition in the sense that one particular quantity of all cosmic pneuma would be separated off and physically stay in the body in question. According to them, particular bodies are in constant flux and emit quantities of matter as well as god, which may be replaced by new accretions from outside, *e. g.* by the intake of nourishment or breathing.[19] What constitutes the particular

---

16 *E. g.* Diogenes Laërtius 7.134 = SVF 2.229 = LS 44B3; Eusebius, *Praeparatio Evangelica* 15.19.2–3 = Arius Didymus *Frg.* 37 Diels = SVF 2.599 (partly in LS 52D).

17 This is the term used by Nemesius 2, 70–71 Matthaei/18,5–7 Morani = SVF 2.451 = LS 47J3 = FDS 843. There, tensional movement is a movement taking place throughout bodies, at the same time directed into the inside and toward the outside: τονικήν τινα κίνησιν περὶ τὰ σώματα εἰς τὸ εἴσω ἅμα καὶ εἰς τὸ ἔξω κινουμένην.

18 A proper name was defined as that part of speech which indicates an individual quality (Diogenes Laërtius 7.58 = SVF 3, Diogenes of Babylon 22 = LS 33M = FDS 536).

19 See, *e. g.*, M. Colvin, 'Heraclitus and Material Flux in Stoic Psychology,' Oxford Studies in Ancient Philosophy 28 (2005), 257–71; Simplicius, *On Aristotle's 'On the Soul'* p. 217 f. Hayduck = SVF 2.395 = LS 28I = FDS 846: That in reference to which a body is called an ἰδίως ποιόν, *i. e.* its individual quality, persists throughout its existence, while parts of it come into existence or are destroyed (καίτοι τῶν μορίων ἄλλων ἄλλοτε γινομένων τε καὶ φθειρομένων). Compare also Posidonius *Frg.* 96 Edelstein/Kidd.

existence and individuality of a body in the Stoic sense is the tensional movement performed by whatever pneuma happens to be in the body at any time.[20]

Now, tensional movements as well as all other movements in the Stoic cosmos are movements of the principle god.[21] God creates first the cosmos as a third body (in addition to the two bodies god and matter) by permeating and thus, blending, with matter to form a unified whole and performing one great cosmic tensional movement within that mixture.[22] Second, god creates all the particular bodies within the differentiated world by performing further tensional sub-movements within the great universal movement that makes god as a whole the individual quality of the cosmos.[23]

Thus, Zeno's statement, which at first seemed to contradict my reading, actually confirms it. Zeno points out that the coming-into-existence (and change), the completion (and perishing) as well as the existence of particular bodies is temporal, *i. e.* goes along with the subsistence of time. This is so because, by creating new bodies apart from matter and himself, god also makes times. Zenonian time is a consequence of the creation of god-matter compounds that are unified and individualised by means of tensional movements performed by the portion of god within them. One such individualised god-matter compound is the cosmos, which means that there must be time as long as the cosmos exists. Only god and matter exist even without tensional movements because they already are thrice-extended unities with resistance by themselves. If there were only matter, for example, there would be no time because matter is incapable of moving itself. And if

---

20   Chrysippus is said to have defined existent things as pneuma performing a tensional movement: Stobaeus, *Eclogae* vol. 1, 153f. Wachsmuth = Arius Didymus *Frg.* 28 = SVF 2.471 Χρύσιππος δὲ τοιοῦτόν τι διεβεβαιοῦτο· εἶναι τὸ ὂν πνεῦμα κινοῦν ἑαυτὸ πρὸς ἑαυτὸ καὶ ἐξ ἑαυτοῦ ἢ πνεῦμα ἑαυτὸ κινοῦν πρόσω καὶ ὀπίσω.

21   Compare also Chrysippus' statement reported by Plutarch, *Stoic Self-Contradictions* 1056e = SVF 2.937/997 μηδὲν ἴσχεσθαι μηδὲ κινεῖσθαι μηδὲ τοὐλάχιστον ἄλλως ἢ κατὰ τὸν Διὸς λόγον, ὃν τῇ εἱμαρμένῃ τὸν αὐτὸν εἶναι. Zeus, *logos* and fate are different appellations for the principle god according to his different functions in the world (see also n. 38).

22   The cosmos was also defined as ὁ ἐξ πάσης οὐσίας ἰδίως ποιός (Diogenes Laërtius 7.137 = SVF 2.526) because it was made by god out of all the matter there is. Of course, god as the cosmos's individual quality is part of the cosmos too.

23   See, *e. g.*, Alexander of Aphrodisias, *On mixture*, 225,1–3 Bruns = SVF 2.310 μεμῖχθαι τῇ ὕλῃ [...] τὸν θεὸν, διὰ πάσης αὐτῆς διήκοντα καὶ σχηματίζοντα καὶ μορφοῦντα καὶ κοσμοποιοῦντα τούτῳ τῷ τρόπῳ; 224,14–17 = SVF 2.442 = LS 47I1 εἰ τὸ πνεῦμα [...] διὰ πάντων πεφοίτηκε τῶν σωμάτων τῷ πᾶσιν αὐτοῖς κεκρᾶσθαι καὶ ἑκάστῳ αὐτῶν ἐκ τούτου ἠρτῆσθαι τὸ εἶναι. The identification of god and pneuma cannot be discussed here. See on this topic Wildberger, Seneca und die Stoa, chapters 1.4.1.6 and 1.4.3.

god preferred just to rest and not to move at all, again there would be no time. Time is no inevitable given of Stoic physics or ontology. It is a consequence of god's choice to make a world.

3

One detail is remarkable about Zeno's statement that 'what comes into existence comes into existence and all that is being completed [is being completed] in respect of time' or that 'what comes into existence and what is being completed happens temporally':[24] Zeno seems to be talking about future and past events, but he uses present tense expressions only. And, in fact, Zeno's definition of time does not contain any distinction of past, present or future time. If a time is an extension of a movement, then there is only one kind of time: uniform extensions of single movements. They can be longer or shorter, but there is no other way to distinguish them. If anything, such an extension could be the present of the movement it belongs to. Since Zeno cannot distinguish different types of extensions, he does the only thing he can do, namely to classify the movements themselves into those during which something comes into existence, so that it will be there later, those during which something is being completed, so that it will soon be over, and those during which things stay as they are.

The first Stoic for whom a distinction of past, present and future is attested is Chrysippus (Text 2 in the Appendix). Chrysippus developed Zeno's definition so respectfully that Arius Didymus was not quite sure whether he introduced only one or two different conceptions of time.[25] As Chrysippus is understood in the report we have, he distinguished the whole time and parts of that whole time. Both the whole and the parts are extensions of movements as defined by Zeno. What is new is the fact that Chrysippus introduces a whole-part relationship.

Chrysippus recognises one particular movement that comprises all the others, whose extension is the whole time. This whole time is

---

24   See p. 127 and below, n. 69.

25   See line 9 of the text: 'unless time is therefore being spoken of in two ways'. It is highly unlikely that this phrase comes from Chrysippus himself. The doxographer switches to direct speech, and Chrysippus himself would not have attributed parts to the void. This would presuppose a conception of the void as an extended space and not just something capable to be occupied by a body, which Chrysippus did not have, as shown by B. Inwood, 'The Origin of Epicurus' Concept of Void,' Classical Philology 76 (1981), 273–85.

defined as 'the extension that accompanies the cosmos's movement' (106,7–8).

The combination of both kinds of time allows the introduction of past, present and future. Now, each single part time subsists before the backdrop of the whole time of the cosmos so that there is something before and after it. Zeno's extensions become presents that distinguish a past before them and a future after them within the continuum.

Chrysippus' explicit introduction of cosmic time underscores a property of early Stoic time that precludes the translation of διάστημα with 'interval'. For Chrysippus, time need not be a span with a defined beginning or end, and we can surmise that Zeno would have agreed since he too thought that the cosmos existed forever and thus also the tensional movement that constitutes it. Chrysippus clarifies that the whole time is not fixed extension but is the developing, '*accompanying* extension of the cosmos's movement' and explains that 'just as the whole void is infinite in every direction, so the whole time is infinite on both sides. For [as he says] the past and the future are infinite' (106,11–13).

In yet a further sense Chrysippus regards time as an extension without precise limits: there is no exactly defined present. This idea has been submitted to a scathing polemic by Plutarch in a passage that, unfortunately, is also our best parallel source for Chrysippus' conception of time.[26] As a consequence, Chrysippus has often been misunderstood by modern interpreters as well, but the intended meaning has now been established by Malcolm Schofield.[27] According to Schofield's reading, the present 'has an infinite section' (106,16) because it *can* be infinitely divided. A particular present 'is determined by the identity of the action in question, *i. e.* of the predicate which belongs to me or obtains/is the case for me' (Schofield, p. 357). An action is an activity, which – like all movements – is a body; a predicate, on the other hand, is an incorporeal thing. We should therefore better say that the present is determined by the identity of the movement in question. Now, a movement is continuous and infinitely divisible so that 'any present period, if divided, must contain a part that is on some narrower criterion present' (Schofield, p. 340). So 'no time is completely present'

---

26 Plutarch, *Common Notions* 1081c–1082a = LS 51C = FDS 809.

27 M. Schofield, 'The retrenchable present,' in: J. Barnes/M. Mignucci (ed.), Matter and Metaphysics: Fourth Symposium Hellenisticum 1988, 329–73. See already Bréhier, La théorie des incorporels, 58 and Goldschmidt, Le système stoïcien, 40.

(160,14) because there is always a smaller present within it, just as every movement could be divided into ever smaller sub-movements.[28]

But who effects the actual division of movements? Is it human thought when we select one particular movement, *e. g.* Socrates' stay in prison, and then narrow it down to just a section of this original movement, *e. g.* Socrates' drinking the hemlock, a shorter present movement which we can then further narrow down, *e. g.* to Socrates' taking the first draught from the hemlock cup, and so on. Obviously, there is no clear criterion in this case that would allow us to point out exactly (160,17 κατ᾽ ἀπαρτισμόν) one particular movement that could be regarded as the one movement which is extending the present time to the exclusion of other possible candidates for that title.

So, does Chrysippus mean to say that the present is something conceptual, depending of the way we humans look at time? This idea is something we find unequivocally expressed in the report of Posidonius' views on time.[29] He explicitly talks about conceptual time (106,22 τὸν ἐπινοούμενον) as the kind of time that is concerned with defining a certain 'when' at which something happens. And he also says that time spans like 'now' are conceived (106,1 νοεῖσθαι) not exactly but in a broad sense. Furthermore, Posidonius even knows a sense of 'now' that is completely dependent on human perception: the shortest span of present time perceptible to human beings (106,1–4). Posidonius distinguishes both this now of perception and conceptual time from, so to speak, objective time.

Only objective time is the time of god in Posidonius' model. Of course, since shares of gods constitute the individual qualities of human beings, *i. e.* their souls in the wider sense of the word, god perceives and conceives time with these shares of himself through our eyes too. All the same, god as a whole does neither have our conceptual present nor our now of perception. According to Posidonius, these aspects of time belong exclusively to humankind.

Did Chrysippus conceive of the present in the same way? A comparison of both texts (2 and 4) shows that Chrysippus does not use expressions that refer to thought or concepts but only the passive of λέγειν, which refers to a definition, something that is said about time or a term used to speak of time. Furthermore, he distinguishes a broad

---

28 Chrysippus seems also to have discussed the theoretical problems raised in Zeno of Elea's paradoxes. See *e. g.* M. J. White, 'Zeno's Arrow, Divisible Infinitesimals, and Chrysippus,' Phronesis 27 (1982), 239–54 and The Continuous and the Discrete: Ancient Physical Theories from a Contemporary Perspective, 1992; D. G. Robertson, 'Chrysippus on Mathematical Objects,' Ancient Philosophy 24 (2004), 169–91.

29 Stobaeus 1, 105,21–106,4 Wachsmuth, part of Text 4 in the Appendix.

way of saying that a time is present from the fact that no time is present exactly (106,17–18), *i. e.* he distinguishes [a] the broad use of the term 'present' from [b] the inexact nature of the present itself. The present is not inexact because we speak of it in a broad sense; we speak about the present broadly because the present actually is inexact by itself. This means that for Chysippus two facts are features of time in an objective sense: [1] that there is such a thing as a present time and [2] that this time is never exactly present. It is also noteworthy that, whereas Posidonius calls the present παρών, Chrysippus uses forms of the verb ἐνίστημι to refer to the present. Posidonius' present is thus literally that which is present to someone, while Chrysippus' present is that which – objectively – has set in.[30]

It is therefore preferable to assume that the subjective time we find in Posidonius's fragment was a later innovation. Chrysippus would then still assume a plurality of (Zenonian) presents, each of which distinguishes its own past and future according to its position in the whole time that accompanies the continuous movement of the cosmos. According to this reading, Chrysippus did not yet conceive of a particular perspective on time that could be taken only by a particular class of minds. As concerns the time 'that has set in', an objective viewpoint and the subjective perspective of the particular body whose movement extends a present would amount to the same.

Chrysippus' objective understanding of the present was developed by Apollodorus (Text 3 in the Appendix). If 'that which has set in' is a broad term anyway, it is also possible to say that the whole time, *i. e.* the extension of the cosmos's movement, has set in too, just as one can speak of the present year that encompasses single present moments within it (105,12–14). Now, this present does not have any past or future but, on the other hand, it is the only present that has set in exactly (cf. 105,16). It is a further confirmation of our objective reading of Chrysippus that Apollodorus seems not to have drawn the obvious conclusion that for god as a whole, who is performing the movement of the cosmos, the whole time is *his* present. This idea occurs only later in the imperial Stoic Seneca, where the short present accessible to the knowledge of a sage is compared with the eternity accessible to god, 'to whose divinity everything is present'.[31]

---

30   This observation is made already by W. Theiler, Posidonius: Die Fragmente. II: Erläuterungen, 1982, 144.

31   Sen. *Nat.* 2.36 *sapientis quoque uiri sententiam negatis posse mutari; quanto magis dei, cum sapiens quid sit optimum in praesentia sciat, illius diuinitati omne praesens sit!* Seneca is here raising the voice of an interlocutor who tries to refute Stoic determinism on the

4

One crucial question has remained unanswered: what is it, according to Chrysippus, that defines or qualifies a time as present, if it is not just the imprecise nature of language and thought or the imperfect perceptual perspective of humankind? The only possible answer to this is: god. But then we still must ask, how god determines the present. Both Chrysippus and Apollodorus ascribe to the present a property that distinguishes it from past and future: it belongs (ὑπάρχει). It is reasonable to suppose that this property, which is peculiar to the present, offers at least starting points for an answer to our question.

Unfortunately, in modern scholarship there is no agreement about the meaning of the term ὑπάρχειν,[32] while in ancient discussions the verb is often understood in its ordinary, non-technical meaning 'to exist', a reading which lends itself perfectly for deconstruction within a polemic debate. The most economical interpretation is to take ὑπάρχειν not as a term for yet another, third form of being (see p. 126) but as a relational term that has the same meaning in all its uses. I would therefore suggest that ὑπάρχειν is said of incorporeals that 'belong' to a body in the sense that they subsist at this particular body. Thus, incorporeal sayables (λεκτά) such as true propositions (ἀξιώματα) and predicates (κατηγορήματα) would 'belong' because they subsist, i. e. obtain, at a particular body, while the present would 'belong' because it is the extension of a particular moving body and thus subsists at it.

This interpretation would also explain why past and future do not 'belong' according to Chrysippus (Text 2; 106,19–20). They are defined by substraction, so to speak, as that which is not present and not on the opposite side of the present. Accordingly, they subsist neither at the whole movement of the cosmos nor at any definite particular part movement of it. There is nothing you can point at and say, 'This is exactly the moving body at which the past/the future subsists.' However, the same holds true of Chrysippus' 'retrenchable' (see n. 27) present. Again, one can always point out a shorter movement within a present and say that the extension of this movement is the present and not the larger extension that encompasses it. It is probably for this reason that Apollodorus declared that only the present of the whole cosmic movement 'belongs' exactly (Text 3; 105,14–16).

---

basis of Stoic conceptions. Ways in which Seneca or other Stoics could have conceived this presence of everything will be discussed below.

32 See Wildberger, Seneca und die Stoa, 640–41 and in general on this question chapter 2.3.2.4.

But how does our new understanding of ὑπάρχειν help us with the question of how the present can be defined or determined? It confirms Schofield's idea (p. 131) that there is a connection between obtaining predicates and present time: they both belong, i. e. in both cases there seems to be a special relationship between the incorporeal and a particular body. It might therefore be possible to understand the definition of a present by looking at how predicates are determined.

Of the four Stoic incorporeals (time, place, void and sayables) can be infinitely divided; only sayables are indivisible. This means that sayables need not be defined separately; whenever they subsist, they always already have (or are) a definite "form". Since bodies too are infinitely divisible, there is only one class of things in the whole Stoic cosmos that is indivisible and, thus, necessarily always defined, namely the sayables. Whenever we grasp a sayable, we have got hold of something determined.

Fortunately, sayables are more than just meanings of human language; they are also part of the Stoic physical world. The term 'predicate' (κατηγόρημα) occurs in one of our sources also as a term for the incorporeal effect that a cause has on a body.[33] The source also informs us that the identification of predicate as effect and predicate as sayable was explicitly made by Chrysippus' teacher Cleanthes. Causes are always bodies; they can have their effect either on themselves or on another body. This means that a cause is responsible for a predicate to 'belong' to a body, so that the corresponding proposition according to which the predicate obtains at that body is true.

One could therefore assume that a present is determined by god in the following manner: either god as the cause of everything[34] or the share of god that is the individual quality of a particular body causes a certain predicate to belong to a certain body (e. g. the pneuma in me the predicate 'walking' to me) so that the present which is the extension of the corresponding movement (my walking = me walking) belongs to

---

33 Stobaeus, *Eclogae* 1, 138–39 Wachsmuth = SVF 1.89 and 2.336 = LS 55A = FDS 762. On the reconstruction of this source see also J. Mansfeld, 'Plato, Pythagoras, Aristotle, the Peripatetics, the Stoics, and Thales and His Followers "On Causes" (Ps.-Plutarchus Placita I 11 and Stobaeus Anthologium I 13),' in: A. Brancacci (Hg.), Antichi e moderni nella filosofia di età imperiale. Atti del II colloquio internazionale, Roma, 21–23 settembre 2000, 2001, 16–68 and 'Chrysippus' Definition of Cause in Arius Didymus,' Elenchos 22 (2001), 99–109.

34 See, *e. g.*, Chrysippus' etymology of the oblique cases of god's name 'Zeus' (Stobaeus, *Eclogae* 1, 31,11–14 Wachsmuth = Arius Didymus *Frg.* 30 Diels = SVF 2.1062 Δία δὲ αὐτὸν [sc. τὸν θεὸν] λέγουσιν, ὅτι πάντων ἐστὶν αἴτιος καὶ δι' αὐτὸν πάντα.

this particular body (me) as long as god, or god's share, actively causes the predicate in question.

However, there are two problems with this solution. First, although a sayable is not divisible like a temporal or spatial continuum, we can find predicates that are semantically contained in other predicates in such a manner that they are, so to speak, sub-effects of a more comprehensive effect. For example predicates like 'making a step', 'raising one's leg' or 'setting one's foot on the ground' would be effects that belong to parts of the movement 'walking me'. So, which of all these 'retrenchable' predicates is the one that determines a present? I suspect that Chrysippus and Apollodorus would have answered, 'All and none of them. And this is why one cannot say that any time is present exactly.'

Yet, there is one type of predicate that *can* be singled out as defining one movement precisely. The Stoics were nominalists and regarded universals as phantasies created from the general concepts in our mind.[35] The same general concepts are also the source of most of the predicates we signify when using meaningful language. However, there are also concepts for particular individuals, and as we have seen above (section 2), these individuals are existing bodies created by god with tensional movements. Now, an individual quality constituted by a tensional movement is said in one source to arrive and leave 'instantaneously' (ἀθρόως) and to persist continuously in the meantime.[36] Here we have a type of movement whose extension Chrysippus and Apollodorus could have singled out as present exactly: none of my particular movements can be singled out as the body to which an exact present could belong, but the complete movement 'being Jula Wildberger' can.

The second problem with the hypothesis that god defines presents by causing certain predicates to belong to bodies is the fact that such effects can be future or past tense predicates. For example, god as the cause of all effects that belong to present moving bodies is also the cause that, during my present movement of writing these sentences, future tense predicates such as 'will die' belong to me as well as past tense predicates like 'has been born' or 'ate a cone of ice-cream'.[37] Since

---

35　See Caston, Something and Nothing, 1999; Brunschwig, 'Stoic Metaphysics'; Wildberger, Seneca und die Stoa, chapter 2.1.3.2.

36　Simplicius, On Aristotle's 'On the Soul' p. 217 f. Hayduck = SVF 2.395 = LS 28I = FDS 846. On this meaning of ἀθρόως see LSJ Suppl. 1996 s.v.

37　That both future tense and past tense predicates subsist at bodies in the present is pointed out in Sextus Empiricus, Aduersus Mathematicos 8.254–55 = SVF 2.221 = LS 51H = FDS 1029. See also Wildberger, Seneca und die Stoa, 325–7. A similar point seems to be made in Chrysippus' Logical Investigations (PHerc 307 = SVF 2.298a = FDS 698; ed. by L. Marrone, 'Le Questioni logiche di Crisippo [PHerc. 307],' Cronache

in the Stoic cosmos as Chrysippus conceived it everything is caused by god as the Cause (Αἰτία) and determined by god as Fate (Εἱμαρμένη),[38] every state of affairs that has happened, is currently happening or will happen in the cosmos can be truly predicated of the cosmos and its particular bodies in every present moment. And this means that predicates corresponding to these propositions presently belong the cosmos or a particular body in it because they are all just now caused as incorporeal effects by god.

Now, if all time is comprised in the predicates effected in every single instant, it seems impossible to define a present just by identifying the predicates that are currently effects at a body. One would need additional criteria to distinguish those effect-predicates that are to be regarded as definitory for a present from those that are not.

5

We have already seen (p. 132 f.) that in Posidonius we grasp a conception of subjective time that Chrysippus did not yet propose. But there is one other innovation, whose impact on the Stoic system is even more far-reaching. Posidonius, or maybe already Apollodorus' contemporary Archedemus,[39] introduced the concept of 'now' to the Stoic discourse.

According to Plutarch,[40] Archedemus described the now (νῦν) as a 'junction or connection between the time that has passed and the time that is approaching' (ἀρμήν τινα καὶ συμβολήν […] τοῦ παρῳχη-μένου καὶ τοῦ ἐπιφερομένου). The short fragment does not allow us to decide whether Archedemus regarded this junction as an extended time span or an extensionless limit. The latter is what Plutarch objects against Archedemus' ἀρμή, asking how time could consist of an

---

Ercolanese 27 [1997], 83–100), *Frg.* 2 and col. 2. Chrysippus argues that there would be an infinite regress if predicates *themselves* were past or future (and not just predicates about the past or the future, *i.e.* past tense or future tense predicates).

38   See n. 21 and, *e. g.*, Chrysipus in Stobaeus, *Eclogae* 1, p. 79 Wachsmuth = 'Aëtius' 1.28.3 Diels = SVF 2.913 = LS 55M2–3 Εἱμαρμένη ἐστὶν ὁ τοῦ κόσμου λόγος, ἢ λόγος τῶν ἐν τῷ κόσμῳ προνοίᾳ διοικουμένων· ἢ λόγος, καθ' ὃν τὰ μὲν γεγονό-τα γέγονε, τὰ δὲ γινόμενα γίνεται, τὰ δὲ γενησόμενα γενήσεται. Μεταλαμβάνει δ' ἀντὶ τοῦ λόγου τὴν ἀλήθειαν, τὴν αἰτίαν, τὴν φύσιν, τὴν ἀνάγκην, […].

39   Both Apollodorus and Archedemus studied with Diogenes of Babylon, who was active in the first half of the second century BC and also one of Panaetius' teachers. See P. Steinmetz, 'Die Stoa,' in: Grundriss der Geschichte der Philosophie begründet von Friedrich Ueberweg. Die Philosophie der Antike. Vol. 4: Die Hellenistische Philosophie, 1994, 634–35.

40   *Common Notions* 1081e–f = SVF 3, Archedemus 14 = LS 51C4 = FDS 809.

infinite series of such [sc. extensionless] limits. But Plutarch may be misrepresenting Archedemus to make a point in his polemic. Nor do we know how much of the original wording has been retained in this summary. There is no reason why Plutarch should have replaced an original expression for 'present' with the word 'now'. Therefore, we can be fairly sure that Archedemus discussed this particular temporal concept. If Archedemus himself used the participle ἐπιφερόμενος ('approaching [time]'),[41] it could indicate that he also started to develop a concept of subjective time. For the participle could refer to the future from the perspective of someone who sees it approaching to him. But this perspective might also be taken when an objective observer considers the now and looks at time from this theoretical reference point.

Maybe Archedemus and certainly Posidonius (Text 4; 105,19–20) introduce a fixed limit between past and future that determines the location of the present. According to Posidonius, this limit has no extension: it is point-like (105,25–26). In his description this limit seems to be an objective boundary of the whole time in general, while the present as well as the now around that point-like boundary are subjective, conceptual times and only broadly defined (p. 132f.). Objectively speaking, the present is just a piece of past and a piece of future divided by this 'distinction' (105,25 διορισμός).

Such a conception of time poses considerable problems for conservative Stoic ontology and theology. So far, every property of time could be determined and explained by the activity of bodies and thus, ultimately, god. Time was extended like the movements at which it subsisted. But Posidonius' extensionless distinction point is nothing that could be defined or caused or extended by a body. It is just there, wherever it came from. As it is no effect or incorporeal that subsists at a moving body, the distinction is nothing which could be caused or determined by god. Furthermore, the distinction presupposes something to be distinguished, and so there must be time if there is to be a distinction, which raises the question whether time too is somehow there independently of bodies and god. Finally, the distinction must change its location in time – or time must pass through it while it stays where it is – because otherwise only one set of movements could be present throughout eternity. And if the distinction point itself does not depend on moving bodies, this change of position is something that happens independently too. As the cause of all movements, god is responsible for the fact that there is something in relation to which the

---

41   The participle is not infrequent in Plutarch, but there is no other instance in which he
      uses it absolutely or with direct reference to future time itself.

distinction can change its position, but since the distinction itself is independent of god's agency, god cannot determine where the distinction is placed.

All this means that, as a consequence of Posidonius' innovations, properties of objective time – past, future and a constantly moving distinction between the two – have become something ontologically *prior* to god's choice to make a world. Time is now a given which necessarily structures god's activities, dividing them up into an objective past and an objective future by a pre-defined distinction point, at which those activities happen that we humans describe and perceive as present.

Already Chrysippus was restricting the temporal range of god's activities when he insisted that god in his capacity as fate must have determined every change by both synchronous and anterior causes.[42] Chrysippus' causal determinism implies that change has one direction only and, with it, time too. The time before and after present movements is not just infinite on both sides. The two sides are different: one is the past and the other the future. Nevertheless, the location of the present within the infinite extension of the cosmos's movement is not fixed in any absolute sense or manner, and whether there is time at all, still depends on god's choice. God could in principle choose not to make a world so that there would be no movement of the cosmos as a whole and, thus, no time either. Or he could choose to make only a cosmos but no further particular movements so that there would be only one eternal present but no particulars whose presents could separate a past from a future.[43] Only with Posidonius time begins to become a temporal dimension or space independent of body. And this may be the reason why he discarded Chrysippus' supplement to Zeno's definition, which had become part of the Stoic standard account, namely that time was the 'extension accompanying the cosmos's movement'.[44]

---

42 See n. 38 and, *e. g.*, S. Bobzien, Determinism and Freedom in Stoic Philosophy, 1998.

43 Scholars have debated whether those Stoics who believed in eternal recurrence may have regarded time as circular. The cornerstones of this discussion are J. Barnes, 'La doctrine du retour eternel,' in: J. Brunschwig (Hg.), Le stoïciens et leur logique. Actes du Colloque de Chantilly 18–22 septembre 1976, 1978, 3–20; A. A. Long, 'The Stoics on World-Conflagration and Everlasting Recurrence,' in: R. H. Epp (Hg.), Spindel Conference 1984: Recovering the Stoics, 1985, 13–37; R. Salles, 'On the Individuation of Times and Events in Orthodox Stoicism,' in: R. Salles (Hg.), Metaphysics, Soul, and Ethics in Ancient Thought. Themes from the Work of Richard Sorabji, 2005, 95–115.

44 This omission is observed by I. G. Kidd, Posidonius. II.1: The Commentary: Testimonia and Fragments 1–149, 1988, 397.

How aware was Posidonius of what he was doing? It is not unlikely that he was influenced by a direct or indirect reception of Aristotle's *Physics* (4.10–14).[45] Aristotle could be the source of the terms διορισμός[46] and νῦν and of the idea that the present instant plays a particular role in understanding the nature of time. Whereas in the early Stoics there is always a span of present between past and future, Posidonius, like Aristotle, divides time *completely* into past and future. Posidonius' present, like present time spans in Aristotle, are actually, not only potentially, divided into these two parts of time. Furthermore, Aristotle could have suggested to Posidonius that the division between past and future might be extensionless.[47] And, finally, Aristotle too includes extensive remarks on subjective and perceived time.

Aristotle criticises a view that directly identifies time with movement. One of his counter-arguments is the following:

> Now, the change and movement of each particular thing is only within the changing thing itself, or wherever the moving and changing thing itself happens to be. But time is in the same manner and everywhere and at all things.[48]

As I have been arguing throughout this paper, early Stoics did, indeed, accept the consequence that Aristotle rejects, namely that time is *not* necessarily always everywhere in the same way. Every body has its own time, and time subsists only where bodies perform a movement.

---

45 A number of scholars, among whom is Goldschmidt, Le système stoïcien, 30–45, believe that already the early Stoics developed their conceptions with a view to Aristotle's discussion of time. This seems highly unlikely because of the many specific problems discussed in the *Physics* that do not figure in Zeno's or Chrysippus' accounts – as far as we can reconstruct them. See also the sceptical assessment of F. H. Sandbach, Aristotle and the Stoics, 1985, 50–51. On the other hand, we know that Posidonius was aware of the rediscovery of Aristotle's library in the first century BC, that even before Book 4 of Aristotle's *Physics* was available at Rhodos, where Posidonius lived, and that Posidonius used at least one other work by Aristotle, the *Meteorologica* (Sandbach, Aristotle and the Stoics, 58–62).

46 Aristotle uses the verb διορίζειν to express how the now distinguishes the past and the future in *Physics* 4.10, 218a8–9 τὸ νῦν, ὃ φαίνεται διορίζειν τὸ παρελθὸν καὶ τὸ μέλλον and 6.3, 234a13–14. Posidonius differentiates between the distinction (διορισμός), which defines the location of the present and the now, and the now (νῦν) itself, which belongs to subjective time. This new differentiation could have motivated him to introduce a new technical term on the basis of the verb he found in Aristotle.

47 See on this part of Aristotle's account Sorabji, Time, Creation and the Continuum, 10–12.

48 Aristotle, *Physics* 4.10, 218b10–13 ἡ μὲν οὖν ἑκάστου μεταβολὴ καὶ κίνησις ἐν αὐτῷ τῷ μεταβάλλοντι μόνον ἐστίν, ἢ οὗ ἂν τύχῃ ὂν αὐτὸ τὸ κινούμενον καὶ μεταβάλλον· ὁ δὲ χρόνος ὁμοίως καὶ πανταχοῦ καὶ παρὰ πᾶσιν.

The void, for example, has no time.[49] What unifies times is not an intrinsic identity of time itself. All times are unified by god, who is the one power that unifies and holds together everything in the cosmos. Just as all single movements are parts of his great cosmic movement and in this way bound together in a harmonious structured whole, so the times of particular movements gain unity and coherence by being parts of the whole time that subsists at the cosmos's, and thus ultimately god's, movement.[50]

What I would tentatively suggest is that Posidonius, impressed by objections to a plurality of times such as the one quoted above, deliberately rejected the early Stoic account of time as something unified by the unity of god's activities and, instead, developed an ontology in which time exists independently of moving bodies.

Such a reading is confirmed by fragments according to which Posidonius is said to have given an unorthodox account of space as well. For example, he is reported to have regarded the void outside the cosmos as limited: it is just large enough to contain the cosmos in its largest expansion during world conflagration.[51] If the void is limited, it must be some kind of empty space or receptacle that is always there, just as Posidonian time seems to be something that is always passing and a dimension that measures movement but is ontologically independent of any actual particular movement.

Both incorporeals are still somehow bound up with the activities of the moving body god: the limit of the void corresponds to the greatest extension of the cosmos, i. e. to one of god's activities; time is still defined as the διάστημα of movement and, thus, like Aristotle's time something that is 'not without change' and 'something of movement'.[52] But the strict ontological and thus causal link has been severed: the limit of the void is related to god's activities but not directly caused, determined or maintained by him; and διάστημα in the Posidonian sense has become a dimension rather than an extension.

---

49 I do not know a source that would explicitly state this, but it follows from the reconstruction proposed here.

50 Compare Goldschmidt, Le système stoïcien, 34–35.

51 'Aëtius' 2.9.3 Diels = Frgg. 97a and 97b Edelstein/Kidd. – See also Frgg. 16 and 196 Edelstein/Kidd, in which we learn that Posidonius, contrary to his predecessors, declared that surfaces had some form of existence (Frg. 16) and that he attributed to shape (σχῆμα) a crucial role in limiting a body.

52 Aristotle, Physics 4.11, 218b21 and 219a9–10. In the limited space of this paper it is impossible to offer a detailed comparison between Posidonius' and Aristotle's accounts of time or even to propose an interpretation of Aristotle. A recent study on 'Aristotle's Account of Time' is chapter 9 in D. Bostock, Space, Time, Matter, and Form: Essays on Aristotle's Physics, 2006.

6

As far as we know, Posidonius entertained no unorthodox views concerning god's corporeality and the mode of his agency both on matter and in the cosmos as a whole.[53] Therefore, his new understanding of incorporeals such as time and void must have caused theological problems which Aristotle himself would not have had to face. Aristotle could conceive of a divinity that was not bound up in a body and did not act by means of physical contact and efficient causation of movements. Aristotle's divinity could be a formal or a final cause, for example. But if god is a body and if all his actions are spatial movements,[54] god's range of agency is diminished when a philosopher attributes existence to things that are neither bodies nor dependent of them.

'But this is just a quibble!' someone might object. After all, matter too is a given to god and not created by him. God cannot exchange it for something else but has to use it as best he can. So, why should there not be a time and some void around the cosmos? Would that impede god's agency in any way?

I would not contend that it does so in the case of an extended void, as long as the reason why the cosmos expands no further than the limit of the void is intrinsic to the cosmos and independent of the void's limit. But as concerns time, there seems to be a difference. If there is always a flow of time, god too is bound up in this temporal flow, whether he is moving or not. And even if there is no flow of time when nothing moves, still god's existence would be divided up into a past existence and a future existence, while there is one instant in the whole temporal extension of god at which god is present.

Of course, this does not mean that god is limited to the present. As already shown (p. 136f.), the whole of time is contracted in the present at least in the sense that god causes future and past tense predicates to belong to bodies in the present. Possibly following the example of Panaetius,[55] Seneca regards access to all time as one criterion of a

---

53 Diogenes Laërtius 7.134 = Posidonius *Frg.* 5 Edelstein/Kidd = LS 44B.

54 Simplicius, *On Aristotle's 'Physics'* p. 1320,19 Diels = SVF 2.496 = FDS 755 οἱ δὲ ἀπὸ τῆς Στοᾶς κατὰ πᾶσαν κίνησιν ἔλεγον ὑπεῖναι τὴν τοπικὴν [...].

55 Cicero, *De officiis* 1.11 = Panaetius *Frg.* 98 van Straaten/55 Alesse/B 1 Vimercati *sed inter hominem et beluam hoc maxime interest quod haec tantum quantum sensu mouetur ad id solum quod adest quodque praesens est se accommodat, paulum admodum sentiens praeteritum aut futurum. homo autem, quod rationis est particeps per quam consequentia cernit causas rerum uidet earumque praegressus et quasi antecessiones non ignorat similitudines comparat rebusque praesentibus adiungit atque annectit futuras, facile totius uitae cursum uidet.* Scholars debate whether this passage actually goes back to Cicero's main

perfect rational nature, which is also divine. Such a perfect nature must be complete in every significant respect. In contrast to animals, who only use their senses, the human intellect has access to all time.

> A dumb animal grasps things which are present by means of sense perception; it recalls past events when it encounters something that can remind sense perception, just as a horse recalls the road when it is brought to the starting point of the road. Certainly, when it is in the stable, it has no recollection of the road, no matter how often it has travelled it. The third part of time, the future, does not pertain to dumb animals. So, how can we think that the nature of animals is complete when they do not have access to the complete range of time? For time consists of three parts, past, present, and future. Animals have only the part which is shortest and transitory, the present.[56]

Seneca does not specify how a perfect, complete nature accesses all time, but the reference to memory and the context of the passage indicate that this access is mental rather than physical. In this *Letter*, Seneca argues that what is good in the proper narrow sense of the word can only be perceived by conceptual thought (*intellectus*) and not by sense perception (*Ep.* 124.2). According to Seneca, conceptual thought is the modality by which adult humans perceive their perfect good, and this faculty distinguishes them from animals that must rely on their senses. In their capability for mental perfection (*Ep.* 124.9), humans are separated from animals and placed with god (*Ep.* 124.21).[57] It follows that, according to Seneca, access to complete time in this sense does not differentiate god from all other beings.

The range of god's activities is limited already in early Stoicism, *e. g.* by the fact that he determines changes in a certain manner which,

---

source for this work, Panaetius' *On What Befits* (Περὶ καθήκοντος), because a similar passage is found in Cicero, *De finibus* 2.45, where the source is thought to be Antiochos of Ascalon.

56 Seneca, *Epistulae morales* 124.16–17 *mutum animal sensu comprendit praesentia; praeteritorum reminiscitur cum <in> id incidit quo sensus admoneretur, tamquam equus reminiscitur uiae cum ad initium eius admotus est. in stabulo quidem nulla illi uiaest quamuis saepe calcatae memoria [est]. tertium uero tempus, id est futurum, ad muta non pertinet. 17 quomodo ergo potest eorum uideri perfecta natura quibus usus perfecti temporis non est? tempus enim tribus partibus constat, praeterito, praesente, uenturo. animalibus tantum quod breuissimum est <et> in transcursu datum, praesens.* The English translation is taken from Brad Inwood, Seneca: Selected Philosophical Letters. Translated with an Introduction and Commentary, 2007, with slight modifications.

57 Compare also Seneca, *De breuitate uitae* (*Dial.* 10) 14.2 *cum rerum natura in consortium omnis aeui patiatur incedere, quidni ab hoc exiguo et caduco temporis transitu in illa toto nos demus animo quae inmensa, quae aeterna sunt, quae cum melioribus communia?* There is no room in this paper to discuss Senca's own complex and unorthodox philosophy of time, which differs both from what we know about the early Stoics and Posidonius. See on this subject Wildberger, Seneca und die Stoa, chapter 2.3.5.

among other things, implies a direction of time (p. 139). It is also a Stoic tenet that god, being good, cannot harm anyone or do something badly.

> What causes gods to do good deeds? Their nature. Whoever believes that they do not *want* to do harm, is wrong. They cannot.[58]

This is one of the reasons why god repeats the same perfect world over and over again. Nor would god regret something he has done and want to change it or change his mind and start to do things differently than before. Since what is best cannot be improved, such a change would be either superfluous – and thus unreasonable – or even a deteriation.

> One whose approval only the best things can find necessarily always approves of the same things.[59]

Nevertheless, introducing a fixed division between past and future adds a further restriction to god's activities. Before that step, it was possible to regard all these activities as taking place in one unending present, and this is what Apollodorus in fact did (Text 3). But even if a Stoic wanted to disagree with Apollodorus, whatever that whole time was called, it was uniform in itself, just one extension of one time. Now, according to Posidonius, part of it is past and part future. And this makes an important difference if we consider god's actions in terms of modal logic.[60]

The Stoics called god 'Necessity' (Ἀνάγκη; see n. 38) to express that everything is determined and caused by god and nothing can happen against his will or without his agency. Chrysippus and later Stoics also distinguished classes of propositions (ἀξιώματα) as necessary, non-necessary, possible or impossible. Now, like other philosophers, Stoics consistently regarded every proposition about the past as necessary but not so all propositions about the future. This means that, whenever a past tense predicate 'belongs' to a body or bodies, the true proposition in which this fact is signified is necessary. But if a future tense predicate 'belongs' to a body or bodies, the corresponding true proposition could be just possible and need not be necessary in every case. In theological terms and loosely spoken, if there are past and future for god as well,

---

58 Seneca, *Epistulae morales* 95.49 = SVF 2.1117 *quae causa est dis bene faciendi? natura. errat si quis illos putat nocere nolle: non possunt.* Harming was defined as follows: 'to move [something] or to maintain [it] in a qualitative state according to badness' (Diogenes Laërtius 7.104 = SVF 3.117 κινεῖν ἢ ἴσχειν κατὰ κακίαν). Since god has goodness (ἀρετή) and not badness, it is against his nature to move anything according to badness. Compare also Seneca, *De beneficiis* 6.21.2.

59 Seneca, *Naturales quaestiones* 1 *Praef.* 3 *necesse est eadem placere ei cui nisi optima placere non possunt.*

60 On Stoic modal terms and modal logic see, in particular, S. Bobzien, Die stoische Modallogik, 1986 and Bobzien, Determinism and Freedom.

some of the effects he has on the world will be necessary, just because they are past effects, while others may not be necessary but only possible.

Again, one could object that this is just a quibble and that there would be no need for Posidonius to apply modal logic to god's activities. But we actually do have reflections of a debate whether it is possible for god to do what he does in Seneca (*De beneficiis* 6.21–23). The formulaic manner in which Seneca raises the question indicates that there has been an ongoing debate on that problem. It is not something he comes up with for the first time.[61]

The objection raised is that one need not be grateful to gods because their beneficence is necessary. They cannot act differently. As he does in the passages quoted above, Seneca accepts this second premise but distinguishes two kinds of necessity: it is their own nature that impels the gods to act as they do and not any external force; for this reason, the gods benefit humans voluntarily.

> Furthermore, it makes a big difference whether you say 'He is unable not to do it because he is forced [to do it]' or 'He is unable not to want it.' For if it is necessary for him to do it, my obligation for the benefit is not to *him* but to the one that forces him. When [on the other hand] it is necessary for him to want it for this reason that he does not have anything better which he could want [instead], he is forcing himself. Therefore, the obligation I would not have to [him] as someone who has been forced [to benefit me], I have [to him] as the one who forces [someone, *i.e.* himself, to benefit me].[62]

What is important here for our question of modal logic is that Seneca distinguishes internal determination by the gods' own nature from external force. This is similar to the distinction made by Chrysippus in his definitions of possibility and necessity. A possible proposition is one 'which (A) is capable of being true and (B) is not hindered by external things from being true', while a necessary proposition is defined as that 'which (A'), being true, is not capable of being false or (B') is capable of being false, but hindered by external things from being false'.[63] This distinction is a central element of Chrysippus' account of human agen-

---

61 In *De Beneficiis* 6.21.1 the objection is introduced with the marker *inquit* that refers to an anonymous interlocutor. In 21.2 the answer is introduced with the phrase, 'Look in how many ways this objection is refuted' (*quot modis refellatur*), which shows that there exist certain replies that are given whenever the objection is made.

62 Seneca, *De Beneficiis* 6.21.3 *Praeterea multum interest utrum dicas: 'Non potest hoc non facere, quia cogitur' an 'Non potest nolle.' Nam si necesse est illi facere, non debeo ipsi beneficium sed cogenti; si necesse est illi uelle ob hoc quia nihil habet melius quod uelit, ipse se cogit; ita quod tamquam coacto non deberem tamquam cogenti debeo.*

63 This is the definition as reconstructed by Susanne Bobzien, here quoted from her summary of Stoic logic in The Cambridge History of Hellenistic Philosophy, 118.

cy and responsibility in the pre-determined Stoic cosmos.[64] Just as, according to Chrysippus' definitions, it could be possible or necessary that I commit an act, it could be possible or necessary that god performs an activity according to the debate we grasp in Seneca.

Now, if we presuppose Posidonius' conception of time and combine it with Chrysippus' modal logic, it is necessary that god has performed any activity which has been performed in the past. But how about future activities of god? The three passages from Seneca quoted above seem to point to future necessity rather than possibility because it is god's and the gods' nature to do good things only. One could say that the proposition 'god wants to benefit' is (A') true and incapable of being false and that (B') there is nothing outside god that could either force or hinder him.

On the other hand, Seneca says a similar thing about the sage: that he is incapable of acting in any other than the good and perfect way in which he actually is acting (*Benef.* 6.21.2), and we do know that propositions about future human actions were not regarded as necessary. The whole point of the objection that Seneca refutes is to deny the gods' moral responsibility for their beneficent acts. Just as humans are praised for their actions only because they are responsible for them, so gods too deserve worship and gratefulness only if they are responsible for what they do. In both cases, this responsibility presupposes possibility in the Chrysippean sense. An agent is responsible only if the future fact that he chooses to perform a praiseworthy or beneficent act is possible but not necessary. And this is what Seneca's source must have been trying to show, at least if he knew what he was doing.

Whether we suppose that Seneca himself did not grasp the issue and got things muddled up or prefer the more charitable solution that Seneca is using the word 'necessary' ambiguously and in a wider sense that encompasses Chrysippean possibility, in any case it can be shown that Seneca conceives of god's activities not as just one continuous movement or something completely fixed and determined but as something that needs constant reconfirmation.

> Furthermore, there is nothing from outside that forces the gods [to do something], but within the [cosmic] law they have their own eternal volition. They have decreed what they would not change. Therefore, they cannot seem to be going to do something although they do not want it because they wanted to continue with whatever they cannot stop [doing] and [because] the gods never regret their first decision. Doubtless, they are not allowed to stand still and defect [from their course] into the opposite

---

64 See Bobzien, Determinism and Freedom, on whose reconstructions the following argument is based.

direction, but this is so only because their own power makes them adhere to their [original] intention. They remain as they are not out of weakness but because they do not wish to wander away from what is best and [because] the decision has been taken to move in this manner. [65]

Seneca is speaking of a plurality of gods here because he discusses the activities of divine heavenly bodies. That the principle god is included becomes clear in 6.23.3 and 4, where Seneca refers to the creation of the differentiated world. And in other writings he explicitly states that god, the creator of this world, is following his own decree that has been fixed in the past.

> Even that founder and ruler of everything himself did write [the decrees of] fate, but [now] follows them. Forever he is obeying, [only] once did he give the order.[66]

Such a thought, in which god appears in a present of possibilities and in a constant process of reconfirming a fixed and irrevocable past decision, could not have been conceived by the early Stoics, for whom god's activity was the one continuous unity of one cosmic movement without future and past. But it makes perfect sense for a god who exists in a Posidonian time and every moment enters a new present instant, in which he has to re-decide on the basis of a necessary fixed past what his possible future should be.

To sum up: a careful analysis of Arius Didymus *Frg.* 26 and supplementary sources shows that there was a fundamental change in Stoic conceptions of time. The early Stoics defined time in dependence of moving bodies in such a way that the subsistence of times, their

---

65   Seneca, *De beneficiis* 6.23.1–2 *Adice nunc quod non externa cogunt deos, sed sua illis in lege[m] aeterna uoluntas est. Statuerunt quae non mutarent; itaque non possunt uideri facturi aliquid quamuis nolint quia quicquid desinere non possunt perseuerare uoluerunt nec umquam primi consilii deos paenitet. 2 Sine dubio stare illis et desciscere in contrarium non licet sed non ob aliud quam quia uis sua illos in proposito tenet; nec inbecillitate permanent sed quia non libet ab optimis aberrare et sic ire decretum est.* On the reading *lege* see the critical comment by M. C. Gertz (L. Annaei Senecae libri De beneficiis et De clementia, 1876, 248–49), who regards the text as irreparably corrupt. The emendation is far from certain, not least because it makes the construction of the adjective *aeterna* uncertain too. Although it could also belong to *lege*, I regard it as more likely that *aeterna* modifies *uoluntas* because the passage is concerned with the eternal unchanging volition of the gods. If we read *in legem*, this unchanging volition would amount to/result in a law. According to the reading proposed here, the gods act within and according to the rules of the cosmic law that is the same as the principle god in his function as that which prescribes what is to be done and what is not to be done. The impersonal passive *decretum est* can refer either to the gods' own decision or to the decision of the principle god in this function as universal law.

66   Seneca, *De prouidentia* (*Dial.* 1), 5.8 *ille ipse omnium conditor and rector scripsit quidem fata sed sequitur; semper paret, semel iussit.*

structural coherence and unity within the whole time of the cosmos's movement as well as the division of time into past, present and future were a consequence of god's activities. It was god who determined time and what it was like.

Maybe under the influence of Aristotle, some middle Stoics and in particular Posidonius seem to have become dissatisfied with the idea that there are only times of single movements but no time as a universal temporal dimension. They introduced a distinction between objective time and – both perceptually and conceptually – subjective time as well as the concept of a now that implies both [1] a point-like division between past and future and [b] a defined location for the present within objective time.

As a consequence, god's activities are now structured by a temporal dimension that does no longer depend of god in all its aspects. Now, god too has a past and a future, and his activities can be analysed in terms of necessity and possibility. This raises questions about divine agency similar to those discussed in order to define human responsibility and freedom of action. Reflexes of such a debate about the determinedness of god's activities can be observed in the imperial Stoic Seneca.

Appendix: Stoics on Time in Arius Didymus *Frg.* 26 Diels

Text 1: Stob. 1.104,7–11[67] = SVF 1.93 = FDS 808

Ζήνωνος. Ζήνων ἔφησε χρόνον εἶναι κινήσεως
διάστημα, τοῦτο δὲ καὶ μέτρον καὶ κριτήριον τάχους τε
καὶ βραδύτητος, ὅπως ἔχει ***. Κατὰ τοῦτον δὲ γί-
10 νεσθαι τὰ γινόμενα καὶ τὰ περαινόμενα ἅπαντα καὶ τὰ
ὄντα εἶναι.

From Zeno: Zeno said that time is a movement's | extension, that this [=
the extension] [is] also a measure and criterion of both speed and |
slowness, how <each thing?>[68] is, and that it is in respect of time that what
| comes into existence comes into existence and all that is being
completed[69] and what | exists exists.

Text 2: Stob. 1.106,5–23 = SVF 2.509 = LS 51B = FDS 808

5 Χρυσίππου. Ὁ δὲ Χρύσιππος χρόνον εἶναι κινήσεως διάστημα, καθ' ὃν ποτὲ λέγεται μέτρον τάχους τε καὶ
βραδύτητος· ἢ τὸ παρακολουθοῦν διάστημα τῇ τοῦ κόσμου
κινήσει, καὶ κατὰ μὲν τὸν χρόνον κινεῖσθαί τε ἕκαστα καὶ
εἶναι – εἰ μὴ ἄρα διττὸς λέγεται ὁ χρόνος, καθάπερ ἥ τε γῆ
10 καὶ ἡ θάλαττα καὶ τὸ κενόν, τά τε ὅλα καὶ τὰ μέρη τὰ
αὐτῶν. Ὥσπερ δὲ τὸ κενὸν πᾶν ἄπειρον εἶναι πάντῃ καὶ
τὸν χρόνον πάντα ἄπειρον εἶναι ἐφ᾽ ἑκάτερα· καὶ γὰρ τὸν

---

67   In modern scholarship, quotations from Stobaeus' anthology are referenced by
     volume, page and line of C. Wachsmuth's edition (Ioannis Stobaei Anthologii libri
     duo priores qui inscribi solent Eclogae Physicae et Ethicae, 1884). The passage on
     Zeno appears separately from the passages on the other Stoics. In his edition of
     Arius Didymus' *Epitome of Physics*, H. Diels (Doxographi graeci: collegit recensuit
     prolegomenis indicibusque instruxit, 1879) omits the passage not pertaining to the
     Stoics but retains the original order with Chrysippus last. Here, lines from
     Wachsmuth's edition are preserved in the layout of the Greek text, but the temporal
     sequence is restored. We can only speculate why the order was inverted in Stobaeus.
     One reason for postponing Chrysippus after Posidonius could have been that
     Stobaeus wanted to connect Chrysippus' definitions of seasons, which he also
     excerpted from Arius but which are omitted here in this paper, with the following
     definitions of seasons taken from other sources. Translations are my own, where
     possible made on the basis of LS.
68   This is a translation of Wachsmuth's suggestion for filling the lacuna (either ἕκαστα
     or ἕκαστον). Most likely, 'each' would refer to bodies that are moving more or less
     quickly. This can be measured by comparing the temporal extension of comparable
     movements, *e.g.* two movements over the same distance.
69   Here we must supply a verb like 'is being completed'. Either something has been
     lost in transmission, which happens not infrequently when similar phrases are
     repeated, or γίνεσθαι is to be read in the sense of 'happen', in contrast to static
     existing (εἶναι). This is the usage we find in the following section on Chrysippus'
     views.

παρεληλυθότα καὶ τὸν μέλλοντα ἄπειρον εἶναι. Ἐμφανέ-
στατα δὲ τοῦτο λέγει, ὅτι οὐθεὶς ὅλως ἐνίσταται χρόνος.
15 Ἐπεὶ γὰρ εἰς ἄπειρον ἡ τομὴ τῶν συνεχόντων ἐστί, κατὰ
τὴν διαίρεσιν ταύτην καὶ πᾶς χρόνος εἰς ἄπειρον ἔχει τὴν
τομήν· ὥστε μηθένα κατ' ἀπαρτισμὸν ἐνεστάναι χρόνον,
ἀλλὰ κατὰ πλάτος λέγεσθαι. Μόνον δ' ὑπάρχειν φησὶ
τὸν ἐνεστῶτα, τὸν δὲ παρῳχημένον καὶ τὸν μέλλοντα ὑφε-
20 στάναι μέν, ὑπάρχειν δὲ οὐδαμῶς, †εἰσίν† ὡς καὶ κατηγορήματα ὑπάρχειν λέγεται μόνα τὰ συμβεβηκότα, οἷον τὸ
περιπατεῖν ὑπάρχει μοι ὅτε περιπατῶ, ὅτε δὲ κατακέκλι-
μαι ἢ κάθημαι οὐχ ὑπάρχει.

From Chryippus: Chrysippus [said] that time is a | movement's extension, in respect of which[70] one sometimes speaks of a measure of both speed and | slowness, or the extension that accompanies the cosmos's | movement; and that in respect of time each thing is in motion and | exists – unless time is therefore being spoken of in two ways, in the same manner as [we speak of] the earth |[10] and the sea and the void, both [of] the whole[71] and of their parts. [He says] that just as the whole void is infinite in every direction, so | the whole time is infinite on both sides. For [as he says] the | past and the future are infinite. But most | clearly does he say this, that no time is completely present. |[15] For since the section of continuous things is infinite,[72] in respect of | this division also every time has an infinite section, so that no time is present exactly, | but it is being said broadly. He[73] says that the only [time that] belongs is | the present, while the past and the future sub|[20]sist but belong in no way, *[74] just as of pred|icates only those that are actual attributes are said to belong as, for example, | walking belongs to me when I am walking, while when I am lying | down or sitting, it does not belong [to me].

---

70 The gender of the pronoun transmitted in the manuscripts indicates that this refers to time and not to the extension, as it did in the passage on Zeno. Editors accept Arnold Heeren's suggestion to change the pronoun to the neuter singular and read καθ' ὅ. But this would gloss over the fact that Chrysippus, contrary to Zeno, is defining two different kinds of time and that only this first kind of time is the one in respect of which one measures speed.

71 -*I.e.* of the earth as a whole, the sea as a whole and the void as a whole.

72 In order not to impinge on the reader's right to make up her own mind, I have given a more literal translation than the one suggested by LS: 'continuous things are infinitely divisible'. All the same, I agree with their interpretation that Chrysippus was talking about possible but not necessarily actual division.

73 The manuscripts give the plural φασί. The singular was restored by Hans von Arnim.

74 Here the Greek gives us the meaningless verb 'are'. Wachsmuth and Diels follow Willem Canter, who conjectured εἰ μὴ = 'if not'. This would mean that present and future actually could belong too, but only in the same way in which actual attributes belong.

Text 3: Stob. 1.105,8–16 = SVF 3, Apollodorus 8 = LS 51D = FDS 808

Ἀπολλοδώρου. Ἀπολλόδωρος δ' ἐν τῇ Φυσικῇ
τέχνῃ οὕτως ὁρίζεται τὸν χρόνον· Χρόνος δ' ἐστὶ τῆς τοῦ
10 κόσμου κινήσεως διάστημα· οὕτως δ' ἐστὶν ἄπειρος, ὡς
ὁ πᾶς ἀριθμὸς ἄπειρος λέγεται εἶναι· τὸ μὲν γὰρ ἐστιν
αὐτοῦ παρεληλυθός, τὸ δὲ ἐνεστηκός, τὸ δὲ μέλλον. Ἐνεστάναι δὲ τὸν πάντα χρόνον ὡς τὸν ἐνιαυτὸν ἐνεστηκέναι
λέγομεν κατὰ μείζονα περιγραφήν· καὶ ὑπάρχειν ὁ πᾶς
15 χρόνος λέγεται, οὐδενὸς αὐτοῦ τῶν μερῶν ὑπάρχοντος
ἀπαρτιζόντως.

From Apollodorus. In his *Treatise on Physics* Apollodorus | defines time
thus: 'Time is the |[10] extension of the cosmos's movement. It is infinite in
the same manner as | the whole number is said to be infinite. For some of it
is | past, some present, and some future.' [He says] that | the whole time is
present, just as we say that the year is present | in respect of the larger
circumference. And the whole time |[15] is said to belong, whereas none of
its parts belongs | exactly.

Text 4: Stob. 1.105,17–106,4 = Posidonius *Frg.* 98 Edelstein/Kidd = LS 51E

Ποσειδωνίου. Τὰ μέν ἐστι κατὰ πᾶν ἄπειρα, ὡς
ὁ σύμπας χρόνος· τὰ δὲ κατά τι, ὡς ὁ παρεληλυθὼς χρόνος καὶ ὁ μέλλων· κατὰ γὰρ τὸν παρόντα μόνον ἑκάτερος
20 πεπέρανται. Τὸν δὲ χρόνον οὕτως ὁρίζεται· διάστημα
κινήσεως ἢ μέτρον τάχους τε καὶ βραδύτητος. Καί πως ἔχει<ν>
τὸν ἐπινοούμενον κατὰ τὸ πότε τοῦ χρόνου·[75] τὸν μὲν
εἶναι παρεληλυθότα, τὸν δὲ μέλλοντα, τὸν δὲ παρόντα,
ὃς ἔκ τινος μέρους τοῦ παρεληλυθότος καὶ τοῦ μέλλοντος
25 περὶ τὸν διορισμὸν αὐτὸν συνέστηκε· τὸν δὲ διορισμὸν
σημειώδη εἶναι. Τὸ δὲ νῦν καὶ τὰ ὅμοια ἐν πλάτει
106,1 [χρόνου][76] καὶ οὐχὶ κατ' ἀπαρτισμὸν νοεῖσθαι. Λέγεσθαι δὲ
τὸ νῦν καὶ κατὰ τὸν ἐλάχιστον πρὸς αἴσθησιν χρόνον
περὶ τὸν διορισμὸν τοῦ μέλλοντος καὶ παρεληλυθότος
συνιστάμενον.

---

75 This reading, which restores the paradosis with a slight correction suggested by H.
Cherniss, is the one given by L. Edelstein and I. Kidd, Posidonius. II.1: The
Fragments, ²1988. It differs considerably from that given by Diels and Wachsmuth.
Kidd himself reads πῶς ἔχειν in the sense of 'being qualified in a certain way' and
translates, 'And he said that time concieved is so and so in respect of temporal
position' (Posidonius. III: The Translation of the Fragments, 1999, 158).

76 The suppression of this word has been suggested by Arnold Heeren and accepted by
LS. A different solution, preferred by H. Usener, Wachsmuth and Edelstein/Kidd,
would be to read the accusative χρόνον: '[as a] time in the broad sense'.

From Posidonius. Some things are infinite in every respect, such as | the whole time, some things in a particular respect, such as the past ti | me and the future. For it is only in respect of the present that each of them |20 is limited. He defines time thus: extension | of movement or measure of both speed and slowness. And [he says] that somehow | the conceptual [time] pertains to the when of time; that some [of it] | is past, some future, some present, | which is composed of some part of the past and [some part of] the future |25 around the distinction itself; that the distinction is point-like. [He says] that the now and the like are conceived of in a broad sense |106,1 and not exactly, and that | the now is also spoken of in respect of the least perceptible time | composed around the distinction of future and past.

Teil III:
Altes Testament und jüdische Tradition

Zeit und Ewigkeit in Psalm 90

MATTHIAS KÖCKERT

Zu den Grundzügen heutiger Wissenschaft gehört die Einsicht in den unlöslichen Zusammenhang von Raum und Zeit. Dem scheint unsere Alltagserfahrung zu widersprechen. Während wir „Raum" anschauen, begreifen, verändern, ja sogar in Form von Grund und Boden oder Dingen besitzen können, erfahren wir „Zeit" hauptsächlich im Vergehen. Sie entzieht sich uns ständig. Nur kleine Kinder „haben Zeit". Wir dagegen „haben" nie Zeit, bis unsere Zeit am Ende unwiederbringlich abgelaufen ist. Aber selbst wenn wir gelegentlich „Zeit haben", „haben" wir sie niemals wie die Dinge im Raum.

Was wir derart verschieden erfahren, ist gleichwohl aneinander gebunden. Räume, die der Zeit entzogen wären, kennen wir nicht. Wir brauchen nur uns selbst anzuschauen: An allem, was ist, nagt der Zahn der Zeit. Und Zeit erfahren wir nicht anders, denn als gefüllte Zeit-Räume, gefüllt mit Arbeit, mit zeitraubenden Vorträgen, aber auch mit beglückenden Gesprächen und vielem Anderen, eben als „gute Zeiten – schlechte Zeiten". Das war im alten Israel nicht anders.

1. Erfahrungen von Zeit und Raum im alten Israel

Nur an weniges kann hier erinnert werden.[1] „Alles unter dem Himmel hat seine Zeit", weiß der Prediger Salomo,

> Zeit zum Gebären und Zeit zum Sterben,
> Zeit zum Pflanzen und Zeit, Gepflanztes auszureißen, ...
> Zeit zum Schweigen und Zeit zum Reden (Koh 3,1–9).

Zeit ist hier offenbar etwas anderes als das im Kreis laufende gleichmäßige Ticken der Uhr. Zeit ist „keine leere Form, kein neutrales Kontinuum oder eine Dimension an sich, in die Ereignisse eingefügt wür-

---

1   Eine Einführung in die vielfältigen Phänomene gibt H. Weippert, Altisraelitische Welterfahrung. Die Erfahrung von Raum und Zeit nach dem Alten Testament, in: H.-P. Mathys (Hg.), Ebenbild Gottes - Herrscher über die Welt. Studien zu Würde und Auftrag des Menschen, BThSt 33, 1998, 9–34.

den"; Zeit ist vielmehr durch das bestimmt, was in ihr geschieht.[2] Rainer Schmitt hat das „Geschehenszeit" genannt.

Selbst die Grundeinheiten Tag und Jahr gliedern die Zeit nicht mathematisch abstrakt, sondern räumlich konkret. Die von den Jahreszeiten abhängigen bäuerlichen Tätigkeiten sind an unterschiedliche Räume gebunden: Die Felder, außerhalb der Ortschaften gelegen, werden besät und abgeerntet. Nach der Ernte zieht das Kleinvieh über die Felder. In den Weinbergen schneidet man die Reben, liest die Trauben und keltert den Most. Die an den Jahreslauf gebundenen Hauptfeste wiederum finden an Heiligtümern statt, die man aufsucht. Dabei nimmt man auch weite Reisen in Kauf. Denn am Heiligtum findet man den „Himmel auf Erden". Dort ereignet sich „Ewigkeit in der Zeit".

Als elementare Zeiteinheit gilt nicht das Jahr, sondern der Tag. Der Rhythmus von Tag und Nacht wird vom Sonnenlauf geordnet und ist gleichfalls mit unterschiedlichen Lebensräumen verbunden, die beispielsweise Ps 104 besingt. Des Nachts zieht sich der Lebensraum des Menschen auf Stadt und Haus zusammen. Jetzt wächst der Raum anderer Wesen. In der Dunkelheit sucht das Raubgetier nach Beute. Löwen brüllen und machen die Nacht unheimlich. Wenn aber die Sonne aufstrahlt, ziehen sich die wilden Tiere in ihre Verstecke zurück. Die enge Welt des Menschen weitet sich wieder, wenn „der Mensch hinaus geht zu seiner Arbeit bis zum Abend" (104,22–23).

Bei allem steht der Mensch inmitten von Raum und Zeit. Das kann man den Bezeichnungen zur Differenzierung von Raum und Zeit im Hebräischen entnehmen. Sie setzen den Menschen als Angelpunkt in der Mitte voraus. Der ist zum Morgen als dem Sonnenaufgang orientiert, wie man an Abrahams Vorschlag für Lot in Gen 13 sehen kann. Abraham bietet seinem Neffen einen Teil des verheißenen Landes an, indem er ihm die Wahl lässt, „nach rechts" oder „nach links" zu ziehen. Lots Augen erblicken jedoch die wasserreiche Jordanaue bei Sodom, und so zieht er denn weder nach rechts noch nach links, sondern „nach vorn" (מקדם) und verlässt das verheißene Land. „Vorn" (קדם) liegt also der Osten, „hinten" (אחרית, אחור) der Westen, „links" (שמאל) der Norden, „rechts" (ימין) der Süden. Die räumlichen Begriffe „vorn" und „hinten" dienen zugleich zur Unterscheidung der Zeiten, allerdings in einem uns Abendländlern ungewohnten Sinn: „Vorn" (קדם) liegt nicht die Zukunft, sondern die Vergangenheit; denn nur was vergangen ist, kann der Mensch sehen. Was künftig sein wird, ist ihm dagegen verborgen[3],

---

2   R. Schmitt, Abschied von der Heilsgeschichte? Untersuchungen zum Verständnis von Geschichte im Alten Testament, EHS.T 195, 1982, 103–104.

3   Der Mensch „weiß nicht, was geschehen wird: denn wer könnte ihm kundtun, was sein wird?" (Koh 8,7; 10,14).

muss also „hinter" ihm liegen und heißt deshalb das „Rückwärtige"
oder „Hintere" (אחרון, אחרית). Der Mensch im alten Israel bewegt sich
„durch die Zeiten wie ein Ruderer, der sich rückwärts in die Zukunft
bewegt: er erreicht das Ziel, indem er sich orientiert an dem, was
einsichtig vor ihm liegt".[4]

In besonderer Weise gewinnt die Zeit Raum an bestimmten Ge-
dächtnisorten. Man denke nur an die Heiligtümer mit ihren Grün-
dungslegenden[5] oder an die Grabstätten der Ahnen Israels in Mach-
pela/Hebron. Umgekehrt entwirft man fern der Heimat fiktive literarische „Erinnerungslandschaften". So kann der Leser mit der Beschreibung des „Zelts der Begegnung" in Ex 25ff. in ein Heiligtum einkehren,
das es so nie gegeben hat. Auch was wir in I Reg 6–8 von den Herr-
lichkeiten des salomonischen Tempels lesen, dürfte historisch nicht
wesentlich anders zu beurteilen sein.

Von Gott war bisher sowenig die Rede wie von „Ewigkeit". Als
erstes seiner Werke ruft er das Licht ins Dasein (Gen 1,3–5). Noch vor
dem in Biotope gegliederten Raum setzt er damit jenen fundamentalen
Wechsel von Licht und Finsternis in Gang, welcher den Tag als Grund-
maß für die Zeit begründet.[6] Der Tagesrhythmus liegt der geordneten
Erschaffung des Raums und aller Zeit zugrunde.

Nach der Flut garantiert Gott die raumzeitlichen Rhythmen als
Weltordnung:

Während aller Tage der Erde (gilt):
Saat und Ernte, Frost und Hitze,
Sommer und Winter, Tag und Nacht
sollen nicht aufhören (Gen 8,22).

So kann noch jener weise Prediger Salomo als unbezweifelbare Gewissheit feststellen:

Eine Generation geht, und eine Generation kommt,
und die Erde bleibt auf ferne Zeit bestehen (Koh 1,4).

Mag der einzelne Mensch auch sterben und mögen selbst die stabilsten
Dinge vergehen, die Zeit im Wechsel der Generationen und der irdische Raum haben dauerhaften Bestand.

Ist das „Ewigkeit"? Wird Gott als Teil dieser raumzeitlichen Weltordnung gedacht? Unterscheidet er sich vom Menschen, den er nach
Gen 2,7 als irdenes und damit als sterbliches Wesen erschaffen hat, nur

---

4   H. W. Wolff, Anthropologie des Alten Testaments, 1973, 135.
5   Z. B. Jakob und Bethel.
6   Zur Funktion des ersterschaffenen Lichts im Unterschied zu den Gestirnen s. schon
    B. Jacob, Das erste Buch der Tora. Genesis, 1934, 33.

dadurch, dass seine Tage unberechenbar lang währen, wie Hiobs Freund Elihu meint:

> Schau, Gott ist erhaben, Wissen reicht da nicht heran,
> die Zahl seiner Jahre – unerforschlich. (Hi 36,26)?

Antworten auf die vielen Fragen nach „Zeit und Ewigkeit als Raum göttlichen Handelns"[7] suchen wir in Psalm 90, weil es in der Bibel kaum einen zweiten Text gibt, der wie er Gott und Mensch, Ewigkeit und Zeit, Zeit und Raum bedacht hat.

2. Gestalt und Profil des Psalms

2.1 Die Gestalt

Der Psalm beginnt mit bekenntnisartigen Sätzen (V. 1b–2):

> [1] Ein Bittgebet Moses, des Mannes Gottes.
> Herr, Bleibe[8] bist du uns gewesen Generation um Generation[9].
> [2] Ehe die Berge geboren wurden
> und du hervorbrachtest Festland und Erdkreis[10],
> bist[11] du von Ewigkeit zu Ewigkeit Gott.

---

7   So lautet das Rahmenthema der Tagung des Graduiertenkollegs.

8   Schon Luther hatte mit der Septuaginta (~LXX) „Zuflucht" übersetzt, also stillschweigend in מעון geändert. Das hat viele Nachfolger gefunden (s. nur B. Duhm, Die Psalmen, KHC 14, 1899, 224). Diese und erst recht die noch viel weitergehenden „Rekonstruktionen" des korrekt erhaltenen MT bei H. Gunkel (Die Psalmen, HK II/2, ⁴1926, 399f.) und K. Seybold (Die Psalmen, HAT I/15, 1996, 356) sind ungerechtfertigt und völlig überflüssig.

9   In der ersten Zeile des Psalms lässt sich kein Parallelismus erkennen. Sie wird am besten als poetische Einheit verstanden, die V. 1b–2 umfasst und einen Chiasmus bildet. Es handelt sich also um ein seltenes Tetrakolon (W. G. Watson, Classical Hebrew Poetry. A Guide to its Techniques, JSOT.S 26, 1995, 185–186).

10 Das Verb kann als *Polel* (Aktiv, so MT) oder *Polal* (Passiv, so LXX) vokalisiert werden. Außerdem ist das Verb in 3. Pers. fem. formengleich mit der 2. Pers. mask. Entweder ist die Erde fem. Subjekt (zur Vorstellung s. Gen 1,11–12.24 [Pflanzen und Tiere]; Hi 38,8ff. [Meer]; Ps 139,15; Hi 1,21; Sir 40,2 [Menschen]) oder Gott (s. Dtn 32,18, dort aber auf Menschen bezogen), der in der 2. Pers. angeredet wird. Die erste Deutung (die Erde liegt mit den Bergen in Wehen) haben zuletzt vertreten H.-P. Müller, Der 90. Psalm. Ein Paradigma exegetischer Aufgaben, ZThK 81 (1984), 270 A. 24, und C. Forster, Begrenztes Leben als Herausforderung. Das Vergänglichkeitsmotiv in weisheitlichen Psalmen, 2000, 138f. Allerdings würde man dann 3. Pers. fem. im Plural erwarten. Für die zweite Deutung („du brachtest hervor Festland und Erdkreis") sprechen: die Vokalisierung der Masoreten, die Analogie Dtn 32,18 und die jüdische Auslegungstradition. Sie wird denn auch von den meisten Übersetzungen und Auslegern vertreten, zuletzt mit eingehender Diskussion, J. Schnocks, Vergänglichkeit und Gottesherrschaft. Studien zu Psalm 90 und dem vierten Psalmenbuch, BBB 140, 2002, 49–54.

Sie werden durch die Anrede „Herr" und durch das Bekenntnis „du bist Gott" sowie durch den Aspekt der Dauer zusammengehalten: „Generation um Generation" und „von Ewigkeit zu Ewigkeit". Sie bilden mit der ersten Zeile von V. 17 einen Rahmen:

[17] Und die Huld des Herrn, unseres Gottes, sei über uns!
Und das Werk unserer Hände mache fest um unsertwillen[12],
ja, das Werk unserer Hände – mache es fest!

Während V. 1b daran erinnert, dass Gott für die sprechende Gruppe Bleibe oder Obdach war, bittet V. 17, dass diese Gottes Freundlichkeit oder Huld in der Zukunft (wieder) „über" ihr sei wie ein bergendes Dach. Anfang und Ende des Psalms sind geradezu buchstäblich miteinander verzahnt; denn die hebräischen Konsonanten des Wortes für „Bleibe" (מעון) wiederholen sich in umgekehrter Abfolge im Wort „Huld" (נעם). Das Trikolon mit der Wiederholung der Bitte bildet einen deutlichen Abschluss.

Der Rahmen verklammert drei formal und inhaltlich unterschiedene Teile. Der erste Teil (V. 3–6) ist in dritter Person gehalten und bringt eine gleichsam objektive Beschreibung der Endlichkeit der Menschen aller Zeiten.

[3] Du führst Menschen zurück[13] zum Staub[14]
und sprichst[15]: Kehrt wieder[16], Menschenkinder!

---

11 Das den Stichos einleitende ו im MT signalisiert im Temporalsatz nur den Beginn des Folgesatzes (Ges.-K. §164,c) und entfällt deshalb im Deutschen.

12 Zwar steht in V. 17 עלינו in Zeile 1 und 2, doch geht es bei der Festigung des Werks unserer (!) Hände in der 2. Zeile eher um dessen Bestand oder Gedeihen als um Krönung oder Schutz, die Gottes Freundlichkeit „über uns" bewirkt. Deshalb hat die Präposition על hier vielleicht kausale Bedeutung: „um unseretwillen".

13 Die Masoreten haben das Verb als Kurzform bzw. Jussiv vokalisiert. Man erwartet dann eine Verneinung, etwa: „Lasse nicht zurückkehren ...". Deshalb hat LXX vorangehendes על zu V. 3 gezogen. Kurzformen können „ohne jede Nebenbedeutung" zum Ausdruck eines Iterativs gebraucht werden (Ges.-K. § 109k): „Du lässt immer wieder zurückkehren ..." (so auch Th. Krüger, Ps 90 und die „Vergänglichkeit des Menschen", Bib 75 [1994], 197–199, und Forster, Leben, 140). Müller (90. Psalm, 271) und zuletzt wieder Schnocks, Vergänglichkeit, 59–62, deuten dagegen die Kurzform als älteres Präteritum: Gott habe in der Urzeit der Schöpfung den Menschen zur Sterblichkeit bestimmt. Die Verbindung von V. 3 mit dem folgenden Kontext spricht gegen eine Fortsetzung der Urzeitschilderung von V. 2.

14 Die Septuaginta hat offenbar kein Nomen, sondern ein Verb gelesen. Mit ihr übersetzt W. v. Soden, Zum Psalm 90,3: Statt *DAKKA* lies *DUKKA*, UF 15 (1983), 308: „Du kannst den Menschen zurückstoßen, bis er ganz zerschlagen daliegt; dann aber sprichst du ....". Indes will der MT Aussagen über die *conditio humana* machen, nicht über das Vermögen Gottes.

15 Die Masoreten vokalisieren die Verbform als Narrativ, was jedoch ein Vergangenheitstempus im vorangehenden Satz voraussetzen würde (so m.R. Müller, 90. Psalm, 271). Vielleicht aber war ursprünglich *PK* mit *waw-copulativum* gemeint (vgl. Aquila und BHS), was dann einen Iterativ zum Ausdruck bringt (so Forster, Leben, 140).

[4] Ja, tausend Jahre in deinen Augen
sind wie der Tag gestern, wenn er vorübergeht,
und (wie) eine Wache in der Nacht.
[5] Hast du sie[17] weggerafft[18], sind sie ein Schlaf.
Am Morgen (sind sie) wie Gras, das aufschießt[19];
[6] am Morgen treibt es Blüten und schießt auf,
gegen Abend welkt es und verdorrt.

Der zweite Teil (V. 7–10) wird von den Klagen über die besondere Lage einer Gruppe dominiert. Die Gruppe ergreift selbst das Wort („wir") und blickt mit ihren Klagen in die Vergangenheit.[20] Schuld hat Gottes

---

Liest man den Narrativ nach der *PK*-Kurzform, legt sich als Übersetzung von V. 3 nahe: „Du hast noch immer (bzw. immer wieder) einen Menschen zum Staub zurückkehren lassen und hast dann noch immer (bzw. immer wieder) gesagt: Kehrt zurück, Menschen-Kinder" (Krüger, Psalm 90, 199, der V. 3 als „iterativen Sachverhalt" in der Vorzeitigkeit" beurteilt).

16	Für das Verständnis von V. 3 ist die Bestimmung des Parallelismus wichtig. Gegen H. Irsigler, Der vergängliche Mensch vor dem ewigen Gott, in: Ders., Vom Adamssohn zum Immanuel, 1997, 51, handelt es sich um einen synthetischen. Die „Menschenkinder", zu denen Gott sagt: „Kehrt wieder (שוב)", sind andere als die, die er zum Staub zurückführt (שוב, *Hif.*). Für diese Deutung spricht, dass schon V. 1 den Wechsel der Generationen im Blick hat.

17	Das Objekt-Suffix bezieht sich auf die „Menschenkinder" von V. 3b und wirkt als Subjekt des Satzes im Parallelstichos V. 5b weiter.

18	Die *AK* im Vordersatz kann auch ein konditionales Verhältnis ausdrücken. – Der erste Stichos von V. 5 ist schwierig. B. Duhm, Psalmen, 342, konjiziert: „Du säest sie aus Jahr aus Jahr ein", so dass V. 5 durch ein einheitliches Bild zusammengehalten wird. Für eine Konjektur gibt es jedoch kaum einen Grund. Krüger, Psalm 90, 193, und Müller, 90. Psalm, 394, gehen deshalb von der in KAI Nr. 14 (Sarginschrift Eschmunezars, 5. Jh.) Z. 12f. belegten phönizischen Wurzel זרם aus, die dort „unterbrechen, kürzen, beenden" bedeutet. Das im MT nur in Ps 90,5 und 77,18 begegnende Verb lässt sich aber auch vom Nomen זרם („Regenguss") als „überschwemmen, übergießen, bedecken" ableiten, also: „Überschwemmst du sie mit Schlaf, werden sie, wie am Morgen das Gras sich regeneriert ..." (Schnocks, Vergänglichkeit, 68–80 mit eingehender Erörterung weiterer Möglichkeiten). Schon M. Tsevat, Psalm XC 5–6, VT 35 (1985), 115–117, hatte eine ähnliche Deutung mit einer akkadischen Wendung stützen wollen. Gegen diese Versuche steht freilich die Satzabgrenzung der Masoreten, welche die obige Übersetzung nahelegt.

19	Das Verb חלף bedeutet hier schwerlich „verwelken, dahinschwinden" (HAL 308), da davon bei Gras am Morgen nicht die Rede sein kann. Im *Hifil* ist es in Hi 14,7 von einem gefällten Baum belegt und bedeutet dort „sprießen, ausschlagen, nachwachsen". Das würde auch in Ps 90,5–6 zum Parallelismus gut passen. Müller, 90. Psalm, 395f., weist auf weitere Verben hin, die im *Qal* und „innerlich faktitivem *Hifil*" die gleiche Bedeutung haben.

20	Die Verbformen in V. 7–9 wechseln vollständig in *AK*. Häufig versteht man sie im Sinne des gnomischen Aorists im Griechischen und übersetzt sie folglich als Präsens: Der Abschnitt setze die allgemeinen Aussagen über die alle Menschen betreffende Vergänglichkeit aus V. 5–6 fort (so Müller, 90. Psalm, 273 mit Verweis auf Ges.-K. § 106k). Diese Deutung ist jedoch keineswegs zwingend (so m. R. Krüger, Psalm 90, 201f., und Forster, Leben, 142f.). Der Wechsel in die *AK* ist mit dem Wechsel in die 1.

Zorn entfacht. Deren Folgen reichen bis in die Gegenwart. Die Gruppe ist „am Ende", wie V. 7+9 mit dem Stichwort כלה beklagen. V. 10 verallgemeinert die Gotteszornerfahrung der Gruppe zu einer generellen Lebenserfahrung.

> [7] Ja, wir sind hingeschwunden (כלה) durch deinen Zorn,
> und durch deine Glut wurden wir erschreckt.
> [8] Du hast unsere Vergehen vor dich hingestellt,
> unser Verborgenes ins Licht deines Angesichts.
> [9] Ja, alle unsere Tage haben sich geneigt durch deinen Grimm;
> wir haben aufgebraucht (כלה *Piel*) unsere Jahre wie einen Seufzer.
> [10] Die Tage unserer (Lebens-)Jahre sind an sich[21] siebzig Jahre
> und – wenn bei Kräften[22] – achtzig Jahre,
> doch ihr Gepränge[23] ist (nur) Mühsal und Unheil;
> ja, eilends geht es vorüber, und schon sind wir davongeflogen[24].

Im dritten Teil (V. 13–16) bezeichnet sich die Gruppe ausdrücklich als Gottes „Knechte". Das Stichwort „deine Knechte" (עבדיך) bildet eine Klammer. Die Verben wechseln in Bitten und Wünsche für die Zukunft.

Pers. Pl. („wir") verbunden. Für konkrete Tatbestände der Vergangenheit spricht auch der Rückblick in V. 15.

21   Das Suffix in בהם kann sich auf die zuvor genannten Gründe für die menschliche Kurzlebigkeit (St. Schreiner, Erwägungen zur Struktur des 90. Psalms, Bib 59 [1978], 85) oder auf die „Tage" (Krüger, Psalm 90, 194; Schnocks, Vergänglichkeit, 95) beziehen. Im ersten Fall wäre die (für antike Verhältnisse) erstaunlich hohe Lebenserwartung von 70 Jahren Ergebnis des Zornes Gottes – was schwerlich überzeugt. Im zweiten Fall muss man das בהם antithetisch zu den „Kräften" in der zweiten Zeile deuten und darin den Normalfall („an sich") sehen, der durch Gottes Zorn aufgrund menschlichen Verschuldens in ein Leben voll „Mühsal und Unheil" verwandelt wird.

22   Die „Kräfte" (גבורת) deuten Schreiner, Erwägungen, 85, und Forster, Leben, 143, als Krafttaten Gottes (vgl. Ps 20,7; 106,2; Dtn 3,24). Jedoch fehlt in Ps 90,10 eine derartige Näherbestimmung. Deshalb liegt es näher, mit Duhm, Psalmen, 343; W. H. Schmidt, „Der du die Menschen lässest sterben". Exegetische Anmerkungen zu Ps 90, in: Was ist der Mensch ...?, Beiträge zur Anthropologie des AT, FS H. W. Wolff, 1992, 124; Seybold, Psalmen, 355, u. a. an die eigenen „Kräfte" zu denken (vgl. im Deutschen die Wendung „bei Kräften sein").

23   Zu רהבם als „ihr Stolz, Gepränge" s. Ges. 747; H. Hupfeld, Die Psalmen, Bd. 4, ²1871, 2.15, u. a. Das Suffix „*ihr* Gepränge" bezieht sich dann auf „die Tage unserer Jahre". Die Versionen haben רבבם („ihre [der Tage] Menge") gelesen. Indes macht die dritte Zeile keine weitere Aussage über die Quantität der Lebenszeit, sondern akzentuiert mit „Mühsal und Unheil" deren Qualität.

24   Müller, 90. Psalm, 275, deutet גז חיש als „zum Formverb erstarrte finite Verbform, d.h. faktisch als Adverb zu ... ‚wir fliegen davon'". W. Groß, Verbform und Funktion. *wayyiqtol* für die Gegenwart? Ein Beitrag zur Syntax poetischer althebräischer Texte, ATSAT 1, 1976, 137: „Der Sprecher tut so, als sei das Leben schon abgeschlossen, um seine Hinfälligkeit zu verdeutlichen: ‚[Wenn wir unser Leben ansehen:] Fürwahr, es ist schon eilends vergangen, und schon sind wir davongeflogen'."

[13] Kehre zurück, Jahwe, – wie lange noch? –
und habe Mitleid mit deinen Knechten[25]!
[14] Sättige uns am Morgen mit deiner Güte,
dass wir jauchzen und uns freuen (können) alle unsere Tage!
[15] Erfreue uns entsprechend der Tage, da du uns gebeugt hast,
der Jahre, da wir Böses sehen (mussten)!
[16] Es möge gesehen werden[26] an deinen Knechten dein Wirken
und dein Glanz über ihren Söhnen!

Dieser letzte Teil nimmt Wörter und Motive der beiden vorangehenden Teile auf, verwandelt sie aber in ihr Gegenteil: Während in V. 3 Gott die Menschen zum Staub zurückführt, also ins Totenreich versetzt, bittet V. 13 um Jahwes Rückkehr, um seine gnädige Zuwendung und damit um ein Ende des Zornesgerichts. Hatte Gott bisher die Vergehen vor sich hingestellt, so dass sie nun unbeschönigt im Lichte seines Angesichts stehen (V. 8) und unerbittlich gegen seine Knechte Zeugnis ablegen, so fleht V. 13 um Erbarmen mit seinen „Knechten". Während in V. 5–6 die trügerische Hoffnung am Morgen schon den Zustand des Grases am Abend ahnen lässt, bittet V. 14, Gott möge seine Knechte am Morgen mit seiner Güte sättigen, die Freude nicht nur bis zum Abend, sondern für alle Tage verbürgt. Darüber hinaus beziehen sich V. 15–16 ausdrücklich auf die Tage des Gotteszorns. War das, worauf man nach 80 Jahren stolz sein konnte, nur Mühsal und Unheil (V. 10), so soll nun Gottes Glanz über den Söhnen aufgehen. Der letzte Teil setzt also die beiden vorstehenden Teile voraus.

Dazwischen stehen an der entscheidenden Schaltstelle des Psalms die V. 11–12. Sie sind mit dem Stichwort ידע verklammert:

[11] Wer kennt (ידע) die Stärke deines Zorns,
und (wer weiß, ob) entsprechend der Furcht vor dir dein Grimm ist?[27]
[12] Zu zählen unsere Tage, so lehre (ידע *Hif.*) (uns),
dass wir (ein)bringen[28] ein weises Herz.[29]

---

25   Einige Handschriften haben „dein Knecht" (Singular). Sie denken wegen der Anklänge an Ex 32,12 (Fürbitte und נחם) an Mose, den exemplarischen Gottesknecht, und schreiben ihm besondere, Gott bewegende Kraft zu. Diese alte Deutung hat vielleicht auch zu der Überschrift in V. 1a geführt: „Ein Bittgebet Moses, des Mannes Gottes."

26   Gegen Schreiner, Erwägungen, 88f., sollen nicht Gottes Knechte irgendein Tun Gottes sehen, sondern Gott soll an seinen Knechten Gutes tun, das dann von anderen gesehen wird (*Nifal* Jussiv).

27   Der zweite Stichos von V. 11 kann auch als eigenständiger Nominalsatz (Krüger, Psalm 90, 194) oder als eigener Fragesatz (Forster, Leben, 144) übersetzt werden. Die oben gegebene Übersetzung macht ihn von der Frage im ersten Stichos abhängig und versteht den Vers als synthetischen Parallelismus. Die zuweilen vorgeschlagenen Textänderungen haben allesamt den Nachteil, dass sie nicht erklären können, wie aus den dadurch erreichten einfachen Lösungen der komplizierte Text entstanden ist.

Beide Verse markieren eine Zäsur; denn sie weisen mehrfach auf den zweiten Teil zurück: Zunächst greift V. 11 mit den Stichworten „dein Zorn" und „dein Grimm" die V. 7–9 auf. Sodann knüpft V. 12 an „die Tage unserer Jahre" von V. 10 an und bezieht sich der Sache nach auf die Vergänglichkeit des Menschen in V. 3–6. Schließlich bezieht sich V. 11 mit Partizipialsatz deutlich auf die Gegenwart, während V. 12 mit der Bitte um Belehrung zu den Imperativen in V. 13–17 überleitet. Die V. 11–12 ziehen also ein Zwischenfazit.[30] Könnten sie nicht überhaupt den ursprünglichen Abschluss einer älteren Fassung des Psalms gebildet haben, die nur die V. 1–12 umfasst hat?

2.2 Wie sind V. 13 – 17 in den Psalm integriert?

Seit Hermann Gunkel und Bernhard Duhm hat es nicht an Versuchen gemangelt, die V. 13–17 einer zweiten Hand zuzuschreiben.[31] Meist sind es drei Gründe, die gegen den dritten Teil ins Feld geführt werden. (1) Er stehe im Widerspruch zu den allgemeingültigen weisheitlichen Einsichten in die *conditio humana*, die den Grundpsalm bestimmen. Ist, von V. 1–10 her gesehen, „eine Freude nach dem Leid überhaupt möglich?"[32] (2) Die Perspektive Sünde – Tod, die für V. 7–10 zentral ist, werde nicht reflektiert. (3) Die Bitte in V. 11–12 schließe einen in sich stimmigen Text ab, der keiner Fortsetzung bedürfe.

Die Abtrennung von V. 13–17 hat einschneidende Konsequenzen für die Bestimmung des inhaltlichen Profils des Psalms. Endet der Psalm mit V. 11–12, dann scheint er dazu anleiten zu wollen, das von Schuld und Vergänglichkeit unausweichlich bestimmte Menschsein so anzunehmen, wie es nun einmal ist: „Zu zählen unsere Tage, so lehre

---

28 Krüger, Psalm 90, 194, erwägt, das Verb als *Qal* zu vokalisieren und im Sinne von „sterben" zu deuten. Für das *Hifil* ist eine derartige Bedeutung jedoch nicht belegt und für das *Qal* auch nur in der Wendung „zu seinen Vätern gehen" (vgl. Gen 15,15).

29 Die LXX bietet hier einen ausgesprochen dunklen Text, der für das Verständnis des MT nichts abwirft.

30 Ort und Funktion beider Verse im Psalm würdigen vor allem M. E. Tate (Psalms 51 – 100, WBC 20, 1990, 437: „pivotal linkage"), Schreiner (Erwägungen, 86: „Kulminations- und Wendepunkt"), Schnocks (Vergänglichkeit, 130: „Dreh- und Angelpunkt").

31 Duhm, Psalmen, 345, hält 90,13–17 für eine „liturgische Zusatzdichtung zu Ps 90 A ..., um diesem Psalm seine Schärfe zu nehmen"; Gunkel, Psalmen, 399 (auf Israel konzentrierte Ergänzung durch „spätere Hand"); Müller, 90. Psalm, 267f. („Zufügung eines observanten Jahweverehrers"); F.-L. Hossfeld/E. Zenger, Psalmen 51 – 100, HThKAT, 2000, 607f. („Erweiterung des Primärpsalms").

32 So fragt Schmidt, Menschen, 127.

uns, dass wir einbringen ein weises Herz" (V. 12). Erich Zenger
paraphrasiert gar: „Nimm das Leben an und lebe es, so wie es kommt";
zwar gebe es Versuche, das auf den Tod zulaufende Leben als Zorngericht Gottes zu deuten, doch „laß dich nicht darauf ein: Wer weiß das
schon? Also: Du darfst leben, du mußt leben!"[33] Endet der Psalm jedoch
mit V. 13–17, ist er weder Anleitung zu einem platten Realismus, noch
resignativer Ausdruck einer „Daseinsverdrossenheit"[34], sondern bewegendes Zeugnis der Hoffnung auf Gottes Güte gegen Gottes Zorn. Er
wäre dann eher jenem Hiob von Kap. 16 und 19 zu vergleichen.

Die Argumente gegen die literarische Einheit des Psalms und für
die Abtrennung der V. 13–17 sind freilich nicht so überzeugend, wie sie
klingen.[35]

(1) Gegen eine Abtrennung der V. 13–17 spricht schon der erste
Satz V. 1b: „Herr, Bleibe bist du für uns gewesen Generation um Generation." Da kein Nominalsatz vorliegt wie in V. 2c, ist das Verb היה
AK hier schwerlich zeitlos, sondern vorzeitig gemeint.[36] Man müsste
dann etwa so paraphrasieren: Einst bist du, Herr, Generation um Generation Heimat, Bleibe und Obdach für uns gewesen, aber jetzt? Die
V. 7–9 beantworten die unausgesprochene Frage eindeutig: Die Bleibe,
das schützende Obdach haben sich in vernichtenden Zorn verwandelt.
Darauf erscheinen jedoch die V. 11–12 kaum als befriedigende Reaktion, wohl aber die Bitten in V. 13–17: Wann, Herr, wirst du wieder
Bleibe und Obdach für uns sein?

(2) Die Bestimmung des Psalms als Allerweltsweisheit über die
Endlichkeit des Menschen wird schon den V. 7–12 nicht gerecht. Der
erste Satz (V. 1b) spricht von einem „Wir", das sich dann von V. 7 bis
17 durchzieht. Mit dem „Wir" sind also von Anfang an (!) Gottes
Knechte im Spiel, die unter Gottes Zorn leiden und dennoch auf Gottes
Huld hoffen. Für diese Gruppe gilt natürlich auch das, was für alle
Menschen gilt und wovon die V. 3–6 handeln. Die V. 7–10 sprechen
aber anders als V. 3–6 nicht von den generellen Gegebenheiten menschlichen Daseins überhaupt, sondern von konkreten Ereignissen der

---

33 Psalm 90, in: E. Zenger, Ich will die Morgenröte wecken. Psalmauslegungen, 1991,
    208.
34 Müller, 90. Psalm, 256.
35 Die literarische Einheitlichkeit von Ps 90 vertreten gegenwärtig z. B. Krüger, Psalm
    90, 207f.; Irsigler, Psalm 90, 53; Forster, Leben, 164; Schnocks, Vergänglichkeit, 144.
36 So m. R. Krüger in seiner Tempusanalyse (Psalm 90, 196–203) mit Verweis auf R.
    Bartelmus, HYH; Bedeutung und Funktion eines hebräischen „Allerweltswortes" –
    zugleich ein Beitrag zur Frage des hebräischen Tempussystems, ATS 17, 1982, 115ff.

Vergangenheit jener Gruppe, deren Folgen bis in die Gegenwart andauern. Das legen Personen- und Tempus-Wechsel nahe.[37]

(3) Wer in V. 12 den ursprünglichen Abschluss des Psalms sieht, muss erklären, warum die Mühsal der ohnehin nur kurzen Lebenszeit (V. 10) in jenem Abschluss keine befriedigende Lösung erfährt und warum die Frage von V. 11 („Wer weiß, ob entsprechend der Furcht vor dir dein Grimm ist?") im Psalm nicht beantwortet wird. Erst die V. 13–17 geben eine Antwort, wenn auch der Lage entsprechend – noch dauert der Zorn an – in Gestalt von Bitten: „Kehre um (von deinem Zorn)! ... Erfreue uns entsprechend der Tage, die du uns bedrückt hast!"

(4) Schließlich binden die Wörter für Zeit in V. 14–15 (s. Anhang) den dritten Teil in den Gesamtpsalm harmonisch ein: „am Morgen" (V. 14) weist auf V. 5–6 zurück, „Tage" (V. 14–15) auf V. 9, „Jahre" (V. 15) auf V. 4.9.10.

Der Psalm hat also keineswegs eine konzentrische Gestalt, wie zuweilen behauptet wird. Er lässt vielmehr eine lineare Entfaltung erkennen: von dem, was alle Menschen betrifft, über die konkrete Klage einer Gruppe, zur Hoffnung jener Gottesknechte auf den Erweis der Güte ihres Gottes, obwohl seine erbarmende Zuwendung noch auf sich warten lässt.[38] Dasselbe ergibt sich, wenn man auf die Zeitperspektiven achtet. Die V. 3–6 gelten für alle Menschen zu jeder Zeit. Die V. 7–10 betreffen dagegen die Vergangenheit einer Gruppe mit Folgen für die Gegenwart, die eigens in V. 11 markiert wird. V. 12 leitet zu den Bitten für die Zukunft über, die dann die V. 13–17 bestimmen. Es ist also an der Einheit von Ps 90 festzuhalten.[39]

2.3. Das Profil des Psalms

Das besondere Profil des Psalms tritt deutlich hervor, wenn man ihn mit Volksklagen und Bittgebeten vergleicht. Auf den ersten Blick erkennt man die Elemente der Klagepsalmen: Anrufung Gottes (V. 1–2), Klage mit Notschilderung (V. 3–10), Bitten um Gottes Eingreifen

---

37 S. dazu schon Hupfeld, Psalmen, Bd. 4, 3, und von den Neueren vor allem Krüger, Psalm 90, bes. 200–203.

38 Dass der Gotteszorn noch andauert, geht aus der Frage in V. 13 „Wie lange noch?" deutlich hervor.

39 Auch die neuerlichen chirurgischen Versuche von R. Brandscheidt („Unsere Tage zu zählen, so lehre du". Psalm 90,12, TThZ 113 [2004], 1–33) halten der Überprüfung nicht stand: Sie trennt von der Grundschicht (V. 1b–2.3–4a.7–9.11–12.13–14.16) eine erste (V. 5–6.10.15) und eine zweite Erweiterung (V. 4b.17aα.17aβ) ab.

(V. 11–16), Ausblick auf eine heilvolle Zukunft (V. 17).[40] Auch die Überschrift ordnet Ps 90 den Bittgebeten zu. Schon V. 1b beginnt mit einer Jahwe anredenden Vertrauensäußerung, die durch ihre betonte Vorzeitigkeit eigentümlich gebrochen erscheint und eine gegenwärtige Notlage ahnen lässt. Das Lob der Schöpfermacht dieses Gottes entfaltet in V. 2 die Anrede jedoch mit einem Motiv, das im Hymnus beheimatet ist. V. 2 am nächsten steht die Aretalogie der präexistenten Weisheit in Prv 8,22–31. Der Kontrast von Gottes Ewigkeit mit des Menschen Vergänglichkeit in V. 3 führt in die Klage, die mehrere Anläufe umfasst. Sie erinnert in den V. 3–6 an die im Anschluss an Westermann sogenannte „Gottklage"[41], lässt aber die dort zu erwartende emotionale Aufladung vermissen. So verwundert es nicht, wenn man gerade in der Vergänglichkeitsklage mit dem Motiv vom verwelkenden Gras eher weisheitliche Züge hat finden wollen.[42] Diese begegnen vor allem in jener Selbstreflexion von V. 11–12.

Deutliche Klagemotive finden sich wiederum in V. 7–10. Subjekt ist jedoch nicht das Volk, sondern eine Gruppe aus dem Volk. Sie bezeichnet sich im Fortgang als „deine Knechte", steht also in einem besonderen Verhältnis zu Gott. Sie sind am ehesten mit den „Gerechten" zu identifizieren. Die unterscheiden sich aber hier vom traditionellen Bild der Gerechten dadurch, dass sie sich schuldig wissen und ihre Vergehen als Ursache des Gotteszorns deuten, der ihr Dahinschwinden bewirkt. Es geht also nicht um Volksklage im üblichen Sinne, sondern um die Klage leidender Gerechter als einer Gruppe aus dem Volk. Im Unterschied zu den Volksklagen fehlt das für diese charakteristische Feindmotiv. Anlass zur Klage gibt hier nicht das Treiben der Feinde, sondern Gottes Zorn, der seine Knechte ans Ende bringt.

Gleichfalls aus der Schatztruhe der Klage- und Bittgebete stammen Elemente der V. 13–17: der Imperativ „Kehre zurück, Jahwe!", die Frage „wie lange?", der an ein Lobgelübde erinnernde Satz V. 14b.[43]

---

40 So im allgemeinen die Kommentare.

41 C. Westermann, Struktur und Geschichte der Klage im Alten Testament, in: Ders., Forschung am Alten Testament I, ThB 24, 1964, 266–305, bes. 269f. und 280–283.

42 So bes. G. v. Rad, Der 90. Psalm, in: Ders., Gottes Wirken in Israel. Vorträge zum Alten Testament, hg. v. O. H. Steck, 1974, 268–283; J. Reindl, Weisheitliche Bearbeitung von Psalmen, in: J. A. Emerton (Hg.), Congress Volume Vienna 1980, VT.S XXXII, 1981, 333–356; und Müller, 90. Psalm, 279ff., der deshalb schon den von ihm auf V. 1–12 beschränkten Grundpsalm „in der Nachbarschaft Hiobs und Qohäläts" ansiedelt.

43 Vgl. mit dem Imperativ Ps 6,5 und die Volksklagen 80,15 (126,4) sowie mit der Frage 6,4; 74,10; 94,3.

Vier Züge in charakteristischer Kombination geben dem Psalm sein unverwechselbares Profil: (1) die Entfaltung der Anrede in V. 2 mit der auffälligen Betonung des vorweltlichen Seins Gottes, die über die sonst üblichen Schöpfungsaussagen hinausgehen; (2) der Kontrast zwischen Gott von Ewigkeit zu Ewigkeit und der Kurzlebigkeit der Menschen; (3) das Leiden der Gott besonders nahe stehenden Gruppe der Knechte an dem nicht endenden Zorn; (4) die Hoffnung dieser Gottesknechte auf Gottes Güte allen Erfahrungen des Gotteszorns zum Trotz. Alle bisher mitgeteilten Beobachtungen legen nahe, Psalm 90 als ein literarisches Produkt zu begreifen, dessen Sitz im Leben nie ein kultischer war.[44]

Auf diese Weise einigermaßen gerüstet, gehen wir nun den Text genauer durch. Ich beschränke mich auf die entscheidenden Gesichtspunkte. Wenn sich schon 80 Jahre auf einen Seufzer reduzieren, wie lächerlich kurz ist dann die Zeit eines Vortrags?

3. Gott und Mensch angesichts von Zeit und „Ewigkeit"

In Ps 90 steht alles beisammen: Ewigkeit und Zeit, erlebt und berechnet, göttliches Handeln für Raum und Zeit und Gottes Handeln an Menschen in Raum und Zeit; ja, sogar das Heiligtum als besonders qualifizierter Raum fehlt nicht.[45] Wir orientieren unseren kurzen Durchgang an dem soeben skizzierten Aufbau des Psalms.

3.1. Das Bekenntnis in V. 1b–2

Im Rahmen erscheint die Zeit zunächst in Gestalt sich ablösender Generationen. Der Zeitraum „Generation um Generation" markiert die unablässige Geschlechterfolge, ist aber in V. 1b allein auf zurückliegende heilvolle Erfahrungen der Knechte mit ihrem Gott bezogen. Die werden auf den Begriff „Heimat, Bleibe, Obdach" (מעון) gebracht, der neben „Versteck" für Tiere in der Hauptsache Gottes „Wohnstatt", den irdischen Tempel oder das himmlische Heiligtum bezeichnen kann.[46] Die beiden Nuancen Schutz und Wohnung kommen im

---

44   Darauf laufen auch die eingehenden Erörterungen von Forster, Leben, und Schnocks, Vergänglichkeit, hinaus.

45   Eine Auflistung aller Lexeme in Ps 90, die Zeit und Ewigkeit betreffen, findet sich im Anhang.

46   Man sollte den MT nicht mit der LXX in מעוז ändern, weil die Konsonanten von מעון in umgekehrter Reihenfolge im Wort נעם V. 17 erscheinen (P. Auffret, Essai sur la

deutschen „Obdach, Bleibe" zusammen. Was der Tempel für die Gottheit, ist also dieser Gott für jene gewesen, die sich als seine Knechte bezeichnen, und das nicht erst seit gestern, sondern solange man denken kann. „Generation um Generation" suggeriert unablässige Dauer, eine Zeit, die nie endet. Seit Menschengedenken hat Gott stets so an uns gehandelt, dass wir uns in ihm wie in einem Haus bergen konnten. So ist er uns allmählich zur „Heimat" geworden. So könnte es bleiben. Dagegen steht jedoch das Verb היה AK, das in Verbindung mit jenen Begriffen für Dauer keinen gegenwärtig anhaltenden, sondern einen vorzeitigen Zustand anzeigt.[47] Sonst wäre schlicht als Nominalsatz formuliert worden, wie das ja auch im letzten Satz von V. 2 betont geschieht. Was also einst das Leben trug und keine Fragen provozierte, trägt jetzt nicht mehr. Von dem, was für die Seinen Gott einst war, ist nichts geblieben. Woran das liegt, bleibt hier noch offen. Die V. 7–10 fördern jedoch keine Illusionen. So reißt also schon der erste Satz einen beängstigenden Horizont auf, der im Fortgang immer klarer und schärfer wird.

Der erste Satz stellt den Abbruch einer viele Generationen umgreifenden Erfahrung mit Gott fest. Der letzte Satz steht im Kontrast dazu. Dass dieser Gott nicht länger Heimat für die Seinen ist, heißt nicht, dass Gott nicht länger Gott ist. Gott erschöpft sich nicht in der Vermittlung von Schutz und Geborgenheit, und er geht nicht unter, wenn die religiösen Bedürfnisse nicht befriedigt werden oder schwinden. Vielmehr gilt auch dann: „Von Ewigkeit zu Ewigkeit bist du Gott."

Was meint hier (!) das hebräische Wort עולם, das wir nur unzulänglich mit „Ewigkeit" übersetzen können?[48] Dabei muss in Rechnung gestellt werden, dass es sich hier um einen Nominalsatz handelt und dass dieser die seltene Doppelformel „von Ewigkeit zu Ewigkeit" bringt.[49] Singulär ist jedoch, dass Ps 90,2 das erste Glied der Doppelformel in den voranstehenden Zeilen 2+3 mit Aussagen entfaltet, die eine äußerste Grenzaussage wagen, indem sie hinter die Erschaffung der Erde als Raum (und Zeit) zurückgreifen. Nur hier und in Prv 8,22–31 finden sich ausdrückliche Aussagen über das vor- und außerweltliche Sein

---

structure littéraire du Psaume 90, Bib 61 [1980], 262–276, bes. 270). Dem Sinn des Wortes in Ps 90,1 kommen am nächsten Ps 71,3; 91,9; Dtn 33,27.

47 Mit Krüger, Psalm 90, 196, gegen Müller, 90. Psalm, 283.

48 S. dazu immer noch E. Jenni, Das Wort עולם im Alten Testament, ZAW 64 (1952), 197–248, und 65 (1953), 1–35.

49 Ps 90,2; 103,17; I Chr 29,10, mit ל vor מן: Jer 7,7; 25,5, mit Artikel: Ps 41,14; 106,48; Neh 9,5; I Chr 16,36, im hebr. Sir 39,20 und im aram. Dan 2,20. „Beide Elemente der Doppelformel sind prägnant gebraucht in Ps 90,2. Beide Glieder zusammen ergeben den Begriff der anfangs- und endlosen Ewigkeit" – soweit Jenni, עולם, 234.

Gottes. Beide Male wird die Geburt der Berge aus allen Schöpfungs-
werken herausgehoben. Die Berge gelten als das Älteste und Stabilste
auf Erden (Ps 36,7; Dtn 33,15). Wenn Gott bereits vor ihnen war, muss
er erst recht allem Werden und Vergehen enthoben sein. Ps 102,25b–28
entfalten dann auch das zweite Glied der Doppelformel und tragen die
in Ps 90 vermisste „Postexistenz" Gottes in Korrespondenz zu seiner
„Präexistenz" nach. Darauf ist noch zurückzukommen.[50]

Die ersten vier Zeilen des Psalms ermöglichen damit eine ziemlich
genaue Bestimmung dessen, was „Ewigkeit" in Ps 90 meint.

(1) „Von Ewigkeit zu Ewigkeit" meint hier (als Gegensatz zur 1.
Zeile und in der Auslegung der Zeilen 2–3) offenbar etwas anderes als
zeitliche Dauer unendlich vieler Generationen. Wie die erste Zeile
zeigt, kann eine über viele Generationen hinweg gültige Erfahrung ab-
brechen. Das gilt für den, der „von Ewigkeit zu Ewigkeit" währt, nicht.

Denn (2) „Ewigkeit" ist hier überhaupt keine Größe von Raum und
Zeit, die ja beide an die erschaffene Welt gebunden sind.[51] Das Wort
עולם / „Ewigkeit" ist hier vielmehr „zum Kennwort für die Welt Gottes
und für Gottes Handeln" geworden.[52] Was vor der Erschaffung des
Kosmos war, wussten die Menschen der Antike so wenig wie wir heute. Sie konnten deshalb nur Grenzaussagen machen in der Gestalt von:
„Bevor..."[53] und „Als noch nicht...".[54]

Aus alledem folgt (3): „Ewigkeit" in diesem ganz und gar unwelt-
lichen Sinne, eben als nicht raum-zeitliche Kategorie, kann nur ein
Prädikat Gottes sein. Es bezeichnet Gott als außerweltliche Größe.

(4) Ein derartiger Gedanke ist in der Bibel erstmals in Verbindung
mit einer Schöpfungstheologie gedacht worden, die über die reine Er-
halter-Perspektive hinaus nach dem Ursprung der Dinge gefragt und in
den nicht sehr zahlreichen und späten Texten zur „Schöpfung am
Anfang" (*creatio prima*) formuliert hat. Weltschöpfung begegnet in Ps
90,2 in der singulären Vorstellung, dass der Schöpfergott mit der Erde

---

50 S. u. Teil 4.

51 Mag auch sonst das Wort עולם „Dauerhaftigkeit", „weit entfernte Zeit", also eine
    innerweltliche Größe bezeichnen, wie man an den nachbiblischen Wendungen für
    „diese" und „die künftige Welt" sehen kann (העולם הזה und העולם הבא), so geht Ps 90,2
    eindeutig darüber hinaus. Hier wäre die sonst für עולם beliebte Übersetzung mit
    „Weltzeit" geradezu falsch. Hier bedeutet „Ewigkeit" durchaus „Nicht-Zeitlichkeit"
    (gegen I. Willi-Plein, Zeit, Zeitlichkeit und die Geschichte der Zeit in der Bibel, BiKi
    54 [1999], 150–155).

52 Jenni, עולם, 18.

53 Vgl. Gen 2,5 („... bevor [טרם] alles Gesträuch des Feldes auf Erden war und alles
    Kraut sprosste") und Prv 8,25 („Bevor die Berge eingesenkt wurden").

54 „Als es die Urfluten noch nicht gab ... Als er noch nicht geschaffen hatte Erde und
    Fluren" (Prv 8,24.26; vgl. Enuma elisch).

in Wehen liegt.[55] Ps 90,1–2 am nächsten stehen einerseits Prv 8,22–31
(und Gen 1[56]), anderseits Ps 102,25–28. Natürlich war man sich auch
vorher schon bewusst, dass Gottheiten nicht einfach wie Menschen in
der Welt vorhanden sind. Der irdische Himmel mit seinen meteoro-
logischen Phänomenen war lange schon transparent auf Gottes himmlischen Palast und seinen himmlischen Hofstaat. Jetzt aber wird der
Raum um die Komponente der Zeit erweitert.

Dieser Prozess lässt sich in Ps 93 noch gut erkennen. In 93,2 kommt
zunächst die Erhalterperspektive zum Zuge: Gottes Thron steht fest
„seit ehedem" (מאז), weil Gott „den Erdkreis immer wieder festigt, so
dass er nicht wankt". Nun aber wird hinzugefügt: „Von ‚Urzeit'/Ewig-
keit her (מעולם) bist du."[57] Zwar findet sich hier in Ps 93 die Doppelformel von 90,2 noch nicht. Aber 93,5 bringt mit der Wendung „für die
Länge der Tage" ein wenn auch terminologisch noch nicht verfestigtes
Pendant. Die „Urzeit" oder „Ewigkeit", die Jahwes Herkommen in 93,2
zugeschrieben wird, ist sachlich durchaus jener „Ewigkeit" von 90,2
vergleichbar.

3.2. Lehre über die Kurzlebigkeit aller Menschen (V. 3 – 6)

Die bisherigen Überlegungen erfahren eine überraschende Bestätigung
durch die für alle Zeiten gültigen, gleichsam objektiven Beschrei-
bungen der *conditio humana* im ersten Teil. Das für alle Zeiten Gültige
markiert das Eingangsverb in der Kurzform der Präformativkonju-
gation. Sie wird ohne Nebenbedeutungen zum Ausdruck eines Iterativs
gebraucht[58]: „Immer wieder führst du zurück ...".

Wie aber ist das Bikolon zu verstehen? V. 3 nimmt das Motiv vom
Wechsel der Generationen aus V. 1b auf, entfaltet es aber als Gottes
Aktionen in Raum und Zeit. Schon Franz Delitzsch hatte V. 3 nicht als
synonymen, sondern als synthetischen Parallelismus verstanden: „Dass
Gott die eine Generation hinsterben lässt, hat zur Folge, dass er eine
andere ins Dasein ruft ... Gott macht Menschen sterben, ohne sie

---

55 Zu חיל *Polel* mit Gott als Subjekt s. o. A. 10. Die ersten beiden Kola von V. 2 stellen
    einen synonymen Parallelismus dar.

56 Gen 1,1 stellt wegen des Verhältnisses zu V. 2 vor eigene Schwierigkeiten (s. dazu
    W. Groß, Die Pendenskonstruktion im Biblischen Hebräisch, ATSAT 27, 1987, 52–
    55), gehört aber m. E. durchaus in diesen Zusammenhang.

57 Die sachliche Erweiterung gehört zu literargeschichtlich jüngeren Ergänzungen. Vgl.
    H. Pfeiffer, Gottesbild und Kosmologie. Ein Korreferat, in: C. Markschies/ J.
    Zachhuber (Hg.), Die Welt als Bild, AzK 107, 2008, 39–50, bes. 43ff.

58 Ges.-K. § 109 k.

aussterben zu lassen."[59] Dieses Verständnis legt auch der Wechsel von אנוש zu בני־אדם nahe. Dabei akzentuiert der erste Satz die kreatürliche Hinfälligkeit des Menschen, der zweite dagegen mit den „Söhnen" den Generationenwechsel.[60] Während also die Einzelmenschen sterben müssen, erhält Gott durch steten Generationenwechsel die Menschheit als Gattung. Das setzt einen Kontrapunkt zu V. 2b: Während die Menschen nach Gottes Bestimmung gehen und kommen müssen – er führt, er ruft – gilt allein von Gott: „Von Ewigkeit zu Ewigkeit bist du".

Die erste Zeile setzt aber noch einen weiteren Akzent. Der Sache nach spielt sie auf Gen 3,19; 2,7 an, wie die Formulierung mit „zurück- führen" (zum Staub) zeigt. Mit diesem Bezug legt sie des Menschen Endlichkeit als notwendiges Element seiner Geschöpflichkeit aus. Allerdings wird in Ps 90 diese Rückkehr zum Staub von Gott veran- lasst. Außerdem gebraucht 90,3 nicht עפר, sondern דכא. Das seltene Wort hat gewalttätige Untertöne.[61] Sterben ist in der Regel alles andere als leicht, wie Menschen zu allen Zeiten gewusst haben: „O Tod, wie bitter bist du" (Sir 41,1). Dass aber schon V. 3 die Endlichkeit des Menschen als Gottes Strafgericht deute, wird man kaum sagen können.[62]

V. 4 scheint den Gedankengang zu unterbrechen. Würde sich nicht der in V. 5 folgende Bildvergleich mit dem Gras viel besser unmittelbar an jenen Generationenwechsel fügen, der sich unablässig vollzieht?[63] Man darf jedoch nicht aus dem Auge verlieren, dass der gesamte erste Teil den Grundgedanken von V. 2 entfaltet: „Von Ewigkeit zu Ewigkeit bist du Gott." Dann sprechen V. 3–4 von dieser Gottes Souveränität über die Zeit im Unterschied zu seinen Geschöpfen, die ganz der Zeit verfallen sind, wie V. 5–6 mit jenem verbreiteten Vergleich des Men- schen mit der Hinfälligkeit von Gras und Blume einschärfen. Die Ab- folge ist also durchaus sinnvoll.

Was besagt in diesem Gefälle V. 4? Die Verhältnisse von tausend Jahren zu einem Tag oder gar von tausend Jahren zu einem achtel Tag oder zum Maß der Nachtwache von drei Stunden dienen keinesfalls

---

59   F. Delitzsch, Die Psalmen, ⁵1894, 587. Diese Vorstellung findet sich gleichfalls in Ps 104,29–30.

60   Vgl. V. 16 mit Koh 1,4. Die Vorstellung von der Erde als Mutter, die vielleicht in V. 2 eine Rolle spielt, ist in V. 3 zum Verständnis nicht nötig.

61   Das Verb bedeutet im *Piel* „zerschlagen, zermalmen" (44,20; 51,10).

62   Brandscheidt kann denn auch für ihre Deutung keine Hinweise im Text von Ps 90 namhaft machen (Tage, 13).

63   Manche Ausleger stellen deshalb V. 4a vor V. 3 (Seybold, Zu den Zeitvorstellungen in Psalm 90, in: Ders., Studien zur Psalmenauslegung, 1998, 152). Davon ist jedoch abzuraten, da keine Gründe für eine erst nachträgliche Änderung in die Abfolge des MT erkennbar sind.

der Berechnung der Ewigkeit Gottes oder des Weltendes.[64] Schon die völlig ungleichen Relationen bei Jahr und Tag verbieten derartige mathematische Spielereien. „Tausend Jahre" ist im Alten Testament vielmehr die größte Zeiteinheit, die überdies gar nicht mehr konkret vorgestellt werden kann, die Nachtwache dagegen die kleinste.[65] Will der Hebräer kleinere Zeitspannen benennen, hat er nur ungefähre Größen zur Verfügung, z. B. רגע („im Nu") o. ä. Der Vergleich der Zeiten zielt also nicht darauf, dass auch Gott in der Zeit ist, nur eben unvorstellbar lange, wie irrigerweise Elihu in Hi 36,26 meint, sondern darauf, dass Gott von Zeit (und Raum) der Menschen grundsätzlich unterschieden ist.[66] Darauf läuft auch der Vergleich in Ps 39,6 hinaus: „Siehe, (nur einige) Handspannen hast du mir an Tagen gegeben, und meine Lebensdauer ist wie ein Nichts vor dir." Der Vergleich ist auch deshalb bemerkenswert, weil er mit der Handspanne als Maß die räumliche Komponente der Zeiterfahrung zur Geltung bringt. Hier wie dort zielt der Vergleich darauf, dass der Mensch der rasch verrinnenden Zeit unentrinnbar ausgeliefert ist, Gott dagegen nicht. Auch die längste Lebenszeit schrumpft vor Gott zu einem Wimpernschlag. V. 4 zielt also nicht auf einen quantitativen, sondern auf den qualitativen Unterschied zwischen den Menschen, gebunden an Zeit und Raum, und Gott als Schöpfer von Zeit und Raum.[67] Der Qualitätsunterschied ist ein Unterschied der Relationen zu Zeit und Raum. Der Mensch lebt in Zeit und Raum, Gott aber hat Raum und Zeit geschaffen, steht ihnen also immer auch gegenüber. Gott ist in dieser Hinsicht geradezu die Negation von Zeit und Raum, die werden und vergehen. Er ist im Verhältnis zu allem, was in der Zeit ist, permanente Gegenwart.[68] Das bringt V. 4 mit der Inkommensurabilität zwischen der Zeit,

---

64 Schon im antiken Judentum, aufgenommen im Barnabasbrief (15,3–9), hat man aus einer Kombination von Gen 1,1–2,4 mit Ps 90,4 auf eine sechs- bzw. siebentausendjährige Dauer der Welt geschlossen.

65 Das gilt jedenfalls für das Hebräische. Das Aramäische kennt darüber hinaus noch שעה, die „Stunde" (Dan 3,6.15 u. ö.).

66 Es kann also gar keine Rede davon sein, dass Ps 90 „Gott im Prinzip die gleiche Art der Zeiterfahrung zuerkennt, wie sie allen Menschen eigen ist, nur eben in ganz anderen Proportionen", wie Seybold meint (Zeitvorstellungen, 152).

67 „Zeit ist für Gott also völlig verobjektiviert, er selbst wird von ihrem Vergehen nicht affiziert, sondern blickt von außen auf sie – eben wie auf einen bereits vergangenen Zeitabschnitt" (so sehr zutreffend Schnocks, Vergänglichkeit, 160). In diesem Sinne bezeichnet auch Brandscheidt (Tage, 16 Anm. 41) Zeit und Ewigkeit als „zwei verschiedene Seinsweisen ..., die sich grundsätzlich unterscheiden, nicht so sehr durch ihre Dauer, sondern durch ihren Inhalt".

68 Schnocks macht in diesem Zusammenhang zu Recht auf Ps 139,16 aufmerksam (Vergänglichkeit, 162), einen Satz, der nur auf dem Hintergrund dieses Verständnisses möglich ist.

in der Menschen leben, und der Zeit in Gottes Augen zum Ausdruck: „Tausend Jahre in deinen Augen sind wie der Tag gestern, wenn er vorübergegangen ist." Die gleiche Funktion hat in V. 2 der Nominalsatz: „Von Ewigkeit zu Ewigkeit bist du Gott." Für dieses Verständnis von Gott und Zeit gibt es etwas Vergleichbares meines Wissens nur in Ägypten, und auch dort nur in der Ramessidenzeit nach Amarna, also im 13./12. Jh. v. Chr. Jan Assmann hat in diesem Zusammenhang einen Papyrus ins Gespräch gebracht, dessen entscheidende Passage lautet:

> Der die Zukunft vorhersieht in Millionen von Jahren,
> die *djet* steht ihm vor Augen
> wie der gestrige Tag, wenn er vergangen ist.[69]

Djet ist hier in der Interpretation von Assmann „die gegenwärtige und unendliche Fortdauer dessen, was sich in der Zeit vollendet hat"; sie ist „das schlechthin Unabsehbare. Man kann sie nicht treffender negieren, als dass man sie einem Gotte vor Augen stehen lässt wie der gestrige Tag. In diesem Blick, der aus einem Jenseits der Zeit schaut, ist die Zeit aufgehoben."[70] Das steht in der Sache ziemlich nahe bei dem Verständnis von Zeit im Verhältnis zur Ewigkeit Gottes in Ps 90.

Leider ist dieses Verständnis von Ps 90,4 schon in der innerbiblischen Rezeptionsgeschichte aufgegeben worden. Das Zitat in 2 Petr 3,8 verkürzt auf ein rein mathematisches Verhältnis von 1 : 1000, um die Verzögerung der Parusie mit Gottes Geduld zu begründen:

> Eines aber sei euch nicht verborgen, ihr Lieben,
> dass ein Tag beim Herrn ist wie tausend Jahre
> und tausend Jahre wie ein Tag.

Diese Deutung erinnert eher an Ps 84,11. Was für das Selbstverständnis des Beters im Tempel sachgemäß ist, führt im Blick auf Gott in die Irre. Gott steht nicht in der Zeit, innerhalb derer er lediglich über andere Zeitmaße verfügt, sondern er steht außerhalb der Zeit und deshalb in einem grundsätzlich anderen Verhältnis zur Zeit.

Sprechen Ps 90,3–4 vom Verhältnis Gottes zu Zeit und Raum, so V. 5–6 von dem der Menschen. Dem hoffnungsvollen Morgen folgt nur allzu bald der lange Schlaf.[71] Kaum geblüht, verdorrt das Gras, welkt die Blume (Jes 40,6–7; Ps 103,15). Schnell eilt das Leben dem Tode zu. Davon weiß das Hiobbuch in eindringlichen Bildern zu reden. Man lese nur Hi 9,25:

> Schneller als ein Läufer eilen meine Tage ...

---

69 Pap. Berlin 3049 XII 4–5; Pap. Strasbourg 2 und 7, II 17.
70 J. Assmann, Das Doppelgesicht der Zeit im altägyptischen Denken, in: Die Zeit, Schriften der Carl Friedrich von Siemens Stiftung, hg. v. A. Peisl und A. Mohler, Bd. 6, 1983, 189–223, der ägyptische Text findet sich auf S. 203, die Zitate S. 199 und 204.
71 Zum Tod als Schlaf s. Hi 3,13; Ps 13,4; Dan 12,2 u. a.

Sie gleiten vorbei wie Kähne aus Schilf,
dem Adler gleich, der auf Beute stößt.

Noch elementarer heißt es in 14,1–2:

> Der Mensch, vom Weib geboren,
> an Tagen knapp, von Unrast satt,
> geht wie die Blume auf und welkt,
> flieht wie ein Schatten, bleibet nicht.

Flüchtiger Schatten, welkende Blume – das ist das Geschick allen Lebens in der Zeit. Weil Gott davon ausdrücklich ausgenommen ist, stellt Ps 90 ihn außerhalb der Zeit-Räume und ihrer Vergänglichkeit vor. Dennoch greift Gott in diese positiv und negativ ein: Er war Obdach und Bleibe für die Seinen (V. 1b) und ruft immer wieder neue Generationen ins Dasein (V. 3b), aber er rafft sie auch weg und führt sie ins Totenreich (V. 3a.4–6).

3.3. Klage über die Erfahrung andauernden Zornes Gottes (V. 7 – 12)

Was die V. 3–6 über den Menschen und seine Kurzlebigkeit sagen, gilt für alle Menschen zu jeder Zeit. Trifft das auch für den zweiten Teil, für die V. 7–10 zu? Oder tritt hier mit dem „Wir" eine besondere Gruppe von Menschen in den Blick? Die Alternative hat Folgen für die Bestimmung dessen, worauf sich die „Vergehen" und das „Verborgene" beziehen. Deutlich ist, dass es sich um Schuld handeln muss[72], unklar jedoch, welche Art von Schuld gemeint ist. Bezieht man die V. 7–10 auf alle Menschen, dann würde das allgemeine Todesgeschick aller Menschen mit Gottes Zorn begründet. Nicht bestimmte Verfehlungen einer Gruppe oder des Volkes hätten ihn veranlasst, sondern eine „Ursünde" hätte das Todesverhängnis über die Menschheit gebracht. Der Tod wäre dann dieser „(Ur-)Sünde Sold". Diese Deutung könnte sich auf Paulus in Röm 5,12 und 6,23 berufen. Sie hat prominente Vorläufer in der Adam-Literatur des Frühjudentums[73] und hat auch eine stattliche Reihe von Exegeten auf ihrer Seite.[74] Überzeugend ist sie für Ps 90 gleichwohl nicht.

---

72 Die singuläre Form עלמנו (Partizip passiv) muss sich im Zusammenhang von V. 8 auf die Verfehlungen beziehen; vgl. zur Sache einerseits Ps 69,6; Koh 11,9; 12,14, anderseits Ps 19,13; 44,22.

73 „Ach, Adam, was hast du getan! Als du sündigtest, kam dein Fall nicht nur auf dich, sondern auch auf uns, deine Nachkommen" (IV Esra 7,118; vgl. syrBar 17,3; 23,4; 48,42f.; 54,15; 56,6; aber schon Sir 25,24; Sap 2,24).

74 Von Duhm, Psalmen, 342f., über H.-J. Kraus, BK II, 799; Tate, Psalms, 441, u. a. bis Hossfeld/Zenger, Psalmen II, 611: „Der Abschnitt greift in V 7–8 die traditionelle These auf, der Tod sei der ‚Sünde Sold' und steigert sie gar noch."

Gegen diese Deutung spricht, dass das AT vom Zorn Gottes nie als eine immerwährende und andauernde Bestrafung der Menschen redet. Stets handelt es sich um zeitlich befristete Aktionen, die als Zorn Gottes gedeutet werden.[75] Nur unter dieser Voraussetzung sind Bitten wie in V. 13–17 überhaupt sinnvoll. Vor allem aber spricht gegen die erste Deutung der Wechsel von allen „Menschen" zu jener Gruppe („wir") im Gesamtgefälle des Psalms. Die V. 7–9, aber auch V. 10, verlassen die Ebene allgemein menschlicher Erfahrungen und reden von den besonderen Erfahrungen der Gruppe, die sich dann im dritten Teil Gottes „Knechte" nennt. Die deutet ihre Hinfälligkeit als Erweis des Zornes Gottes, der sie aufgrund eigener Schuld getroffen hat. Schließlich deuten V. 7–9 nicht einfach das natürliche, geschöpfliche Sterbenmüssen, sondern „das schnelle Vergehen der mit Mühsal und Unheil gesättigten Lebenszeit" als Zorneshandeln Gottes.[76]

Diesem Deutungsmuster ordnet sich auch V. 10 ein, insofern er auf die geminderte Qualität der Lebensjahre zielt.[77] Auch wenn man – nach antiken Lebenserwartungen – lange gelebt hat, so ist die Lebenszeit am Ende „wie im Fluge vergangen", und selbst ihre besten Seiten stellen sich nur als Mühsal und Unheil heraus. Als „Unheil" gelten sie deshalb, weil der Lebensweg unaufhaltsam ins Totenreich führt (V. 3+5). Das Wissen, zum Tode bestimmt zu sein, hat seit je die wenigsten beglückt.

Worin liegt das Besondere der Schulderfahrungen, die diese Menschen zu einer Gruppe verbinden? Beziehen sich Zorn und Grimm Gottes auf konkrete Ereignisse? Zunächst denkt man an die Erfahrungen des Exils als Ausdruck des Gotteszorns, der Juda endgültig 587 getroffen hat. Die 70 Jahre würden in diesen Zusammenhang durchaus passen. Doch befinden wir uns mit Ps 90 als Eröffnung des IV. Psalmenbuches schon weitab von diesem Datum. Bedenkt man, wie wenig glorreich die Geschichte nach dem Übergang der Oberhoheit auf die Perser in Juda zunächst einmal einfach weitergegangen ist und wie wenig die hochfliegenden Visionen eines Deuterojesaja mit den harten Realitäten nach 539 in Deckung zu bringen waren, dann versteht man

---

75 W. Groß, Zorn Gottes – ein biblisches Theologumenon, in: W. Beinert (Hg.), Gott – ratlos vor dem Bösen?, QD 177, 1999, 47–85: „Zorn bezeichnet weder eine ständige Eigenschaft, noch eine Haltung, sondern je und dann eine Tat YHWHs. Diese Zornestat wird durch die Schuld des Volkes motiviert, aber weder der Umfang der im Zorn vollzogenen Strafe noch das Vorhandensein des göttlichen Zorns wird durch sie begründet" (S. 64).

76 So m. R. Schnocks, Vergänglichkeit, 143.

77 Das Verständnis von V. 10 ist leider so schwierig, dass man kaum einen Konsens erreichen wird; zur Begründung der hier verfolgten Sicht s. die Anmerkungen zur Übersetzung oben.

besser, dass man die neue Zeit weniger als Heilswende denn vielmehr als andauerndes Gottesgericht gedeutet hat.

Das aber wirft zwei bohrende Fragen auf. Die erste Frage lautet: Warum dauert Gottes Zorn an; welche Schuld lässt den Grimm Gottes nicht enden? Diese erste Frage verbirgt sich hinter dem „Verborgenen", das Gott ins Licht seines Angesichts stellt. Sie hält als bleibende Erkenntnis fest, dass Schuld vor Gott nicht verrechnet werden kann. Darauf zielt V. 11b. „Verborgene Schuld" ist Thema der späten Weisheit, wie man am Hiobbuch[78], an Ps 19,13 und am klassischen Text Ps 51,6–7 sehen kann. Die zweite Frage lautet: Wann endlich reißt der Himmel auf? Wann endlich erscheint der Trost aus Zion? Wann wirst du, Gott, dich wieder als Bleibe, Obdach und Heimat erweisen? Diese Fragen setzen wahrlich finstere Zeiten voraus, Zeiten der Gottesfinsternis.

In diesem Horizont einer sich verzögernden Heilswende erhalten die V. 11–12 noch einmal eine besondere Leuchtkraft. Zunächst zu den Fragen von V. 11: „Wer kennt die Stärke deines Zorns, und (wer weiß, ob) entsprechend der Furcht vor dir dein Grimm ist?"[79] Beide Fragen zielen auf die Unberechenbarkeit, ja Unbegreiflichkeit des Gotteszorns.[80] Wir werden hier Erfahrungen der späten Weisheit ansichtig, der Gottes Handeln undurchschaubar geworden ist. Man denke etwa an die Gestalt des sogenannten Prediger Salomo. Das Verhältnis zwischen dem Tun und dem Ergehen wird als irrational erfahren. Vielleicht erscheint Gottes Zorn jenen Knechten sogar als unverhältnismäßig.[81] Die Fragen von V. 11 stünden dann in der Nähe Hiobs. Doch setzt der Psalm keine derartigen Akzente. Gewiss, die Fragen heben die Stärke und die Angemessenheit des Zorns hervor: „Entspricht er wirklich der Furcht vor dir?" Aber das lässt sich besser auf die Dauer des Zorngerichts beziehen.[82] Daran knüpft V. 13 mit seinem klagenden Zwischenruf an: „Wie lange noch?"

Daraus erwächst auch die Bitte um Belehrung durch Gott selbst in V. 12: „Unsere Tage zu zählen, lehre uns!" Die Gruppe jener Knechte bittet nicht um ein „ewiges Leben"; denn Ewigkeit ist in der strengen Art des Denkens dieses Psalms allein Gott vorbehalten, wie man an

---

78 Man lese in den Freundesreden bes. 4,17ff.; 15,14ff.; 25,4 und in Hiobs Antworten 9,2; 14,4.
79 R. J. Clifford, What does the Psalmist ask for in Psalms 39:5 and 90:12?, JBL 119 (2000), 59–66.
80 Müller, 90. Psalm, 275; zu dieser Deutung gelangt nach eingehender Erörterung der Möglichkeiten auch Forster, Leben, 187–190.
81 Forster, Leben, 189.
82 Krüger, Psalm 90, 206f.

V. 2 sehen kann. Die Gruppe bittet vielmehr um ein „weises Herz", also um einen weisen Umgang mit der begrenzten Lebenszeit. V. 12 erinnert zunächst an Ps 39,5:

> Herr, lehre doch mich, dass es ein Ende mit mir haben muss
> und mein Leben ein Ziel hat und ich davon muss!

Daran schließt eine Klage über die Kurzlebigkeit aller Menschen an, die dahingehen wie ein Schatten. Deshalb deuten viele Ausleger die Bitten um Belehrung hier und in 90,12 auf ein *carpe diem* im Sinne des Horaz und des Predigers Salomo.[83] Doch das trifft weder den Ton der Texte noch den Kern der Sache. Vielmehr zielt die Vergänglichkeitsklage in Ps 39 auf V. 8. Der führt aus, worin sich ein „weises Herz" erweist:

> Nun Herr, wes soll ich mich trösten? Ich hoffe auf dich!

Ein weises Herz beweist in dieser Lage, wer an seinem Gott festhält. Genau das tun die Knechte Gottes denn auch in Ps 90,13–17.

3.4. Bitten der Knechte um Jahwes Erbarmen (V. 13–16)

Der dritte Teil setzt nach der beinahe abgeklärten Reflexion der V. 11–12 mit einem emotionalen Aufschrei ein:

> Kehre zurück, Jahwe! Wie lange noch?

Erstmals hier und nur hier begegnet in Ps 90 der Gottesname Jahwe. Das kommt nicht von ungefähr. Denn bisher ging es entweder um Sachverhalte, die alle Menschen betreffen (V. 2.3–6), oder um Erfahrungen des Zornes Gottes (V. 7–10.11–12). Nun aber geht es um das Innenverhältnis der Jahwefrommen, seiner Knechte, zu ihrem Gott. Jetzt geht es um Güte und heilvolle Zuwendung dieses und keines andern. Die Eingangsbitte „Kehre zurück, Jahwe!" nimmt die Fürbitte des Mose aus Ex 32,12 auf:

> Kehre dich ab (שׁוב מִן) von der Glut deines Zornes
> und lass dich gereuen (נחם Nif.) des Unheils für dein Volk!

Sie kennt auch die Hoffnung aus dem Moselied Dtn 32,36:

> Jahwe schafft seinem Volk Recht
> und wegen seiner Knechte lässt er sich's gereuen (נחם *Hitp.*).

Jetzt verstehen wir, warum die Tradition Ps 90 in der Überschrift V. 1 als einzigen im Psalter auf Mose zurückgeführt und eigens als „Bittgebet" gedeutet hat. Mit diesen Spendertexten im Rücken klärt sich auch der Sinn der Eingangsbitte „Kehre zurück!" Das Verb שׁוב

---

83   Von Gunkel, Psalmen, 398, über   Seybold, Psalmen, 359, bis Hossfeld/Zenger, Psalmen, 612.

kann beides bedeuten: „zurückkehren zu" und „abkehren von". In Ps 90,13 ist das Verb jedoch absolut gebraucht. Im Lichte der vorangehenden Klagen („Du hast uns gebeugt" V. 15) bitten die Knechte wie Mose am Sinai, dass Gott sich abkehren möchte von seinem Zorn (Ex 32,12). Denn es ist nicht Gottes Abwesenheit, die seine Knechte bedrückt, sondern seine vernichtende Anwesenheit.

Die Verse nach dieser Eingangsbitte werden durch eine Kette von Zeit-Wörtern zusammengehalten, die außerdem noch eine Steigerung erkennen lassen: V. 14 Morgen – Tage; V. 15 Tage – Jahre; V. 16 weitet mit den Söhnen sogar auf die kommende Generation aus. Die Bitten erhalten ihre Prägnanz auf dem Hintergrund der begrenzten Lebenszeit, die wie ein Vogel davon fliegt (V. 10). Die Bitten nehmen die Klagen aus V. 3–6, vor allem aber aus V. 7–10 auf und bleiben bei allen Höhenflügen durchaus auf dem Boden der Realität. Sie setzen bei zwei Eigenschaften Gottes an, die Jahwe auszeichnen: Er hat „Mitleid", „er lässt es sich gereuen" (נחם) – darin unterscheidet er sich gravierend von einem ehernen Schicksal – und er erweist „Güte", „Verbundenheit", „Solidarität" (חסד). Die Knechte bitten also darum, dass Gott seine besonderen Qualitäten in ihrem Alltag erweisen möge.

V. 14 erinnert mit dem Stichwort „Morgen" an die grundsätzliche Vergänglichkeit des Menschen (V. 5–6). Die Bitten blenden die Bedingungen des Menschseins nicht aus. Wer in V. 12 um ein weises Herz gebeten hat, flüchtet nicht ins Wolkenkuckucksheim frommer Phantasie, sondern bleibt der Erde treu. Die Zuwendung Gottes verändert Lebenszeit und Lebenswelt. Gerade die Erfahrung der Zuwendung Gottes in der eigenen Vergänglichkeit entdeckt die „Freude" in der Zeit.

Die Reihe der Bitten gipfelt in V. 16. Wer Böses sehen musste, wird zur Augenweide anderer, die an ihm (!) die Wirkungen der Taten Gottes sehen werden. Was gibt es da zu sehen? Statt Mühsal und Unheil (V. 10c) erscheint nun Gottes Glanz! Er erhellt die Zeit und heilt die Wunden. Gab es zuvor viele dunkle Stunden, so wird es nun helle Tage geben. Gottes Glanz öffnet den Horizont, so dass in der vergehenden Zeit über das eigene Ende hinaus Hoffnung in Gestalt der kommenden Generation erscheint. Gottes Glanz über den Söhnen dehnt die wie ein Seufzer vergehende Zeit (V. 9b) und tröstet über die eigene begrenzte Lebenszeit (V. 10d). Von einer Erhörung dieser Bitten verlautet in Ps 90 nichts. Diese Lücke füllen jedoch die beiden folgenden Psalmen im Psalter.[84] Ps 91 beantwortet die Klagen und Bitten:

---

84 Das hat vor allem Reindl, Weisheitliche Bearbeitung, 350ff., gezeigt. Zur Einbettung von Ps 90 in das IV. Buch des Psalters s. bes. G. Brunert, Psalm 102 im Kontext des Vierten Psalmenbuches, SBB 30, 1996, und Schnocks, Vergänglichkeit, 179ff.

15 Er ruft mich an, darum will ich ihn erhören.
Ich werde mit ihm sein in der Bedrängnis ...
16 Mit Länge der Tage werde ich ihn sättigen;
ich werde ihn sehen lassen mein Heil.

Darauf antwortet der gerettete Gerechte mit dem Danklied Ps 92:

5 Du hast mich erfreut, Jahwe, durch dein Wirken
über die Werke deiner Hände juble ich.

Der Beter des Psalters blickt also mit Ps 92 auf die Erfüllung der Bitten von 90,13–16 zurück.

3.5. Der Schlussrahmen (V. 17)

Der Psalm endet mit der Bitte um Gottes „Huld und Freundlichkeit" (נעם). Die wird vorzugsweise im Tempel erfahren. So setzt beispielsweise der Dichter von Ps 27 alles daran, um Gottes Huld zu schauen.[85] Dazu will er im Tempel wohnen alle Tage seines Lebens. Einen weiteren Bezug auf den Tempel kann man im Schlussrahmen von 90,17 in der auffällig doppelt formulierten und damit dringlich gemachten Bitte entdecken, Gott möge „das Werk unserer Hände festigen". Die doppelte Bitte stellt das „Werk unserer Hände" direkt neben Gottes „Wirken" an seinen Knechten in V. 16. Festigkeit, Dauer, Glanz erhält das Werk von Menschen, sofern es Anteil bekommt an Gottes Wirken.[86]

Hat der Psalm mit dem „Werk unserer Hände" das menschliche Tun im Allgemeinen oder ein besonderes Werk im Blick? Gewöhnlich denkt man daran, dass Gott das alltägliche menschliche Tun gelingen lassen möge.[87] Indes, einmal hellhörig geworden für die Transparenz der Formulierungen im Rahmen[88] auf den Tempel, kommt einem Ex 15,17 in den Sinn: Jahwe selbst hat mit eigener Hand sein Heiligtum auf dem Zion „befestigt, ausgestattet" (כון). Könnte V. 17 etwas mit „Tempelbau" zu tun haben? Und welche Rolle spielen dabei die „Knechte"? Zur Klärung dieser Fragen wenden wir uns sogleich Ps 102 zu, dem wichtigsten sachlichen und literarischen Bezugstext auf Ps 90.

---

85 Vielleicht ist dabei an ein Orakel gedacht. Darauf könnte die Wendung בקר בהיכלו in V. 4b anspielen
86 Hossfeld/Zenger, Psalmen II, 613.
87 So wieder Forster, Leben, 198, und Hossfeld/Zenger, Psalmen II, 613.
88 Vgl. מעון (V. 1b), נעם und vor allem כון (V. 17). Den Bezug von V. 17 auf den Tempel sieht auch Seybold, Zeitvorstellungen, 158.

4. Ps 102 und die geistige Welt von Psalm 90

Ps 102 besteht aus drei Teilen.[89] Die V. 2–12 nehmen Elemente der
Klagen eines Einzelnen auf.[90] Dabei erinnern die Klagen über die Kürze
der flüchtigen Lebenszeit, die den gesamten Klageteil rahmt, und der
Hinweis auf den Zorn Gottes deutlich an den zweiten Teil von Ps 90.

Die V. 13–23 kreisen um Jahwes Erbarmen über den zerstörten Zion
und über seine Knechte. Sie ordnen sich insofern dem Muster eines
Klagelieds ein, als sie das Element „Gewissheit der Erhörung" breit
ausführen. Inhaltlich sind sie von der engen Verbindung von Jahwe –
Zion – Knechte bestimmt. Die Gewissheit der Erhörung speist sich
insbesondere aus der Einsicht in Jahwes immerwährendes Weltregi-
ment: „Du thronst in Ewigkeit (לעולם)" (V. 13). Die Leitworte „Ewigkeit" und „Generation um Generation" verbinden wiederum mit Ps 90
und bilden überdies in Ps 102 eine Brücke von V. 13 zu 25b und 28b.

Wo aber wird dieses Gottes Königtum erfahren? Offenbar in seiner
Stadt und in seinem Tempel, die hier „Zion" heißen. Noch aber liegt
der Zion in Schutt und Asche. Die Gottesknechte (V. 15+29) sind in
besonderer Weise dem Zion in Gestalt seiner Trümmer verbunden. Sie
haben sich seinen Steinen liebevoll zugewandt. Doch von Gottes Zuwendung ist noch nichts zu spüren. Die Zeit seines Zorns hält an. Aber
die Knechte sind gewiss, dass er Gnade üben wird, „wenn der rechte
Zeitpunkt (מועד) gekommen ist" (V. 14). Weil davon noch nichts zu sehen ist, bleibt den treuen Knechten nur, ihre Gewissheit aufzuschreiben
für künftige Geschlechter, die Gott erst noch erschaffen wird (V. 19).

Ihre Hoffnung ist außerordentlich kühn, wie wir den V. 20–23 entnehmen können: Die Völker werden kommen und Jahwe auf dem Zion
dienen. Diese universale Perspektive steht näher bei Zef 3,9–10 oder
Sach 14 und geht deutlich über die Erwartung von Ps 90,16 hinaus,
obwohl man fragen kann, ob nicht „der Glanz über den Söhnen"
ansteckende Kraft hat.

Der dritte Teil (V. 24–29) bringt als wichtigstes Element der Klagelieder die Bitte (V. 25a). Sie verbindet die Klage (V. 24) mit dem
Lobpreis der Überlegenheit Jahwes (V. 25b-28), der geradezu an einen
Hymnus erinnert. In dieser Überlegenheit gründet der „feste Stand"
seiner Knechte (V. 29).

---

89 Vgl. außer den Kommentaren: C. Brüning, Mitten im Leben vom Tod umfangen. Ps
    102 als Vergänglichkeitsklage und Vertrauenslied, BBB 84,1992; G. Brunert, Psalm
    102.

90 Dazu gehören die breit ausgeführte *Invocatio* in 102,2–3 und die Klagen nach dem
    Muster: Ich (V. 4–6), Feinde (V. 7–9), Gott (V. 10–12).

[24] Niedergedrückt[91] hat er auf dem Wege[92] meine Kraft,	90,7
und[93] meine (Lebens-)Tage verkürzt.	90,9
[25] Ich spreche: Mein Gott,	
lasse mich nicht aufsteigen (wie Rauch)[94] in der Hälfte	
meiner Tage!	
Generation um Generation[95] (währen) deine Jahre.	90,1–2

[26] Vor Zeiten[96] hast du die Erde gegründet,	90,2
und das Werk deiner Hände ist der Himmel.	
[27] Sie sind es, die zugrunde gehen, du aber bist der,	
der bleibt[97].	
Jedoch sie alle verbrauchen sich wie das Gewand.	
Wie das Kleid wechselst du sie (חלף Hif.),	
sie aber vergehen (חלף Qal).	90,5–6
[28] Jedoch du, du bleibst derselbe (אתה הוא),	
und deine Jahre enden nicht.	90,4

[29] Die Söhne deiner Knechte werden wohnen bleiben,	90,16
und ihre Nachkommenschaft wird festen Bestand haben	
(כון) vor dir.	90,17

Dieser abschließende Teil des Psalms enthält zahlreiche Anspielungen auf Ps 90.[98] Am Bedeutsamsten sind in unserem Zusammenhang die V.

---

91 Die Septuaginta leitet von ענה II „antworten" ab und ändert deshalb auch V. 25a in „sprich zu mir!". Sie lässt sich also aus MT erklären.

92 Für eine Änderung des Textes (Gunkel, Psalmen, 440; M. Dahood, Psalms III: 101 – 150, AB, ³1970, 20) spricht nichts. Eine Deutung des „Wegs" auf den Weg aus dem Exil (E. König, Die Psalmen, 1927, 575; R. Brandscheidt, Psalm 102. Literarische Gestalt und theologische Aussage, TThZ 96 [1987], 60, 68ff.) erübrigt sich, wenn man den Zusammenhang mit der Kürze des Lebens in V. 24–25 bedenkt. Deshalb sollte man mit Brüning an der Deutung auf den „Lebensweg" des Beters festhalten (Mitten im Leben, 51).

93 Dahood, Psalms III, 20, liest mit dem Qere der Masoreten „meine Kraft" und zieht das ו als Konjunktion zum folgenden Verb.

94 Die Deutung des Verbs auf die Wallfahrt zum Zion durch Brandscheidt, Psalm 102, 55, 68f., ist im Kontext der V. 24–25 unverständlich.

95 Die Constructus-Verbindung mit der Präposition ב lässt sich im Deutschen nur umschreiben.

96 Die Fügung לפנים bezeichnet „eine vergangene, im allgemeinen unbestimmte Zeit" (Simian-Yofre, ThWAT VI, 658). Dem vergangenen Tatbestand wird in den Kontexten jeweils ein veränderter oder neuer Sachverhalt entgegengesetzt. Die Fügung signalisiert also Diskontinuität (C. Petersen, Mythos im Alten Testament. Bestimmung des Mythosbegriffs und Untersuchung der mythischen Elemente in den Psalmen, BZAW 157, 1982, 193).

97 Brandscheidt, Psalm 102, 69–70, hat richtig gespürt, dass das Verb עמד dynamische Untertöne hat. Die aber müssen auf dem Hintergrund des vorangehenden Satzes als dessen Gegensatz verstanden werden: Während Himmel und Erde vergehen, steht ihr Schöpfer und bleibt. Deshalb führt eine Deutung als Auftreten Gottes zur Theophanie hier in die Irre.

98 S. die Hinweise am Rand der Übersetzung.

25b–28. Sie entfalten die zweite Hälfte der Doppelformel „von Ewigkeit zu Ewigkeit". Das geschieht auf dreifache Weise.

(1) Ps 102,26 entnimmt aus 90,2 die urzeitliche Gründung der Erde, stellt ihr den Himmel zur Seite und macht mit dem dadurch entstandenen Merismus eine Aussage über den Kosmos als ganzen. Was allerdings dann in V. 27 folgt, überrascht:

> Sie gehen zugrunde,
> du aber stellst dich auf/ stehst/ bleibst" (ואתה תעמד).

Während Himmel und Erde zugrunde gehen (אבד), steht Gott außerhalb der vergehenden Zeit und des verschwindenden Raumes. Gott wird hier offenbar als außerweltliche permanente Gegenwart gedacht, die deshalb allen irdischen Zeiten gleichzeitig ist.

(2) Um dieses Gottes Außerweltlichkeit und seine damit verbundene Überzeitlichkeit aussprechen zu können, wurde er in 90,1b–2 vor der Erschaffung von Raum (Berge, Festland, Erdkreis) und in 90,4 außerhalb der Zeit (Tage und Jahre) vorgestellt. Ps 102 greift das zwar kurz auf (V. 26), überträgt aber den Wechsel der Generationen aus 90,3 von den Menschen auf Himmel und Erde (V. 27b), die sich verbrauchen und deshalb – wenn verschlissen – von Gott wie Kleider gewechselt werden.[99]

(3) Deren Vergehen (אבד) im Gegensatz zu Gottes Stehen (עמד) führt zu einem Gedanken, den Ps 102,28 aus entsprechenden Passagen bei Deuterojesaja entnimmt: „Du, du bleibst derselbe und deine Jahre enden nicht."[100] „Identität" (אתה־הוא) kann also – streng genommen – nur ein Prädikat dieses Gottes sein und nicht von Menschen behauptet werden, weil sie werden und vergehen.

Psalm 102 legt offenkundig Psalm 90 aus, und zwar mit Mitteln aus Jes 40–66. Doch lässt sich sein historischer Ort noch genauer bestimmen. Zunächst einmal setzt die Ausdifferenzierung einer Gruppe aus Israel und deren Bezeichnung mit dem Ehrentitel „Knechte Gottes" so etwas wie eine Scheidung in Israel voraus. Ein derartiger Gedanke begegnet in den Spätschichten des Jesajabuches. So unterscheidet Jes 65 zwischen „meinen Knechten" (V. 9) und „ihr, die ihr Jahwe verlasst und seinen heiligen Berg vergesst" (V. 11).[101] Jes 65–66 entfalten breit das Scheidungsgericht innerhalb Israels und setzen es vom Weltgericht „über alles Fleisch" ab. Ps 90 hat nur noch Gottes Knechte im Blick wie dann auch Ps 102.

---

99 Zur Vergänglichkeit von Himmel und Erde s. Jes 51,6–8.
100 Vgl. die Selbstprädikationen Gottes in Jes 41,4; 43,10.13; 46,4; 48,12 und Dtn 32,39.
101 Vgl. damit in Ps 102,13–23 den Zion.

Sodann sind diese Knechte an besonders markanten Punkten des Psalters plaziert, wie Ulrich Berges[102] gezeigt hat: Sie finden sich am Ende des III. Buches in 89,50, zu Beginn des IV. Buches in 90,13–17, aber auch in 102,15.29, im V. Buch an Psalmenanfängen (113,1; 134,1; 135,1). Wir werden in den Knechten einer Trägergruppe ansichtig, die offenkundig im Jesajabuch und im Psalter tätig war.

Überdies hat Reinhard Gregor Kratz entdeckt, dass die Buchteilung im Psalter einem geschichtlichen Aufriss folgt.[103] Die ersten beiden Bücher spiegeln die Monarchie unter David und Salomo (Ps 3–41/42–72). Im III. Buch geht es wesentlich um das Ende des Königtums (bes. Ps 89!), im IV. dagegen um die Zeit des Exils (Ps 90–106), während mit dem V. Buch die Restitution Judas einsetzt. Im Lichte dieser Konzeption denkt Ps 102 nach der Katastrophe in Ps 89 und vor der Heilswende in Ps 107 bei Zion in Schutt und Asche an die Fortdauer des Gerichts von 587.

Schließlich kann die Notschilderung in Ps 102 durchaus auch aus aktuellen Ereignissen gespeist oder gar von ihnen initiiert sein. Odil Hannes Steck, der das Verständnis dieses Psalms außerordentlich gefördert hat, dachte an die Zerstörungen in Jerusalem während des 5. Syrischen Krieges, in dem der ptolemäische Feldherr Skopas (um 201 v.) in der Heiligen Stadt wütete und Jerusalemer nach Ägypten versklavte.[104]

Wie dem auch sei – für die relative Einordnung ergibt sich, dass Ps 102 auf alle Fälle Ps 90 voraussetzt, dieser aber die innerjüdische Scheidung in „jene" und „meine Knechte" im Jesajabuch im Rücken hat. Hinter das ausgehende 3. Jahrhundert v. Chr. kommen wir mit keiner dieser drei Größen zurück.

* * *

Das Verhältnis von Zeit und Ewigkeit hat Augustinus in einer Auslegung von Ps 90 und Ps 102 so beschrieben:

> Wenn aber vor Himmel und Erde Zeit überhaupt nicht war, was soll dann die Frage, was Du ‚damals' tatest? Es gab kein ‚Damals', wo es Zeit nicht gab.
> Nein, Du gehst den Zeiten nicht in Zeit voraus; sonst gingest Du ja nicht all und jeder Zeit voraus. Sondern Du gehst allen vergangenen Zeiten voraus

---

102 U. Berges, Die Knechte im Psalter. Ein Beitrag zu seiner Kompositionsgeschichte, Bib 81 (2000), 153–178.

103 R. G. Kratz, Die Tora Davids. Psalm 1 und die doxologische Fünfteilung des Psalters, ZThK 93 (1996), 1–34.

104 O. H. Steck, Zur Eigenart und Herkunft von Ps 102, ZAW 102 (1990), 357–372, geht davon aus, dass der literarisch als einheitlich bestimmte Ps 102 im frühen 2. Jh. v. eigens für das 4. Psalmbuch geschaffen worden ist.

durch die zeitlose Erhabenheit stets gegenwärtiger Ewigkeit, und Du stehst
über allen Zukunftszeiten deshalb, weil sie noch nicht sind und, wenn
gekommen, schon vergangen sein werden: „Du aber bist das wandellos
gleiche Sein, und Deine Jahre schwinden nicht dahin" (Ps 102,28). Deine
Jahre gehen nicht und kommen nicht; aber unsere Jahre hier – sie gehen
und kommen, und so nur können sie alle kommen. Deine Jahre stehen ein
für allemal zugleich, eben weil sie stehen, und da werden gehende nicht
von andern, die nun kommen, verstoßen, weil ja keine vorübergehn ...
Deine „Jahre sind ein einziger Tag", und Dein Tag ist nicht ein ‚Tag um
Tag', sondern ein ‚Heute', weil Dein heutiger Tag nicht einem morgigen
weicht, wie er denn auch nicht einem Gestern folgt. Dein Heute ist
Ewigkeit.[105]

Präziser kann man nicht zusammenfassen, was Ps 90 zu Zeit und Ewigkeit zu sagen hat.

---

105 Conf. XI 15–16 in der Übersetzung: Aurelius Augustinus, Confessiones: lat. u. dt.
    Eingeleitet, übersetzt und erläutert von J. Bernhart, [4]1980, 624–627.

Anhang

Verkettung durch Lexeme	Wörter für die Zeit
(vgl. Th. Krüger, Bib 75, 1994, 191–219)	Gottes und der Menschen

1b Herr / Obdach (מעון) / für uns / 2b Gott

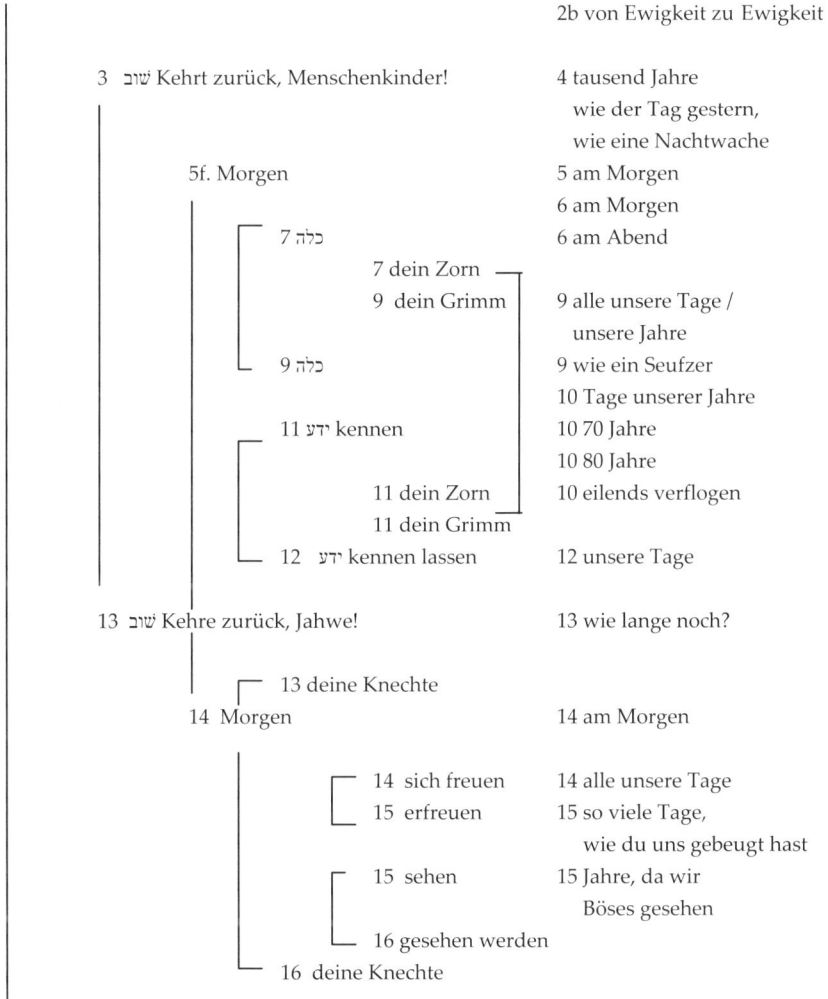

1b Generation um
   Generation
2b von Ewigkeit zu Ewigkeit

3 שוב Kehrt zurück, Menschenkinder!

4 tausend Jahre
   wie der Tag gestern,
   wie eine Nachtwache

5f. Morgen

5 am Morgen
6 am Morgen
6 am Abend

7 כלה

7 dein Zorn
9 dein Grimm

9 alle unsere Tage /
   unsere Jahre

9 כלה

9 wie ein Seufzer
10 Tage unserer Jahre

11 ידע kennen

10 70 Jahre
10 80 Jahre

11 dein Zorn
11 dein Grimm

10 eilends verflogen

12 ידע kennen lassen

12 unsere Tage

13 שוב Kehre zurück, Jahwe!

13 wie lange noch?

13 deine Knechte

14 Morgen

14 am Morgen

14 sich freuen
15 erfreuen

14 alle unsere Tage
15 so viele Tage,
   wie du uns gebeugt hast

15 sehen

15 Jahre, da wir
   Böses gesehen

16 gesehen werden
16 deine Knechte

17 Huld (נעם) / Herr / Gott / über uns

„Die Gerechten aber werden ewig leben (Sap 5,17)"

Begrenzte und entgrenzte Zeit in der Sapientia Salomonis

MAREIKE V. BLISCHKE

Die Sapientia Salomonis ist ein Zeugnis des hellenistischen Diaspora-judentums in Alexandria und wirbt unter Entfaltung eines eschatolo-gischen Szenarios für den jüdischen Glauben und ein Leben nach dem Willen des jüdischen Gottes. Zu datieren ist die Sapientia Salomonis in einen Zeitraum zwischen dem Jahr 30 v. Chr. als terminus post quem[1] und dem Jahr 41 n. Chr. als terminus ante quem.[2] Die meisten Datie-rungsvorschläge gehen davon aus, dass es sich bei der Sapientia Salo-monis um ein einheitliches Werk handelt und fragen daher nach einem konkreten Zeitpunkt der Abfassung des Werkes. Da die Annahme der Einheitlichkeit der Sapientia Salomonis jedoch nicht zu halten ist, muss der abgesteckte Zeitraum als der Rahmen verstanden werden, in dem sich das literarische Wachstum der Schrift vollzog. Für eine Lokalisa-tion der Schrift in Alexandria sprechen eine Vielzahl von Faktoren, so dass sie in der vorliegenden Untersuchung vorausgesetzt werden kann.[3]

---

1   Die Bestimmung des terminus post quem stützt sich vor allem auf Scarpat, der gezeigt hat, dass der Begriff κράτεσις für die Einnahme Alexandrias durch Augustus am 1. August 30 v. Chr. setzt, und der in Sap 6,3 einen Hinweis auf dieses Ereignis sieht. Vgl. G. Scarpat, Libro della Sapienzia I, 1989, 16. Mit ihm auch H. Hübner, Die Weisheit Salomos, ATD, Apokryphen 4, 1999, 18; O. Kaiser, Die alttestamentlichen Apokryphen. Eine Einleitung in Grundzügen, 2000, 114–116; S. Schroer, Das Buch der Weisheit, in: E. Zenger u. a. (Hg.), Einleitung in das Alte Testament, KStTh 1,1, 6 2006, 402f. Auch wenn der Gebrauch eines einzelnen Begriffs noch kein sicherer Beweis für eine derartige Datierung ist, spricht die Tatsache, dass die Sapientia Salomonis die meisten alttestamentlichen Bücher in der Übersetzung der LXX kennt und auf sie als eine Art Kanon autoritativer Schriften zurückgreift, sowie die Nähe der Sapientia Salomonis zu Philo von Alexandrien für eine Datierung des terminus post quem in das 1. Jh. v. Chr.
2   Vgl. A. Dihle, Zur Datierung der Sapientia Salomonis, FS K. Berger zum 60. Geburts-tag, 2000, 43–47, 46; H. Engel, Ein alttestamentliches Buch aus der Zeit Jesu, BiKi 52, (1997,4), 158–165,164; D. Winston, Wisdom of Solomon, AncB, 1979, 24f.
3   Vgl. Engel, Das Buch der Weisheit, NSK-AT 16, 1998, 32; Hübner, Weisheit Salomos, 16; Scarpat, Libro della Sapienzia I, 29. Ausführlich M. Görg, Die Religionskritik in

Um das Verständnis von Zeit und Ewigkeit in der Sapientia Salomonis auszuloten, sind zunächst einige Verhältnisbestimmungen notwendig. Die Sapientia Salomonis versteht die Zeit, die uns im Diesseits
des Erdenlebens zugemessen ist, als eine bestimmte und festgesetzte
Größe und verwendet dafür den griechischen Begriff des καιϱός, (Sap
2,5). In ihrer eschatologischen Dimension erfährt die Zeit über das ihr
für das Diesseits festgesetzte Maß des καιϱός hinaus eine Entgrenzung,
nämlich δι'αἰῶνος (Sap 4,19b) oder εἰς τὸν αἰῶνα (Sap 5,15), also in
Ewigkeit, ohne Ende. Diesen auf eine Entgrenzung der Zeit abzie-
lenden Begriffen lassen sich die Begriffe ἀθανασία „Unsterblichkeit"
und ἀφθαϱσία „Unvergänglichkeit" zuordnen, die auf Lebewesen,
Dinge oder Tugenden bezogen auszudrücken vermögen, dass diese
keiner zeitlichen Beschränkung unterworfen sind. Aber auch innerhalb
des Bereiches, der mit δι'αἰῶνος oder εἰς τὸν αἰῶνα beschrieben wird,
kann es eine Fokussierung auf bestimmte zeitliche Momente geben, wie
ein letztes Ereignis, das mit ἕως ἐσχάτου „bis ans allerletzte Ende"
anvisiert wird (Sap 5,19d). Interessant ist in diesem Rahmen vor allem
die Frage, welche Erwartungen die Sapientia Salomonis in Bezug auf
den Zeitraum der Ewigkeit hegt und welchen Ereignissen sie nach
Verlassen des dem menschlichen Leben zugemessenen καιϱός bis zum
Erreichen des ἐσχάτον entgegensieht und wie diese aufeinander folgen. Zu prüfen ist außerdem, was nach dem Verständnis der Sapientia
Salomonis auch über den beschränkten καιϱός des Daseins im
Diesseits hinaus Bestand hat, so dass ihm ἀθανασία zuzumessen ist.

Um auf diese Fragen Antworten zu finden, muss vorab die Entstehung der Sapientia Salomonis in den Blick genommen werden.[4]

Die Entstehung der Sapientia Salomonis

Während die Frage nach der Entstehung der Schrift an der Wende vom
18. zum 19. Jh. und erneut zu Beginn des 20. Jh. kontrovers diskutiert
wurde,[5] wird in der gegenwärtigen Forschung mit Verweis auf die von
Reese vorgenommene Zuweisung der Sapientia Salomonis zur Gattung

---

Weisheit 13,1f., in: G. Hentschel/ E. Zenger (Hg.), Lehrerin der Gerechtigkeit.
Studien zum Buch der Weisheit, EThS 19, 1991, 13–25.

4   Ausführlich in M. V. Blischke, Die Eschatologie in der Sapientia Salomonis, FAT
II/26, 25ff.

5   Exemplarisch seien genannt: C. F. Houbigant, Notae criticae in universos Veteris
Testamenti libros I, 1777, 465–480; J. K. C. Nachtigal, Sapientia. Das Buch der Weisheit, 1799, 1ff; F. Focke, Die Entstehung der Weisheit Salomos, FRLANT 22, 1913,1–
74; L. Lincke, Samaria und seine Propheten, 1903, 119–144; W.Weber, Heimat und
Zeitalter des eschatologischen Buches der Weisheit, ZWTh 53, 1811/12, 322–345.

des Logos protreptikos[6] nahezu einhellig die Einheitlichkeit der Sapientia Salomonis postuliert.[7]

Da der Logos protreptikos immer eine umfassende Bildung zeigt und verschiedene Literatursorten in den Dienst nimmt,[8] lassen sich zahlreiche Textphänomene der Sapientia Salomonis, wie z. B. der Gebrauch verschiedener Literaturformen und literarischer Stilmittel in den einzelnen Buchteilen, mit der Zuordnung zur Gattung des Logos protreptikos erklären. So wird die Sapientia Salomonis in fast allen neueren Kommentaren als ein einheitliches, auf einen Autor zurückgehendes Werk beschrieben. Der erste Teil der Schrift umfasst die Kapitel Sap 1,1–6,21 und enthält einen Aufruf zu Liebe zu Gerechtigkeit, der durch ein Gerichtsszenario in den Kapiteln 3 und 4 plausibilisiert und in Sap 6 auf das Gesetz hin konkretisiert wird. Dieser Teil gilt gemeinhin als der eschatologische Teil der Sapientia Salomonis. Die Kapitel Sap 6,22–11,1 gelten als ihr zweiter Teil und werden als Loblied, als Enkomion, auf die Weisheit beschrieben. Der dritte Teil der Sapientia Salomonis in Sap 11,2–19,22 enthält sieben Gegenüberstellungen, in denen an das Exodusgeschehen erinnert wird. Diese Gegenüberstellungen werden in Sap 11,17–15,19 durch zwei Exkurse zur Milde Gottes und zum Götzendienst unterbrochen. Die Zuweisung dieses dritten Teiles zu einer bestimmten Gattung ist strittig. Er wird oft als „midraschartig" oder „hymnisch" beschrieben.[9]

Die verschiedenen inhaltlichen Schwerpunkte der einzelnen Teile sowie ihr unterschiedlicher Stil werden dabei der Vielseitig- bzw. Vielgestaltigkeit der Gattung des Logos protreptikos zugeschrieben. So liegt gerade in der Gattungszuweisung die Gefahr, bestehende Schwierigkeiten innerhalb des Textes zu einseitig mit der Gattung zu erklären.[10] Schließlich folgt aus der Zuordnung einer Schrift zu einer be-

---

6 J. M. Reese, Plan and Structure of the Book of Wisdom, CBQ 27, (1965), 391–399; J. M. Reese, Hellenistic Influence on the Book of Wisdom and its Consequences, AnBib 41, 1970, 117ff. Umfassende Darstellungen zur Gattung der Protreptik finden sich bei K. Berger, Hellenistische Gattungen im Neuen Testament, ANRW II, 25.2, 1984, 1031–1432; H. Görgemanns, Art. Protreptik, DNP 10, 2001, 468–471.

7 Vgl. H. Engel, Das Buch der Weisheit, 27; Hübner, Weisheit Salomos, 24; U. Offerhaus, Komposition und Intention der Sapientia Salomonis, 1981, 259; Winston, Wisdom of Solomon, 20.

8 Vgl. D. E. Aune, Romans as a Logos Protreptikos in the Context of Ancient Religious and Philosophical Propaganda, in: U. Heckel/ M. Hengel (Hg.), Paulus und das antike Judentum, WUNT 58, 1991, 91–124, 95ff; Engel, Ein alttestamentliches Buch, 158–165.

9 Vgl. Engel, Buch der Weisheit, 23; Schroer, Buch der Weisheit, 399.

10 So beschreibt Offerhaus beispielsweise durchaus Spannungen innerhalb des zweiten Buchteiles zwischen den autobiographischen in der 1. Pers. Sg. gehaltenen Passagen

stimmten Gattung nicht zwangsläufig, dass alle ihre Teile auf eine Hand zurückgehen müssen und Fortschreibungen sowie redaktionelle Bearbeitungen auszuschließen sind.[11]

Zunächst bestehen deutliche Unterschiede in der thematischen und inhaltlichen Ausrichtung der einzelnen Teile. So heben sich die Teile eins und drei von dem zweiten Teil dadurch ab, dass sie den Gegensatz zwischen Gerechten und Gottlosen darstellen, der innerhalb des zweiten Teiles überhaupt keine Rolle spielt. Ebenso kennt der zweite Teil keinen Gerichtsgedanken und enthält dementsprechend ebenfalls keine eschatologische Dimension. Sein zentrales Thema ist die Weisheit, während der erste Teil einen Aufruf zur Liebe zur Gerechtigkeit darstellt und die Bedeutung dieser Liebe innerhalb des eschatologischen Szenarios der Kapitel Sap 3 und 4 entfaltet und der dritte Teil die im ersten Teil beschriebenen Wirkweisen in einem Rückgriff auf die Vergangenheit plausibilisiert.

Innerhalb der einzelnen Teile der Sapientia Salomonis liegen einige Schwierigkeiten im Textfluss vor. Obwohl der erste Teil (Sap 1,1–6,21) in seinem Aufbau und seiner Argumentation im Wesentlichen als stringent erscheint, weisen die verschiedenen Kapitel einzelne Brüche auf. Exemplarisch sei hier auf die Kapitel Sap 3 und 4 verwiesen. In ihnen ist die Schilderung des Ergehens der Gerechten und der Gottlosen nach dem Tod des Gerechten, die in Sap 3,1–12; 4,17–20 vorliegt, durch einen größeren Einschub unterbrochen, der das Problem der Kinderlosigkeit des Gerechten angesichts der reichen Nachkommenschaft der Gottlosen und das Problem des vorzeitigen Todes des Gerechten behandelt. Während die Verse Sap 3,1–12 und Sap 4,17–20 in direktem Zusammenhang zu den von den Gottlosen in Sap 2 entwickelten Plänen stehen und die Antwort auf diese Pläne bieten, verlässt Sap 3,13–4,16 nicht nur diesen sich inhaltlich entsprechenden Zusammenhang, sondern auch die vorgegebene zeitliche Ebene. Auch der zweite und dritte Teil der Sapientia Salomonis sind in sich brüchig: Innerhalb des dritten Teiles werden beispielsweise die sieben Gegenüberstellungen, die gemeinhin der Gattung der Synkrisis zugeschrieben werden,[12] durch Ausführungen zur Frage nach der Milde Gottes und zum Götzendienst in Sap 11,17–15,19 unterbrochen. Diese Ausführung-

---

und den Ausführungen über die Weisheit, ohne daraus Schlüsse zu ziehen. Vgl. Offerhaus, Komposition, 71ff., bes. 99.

11   Dies wurde bereits von Reese selber angemerkt, indem er einräumte: „In reality, the book probably grew over an extended period of time during which the Sage added to and modified his work." Reese, Hellenistic Influence, 123.

12   Focke, Entstehung, S. 12f; V. M. Premstaller, Gericht und Strafe im Buch der Weisheit, 1996, 5; Winston, Wisdom of Solomon, 11. Mit Vorbehalt Hübner, Weisheit Salomos, 147.

en behandeln damit zwar Themen, die durch den engeren und weiteren Zusammenhang des Buches aufgeworfen werden und damit für
das Verständnis der Sapientia Salomonis in ihrer Endform nicht entbehrt werden können,[13] dennoch bleibt der Sachverhalt bestehen, dass
sie die Reihe der Gegenüberstellungen unterbrechen.[14]

Inhaltliche Verbindungslinien bestehen vor allem zwischen dem
ersten und dem dritten Teil der Sapientia Salomonis.

So wird innerhalb des ersten Teiles der Sapientia Salomonis zur
Liebe zur Gerechtigkeit aufgerufen (Sap 1,1) und der Terminus δικαιοσύνη in enge Verbindung zum Terminus ἀθανασία gerückt (Sap 1,15).
Innerhalb des dritten Teiles wird diese Verhältnisbestimmung wieder
aufgegriffen und im Blick auf den Glauben an Gott entfaltet (Sap 15,3).

Des Weiteren finden sich Parallelen im Gottesbild und im Verständnis des richtenden Handeln Gottes. Gott wird in den Kapiteln
Sap 11,2–19,22 als ein Freund des Lebens dargestellt, der alles schont
(Sap 11,26: φείδῃ δὲ πάντων, ὅτι σά ἐστιν, δέσποτα φιλόψυχε „du
schonst aber alles, denn es ist dein, du Freund des Lebens"), während
Sap 1,13 in ähnlicher Weise feststellt, dass Gott den Tod nicht geschaffen und er keine Freude am Untergang der Lebenden habe (Sap 1,13).
Dennoch erscheint Gott in beiden Teilen auch als ein richtender Gott,
der strafend eingreifen kann, gleichwohl dieses Tun in erster Linie der
Erziehung dienen soll. So erklärt Sap 3,4, dass die Gerechten nur ein
wenig gezüchtigt (παιδεύω) werden, um dann viel Gutes zu erfahren.
Ebenso begegnet innerhalb des dritten Teiles neben dem Gedanken einer leichten Strafe, die Gelegenheit zur Umkehr geben soll (Sap
12,2.10), die Vorstellung, dass die Gerechten nur leicht und mit Gnaden
gezüchtigt (παιδεύω) werden (Sap 11,9f.).[15] Eine weitere Entsprechung
ist in den in Sap 11,5 und Sap 11,16 genannten Leitprinzipien zu sehen.
So sollen die in Sap 11,2–16; 16,1–19,22 vorliegenden Gegenüberstellungen des dritten Teiles die Gültigkeit des Prinzips δι'ὧν γὰρ ἐκο-
λάσθησαν οἱ ἐχθροὶ αὐτῶν, διὰ τούτων αὐτοὶ ἀποροῦντες εὐ-

---

13   Vgl. Engel, Buch der Weisheit, 191; M. McGlynn, Divine Judgment and Divine
     Benevolence in the Book of Wisdom, WUNT II/139, 30; A. Schmitt, Weisheit, NEB 23,
     1989, 55; A. Strotmann, Die Pädagogik Gottes, BiKi 52 (1997,4), 181–186, 181.

14   Vgl. Focke, Entstehung, 15; D. Georgi, Weisheit Salomos, JSHRZ III/4, 1980, 440f; E.
     Haag, Die Weisheit ist nur eine und vermag doch alles. Weisheit und Heils-
     geschichte nach Weish 11–12, in: G. Hentschel/ E. Zenger (Hg.), Lehrerin der
     Gerechtigkeit, EThS 19, 1991, 103–155; Kaiser, Apokryphen, 112–114; H. Spiecker-
     mann, Der Gerechten Seelen sind in Gottes Hand, in: FS R. Smend, 2002, 345–368,
     349.

15   ὅτε γὰρ ἐπειράσθησαν, καίπερ ἐν ἐλέει παιδευόμενοι, / ἔγνωσαν πῶς μετ'ὀργῆς κρινόμενοι
     ἀσεβεῖς ἐβασανίζοντο· „Denn als sie nämlich versucht und gleichsam in Erbarmen
     gezüchtigt wurden, erkannten sie, wie die Gottlosen mit Zorn gerichtet und gequält
     wurden."

ἐργετήθησαν „wodurch nämlich ihre Feinde gestraft wurden, dadurch geschah ihnen Gutes, als sie verloren waren" (Sap 11,5) ebenso wie die Gültigkeit der Aussage ἵνα γνῶσιν, ὅτι, δι' ὧν τις ἁμαρτάνει, διὰ τούτων κολάζεται „damit sie erkennen, dass, wodurch einer sündigt, er genau dadurch bestraft wird" (Sap 11,16) illustrieren. Die Entsprechung aus Sap 11,16 hat auch für die Darstellung des Szenarios in den Kapiteln Sap 3 und 4 Gültigkeit. Den Gottlosen wird nun im Tod zuteil, was der Gerechte zu Lebzeiten durch sie erleiden musste. Ebenso hat die kontrastierende Darstellung des Schicksals der Gerechten und der Gottlosen in Sap 3 und 4 eine Entsprechung in den Gegenüberstellungen des dritten Teils und in dem in Sap 11,5 genannten Leitprinzip. Die Verbindung zwischen dem Szenario in Sap 3 bis 5 und den Leitprinzipien in Sap 11,5 und Sap 11,16 wird durch die sekundäre Einschaltung von Sap 3,13–4,16 in Sap 3,1–12; 4,17–20 verstärkt, indem hier die eschatologische Verkehrung der im Diesseits gültigen Verhältnisse noch deutlicher zum Ausdruck kommt. Besonders die Exkurse des dritten Teils weisen also gezielt auf den ersten Teil zurück. Besonders offensichtlich ist der Zusammenhang zwischen Sap 1,15 und Sap 15,3.

Aufgrund dieser Beobachtungen ist es daher am Wahrscheinlichsten, dass die einzelnen Teile der Sapientia Salomonis in ihrer heute vorliegenden Reihenfolge sukzessive entstanden sind,[16] wobei davon auszugehen ist, dass der dritte Teil erst allein in den nach den Leitprinzipien gestalteten Gegenüberstellungen vorlag und dann im Rahmen der Endredaktion der Sapientia Salomonis um die Exkurse und einen Eintrag in Sap 11,9–14 erweitert wurde. Zuerst bestand die Schrift also in den Kapiteln Sap 1,1–3,12; 4,17–5,16; 6,1–11; 17–21, mit denen zur Liebe zur Gerechtigkeit aufgerufen wurde. Die Bedeutung dieses Sich-zu-eigen-Machens von Gerechtigkeit wurde durch eine gegenüberstellende Darstellung von Gerechten und Gottlosen im Endgericht unterstrichen. Um die Bedeutung der Weisheit in diesem Zusammenhang stärker hervorzuheben, wurde Sap 6,12–16 in den Zusammenhang von Sap 6 eingetragen. Aus dem gleichen Impuls heraus ist dann der zweite Teil in Reaktion auf den bereits vorliegenden ersten Teil entstanden, um die in Sap 6 bereits erwähnte Weisheit zu entfalten und um die Fiktion, dass sich der weise König Salomo an die Herrschenden wendet, weiter auszubauen. Hierbei ist davon auszugehen, dass die Erweiterung des ersten um den zweiten Teil sukzessive erfolgte. Das Kapitel 10 lieferte den Anlass für die in Sap 11,2–14*; 16,1–4; 16,5–14;

---

16 Vgl. Ch. Larcher, Le livre de la Sagesse I, EtB.NS 1, 1982, 119, wobei Larcher für diese Annahme keine Begründung liefert.

16,15–29; 17,1–18,4; Sap 18,5–19,9 vorliegenden Gegenüberstellungen des dritten Teils. Diese illustrieren die in Sap 10,15–21 bereits beschriebene Exoduserfahrung im heilsgeschichtlichen Sinne und kommen in Entsprechung zu den Kapiteln Sap 1,1–6,21 wieder auf das Handeln Gottes zurück. Durch ihre Gestaltung nach den beiden in Sap 11,5 und Sap 11,16 benannten Leitprinzipien wird diese Verbindung zum ersten Teil der Sapientia Salomonis unterstrichen. Im Zusammenhang der Endredaktion der Sapientia Salomonis wurden die in Sap 11,17–15,19 vorliegenden Exkurse und die Verse Sap 11,9–14 eingetragen. Durch die Einschaltung der Exkurse und der Verse Sap 11,9–14 wird u. a. ein Rückbezug auf den ersten Teil in Sap 1,1–6,21 erreicht, indem sie den bereits durch die Leitprinzipien angelegten Effekt verstärken, dass das in den Gegenüberstellungen beschriebene Handeln Gottes als Plausibilisierung des innerhalb des ersten Teiles beschriebenen eschatologischen Szenarios erscheint. Außerdem werden Aussagen des ersten Teiles über die δικαιοσύνη auf die jüdische Frömmigkeitspraxis hin spezifiziert. Um die drei Teile der Sapientia Salomonis fest miteinander zu verbinden, sind im Rahmen der Endredaktion der Sapientia Salomonis außerdem die Abschnitte Sap 3,13–4,16 und Sap 5,17–23 in den ersten Teil eingetragen worden.

Die Entgrenzung der Zeit in der Sapientia Salomonis

a) Unsterblichkeit und Unvergänglichkeit – ἀθανασία und ἀφθαρσία

Zur Entschränkung der Dinge über den ihnen bestimmten καιρός hinaus begegnen in der Sapientia Salomonis die Begriffe ἀθανασία „Unsterblichkeit" und ἀφθαρσία „Unvergänglichkeit". Beide Begriffe sind in der griechischen Geschichtsschreibung und Philosophie sowohl im Blick auf die Götter als auch im Blick auf die menschliche Seele in Gebrauch und begegnen unabhängig voneinander auch in einer Reihe von hellenistischen jüdischen Schriften.[17] Beide Begriffe zusammen begegnen innerhalb des hellenistischen Judentums allerdings außer in der Sapientia Salomonis nur im 4. Makkabäerbuch und innerhalb der LXX ausschließlich in der Sapientia Salomonis, so dass entgegen der allgemeinen Tendenz in der Forschung zur Sapientia Salomonis, beide Ter-

---

17   Für eine ausführlichere Darstellung der Begriffe innerhalb des Hellenismus vgl. Blischke, Eschatologie, 108f.

mini mit „Unsterblichkeit" wiederzugeben und sie in eins zu setzen,[18] das Verhältnis beider Begriffe zueinander ausgelotet werden muss.

Ganz offensichtlich ist innerhalb der Sapientia Salomonis eine Differenzierung in den Bedeutungsinhalten intendiert, da beide gezielt in verschiedene Kontexte gestellt werden. So ist der Terminus ἀθανασία an zwei Stellen des Buches innerhalb des ersten und dritten Teils mit dem Begriff δικαιοσύνη verbunden (Sap 1,15; 15,3), während der Begriff ἀφθαρσία in entsprechender Weise mit dem Begriff νόμος korrespondiert (6,18; 18,4). Zudem ist offensichtlich, dass die Sapientia Salomonis ἀθανασία nie in Hinblick auf den Menschen, seinen Körper oder auch nur seine Seele verwendet, sondern lediglich in Verbindung mit Begriffen wie δικαιοσύνη (Sap 1,15; 15,3) oder μνήμη (Sap 4,1; 8,13), während andererseits der Begriff ἀφθαρσία gerade auf das menschliche Leben bezogen wird (Sap 2,23; 6,18; 12,1). Insofern entspricht die Beobachtung Assmanns, dass ἀφθαρσία einen Aspekt der ἀθανασία beschreibe,[19] dem Befund in der Sapientia Salomonis vollkommen. Innerhalb der Sapientia Salomonis steht ἀθανασία für den allgemeinen Umstand der Unsterblichkeit, während der Begriff ἀφθαρσία verdeutlicht, wie diese Unsterblichkeit vorzustellen ist, nämlich als Fortbestehen des Menschen in seiner Gesamtheit über das Sterben hinaus.[20] Gerade gegenüber den Lesern der Sapientia Salomonis, die sich der Realität des Sterbens nach der Erfüllung des καιρός des Lebens im Diesseits bewusst waren, erweist sich der Begriff ἀφθαρσία „Unvergänglichkeit" als besonders tragfähig, da er zwar die Existenz des Menschen in die Ewigkeit hin entgrenzt, ohne aber zu suggerieren, dass der Mensch der Realität des Sterbens nicht unterworfen wäre.[21]

Ebenso wie der Begriff ἀφθαρσία eine Konkretion des Begriffes ἀθανασία ist, verhält es sich mit den Begriffen νόμος und δικαιοσύνη, die den Termini ἀφθαρσία und ἀθανασία zugeordnet sind. So kann davon ausgegangen werden, dass der dem Begriff ἀφθαρσία zugeordnete Begriff νόμος (Sap 6,18) eine Konkretion des Begriffes δικαιοσύνη ist, die ihrerseits mit der ἀθανασία verbunden ist (Sap 1,15).

Eine detaillierte Untersuchung des Begriffes δικαιοσύνη innerhalb der Sapientia Salomonis zeigt, dass er inhaltlich als ein Streben nach

---

18 Vgl. H. Bückers, Die Unsterblichkeitslehre des Weisheitsbuches, ATA 13,14, 1938, 11; K. Romaniuk, Die Eschatologie des Buches der Weisheit, BiLe 10 (1969), 198–211; Scarpat, Libro della Sapienza.

19 Vgl. J. Assmann, Art. Unsterblichkeit, HWP 11, 2001, 275–276.

20 Zum Menschenbild der Sapientia Salomonis vgl. Blischke, Eschatologie, 68ff und 180ff.

21 Zum Tod in der Sapientia Salomonis vgl. Blischke, Eschatologie, 80ff und 114ff.

einem Leben nach dem Willen des jüdischen Gottes zu fassen ist. Dieser Aspekt der δικαιοσύνη wird bereits innerhalb des ersten Teiles der Sapientia Salomonis (Sap 1,1–6,21) deutlich, der gerade auch zu einem Leben in δικαιοσύνη aufruft. So fordert Sap 1,1 dazu auf, die Gerechtigkeit zu lieben. Dieser Aufruf wird in den folgenden Kola von Vers 1 darauf hin näher bestimmt, den Herrn zu suchen und über ihn nachzusinnen, so dass sich für das Verständnis des Begriffes δικαιοσύνη die alttestamentliche Tradition nahe legt, wie sie vor allem in den Psalmen 1 und 118[LXX] begegnet.[22] Innerhalb dieser Tradition ist für ein gerechtes Leben das Halten der Gebote, des νόμος, unabdingbar. Die Sapientia Salomonis redet also zunächst auf einer abstrakten Ebene und verheißt für ein Leben in δικαιοσύνη Unsterblichkeit. Von Kapitel 1 bis zu Kapitel 6 bewegt sie sich jedoch vom Allgemeinen zum Spezifischen, so dass die Unsterblichkeit auf Unvergänglichkeit hin konkretisiert wird und die Liebe zur Gerechtigkeit auf das Halten der Gebote hin (Sap 6,18).

Der dritte Teil der Sapientia Salomonis greift in seinem Bestreben, die Aussagen des ersten Teils stärker auf den jüdischen Glauben hin zuzuspitzen und die Buchteile miteinander zu verzahnen, den Gedanken einer unsterblichen Gerechtigkeit noch einmal auf und bringt den Sachverhalt, dass ein Leben nach dem Willen des jüdischen Gottes Unsterblichkeit verheißt in Sap 15,3 auf den Punkt.

b) Die Geschehnisse im Jenseits in ihrer zeitlichen Abfolge

Über die Erwartungen, die die Sapientia Salomonis an eine in die Ewigkeit entgrenzte Zeit hat, bieten vor allem die Kapitel Sap 3 –Sap 5 Aufschluss. Um die Frage beantworten zu können, inwieweit die dort referierten Ereignisse tatsächlich den καιρός menschlichen Lebens im Diesseits verlassen, ist es notwendig, die zeitliche Abfolge innerhalb von Sap 3 bis 5 genauer in den Blick zu nehmen.

Zu einer entsprechenden Rekonstruktion bieten allein die Zeitstufen der Verben einen möglichen Anhaltspunkt.[23] Dabei ist der sekundäre Einschub aus Sap 3,13–4,16 aus den Betrachtungen zunächst

---

22 Eine ausführliche Untersuchung des Begriffes δικαιοσύνη findet sich in Blischke, Eschatologie, 71–79. Vgl. außerdem H. Engel, Gerechtigkeit lieben oder den Tod. Die Alternativen der Lebensentscheidung nach dem Buch der Weisheit, in: M. Ebner u. a. (Hg.), Leben trotz Tod, JBTH 19, 2005, 173–193; H. C. Cavallin, Leben nach dem Tode im Spätjudentum und frühen Christentum, ANRW II, 19.1, 1979, 240–345, 286.

23 Vgl. O. Camponovo, Königtum, Königsherrschaft und Reich Gottes in den frühjüdischen Schriften, OBO 58, 1984, 366.

herauszunehmen. Einzelne in diesem Abschnitt getroffene Aussagen lassen sich danach allerdings in den Kontext der ursprünglichen Verse in Sap 3,1–12; 4,17–20 einordnen.

Die Aussage aus 3,1, dass die Gerechten in Gottes Hand seien, bezieht sich auf ihren Zustand nach dem physischen Tod. Dies ergibt sich aus den Versen 3,2 und 3,3. Vers 3,3b beschreibt diesen Zustand präsentisch mit οἱ δὲ εἰσιν ἐν εἰρήνῃ „sie aber sind in Frieden". Der innerhalb des Textes gegenwärtige Zustand ist also der, dass die Gerechten gestorben, in Gottes Hand und in Frieden sind. Für alle weiteren Überlegungen muss daher davon ausgegangen werden, dass sich Aussagen in der Vergangenheit auf die Zeit vor dem Sterben der Gerechten beziehen und Aussagen im Futur auf einen noch zukünftigen Zeitpunkt abzielen.[24] Dieser zukünftige Zeitpunkt wird in Sap 3,7 mit ἐν καιρῷ ἐπισκοπῆς αὐτῶν „zum Zeitpunkt ihrer Heimsuchung" in den Blick genommen. Offensichtlich wird damit ein Gerichtsgeschehen bezeichnet, das also nicht mit dem Zeitpunkt des Sterbens zusammenfällt, sondern sich an einem gesonderten Punkt in der Zukunft ereignet.[25]

Schwieriger wird die Rekonstruktion der zeitlichen Abfolge der Geschehnisse ab Sap 3,10. Dort ist von den Gottlosen die Rede. Da vorher nichts von ihrem Tod berichtet wird, beziehen sich Aussagen im Futur natürlich weiterhin auf irgendeinen, im Dasein der Gottlosen zukünftigen Zeitpunkt. Offensichtlich muss dieser allerdings nicht notwendigerweise nach deren Sterben eintreten, so dass sich die Verse Sap 4,17–18 daher wohl noch auf die Gottlosen zu ihren Lebzeiten beziehen. Erst ab Sap 4,19 ist das Schicksal der Gottlosen zum Zeitpunkt ihres Sterbens im Blick, so dass dort nicht ihr Ergehen im Gericht, sondern in ihrem Sterben zur Darstellung kommt. Erst Sap 4,20 beinhaltet mit ἐν συλλογισμῷ ἁμαρτημάτων „bei der Zusammenzählung ihrer Sünden" wieder eine Gerichtsaussage. Auf das Gericht beziehen sich innerhalb des ursprünglichen Textzusammenhangs also die Verse Sap 3,7–9; 4,20.

Innerhalb des sekundären Einschubes in Sap 3,13–4,16 sind ebenfalls einzelne Aussagen auf ein zukünftiges Gericht ausgerichtet. Dies

---

24 Der Zeitpunkt eines Gerichtes wird nicht eindeutig bestimmt. Deutlich ist nur, dass es sich in der Zukunft ereignen wird. Vgl. P. Heinisch, Das jüngste Gericht im Buch der Weisheit, ThGl 2 (1910), 89–106, 91; M. Kolarcik, The Ambiguity of Death in the Book of Wisdom 1–6. A Study of Literary Structure and Interpretation, AnBib 127, 1991, 87.

25 Vgl. R. Schütz, Les idées eschatologiques du livre de la Sagesse, 1935, 95. Schütz geht außerdem davon aus, dass die Gerechten in Gottes Hand sind, während die Gottlosen in die Scheol herabsteigen. Von einer derartigen räumlichen Trennung wird in der Sapientia Salomonis allerdings explizit nichts gesagt.

trifft für die Aussage aus Sap 3,13c zu, nach der die Unfruchtbare im Gericht Frucht bringen wird, ebenso wie auf die anschließenden Ausführungen zum Schicksal des Eunuchen oder das in Sap 3,16 beschriebene Ergehen der Kinder der Gottlosen. Anders verhält es sich mit den beiden Konditionalsätze in Sap 3,17f, die beide einen prospektiven Fall behandeln. Sap 3,17 behandelt den Fall, dass die Nachkommen der Gottlosen zum Zeitpunkt des Gerichtes noch am Leben sind, während Sap 3,18 die Möglichkeit erwägt, dass die Gottlosen bis zum Eintreten des Gerichtes verstorben sind. Auch dann bleibt für sie im Hinblick auf den Tag des Gerichtes keine Hoffnung. Diese Verse zeigen, dass das Gericht in zeitlicher Nähe erwartet wird.

Des Weiteren fällt auf, dass eine Trennung des Zeitpunktes des Sterbens vom Zeitpunkt des Gerichtes für die Sapientia Salomonis selbstverständlich und daher nicht erklärungswürdig gewesen zu sein scheint, so dass auch keine weiteren Aussagen über eine etwaige Vorstellung der Sapientia Salomonis bezüglich eines Zwischenzustandes[26] oder des Seins im Totenreich getroffen werden können.

Mit der Zeitangabe ἐπ'ἐσχάτων (Sap 3,17, Sap 4,19) wird das bevorstehende Gericht terminiert. Die Angabe δι'αἰῶνος „auf ewig" (Sap 4,19) beschreibt ebenso wie εἰς τοὺς αἰῶνας „bis in Ewigkeit" eine in keiner Weise beschränkte Zeitspanne, die sich auch über das Gericht hinaus erstreckt. Die Gottlosen werden Sap 4,19 zufolge also auch nach dem Gericht unter den Toten verspottet werden, die Gerechten werden immer den Herrn zum König haben. Während die erste Schicht in Sap 3,1–12; 4,17–5,16 davon ausgeht, dass die Gerechten und die Gottlosen, die die Sapientia Salomonis in den Blick nimmt, zum Zeitpunkt des Gerichtes bereits verstorben sind, scheint die Sapientia Salomonis in den Erweiterungsschichten in Sap 3,13–4,16 und auch in Sap 5,17–23 die bis zum Gericht vergehende Zeitspanne zu überblicken und das Gericht in nicht allzu ferner Zukunft zu erwarten.

c) Das Schicksal der Gerechten und der Gottlosen im Sterben und im Gericht

Da das Sterben, wie gezeigt wurde, noch nicht mit dem Gericht identisch ist und auch nicht zum gleichen Zeitpunkt erfolgt, ist bei der Untersuchung des Ergehens der Gerechten und der Gottlosen über den καιρός des diesseitigen Lebens hinaus ebenfalls zwischen diesen bei den Geschehnissen zu differenzieren. Außerdem ist auf die verschie-

---

26   Vgl. auch Bückers, Unsterblichkeitslehre, 28.

denen Textebenen in Sap 3–4 zu achten, nämlich auf die erste Textebene in Sap 3,1–2; 4,17–20 und den sekundären Einschub in Sap 3,13–4,16.

Das Sterben wie auch das Gericht haben verständlicherweise für
Gerechte und Gottlose jeweils verschiedene Auswirkungen. Während
die Gerechten lediglich in den Augen der Unverständigen tot zu sein
scheinen (Sap 3,2), eigentlich aber in Gottes Hand, in Frieden und völlig unberührt von allem Leid sind (Sap 3,1–3), erfahren die Gottlosen
den Tod in seiner ganzen Konsequenz. Als unwürdige Leichnahme
(Sap 4,19a) sind sie ewigem Spott ausgesetzt (Sap 4,19b) und erleiden
schmerzvolle Qualen (Sap 4,19d). Die Zeitangabe δι'αἰῶνος in Sap
4,19b macht deutlich, dass der Zustand des Totseins auf die Ewigkeit
hin entgrenzt ist. Die Gottlosen sind also mit ihrem Sterben wirklich
tot, während die Gerechten zwar der Realität des Sterbens unterworfen
sind, die für sie aber nicht bedeutet, dass sie anschließend Tote νεκροί
oder Leichname πτῶμα wären, wie es von den Gottlosen ausgesagt
wird. Dies entspricht dem Todesverständnis der Sapientia Salomonis
überhaupt, nach dem der Tod zwar in die Welt gekommen ist (Sap
2,24), ihn aber nur diejenigen wirklich erfahren, die ihm angehören
(Sap 1,1; 2,24). So findet sich auf der ersten Textebene (Sap 3,1–12; 4,17–
20) auch eine Entsprechung zwischen den Gedanken, die die Gottlosen
in Sap 2,1–5 über den Tod hegten, und dem Tod, den sie schließlich Sap
4,17–20 zufolge erleiden.[27]

Des Weiteren besteht eine Entsprechung zwischen dem Ergehen
der Gottlosen im Tod und dem, was sie den Gerechten in Sap 2,10–20
anzutun drohten. Während sie den Gerechten mit ὕβρις „Spott" prüfen
wollten (Sap 2,19), werden sie selbst εἰς ὕβριν „zum Spott" (Sap 4,19b),
sie hielten das Ende der Gerechten für ἄτιμον „unwürdig" (Sap 5,4),
während sie selber εἰς πτῶμα ἄτιμον „zu unwürdigen Leichnamen"
(Sap 4,19) werden, und sie lachten früher über den Gerechten (Sap 5,4),
während Gott nun über sie lacht (Sap 4,18).[28]

Es besteht also eine Entsprechung zwischen den Sünden der Gottlosen, die sich vor allem in ihrem verkehrten Denken äußern, und ihrem Schicksal im Tod. Ein ähnliches Entsprechungsdenken zeigt der
dritte Teil der Sapientia Salomonis (Sap 11,2–19,22), in dem es heißt:
wodurch einer sündigt, dadurch wird er bestraft (Sap 11,16).

Was das Gericht betrifft, so ist es im Rahmen der ersten Textebene
(Sap 3,1–12; 4,17–20), für die Gerechten der Zeitpunkt ihrer Heimsuchung (Sap 3,7), was durchweg positiv konnotiert ist. Die Gerechten
werden aufleuchten (Sap 3,7), die Heiden richten (Sap 3,8) und über die

---

27 Eine Entsprechung zwischen den Gedanken über den Tod und dem Tod, der er-
    fahren wird, stellte bereits Kolarcick fest. Vgl. Kolarcick, The Ambiguity of Death.
28 Ähnlich auch Engel, Buch der Weisheit, 97 und Romaniuk, Eschatologie 198–211.

Völker herrschen (Sap 3,8). Weniger umfassend als das Ergehen der Gerechten im Gericht wird das Schicksal der Gottlosen in den Blick genommen. Über sie wird lediglich ausgesagt, dass die Gottlosen im Gericht mit ihrem Missetaten konfrontiert werden (Sap 4,20).

Insgesamt behandelt die erste Textebene in Sap 3,1–12; 4,17–20 das Ergehen der Gerechten und der Gottlosen als eine kontinuierliche Entwicklung vom diesseitigen Leben über das Sterben bis hin zum Gericht, innerhalb derer sich das jeweilige Schicksal als logische Konsequenz des jeweiligen Verhaltens zeigt.

Der sekundäre Einschub in Sap 3,13–4,16 befasst sich dagegen mit dem Problem, dass die auf der ersten Textebene entfaltete logische Entwicklung dadurch unterbrochen werden kann, dass sich das Leben der Gottlosen im Diesseits durch Merkmale auszeichnet, die nach alttestamentlichem Verständnis Segensfülle verheißen.[29] Dieses Problem wird auf eschatologischer Ebene gelöst, indem die Frage in den Mittelpunkt gestellt wird, was im Gericht, das für die Gerechten mit ἐπισκοπή und für die Gottlosen mit ἡμέρα διαγνώσεως „Tag der Entscheidung" und ἐξετασμός „Untersuchung" beschrieben wird, Bestand hat. So gelten im Gericht andere Maßstäbe als zu Lebzeiten. So wird beispielsweise die unfruchtbare Frau, wenn sie als Gerechte gelebt hat, im Gericht Frucht haben (Sap 3,13c), während all das, was den Gottlosen zu Lebzeiten Ansehen verschafft hat, wie hohes Alter oder Kinderreichtum, im Gericht keinen Wert mehr hat. Im Gericht gelten sie trotz ihrer Nachkommenschaft nichts (Sap 3,17a) und ihr hohes Alter ist wertlos (Sap 3,17b). Dadurch kommt es zu einer totalen eschatologischen Verkehrung der Verhältnisse, durch die das alttestamentliche Verständnis von Segensfülle unterwandert wird. Der sekundäre Einschub in Sap 3,13–4,16 zeigt in dieser eschatologischen Verkehrung der zu Lebzeiten gültigen Verhältnisse eine Nähe zu dem innerhalb des dritten Teils der Sapientia Salomonis gültigen Prinzip „wodurch nämlich ihre Feinde bestraft wurden, durch diese Dinge wurde ihnen Gutes getan, als sie Not litten" (Sap 11,5). Dies stützt die Annahme, dass der sekundäre Einschub in Sap 3,13–4,16 im Zuge der Endredaktion der Sapientia Salomonis erfolgte, die die einzelnen Buchteile miteinander verklammerte. Insgesamt hat das Gericht sowohl für die erste Textebene als auch für den sekundären Einschub das Ergebnis, das die Gerechten in ihrer Hoffnung auf Unsterblichkeit bestätigt werden (Sap 3,4b), während sich die Hoffnung der Gottlosen als leer erweist und sie durch das Gericht vernichtet werden (Sap 3,11).[30]

---

29   Hierfür stehen in der Sapientia Salomonis exemplarisch Kinderreichtum und hohes Alter. Vgl. Blischke, Eschatologie, 135ff; Kolarcick, Ambiguity of Death, 88.95.

30   Vgl. auch Romaniuk, Eschatologie, 205.

Begrenzte Zeit. Der Tod in der Sapientia Salomonis

Der Tod führt in der Sapientia Salomonis dazu, dass dem Leben, das durch die Vorstellung von Unsterblichkeit oder Unvergänglichkeit und für die Gerechten durch das Gericht über den καιρός des diesseitigen Lebens hinaus in die Ewigkeit entgrenzt wird, eine Begrenzung begegnet.

Dies manifestiert sich bereits durch die Tatsache, dass das diesseitige Leben sowohl für Gerechte als auch für Gottlose mit dem Sterben endet, dem jeder unterworfen ist.

Für die Gottlosen ist das Sterben der Anfang ihres Endes überhaupt. Sie erfahren den Tod in seiner ganzen Konsequenz, werden zunichte gemacht und bleiben ewig tot (Sap 4,19). Damit ist alles zu Ende und aufgelöst und von Dauer ist nur der Sachverhalt, dass dieser Zustand nicht wieder aufgehoben werden kann.

Für dieses Ende allen Lebens verweist die Sapientia Salomonis allerdings beharrlich darauf, dass es von Gott nicht gewollt sei.

Als Erklärung dafür, wie der von Gott nicht intendierte Tod in die Welt gekommen sein kann, bietet die Sapientia Salomonis zwei Lösungsvorschläge, einen in Sap 1 und einen in Sap 2.

In Sap 1,13–14 wird zunächst verdeutlicht, dass der Tod in keiner Weise am Tun und Wollte Gottes Anteil hat. Gott hat alle Dinge εἰς τὸ εἶναι geschaffen und den Tod eben gerade nicht gemacht hat, zumal alle Schöpfungen heilsbringend seien. Diese Vorstellung, dass Gott eine Welt geschaffen habe, in der der Tod nicht gewollt sei, trägt eine neue Dimension in den alttestamentlich-jüdischen Glauben.[31] Allerdings ist für den Menschen die Voraussetzung dafür, Teil dieser heilsamen Schöpfungen zu sein, die Tatsache, dass er die Gerechtigkeit liebt; denn nur so lebt er in Übereinstimmung mit der göttlichen Schöpfungsintention.[32]

In Sap 1,12 wird nämlich weiterhin gesagt, dass der Mensch den Tod nicht suchen und nicht das Verderben durch das Werk seiner Hände herbeiziehen solle. Und Sap 1,16 konstatiert folgerichtig, dass die Gottlosen den Tod mit ihren Händen und Gedanken den Tod herbeirufen.

---

31 Vgl. auch W. Werner, „Denn Gerechtigkeit ist unsterblich." Schöpfung, Tod und Unvergänglichkeit nach Weish 1,11–15 und 2,21–24, in: G. Hentschel/ E. Zenger (Hg.), Lehrerin der Gerechtigkeit. Studien zum Buch der Weisheit, EThS 19, 1991, 71–96, 51.

32 Vgl. Blischke, Eschatologie, 110ff; Werner, „Denn Gerechtigkeit ist unsterblich", 53.

Die Erklärungsmöglichkeit, die Sap 1 für die Wirklichkeit des Todes gibt, ist also darin zu sehen, dass die Menschen dem Tod durch ihr Verhalten selbst anheim fallen.

Sap 2 behandelt die Frage nach dem in die Welt Kommen des Todes erneut. Sap 2,24 geht zu den Anfängen der Schöpfung zurück und stellt gewissermaßen den ersten Auftritt des Todes in der Schöpfung dar,[33] indem sie vor allem auf Gen 3 Bezug nimmt. In diesem Zusammenhang hat Hogan gezeigt, dass die Sapientia Salomonis alte Auslegungstraditionen der Kapitel Gen 1–4 gekannt habe.[34] In diesem Zusammenhang plädiert sie unter anderem dafür, dass die Sapientia Salomonis die Tatsache, dass der Tod in die Welt kommt, wesentlich auf Kain zurückführt.[35] Da auch Sap 10 eine schärfere Beurteilung Kains als Adams kennt, hat diese Annahme eine gewisse Plausibilität für sich. So nimmt Sap 10,1f an, dass Adam von der Weisheit aus seinem Fall gerettet wurde, während Kain als ungerecht qualifiziert wird. Demnach wäre Kain also der erste Mensch, der sich bewusst in den Dienst des Todes stellte, an ihm Anteil gewann[36] und ihn als Konsequenz daraus auch im Sinne eines ewigen Todes erlitt.[37]

Sap 2,24 korrespondiert somit durchaus mit den Erklärungsvorschlägen zum Tod und macht ebenso deutlich, dass der Tod nicht zur Schöpfungsintention Gottes gehörte.

Die Sapientia Salomonis in ihrem theologischen und religiösen Umfeld

Wie beispielsweise an der Interpretation des Todes in der Sapientia Salomonis deutlich geworden ist, geht die Sapientia Salomonis in einzelnen Punkten über die ihr vorgegebenen alttestamentlichen Schriften

---

33 Sap 2,24 bietet allerdings keinen Sap 1 widersprechenden Lösungsvorschlag, sondern hat vielmehr eine ergänzende Funktion. Gegen J. J. Collins, Jewish Wisdom in the Hellenistic Age, OTL, 1997,189f.

34 Vgl. K. M. Hogan, The Exegetical Background of the „Ambiguity of Death" in the Wisdom of Solomon, JSJ 30 (1991,1), 1–24, hier 4–15.

35 Vgl. Hogan, Exegetical Background.

36 Vgl. ebenfalls Engel, Gerechtigkeit lieben, 191

37 Vgl. Blischke, Eschatologie, S. 114ff.; F.-J. Backhaus, „Er wird schroffen Zorn zum Schwert schärfen" (Weish 5,20). Beobachtungen zum Zorn und Grimm im Weisheitsbuch, in: F.-L. Hossfeld/ L. Schwienhorst-Schönberger, Das Manna fällt auch heute noch, FS E. Zenger, 2004, 33–56, 35; Hogan, Exegetical Background, 23f; M. McGlynn, Divine Judgement and Divine Benevolence in the Book of Wisdom, WUNT II/139, 2001, 65.

hinaus, an die sie sich ansonsten eng zurückbindet.[38] Um den Vorstellungshorizont der Sapientia Salomonis ausloten zu können, sollen
im Folgenden noch zwei Zeugnisse des alexandrinischen Diaspora-
judentums herangezogen und in Bezug auf ihre eschatologischen Aussagen interpretiert werden. Aus dem breiten Spektrum jüdischer Schriften aus hellenistischer Zeit sollen die Schriften Philos von Alexandrien
als ein zeitgenössisches, elaboriertes theologisches und philosophisches
Werk sowie jüdische Grabinschriften aus der ägyptischen Diaspora als
Zeugnisse des alltäglichen Umgangs mit Leben und Tod näher in den
Blick genommen werden.

Philo von Alexandrien und die Sapientia Salomonis

Philo und die Sapientia Salomonis sind in einem vergleichbaren
zeitlichen Rahmen in Alexandria zu verorten. Beide haben ein Interesse
daran, die jüdische Religion in ihrem hellenistischen Umfeld zu verorten und begegnen diesem mit Offenheit. Dennoch liegt in einem Vergleich beider Werke die Schwierigkeit, dass der Vielzahl der Schriften
Philos die Sapientia Salomonis als eine einzige Schrift gegenübersteht,
die noch dazu in ihren ersten sechs Kapiteln eine mehr oder weniger
zusammenhängende eschatologische Konzeption aufweist, während
eschatologische Aussagen bei Philo auf das gesamte Schrifttum verteilt
begegnen. Da sich dies Aussagen Philos zur Eschatologie in den verschiedenen Schriften ähneln und sich auf immer wiederkehrende Bereiche beziehen, kann auch bei Philo ein in weiten Teilen zusammen-
hängendes eschatologisches Verständnis vorausgesetzt werden.[39]

Insofern können an dieser Stelle die bereits für die Sapientia Salomonis behandelten eschatologischen Themen mit den Schriften Philos
korreliert werden.

In der Sapientia Salomonis sind die Begriffe ἀθανασία, ἀφθαρσία,
δικαιοσύνη und νόμος eng miteinander verbunden, wobei ἀφθαρσία
eine Konkretion des Begriffes ἀθανασία und νομός eine Konkretion
des Begriffes δικαιοσύνη bietet. Während der Aufruf zur Liebe zur

38   Vgl. Blischke, Eschatologie, S. 191ff; S. Cheon, The Exodus Story in the Wisdom of
     Solomon. A Study in Biblical Interpretation, JSPE.S 23, 1997; J. Fichtner, Der AT-Text
     der Sapientia Salomonis, ZAW 57 (1939), 155–192; P. Enns, Exodus Retold. Ancient
     Exegesis of the Departure from Egypt in Wis 10,15–21 and 19,1–9, HSM 57, 1997; U.
     Schwenk-Bressler, Sapientia Salomonis als ein Beispiel frühjüdischer Textauslegung.
     Die Auslegung des Buches Genesis, Exodus 1–15 und Teilen der Wüstentradition in
     Sap 10–19, BEAT, 1993; G. Ziener, Die Verwendung der Schrift im Buche der
     Weisheit, TThZ 66 (1957), 138–151.
39   Vgl. Blischke, Eschatologie, 207ff.

Gerechtigkeit eine Aufruf in ein Leben nach dem Willen des jüdischen Gottes bedeutet, steht der Begriff νομός für die Größe, an dem sich das Einhalten dieses Willens manifestiert. Und während der Begriff ἀθανασία in einem weitesten Sinne auch auf eine Unsterblichkeit in der Erinnerung oder ein „Überhaupt-nicht-sterben-Müssen" hin gedeutet werden kann, macht der Terminus ἀφθαρσία deutlich, dass es um ein Weiterbestehen des Menschen auch über das Sterben hinaus geht. Die Begriffe sind einander weiterhin so zugeordnet, dass die Liebe zur Gerechtigkeit und das Halten des Nomos als Voraussetzung für Unsterblichkeit und Unvergänglichkeit zu verstehen sind.[40]

Philo unterscheidet dagegen nicht zwischen ἀφθαρσία und ἀθανασία. In seinen Schriften begegnet als einzige Möglichkeit einer Weiterexistenz über den Tod hinaus die Vorstellung einer Unsterblichkeit der Seele (Fug 199; Opif 135; Virt 9).[41] Die Unsterblichkeit ist allerdings keine der Seele schon immer mitgegebene Eigenschaft, sondern göttlichen Ursprungs, da sie erst durch das Einhauchen des göttlichen πνεῦμα hervorgerufen wird (Leg 1,32).[42] Aber auch Philo sieht die einzige Möglichkeit, Unsterblichkeit zu erlangen, darin, dass der Mensch nach Gottes Willen lebt (Fug 58f.), worin das Halten des Gesetzes eingeschlossen ist (Praem 98.119).[43] Philo kann ebenfalls die Gerechtigkeit als ein Mittel zu Heil bezeichnen (Ebr 23; Leg 1,72), wobei dies auch für die übrigen drei Kardinaltugenden gelten kann,[44] und er mitunter auch die Begriffe εὐσέβεια und ὁσιότης für die Entscheidung, ein Leben nach Gottes Willen zu leben, nutzt (Sacr 27). Philo und die Sapientia Salomonis unterscheiden sich also in ihrer Vorstellung, wie sich ein Leben über das Sterben hinaus hin realisiert, lassen sich aber in ihrem Verständnis, wie Unsterblichkeit bzw. Unvergänglichkeit erreicht werden kann, miteinander vergleichen. Des Weiteren findet sich bei beiden die Vorstellung, dass der Mensch nur dann der göttlichen Schöpfungsintention entspricht, wenn er in Gerechtigkeit handelt (Abr 33) und durch die Liebe zur Gerechtigkeit Unvergänglichkeit erwirbt (Sap 2,23f.).[45]

---

40 Vgl. Blischke, Eschatologie, 63ff und 103ff.

41 Vgl. E. Lohse, Umwelt des Neuen Testaments, GNT 1, ⁹1994, 100.

42 Vgl. D. Zeller, The Life and Death of the Soul in Philo of Alexandria. The Use and Origin of a Metaphor, Studia Philonica Annual 7 (1995), 19–55.

43 Vgl. N. G. Cohen, Context and Connotation. Greek Words for Jewish Concepts in Philo, in: J. L. Kugel (Hg.), Shem in the Tents of Japhet. Essays on the Encounter of Judaism and Hellenism, JSJ. Suppl. 74, 2002, 31–61, 33.

44 Vgl. M. J. Fiedler, Δικαιοσύνη in der diaspora-jüdischen und intertestamentarischen Literatur, JSJ (1970,1), 120–143, 126.

45 Vgl. J. Jervell, Imago Dei. Gen 1,26f. im Spätjudentum, in der Gnosis und in den paulinischen Briefen, FRLANT 76; NF 58, 1960, 27f.

So wie sowohl Philo als auch die Sapientia Salomonis die Auffassung vertreten, dass der Mensch mit der Möglichkeit, Unsterblichkeit zu erlangen, ausgestattet ist (Virt 9; Opif 135; Sap 15,3),
betrachten beide den Menschen gleichwohl grundsätzlich als der Realität des Sterbens unterworfen (Praem 1). Ein deutlicher Unterschied
liegt allerdings in ihrer Einstellung gegenüber dem Tod. Wie wir gesehen haben, betrachtet die Sapientia Salomonis den Tod als etwas Ne-
gatives, was nichts mit den heilsbringenden Schöpfungen Gottes
gemein hat (Sap 1,13). Philo hingegen qualifiziert den Tod nicht als negativ, sondern als etwas Positives oder im pessimistischsten Fall als ein
Adiaphoron (Praem 70). Er sieht das eigentliche Übel nicht im Zustand
des Tot-Seins, sondern im Vorgang des Sterbens. So sieht Philo auch
Kains Strafe für seinen Brudermord an Abel darin, dass Kain immerfort
sterben muss, während Abel keineswegs tot ist, sondern ausgelöscht
von der Wahrnehmung der Unverständigen ein in Gott glückliches Leben führt (Det 48). Dies gilt wie für Kain und Abel für alle Unverständigen und alle Frommen. Die Frommen leben, auch wenn sie gestorben zu sein scheinen, während die Unverständigen leben, aber immerfort sterben müssen (Det 49; Fug 55).[46] Hier ähnelt Philo wieder
sehr der Sapientia Salomonis, die wie er von einem scheinbare Tod der
Gerechten spricht (Sap 3,2). Vergleichbar ist auch der bei Philo begeg-
nende Gedanke, dass die Tatsache, dass Menschen überhaupt Böses
tun können, aus der Geschichte des Brudermords Kains an Abel her-
geleitet wird (Det 178; Post 9–12). Dies korrespondiert mit der Vorstellung der Sapientia Salomonis, dass womöglich Kain der erste ist,
der sich zu einer μέρις des Todes macht.

Einige Parallelen zwischen Philo und der Sapientia Salomonis finden sich auch in der Entfaltung von Gerichtsszenarien.

Allerdings beschreibt Philo im Gegensatz zur Sapientia Salomonis
kein Endgericht. Er beschäftigt sich mit der Problematik von Beloh-
nungen und Strafen, die sich aber zumeist auf das diesseitige Leben
auswirken.[47] Philo sieht göttliche Strafen für Fehlverhalten grundsätzlich als etwas Positives an, da es besser ist, als von Gott endgültig
aufgegeben zu werden (Det 144–146). Vielmehr können Strafen zu
Besserung und damit zu göttlicher Vergebung führen (Praem 163).

---

46   Vgl. Zeller, Life and Death, 20.
47   Vgl. B. L. Mack, Wisdom and Apocalyptic in Philo, The Studia Philonica Annual 3
     (1991), 21–39; A. Mendelson, Philo's Dialectic of Reward and Punishment, Studia
     Philonica Annual 9 (1997), 104–125.

Leiden hat also „erzieherische Funktion"[48]. Gleichzeitig betont Philo die hinter den Strafen stehende Milde Gottes (Det 146). Auch für die Sapientia Salomonis ist der Gedanke eines erzieherischen Strafhandelns von Bedeutung und wie auch bei Philo wird die Milde Gottes betont (Sap 12). Wie Fehlverhalten bestraft wird, wird nach der Auffassung Philos tugendhaftes Leben belohnt. Philo bleibt hier grundsätzlich dem alttestamentlichen Vorstellungshorizont verbunden und lehnt sich an Dtn 28 an.[49] Gleichzeitig ist in Philos Schriften auch eine Entwicklung zu beobachten, nach der die Strafe und damit das Leiden in immer größere Distanz zu Gott gesetzt werden (Sacr 135; Det 69–70).

Was die Darstellung eines Endgerichtes betrifft, so findet sich innerhalb des umfangreichen Schrifttums Philos nur in der Schrift „De praemiis et poenis" die Schilderung eines eschatologischen Szenarios. Die Darstellung in dieser Schrift basiert auf Lev 26,14ff und Dtn 30,1–7, trägt Züge der alttestamentlichen Schilderungen des messianischen Friedens und der Völkerwallfahrt zum Zion.[50] Im Anschluss an ein Pilgern aller zu einem Ort, das durch eine messianische Gestalt hervorgerufen wurde und der Versöhnung mit Gott, kehren alle an ihre Orte zurück und es kommt zu einer Vekehrung der Verhältnisse, nach der unfruchtbare Felder fruchtbar werden und Gott gegen die Feinde der Versöhnten Flüche entsendet. Während Philo somit ein innerweltliches Ereignis beschreibt, das über die bestehenden Lebensverhältnisse hinausgeht und einen idealisierten und somit als eschatologisch zu begreifenden Zustand heraufführt, schildert die Sapientia Salomonis ein Gericht, das den innerweltlichen geographischen und sonstigen Zusammenhängen vollkommen entrückt ist, das auch nicht durch das Auftreten einer messianischen Gestalt heraufgeführt wird. Ähnlich sind sich die Darstellungen allerdings darin, dass die Ereignisse eine Verkehrung der bestehenden Verhältnisse herbeiführen.

In Anbetracht der aufgezeigten Gemeinsamkeiten zwischen Philo und der Sapientia Salomonis sind die bestehenden Unterschiede von besonderem Interesse. Ein Unterschied liegt darin, dass sich die Sapientia Salomonis bei ähnlichem Interesse insgesamt weniger der griechischen und vor allem der platonischen Philosophie bedient als Philo.

---

48   K.-H. Ostmeyer, Das Verständnis des Leidens bei Philo und im ersten Petrusbrief, in: R. Deines/ K.-W. Niebuhr (Hg.), Philo und das Neue Testament, WUNT 172, 2004, 265–281, 280.

49   Mendelson, Philo's Dialectic, 104.

50   Vgl. P. Borgen, Philo of Alexandria. An Exeget of his Time, NT.S 86, 1997, 263.

Sie orientiert sich deutlicher am biblischen Menschenbild, während Philo ein komplexes Verständnis des Seelenbegriffes zeigt.[51]

Hinzu kommt, dass Philo im Gegensatz zur Sapientia Salomonis kein Interesse an einer Erklärung der Existenz des Todes in der Welt hat und ihn, obwohl er mit der Sapientia Salomonis die Vorstellung von Kain als erstem Sünder teilt, nicht wie die Sapientia Salomonis auf die Geschichte vom Garten in Gen 3 zurückführt.

Und schließlich beschreibt Phil in Praem zwar einen zukünftigen und idealerweise als letztgültig zu begreifenden Zustand, der aber nicht über innerweltliche Zusammenhänge hinaus transzendent ist, während die Sapientia Salomonis ein eschatologisches Gerichtsszenario über mehrer Kapitel hin entwirft, das den Charakter der gesamten Schrift prägt. In diesem Zusammenhang ist auch die Tatsache zu sehen, dass Philo nahezu ausschließlich die Schriften des Penatateuchs nutzt, während die Sapientia Salomonis in der Gestaltung des eschatologischen Szenarios vor allem auch das Jesaja- und das Maleachibuch heranzieht.[52]

Jüdische Grabinschriften aus Ägypten

Die große Gruppe jüdischer Grabinschriften aus der Diaspora in Ägypten stammt aus der hellenistischen und römischen Zeit und ist sehr gut dokumentiert.[53] Die meisten dieser Inschriften stammen aus Leontopolis (Tell el Yehoudieh). Ihnen wurde lange Zeit innerhalb der Forschung eine Sonderrolle zugeschrieben,[54] neuere Inschriftenfunde aus anderen Gegenden zeigen jedoch (JIGRE 11.12.23.108.113), dass sie aus der Gruppe jüdischer Inschriften aus der ägyptischen Diaspora nicht aufgrund ihres Inhaltes, sondern allein aufgrund ihrer Anzahl hervorstechen. Da die Inschriften in weiten Teilen aus der Zeit zwischen dem

---

51 Vgl. Blischke, Eschatologie, 209ff; J. Dillon, The Middle Platonists. A Study of Platonism 80 B.C. to A. D. 220, 1977,174ff.

52 Zur Auswahl der alttestamentlichen Schriften bei Philo vgl. M. Hadas-Lebel, Philon d'Alexandrie. Un penseur en diaspora, 2003, 187. Zu alttestamentlichen Bezügen in der Sapientia Salomonis vgl. Blischke, Eschatologie, 191ff.

53 Vgl. J.-B. Frey, Corpus Inscriptionum Iudaicarum, 1952, W. Horbury/ D. Noy, Jewish Inscriptions of Graeco-Roman Egypt, 1992, V. Tcherikover u. a. (Hg.), Corpus Papyrorum Judaicarum III, 1964. Zum Hintergrund der Inschriften oder für Interpretationen vgl. P. W. van der Horst/ J. W. van Henten (Hg.), Studies in Early Jewish Epigraphy, AGJU 21, 1994; J. Park, Conceptions of Afterlife in Jewish Inscriptions, WUNT II, 121, 2000.

54 Vgl. L. H. Kant, Jewish Inscriptions in Greek and Latin, ANRW II, 20.2, 1987, 617–713, 678; D. M. Lewis, Jewish Inscriptions of Egypt, in: V. Tcherikover u. a. (Hg.), Corpus Papyrorum Judaicarum II, 1964, 138–166, 145.

1. Jh. v. Chr. und dem 1. Jh. n. Chr. stammen, sind sie zeitgenössische Zeugnisse zur Sapientia Salomonis.

Alle jüdischen Inschriften in griechischer Sprache enthalten immer grundsätzliche Informationen. Der Mindestbestand einer Inschrift ist die Nennung des Namens (JIGRE 6.8)[55], der in manchen Fällen um eine Formulierung zur Familienzugehörigkeit erweitert sein kann (JIGRE 7.10). Häufig treten zu der Namensangabe noch Informationen über das Alter, das Datum des Todes oder den Beruf des oder der Verstorbenen hinzu.[56] Im Allgemeinen ist festzustellen, dass solche Ergänzungen immer auch weitere Formulierungen nach sich ziehen, die den Schmerz und die Trauer über den Tod des Verstorbenen zum Ausdruck bringen

In Inschriften, die solche Formulierungen über den Schmerz über den Tod enthalten, begegnen drei Termini besonders häufig: Die Klage darüber, dass der Tod als unzeitgemäß empfunden wird (ἄωρε)[57], die Klage darüber, dass der Verstorbene kinderlos (ἄτεκνος) geblieben ist[58] sowie die Klage über die Umstände des Todes (JIGRE 33.85.99.106). Das Empfinden, dass der Tod zur Unzeit erfolgte, richtet sich nicht notwendigerweise nach dem tatsächlichen Alter. Dieses kann zwischen zwei Jahren (JIGRE 102.103) und dreißig Jahren variieren (JIGRE 61), falls es sich bei Inschrift JIGRE 130 um eine jüdische Inschrift handelt, beweint diese sogar den Tod einer fünfzig Jahre alten Person als unzeitgemäß.[59]

Neben diesen Formulierungen, die Schmerz und Trauer zum Ausdruck bringen, begegnen häufig Stereotypen, die die besondere Würde der Verstorbenen in Worte fassen. Dazu gehört die Formulierung χρηστέ (JIGRE 58.72.94.106.107.109.112 u. a.), die Formulierung πασιφίλος (JIGRE 30.53.60.69.73.91.92.100.108 u. a.) und die Bezeichnung ἄλυπε (JIGRE 59.70.78.89.132).

Die hier beschriebenen Inschriften enthalten keine eschatologischen Vorstellungen oder Motive. Sie zeigen aber durchgehend eine bestimmte Haltung gegenüber dem Tod , der als eine bestehende und letztgültige Tatsache verstanden wurde mit seiner ganzen Konsequenz und mit allem Schmerz. Die Tatsache, dass ein Mensch sterben muss, wird

---

55   Die Zitation der Inschriften erfolgt nach der Ausgabe von Horbury und Noy, Jewish Inscriptions of Greco-Roman Egypt (JIGRE).

56   Bij de Vaate und Kant sehen in diesen Angaben unzutefenderweise den Mindestbestand einer Inschrift. Vgl. A. Bij de Vaate, Alphabet-Inscriptions from Jewish Graves, in: J. W. van Henten/ P. W. van der Horst, Studies in Early Jewish Epigraphy, AGJU 21, 1994, 148–161;

57   JIGRE 12.56.58.61.72.94.102.03.106.107.109.112 u. a.

58   JIGRE 34.48.50.101.

59   Zur Diskussion der Inschrift vgl. Hobury/ Noy, Inscriptions, 221.

als ein Faktum stehen gelassen, dem auch durch ein noch so unta-
deliges Leben nicht zu entkommen ist.

Die Sapientia Salomonis befasst sich in den Kapiteln 3–5 mit
ähnlichen Problemen. Sap 3,1–9 behandelt den Tod unter besonders
schmerzvollen Umständen, Sap 3,13–15 greift das Problem der Kinderlosigkeit zum Todeszeitpunkt auf und Sap 4,7–16 geht auf den vorzeitigen Tod ein. Anders als die Grabinschriften bleibt die Sapientia
Salomonis aber nicht in der Klage über die schmerzvollen Todes-
umstände stehen, sondern löst die Probleme dadurch, dass die Verhältnisse im Eschaton in ihr Gegenteil verkehrt werden. Den Menschen, die
einen qualvollen Tod erleiden mussten, wird es gut ergehen (Sap 3,5a),
die Unfruchtbare wird im Gericht Frucht haben (Sap 3,13) und der
Wert eines Lebens wird nicht nach der Anzahl der Jahre bemessen (Sap
4,8).

Neben der sehr großen Gruppe der Inschriften, die ausschließlich
die genannten Stereotypen enthalten, gibt es sechs Inschriften, die die
Vorstellung zum Ausdruck bringen, dass die verstorbene Person in
ihrem Grab ruht. Eine dieser Inschriften stammt aus Schedia und ist in
die ptolemäische Zeit zu datieren (JIGRE 23), die anderen fünf sind aus
Leontopolis (JIGRE 30.31.33.35.38). In den Inschriften JIGRE 23.30.35.38
wird für das Liegen im Grab das Verb κεῖμαι verwendet, die Inschriften JIGRE 31 und 33 Umschreiben diesen Sachverhalt. In späterer
Zeit, vor allem in Rom im 3. und 4. Jh. n. Chr. wird die Formulierung
ἐνθάδε κεῖται dafür genutzt, auf den Namen des Verstorbenen hinzu-
weisen. Die jüdischen Inschriften aus Ägypten kennen diese Stereotype
allerdings nicht. Die Bezeichnung für Grab kann variieren, und die
verstorbene Person, die im Grab liegt, kann den Vorbeigehenden an-
sprechen (JIGRE 23.31.35). Insofern scheint in diesen Inschriften die
Vorstellung auf, dass die Toten in ihren Gräbern hausen. Die Inschriften JIGRE 38.39 und 109 werden in der Vorstellung des Liegens
im Grab sogar so konkret, dass sie den Wunsch enthalten, dass die
Erde für die im Grab liegende Person nicht so schwer sein möge.

Die Sapientia Salomonis übermittelt im Vergleich dazu keine
genauen Vorstellungen über den Aufenthaltsort der Verstorbenen. Einige Äußerungen deuten darauf hin, dass sich die Toten zusammen an
einem Ort befinden (Sap 3,7; 4,16; 4,19b; 5,1). Besonders die Gerechten
aber scheinen sich nicht in einer Unterwelt zu befinden, da von ihnen
gesagt wird, dass sie die Gottlosen richten und über die Welt herrschen
werden (Sap 3,8).

Was die Inschriften anbetrifft, so gibt es aus Leontopolis einige
Inschriften, die auf eine Unterwelt Bezug nehmen. In vier dieser
Inschriften begegnet der Begriff Hades. JIGRE 31 bezieht sich auf den

Raub der Persephone, so dass der Hades hier als Personifikation erscheint.[60] In den Inschriften JIGRE 34.38 und 39 bezeichnet der Begriff Hades die Unterwelt. Bei diesen drei Inschriften handelt es sich um sehr ausführliche Zeugnisse. So enthält die Inschrift JIGRE 34 eine längere Selbstvorstellung des Verstorbenen zusammen mit einer dreifachen Klage über den Tod, und die Inschrift JIGRE 38 dokumentiert sogar ein ganzes Gespräch zwischen der Stele, auf der die Inschrift angebracht ist, und der verstorbenen Person. In dieser Inschrift finden sich gleich drei verschiedene Bezeichnungen für die Unterwelt, nämlich σκοτόεν κλίμα Λάθας „dunkles Reich der Lethe",[61] Χῶρον νεκύων „Gebiet der Toten" und Haus der Hades (Ἀΐδαο δόμους). Diese Verwendung verschiedener Formulierungen deutet darauf hin, dass nicht bestimmten Vorstellungen aus der griechischen Mythologie gefolgt wird, sondern dass sich die Inschrift einfach an bestehende Konventionen anlehnt. Die getroffenen Äußerungen stehen vielmehr, wie auch die Aussagen aus JIGRE 34 in Verbindung mit dem Alten Testament, denn auch in der LXX wird wiederholt der Hades beschrieben und beklagt (Hi 7,9–10; 17,13–16; Sir 9,10; Ps[LXX] 6,6; 113,25; Jes 38,18).[62]

JIGRE 39 bietet ebenfalls eine sehr ausführliche Inschrift, die auch in Gesprächsform gehalten ist. Die Unterwelt wird in ihr allerdings nur vergleichsweise kurz erwähnt, indem gesagt wird „der Allbezwinger (πανδαμάτωρ) selbst raubte ihn in den Hades.[63] Mit πανδαμάτωρ wird in einer jüdischen Inschrift schwerlich auf den jüdischen Gott hingewiesen. Auch hier steht die Erwähnung des Hades nicht in Widerspruch zu jüdischen Vorstellungen.

Aussagen über die Unterwelt finden sich also nur in vergleichsweise ausführlichen Inschriften, die einer der griechischen Mythologie entlehnten Terminologie folgen, ohne damit verbundene Vorstellungen wirklich zu übernehmen. Die verwendeten Begriffe sind eher als Synonyme des hebräischen Terminus שְׁאוֹל zu verstehen.[64] So fällt auf, dass das der Hades in den genannten Inschriften nie im Sinne griechischer Mythologie beschrieben wird oder mit der griechischen Mythologie verknüpfte Vorstellungen wie das Bezahlen des Charon oder

---

60   Vgl. Horbury/Noy, Inscriptions, 63; I. Peres, Griechische Grabinschriften und neutestamentliche Eschatologie, WUNT 157, 2003.

61   Vgl. Horbury/Noy, Inscriptions, 94. Den Fluss Lethe mit der Unterwelt gleichzusetzen ist auch in paganen Inschriften üblich. Peres, Griechische Grabinschriften, 53–59.

62   Zu weiteren Belegen vgl. auch Horbury/ Noy, Jewish Inscriptions, 92.

63   Für eine genauere Analyse des auf der Inschrift dokumentierten Gesprächs vgl. Horbury/ Noy, Jewish Inscriptions, 97

64   Vgl. auch Horbury/ Noy, Jewish Inscripitons, 245.

das Überwinden der von Kerberos bewachten Pforte erwähnt werden.
Dies war in vergleichbaren paganen Inschriften durchaus üblich.[65]

So ist davon auszugehen, dass die genannten Inschriften die biblische Vorstellung von einem Aufenthalt in der als dunkel vorgestellten
Totenwelt spiegeln.

In der Sapientia Salomonis begegnet der Begriff Hades an vier Stellen, nämlich in Sap 1,14; 2,1; 16,3 und in 17,13, wobei in Sap 2,1; 16,13
und 17,13 deutlich der Bereich der Unterwelt benannt wird. Sap 1,14
könnte im Sinne einer Personifikation des Hades verstanden werden[66].
Die Zusammenschau mit den übrigen Belegstellen macht dies jedoch
eher unwahrscheinlich, so dass in Sap 1,14 offensichtlich der Gedanke
ausgedrückt wird, dass der Machtbereich des Todes, also das Totenreich, kein Einfluss auf das diesseitige Leben hat. Der wesentliche Unterschied zwischen der Sapientia Salomonis und dem in den Grabinschriften dokumentierten alltäglichen Umgang mit dem Tod ist darin
zu sehen, dass die Grabinschriften den Hades als letzten Bestimmungs-
und Aufenthaltsort der Verstorbenen begreifen, während die Sapientia
Salomonis betont, dass eine Entscheidung für ein Leben nach dem
Willen des jüdischen Gottes Einfluss auf den Tod hat (Sap 15,3) und der
Hades nicht der letzte Bestimmungsort des Menschen sein muss (Sap
16,3).

Während die bisher vorgestellten Inschriften ausschließlich negative Jenseitskonzeptionen boten, also solche, die angesichts des Endes
des menschlichen Lebens nichts als Hoffnungslosigkeit und Klage sa-
hen, gibt es auch einzelne Inschriften, die im Umgang mit dem Tod
etwas positiver sind.[67] Unter den jüdischen Grabinschriften aus der
Diaspora in Ägypten, finden sich insgesamt nur drei, die in griechischer Sprache abgefasst worden sind und die einen postiven Gedanken
enthalten, die alle aus Leontopolis stammen (JIGRE 33.35.36). JIGRE 35
bietet die Vorstellung, dass der Körper des Verstorbenen an einem
gesegneten Ort liegt. Neben diesem Gedanken wird jedoch gleichzeitig
die Vorstellung von einem Liegen im Grab sehr stark betont, so dass
eine genaue Bestimmung der Aussagen dieser Inschrift als eine positive
Jenseitskonzeption problematisch ist.

In JIGRE 33 tritt der positive Aspekt deutlicher hervor. Hier wird
gesagt, dass die Seele des Verstorbenen zu den Heiligen gefolgen sei,
was deutlich über eine bloße Existenz im Grab hinausweist. Der Gedanke eines Fluges der Seele zu den Heiligen entstammt der griechi-

---

65   Vgl. Peres, Griechische Grabinschriften, 42–53.
66   Vgl. Horbury/ Noy, Jewish Inscriptions, 63.
67   Zur Unterscheidung von positiven und negativen Jenseitskonzeptionen vgl. Peres,
     Griechische Grabinschriften, 2.

schen Konvention und ist in paganen Grabinschriften ein verbreitetes Thema.[68] Dennoch lässt sich über die auf das Jenseits gerichteten Erwartungen des Verstorbenen und seiner Angehörigen nichts weiter sagen, als dass in der Inschrift eine unbestimmte Vorstellung von einer Weiterexistenz der Seele nach dem Tod zu Ausdruck kommt, die als etwas Positives empfunden wird.[69]

Die Inschrift JIGRE 36 bringt schließlich eine gute Hoffnung auf Erbarmen zum Ausdruck (ἐλέους ἐλπίδα ἀγαθὴν). Diese Aussage lässt sich keinem bestimmten Vorstellungshorizont zuschreiben. die Vorstellung, guter Hoffnung für das Leben nach dem Tod zu sein, findet sich in Platons Phaidon, lässt sich aber, wie der Vergleich mit der Sapientia Salomonis zeigt (Sap 3,4), auch mit jüdischem Denken in Einklang bringen und auch in den Schriften Philos ist ἐλπίς ein wichtiger Terminus.[70]

Unabhängig von diesen Inschriften in griechischer Sprache gibt es noch zwei weitere jüdische Inschriften aus Ägypten, die vergleichbare positive Jenseitskonzeptionen enthalten (JIGRE 119.133). Sie sind allerdings in hebräischer Sprache verfasst und stammen aus viel späterer Zeit, so dass sie für den angestrebten Vergleich mit der Sapientia Salomonis nicht herangezogen werden können.

Für den Vergleich mit der Sapientia Salomonis ist vor allem das Schweigen des größten Teils der Grabinschriften zu positiven Jenseitserwartungen von Interesse. Die Tatsache, dass es eine Fülle von Inschriften gibt, die den Tod des Verstorbenen und seine Umstände vehement beklagen und die zur Klage aufrufen, nur zwei Inschriften gegenüberstehen, die in aller Knappheit halbwegs positive Erwartungen in Bezug auf das Jenseits spiegeln, lässt den Schluss zu, dass positive Jenseitserwartungen innerhalb des alltäglichen Umgangs mit dem Tod im Umfeld der Sapientia Salomonis keine Rolle spielten.[71] Die Sapientia Salomonis steht dazu mit einer Fülle von positiven Jenseitsaussagen in größtmöglichem Gegensatz (Sap 1,13.15; 2,23; 3,1.3.5.7 u. a.).

---

68 Vgl. Horbury/ Noy, Jewish Inscriptions, 73.

69 Vgl. P. W. van der Horst, Ancient Jewish Epitaphs. An Introductory Survey of a Millenium of Jewish Funerary Epigraphy (300 BCE–700 CE), Contributions to Biblical Exegesis and Theology 2, 1991, 123.

70 Vgl. Horbury/Noy, Jewish Inscriptions, 85.

71 Auch Horbury kommt in Bezug auf die griechischen jüdischen Inschriften aus Ägypten zu dem Schluss: „all these consolations (...) assume the finality of death". Horbury, Jewish Inscriptions, 33.

Ergebnis

Innerhalb der Sapientia Salomonis spielen eschatologische Vorstellungen eine herausgehobene Rolle. So wird das in den Kapiteln Sap 3–5 entfaltete eschatologische Szeneraio genutzt, um die Dringlichkeit des Aufrufs zur Liebe zur Gerechtigkeit und damit zu einem Leben nach dem Willen des jüdischen Gottes zu plausibiliseren. Innerhalb dieses eschatologischen Szenarios wird die Begrenztheit des diesseitigen Lebens, das als ein festgesetzter καιρός beschrieben wird, überwunden und in die Ewigkeit hinein entschränkt. In dieser Ewigkeit nehmen die Gerechten, die zuvor in den eschatologischen Ereignissen von Gott zurecht gebracht wurden, eine herausragende Rolle ein.

Der Tod ist als solcher von Gott nicht intendiert. Er begrenzt als physisches Sterben das irdische Leben und hat, insofern die Gottlosen über das Sterben hinaus nichts anderes zu erwarten haben als den Tod, auch eine in die Ewigkeit reichende Dimension.

In dieser eschatologischen Argumentation nimmt die Sapientia Salomonis gegenüber ihrem unmittelbaren Umfeld, das mit den Schriften Philos und den griechischen jüdischen Grabinschriften als Eckpfeilern ausgelotet wurde, eine besondere Stellung ein. Der Vergleich mit Philo und den Grabinschriften zeigt, dass eschatologische Gedanken nicht so selbstverständlich waren, dass sie in der Darstellung des jüdischen Glaubens in den Schriften Philos oder im alltäglichen Umgang mit Leben und Tod, wie er sich in den Grabinschriften spiegelt, eine Rolle gespielt hätten. Während die Grabinschriften die Tatsache des Todes vor allem und nahezu ausschließlich auf vehemente Weise beklagen, überwindet die Sapientia Salomonis den Tod und bringt den einzelnen Gerechten auf eschatologischer Ebene zurecht. In diesem eschatologischen Interesse auch gerade am Einzelnen geht sie nicht nur über ihr beschriebenes Umfeld, sondern auch über die Schriften des Alten Testaments hinaus.

Zeit, Geschichte, Ewigkeit im rabbinischen Judentum

GÜNTER STEMBERGER

Zur Einleitung

Früher viel vertretene Vorstellungen einer zyklischen Zeit in der griechischen Welt gegenüber einer linearen Zeit im hebräischen Denken[1]
gelten seit langem als überholt.[2] Aber damit ist nicht auch schon die
Frage nach einem unterschiedlichem Zeitverständnis einer philosophisch geprägten Welt wie der der Griechen gegenüber anderen vor-
modernen Gesellschaften abgetan, zu welchen man u. a. auch das Judentum zählt. Das zeigt deutlich Sacha Stern mit seiner Studie zu Zeit
und Prozess im alten Judentum: In ihr spricht er dem vormittelal-
terlichen jüdischen Denken einen Zeitbegriff im eigentlichen Sinn (als
reified abstract), als kontinuierlichen Zeitfluss, ab. Für das antike Judentum seien vielmehr der Prozess, der Ablauf der Ereignisse, und
damit einzelne Zeitpunkte wesentlich: „the concept of time as an entity
in itself was unknown in ancient Jewish culture".[3] Die einzigen Aus-
nahmen seien die stark hellenistisch geprägten Autoren Philo v. Alexandria und Josephus, die den griechischen Zeitbegriff übernehmen.

Yaron Eliav hat jüngst in einer Besprechung von Stern's Buch[4] darin eine künstliche Dichotomie gesehen; er möchte den Zeitbegriff nicht
so sehr einengen, dass er auf bestimmte rabbinische Texte (oder zumindest deren explizite Aussagen) nicht mehr passt. Hierin ist Eliav
weithin zuzustimmen. Dennoch bleibt die Arbeit Stern's voller Anre-

---

1   Z. B. Th. Boman, Das hebräische Denken im Vergleich mit dem griechischen, G
     [3]1959, [7]1983.

2   Dagegen z. B. schon J. Barr, Biblical Words for Time, SBT 1/33, 1962.

3   S. Stern, Time and Process in Ancient Judaism, 2003, 3. Nicht zugänglich war mir: S.-
     A. Goldberg, La Clepsydre. 1. Essai sur la pluralité des temps dans le judaïsme; 2.
     Temps de Jérusalem, temps de Babylone, 2000–2004. Zum Zeitverständnis im
     vorrabbinischen Judentum siehe C. Grappe/J.-C. Ingelaere (Hg.), Le Temps et les
     Temps dans les littératures juives et chrétiennes au tournant de notre ère, JSJS 112,
     2006.

4   Y. Z. Eliav, Zion 72 (2007), 101–104 (hebräisch). Siehe auch schon die Rezension
     durch N. R. M. de Lange, JThS 56 (2005), 628–633.

gungen und auch die folgenden Ausführungen setzen sich ständig mit ihnen auseinander.

Als einziger jüdischer Autor der Antike stellt sich Philo explizit der Frage nach dem Verständnis der Zeit:

> „Und Gott vollendete am sechsten Tage seine Werke, die er gemacht hatte" (Gen 2,2). Ganz töricht wäre es zu glauben, dass in sechs Tagen oder überhaupt in einer Zeit die Welt entstanden sei. Warum? Weil jede Zeit eine Zusammenfügung von Tagen und Nächten ist, diese aber erst durch die Bewegung der über die Erde und unter die Erde hinschreitenden Sonne notwendig zustande gebracht werden; die Sonne ist aber ein Teil des Himmels; es herrscht daher Übereinstimmung darüber, dass die Zeit jünger ist als das Weltall. So lässt sich denn mit Recht sagen, dass nicht das Weltall in einer Zeit entstanden ist, sondern durch das Weltall die Zeit entstand; denn die Bewegung des Himmels hat das Wesen der Zeit erkennen lassen. Wenn also die Schrift sagt, Gott habe am sechsten Tage seine Werke vollendet, so muss man einsehen, dass sie nicht eine Anzahl von Tagen meint, sondern die vollkommene Zahl, die Sechs.[5]

Diese Aussage Philos hat im rabbinischen Denken kein Gegenstück; einige ihrer Vorstellungen sind den Rabbinen fremd. Schon allein der Gedanke, dass es Zeit erst gibt, seit es die Welt gibt, ist für die Rabbinen kaum vorstellbar, auch nicht die Geschaffenheit der Zeit. Umgekehrt ist nicht nur für Philo, sondern auch wieder für die jüdische Philosophie des Mittelalters ab Saadia die Geschaffenheit der Welt ein ständiges Problem, da sich der zeitliche Anfang der Welt mit griechischen Vorstellungen nicht vereinbaren lässt.

Gern versuchte man früher auch, das hebräische Verbalsystem für das Zeitverständnis der biblischen Welt bzw. der späteren Epochen auszuwerten, etwa einen Wandel im Übergang vom aspektiven Verbalsystem des Bibelhebräischen (vollendet, unvollendet, im Gang), zum Drei-Zeiten-System des Mischna-Hebräischen zu sehen und daraus auf die Veränderung der Zeitwahrnehmung im nachbiblischen Judentum zu schließen. Ein solcher Zugang greift sicher zu kurz, zudem auch im Verbalsystem der Mischna und auch noch später die Zeiten durchaus nicht so klar voneinander abgegrenzt sind, was für einen Übersetzer ständig Probleme aufwirft. Ob ein Text Zustände der Vergangenheit

---

5 Philo, Allegorische Erklärung I,1. Text nach Philo von Alexandria. Die Werke in deutscher Übersetzung, hrsg. von L. Cohn u. a., Breslau 1909/38, Nachdruck Berlin 1962. Vgl. Philo, Über die Weltschöpfung 7, zum Begriff „Anfang" in Gen 1,1: Er bedeutet nicht „den Anfang hinsichtlich der Zeit; denn die Zeit existierte nicht vor der Welt, sie ist vielmehr entweder mit ihr oder nach ihr ins Dasein getreten. Denn da die Zeit das Intervall der Bewegung des Weltalls ist, Bewegung aber nicht früher als das Bewegte eintreten kann, sondern entweder später oder zugleich entstanden sein muss, so muss auch die Zeit entweder ebenso alt sein wie die Welt oder jünger als sie sein; der Versuch, sie als älter zu erweisen, wäre unphilosophisch".

schildert oder die „Vergangenheitsform" verwenden, um ein norma-
tives Verhalten gerade auch bei rituellen Handlungen auszudrücken,
ist durchaus nicht immer eindeutig; damit bleibt auch die Frage offen,
ob ein Text Zustände aus der Zeit des Tempels schildern will oder von
einer zeitlosen Norm spricht.[6] Stern betont richtig: „The fuzziness or
absence of a tense system in many languages may thus serve to confirm
that the concept of a temporal dimension is not necessary for a cogent
experience and interpretation of lived reality".[7] Über die Sprache allein
kommt man sicher nicht zu einem adäquaten Verständnis der Zeit in
einer bestimmten Kultur.

Die folgenden Seiten erheben keinen Anspruch auf eine philosophisch adäquate Analyse rabbinischen Zeitverständnisses. Sie wollen
nur– weiterhin im Dialog mit S. Stern – an einigen wenigen zentralen
Texten zeigen, wie Rabbinen sich zum Thema im weitesten Sinn
äußern.

1. Zeit

Der in mAv 1,14 Hillel zugeschriebene Satz „Wenn nicht jetzt, wann?"
(אם לא עכשיו אמתי) setzt für populäres Verständnis sicher ein Zeitbewusstsein voraus, das Wissen um die Dringlichkeit, die Zeit zu nutzen
(auch wenn für Stern gerade das im rabbinischen Denken nicht
vorkommt). Ähnlich würde der gewöhnliche Leser R. Tarfons Satz in
mAv 2,14 verstehen: „Der Tag ist kurz und die Arbeit viel" (היום קצר
והמלאכה מרובה). Wenn Ben Azzai in mAv 4,3 zitiert wird: „Es gibt für
dich keinen Menschen, der nicht seine Stunde hat, und keine Sache, die
nicht ihren Platz hat" (אין לך אדם שאין לו שעה ואין לך דבר אין לו מקום), bezieht
man dies unbefangen auf den Kairos, der jedem Menschen einmal
gegeben ist. Doch darf ich solche weisheitlichen Aussagen so genau
nehmen?

Stern betont, dass der spätbiblische Begriff für Zeit, *zeman*
(weitgehend Ersatz für das frühere *'et* oder *mo'ed*, „festgesetzte Zeit",
aber auch in Qumran nie verwendet), rabbinisch zwar der häufigste
Zeitbegriff ist, doch bedeute er nur „either specific points in time or
finite periods of time, but never expresses the dimension of time as a

---

6   Siehe v. a. S. Sharvit, The Tense System of Mishnaic Hebrew (hebräisch), in: G. B.
     Sarfatti (Hg.), Studies in Hebrew and Semitic Languages, Dedicated to the Memory
     of Prof. E. Y. Kutscher, 1980, 110–125; M. Pérez Fernández, An Introductory
     Grammar of Rabbinic Hebrew, 1997.
7   D. Stern, Time and Process, 25.

whole".[8] Zwar könne *zeman* in der frühen rabbinischen Literatur jeden (auch nicht festgesetzten) Zeitpunkt bedeuten, aber nicht die Zeit als solche. Das meint Stern auch für die liturgische Wendung „gepriesen sei er, der den Sabbat, Israel und die Zeiten heiligt" (tBer 3:13, Lieberman 15: ברוך מקדש השבת וישראל והזמנים), in der „die Zeiten" die Feste bedeutet, ebenso in der Berakha „der uns zu dieser (Fest)zeit hat gelangen lassen" (tBer 5:22, Lieberman 28: והגיענו לזמן הזה), oder aber auch für mQid 1:7, wonach eine Frau nicht zur Einhaltung zeitgebundener positiver Gebote gebunden ist (מצות עשה שהזמן גרמה). Hier sei nirgends notwendig die Vorstellung einer universalen Zeitdimension impliziert.[9]

In bHag 12a zitiert R. Jehuda Rav, nach dem am ersten Tag zehn Dinge erschaffen wurden: „Himmel und Erde, Tohu und Bohu, Licht und Finsternis, Wind und Wasser, das Maß des Tages und das Maß der Nacht" (מדת יום ומדת לילה: man könnte *midda* auch als „Qualität, Eigenschaft" wiedergeben). Als Beleg wird zitiert: „Gott nannte das Licht Tag, und die Finsternis nannte er Nacht" (Gen 1,5) – so die meisten Handschriften; zwei zitieren den zweiten Teil des Verses: „Es wurde Abend, und es wurde Morgen: erster Tag". Eine Präzisierung dessen, was genau am ersten Tag geschaffen wurde, geht daraus kaum hervor. Die Wendung kommt auch in bBer 11b vor: Die Berakha „der Licht bildet und Finsternis schafft", lautet so und nicht etwa „der Licht bildet und den Lichtglanz schafft", obwohl das vielleicht schöner wäre. Die Wendung entspricht nicht nur Jes 45,7, sondern soll auch die „Qualität des Tages in der Nacht und die Qualität der Nacht bei Tag in Erinnerung rufen" (להזכיר מדת יום בלילה ומדת לילה ביום). Beides, Tag und Nacht, gehört eben zur Schöpfung und wird daher im Lobpreis des Schöpfers genannt.

E. Urbach versteht in bHag 12a *midda* als Natur, Wesen, und akzeptiert dafür die Übersetzung „the nature of day" bzw. „the nature of night", und folgert daraus, hier sei „the creation of time" ausgesagt.[10] Als gegenteilige Meinung dazu zitiert er R. Jehuda beR. Simon: „‚Es werde Abend' (יהי ערב) steht hier nicht geschrieben, sondern: ‚und es wurde Abend' (ויהי ערב). Daraus (folgt), dass es zuvor schon eine Ordnung der Zeiten (סדר זמנים) gegeben hat. Es sagte R. Abbahu: Daraus (folgt), dass der Heilige, gepriesen sei er, Welten schuf und wieder zerstörte, bis er diese erschuf. Er sagte: diese gefällt mir; jene gefielen mir nicht" (BerR 3,7, Theodor-Albeck 23). Stern ist zuzustimmen, dass

---

8   D. Stern, Time and Process, 26.

9   D. Stern, Time and Process, 29.

10   E. E. Urbach, The Sages. Their Concepts and Beliefs, 1975, 210. Wie Urbach im Vorwort schreibt, hat er die englische Fassung seines hebräischen Textes im Detail mit dem Übersetzer I. Abrahams abgesprochen.

hier kein abstrakter Zeitbegriff vorausgesetzt ist.[11] Die „Ordnung der Zeiten" ist gewiss nicht „die Zeit an sich", sondern die Abfolge von Nacht und Tag, die beide Rabbinen mit der geschaffenen Welt verbinden, in der allein es auch Finsternis gibt. Das schließt aber durchaus nicht aus, dass sie auch für die Zeit vor der Schöpfung ein Vorher und Nachher denken können. Sonst wäre die Aussage unmöglich, dass die Tora 974 Generationen verborgen war, bevor die Welt erschaffen wurde (bShab 88b: Aus Ps 105,8 liest man heraus, dass die Tora tausend Generationen vor ihrer Verleihung existierte; die Offenbarung am Sinai erfolgte in der 26. Generation der Welt).

Eine Abfolge von Zeiträumen zu denken heißt nicht, einen abstrakten Zeitbegriff zu haben. Doch ist das außerhalb philosophischer Diskussion so wesentlich? Schon allein das Vorhandensein einer ganzen Ordnung in der Mischna, nämlich der zweiten Ordnung Mo`ed („festgesetzte Zeit"), zeigt, wie wichtig für die Rabbinen eine zeitliche Strukturierung des gesamten Lebens ist, wie heilige Zeit dem heiligen Raum der ersten Ordnung Zera`im („Samen") entspricht. Das jüdische Jahr ist ganz wesentlich strukturierte Zeit, die ihre Vorgabe in der Schöpfungswoche und im gottgewollten Lauf der Gestirne hat. Dieser Aspekt ist zwar nicht mehr so explizit zentral wie noch in der Apokalyptik, aber doch in der bis zum Ende der rabbinischen Zeit (für die Karäer noch lange danach) für die Monatsfestsetzung verbindlichen Sichtung des Neumonds deutlich genug.

Allerdings kommt für die frühen Rabbinen mit dieser konkreten Sichtung und der Festlegung des Kalenders durch das rabbinische Gericht ein menschlicher Faktor hinzu, den die Apokalyptiker gerade zu vermeiden suchten. Ohne Sichtung kann auch nicht der Neumond, damit auch nicht das Neujahr beginnen: ,'Stoßt in die Posaune am Neumond und zum Vollmond, am Tag unsres Festes! Denn das ist Satzung für Israel…' (Ps 81,4–5). Wenn das Gericht (den Tag) geheiligt hat, tritt das (himmlische) Gericht vor Ihm zusammen, wenn nicht, tritt das Gericht vor Ihm nicht zusammen" (tRH 1,11, Lieberman 307f). Die Ankündigung des Neujahrs ist so sehr „Satzung für Israel", dass auch das göttliche Gericht erst danach zusammentreten kann; ganz allgemein kann man aus Ex 12,2 „Dieser Monat sei für euch…" ableiten: „Er ist euch übergeben"; Gott hat ihn und seine Festsetzung Israel übergeben wie ein König, der eine Uhr (orlogin) hatte und sie seinem Sohn übergab (PesK 5,13, Mandelbaum 102). Der Mensch ist somit ganz wesentlich an der Strukturierung und damit auch Heiligung der Zeit beteiligt.

---

11   D. Stern, Time and Process, 39.

Erst mit dem Übergang zu einem festen berechneten Kalender kommt man wieder dem „idealen, natürlichen" Ablauf sehr nahe, auch wenn es immer nur Annäherungen sein können, wie Schaltjahre und Verschiebungen (dechijot), mit denen man bestimmte unerwünschte Konstellationen vermeidet (dass etwa Jom Kippur auf Freitag oder Sonntag fällt), klar erkennen lassen. Traditionell verbindet man die Einführung des festen Kalenders mit dem Patriarchen Hillel II. und datiert sie in das Jahr 358; doch ist diese Tradition erstmals bei Abraham bar Chijja im Jahr 1139 belegt; die Umstellung auf einen festen Kalender ist in Wirklichkeit erst Jahrhunderte später erfolgt. Der Kalenderstreit des 10. Jhs. um Saadia Gaon, ob das Vorrecht der Kalenderfestsetzung Palästina zusteht oder nun auf die babylonischen Akademien übergegangen ist, macht deutlich genug, dass auch damals noch der feste Kalender durchaus nicht eine allgemein anerkannte Tatsache war, auch wenn gewisse Vorformen weit zurückgehen.[12]

Der Übergang von einem Kalender, der ganz wesentlich von der Beobachtung des Neumondes und seiner Heiligung abhing, zu einem festen, berechneten Kalender, auf den Israel keinen (oder genauer: fast keinen) Einfluss mehr hat, bedeutet eine gewaltige theologische Umstellung. Sacha Stern schreibt:

> In spite of its functional disadvantages, this [Mishnaic, empirical] calendar was the basis of an entire ideology and world-view. On the one hand, it meant that man – or more specifically Israel, and more specifically still, the rabbinic court – was empowered over time and the cosmic order. On the other hand, it implied a concept of time that was flexible, man-made, and in a sense, sacred. This ideology was not merely theoretical: it would have affected, in practice, the daily experience of time and its flow.
>
> After the institution of a calculated calendar, this experience of time would have been radically redefined. Because the calendar was now governed by fixed, mathematical rules, time was eventually to be experienced as rigid, objective, and 'desacralized'.[13]

In seiner späteren Studie hat Stern diese Deutung revidiert:

> This interpretation… must be completely retracted. There is actually no necessity to assume that the rabbinic calendar determined any particular view of time… the rabbinic calendar is only about solar, lunar, and diurnal cycles, and their synchronization; it does not assume or necessitate the existence of an abstract time-dimension.[14]

---

12 Zur „Kalenderreform" Hillels siehe G. Stemberger, Juden und Christen im Heiligen Land. Palästina unter Konstantin und Theodosius, 1987, 199–205. Ausführlich zur Kalenderentwicklung: S. Stern, Calendar and Community. A History of the Jewish Calendar Second Century BCE – Tenth Century CE, 2001, v. a. 170–181.

13   S. Stern, Calendar, 231.

14   S. Stern, Time and Process, 66f.

Sicher hat Stern Recht, dass das rabbinische Gericht "nur" den Monat heiligte und damit kontrollierte, aber nicht die Zeit – zumindest wenn wir von einem abstrakten Zeitbegriff ausgehen. Doch hilft uns diese Abstraktion (jenseits der philosophischen Diskussion) weiter? Es ist doch ein Unterschied, ob der Akt des rabbinischen Gerichts das Vorrücken der Zeit erst in Gang setzt, sodass ohne ihn auch das himmlische Gericht zu Neujahr nicht beginnen kann, oder ob der Ritus in Form der Berakha den natürlichen Ablauf der Zeit nur begleitet und heiligt. Dass der Wechsel des Kalenders auf die religiöse Auffassung und Wahrnehmung von Zeit seinen Einfluss hat, glaube ich daher mit dem früheren Stern noch immer.

Die Einteilung der Zeit im religiös bestimmten Ablauf des Tages entspricht nicht objektivem Maß. Die wesentlichen Einschnitte der Zeitwahrnehmung sind Sonnenauf- und -untergang; die Abstände dazwischen werden in zwölf Einheiten gegliedert, die natürlich je nach Jahreszeit unterschiedlich sind. Wie man den Ausgleich zwischen dieser jahreszeitlichen Stunde und der Äquinoktionalstunde etwa bei Wasseruhren findet, wurde schon in Babylonien berechnet.

Die Frage nach dem korrekten Zeitpunkt oder dem erlaubten zeitlichen Rahmen religiöser, vor allem ritueller, Verpflichtungen ist in der rabbinischen Literatur allgegenwärtig. Die Mischna beginnt unvermittelt mit einer solchen Frage: „Von wann an rezitiert man das ‚Höre Israel' am Abend? Von der Stunde an, da die Priester hineingehen, um von ihrer Hebe zu essen, bis zum Ende der ersten Nachtwache: Worte des R. Eliezer. Die Weisen sagen: Bis Mitternacht. Rabban Gamaliel sagt: Bis die Morgenröte aufsteigt" (mBer 1,1). Auffällig ist schon die erste Angabe: nicht eine Uhrzeit, sondern ein Zeitpunkt, der als bekannt vorausgesetzt wird. Lev 15 sagt bei verschiedenen Unreinheiten refrainartig, man müsse zur Reinigung ein Tauchbad nehmen und sei „unrein bis zum Abend". Die Rabbinen haben daraus die halakhische Kategorie des Tevul Yom entwickelt, des „Untergetauchten am selben Tag"; dieser ist für die meisten Hinsichten rein, nur nicht für kultische Aspekte wie das Essen der heiligen Priesterhebe. Nur nebenbei sei erwähnt, dass Qumran diese Kategorie nicht anerkennt und keine Zwischenstufe der Reinheit kennt. Man hätte in dieser Mischna also einfacher sagen können: Vom Untergang der Sonne an beginnt der Zeitraum für die Rezitation des Abendgebets. Doch zieht man einen kultischen Bezugspunkt vor, wie allgemein die Gebetszeiten von den Zeiten der Opfer im Tempel übernommen wurden. Die Tageseinteilung ist am untergegangenen Tempel ausgerichtet. Im Tempel, dem idealen Mittelpunkt der Welt, hat auch die Zeit ihren idealen Fixpunkt. Die Angaben, bis wann man das „Höre Israel" rezitiert haben muss (d. h.

auch, ab welchem Zeitpunkt man es nicht mehr nachholen kann), sind ebenfalls relativ, jahreszeitlich bedingt: wie man praktisch die gewöhnlich drei Nachtwachen gegliedert hat, wissen wir nicht (tBer 1,1, Lieberman 1, spricht aber auch von vier Nachtwachen!); Mitternacht ist natürlich nicht Null Uhr, sondern die Mitte zwischen Sonnenuntergang und dem Aufstieg der Morgenröte, die genau festzulegen wiederum schwierig ist. Stern betont zu Recht: „Times are thus not measurements within the time-dimension: they are quite simply events";[15] diese Angaben setzen keine abstrakte Zeitdimension voraus. Doch auch hier muss man fragen, ob das wirklich so sauber voneinander getrennt werden kann.

Der Durchschnittsmensch konnte die Zeit zwischen einzelnen Eckpunkten nicht genau messen: Zwar gab es Uhren (אורלגין), genauer Sonnenuhren (mEd 3,8 erwähnt den „Zeiger (wörtlich: Nagel) eines Stundensteines": מסמר שלאבן שעות) und auch Wasseruhren (BerR 49,12, Theodor-Albeck 514 nennt eine κλεπσυδρα, als חלף סידרא transkribiert), doch waren sie nicht allgemein zugänglich.[16] Deshalb wurden meist Zeitangaben mit der Dauer alltäglicher Tätigkeiten näher eingegrenzt, etwa der Zeit, die man braucht, um eine Meile zu gehen (yBer 1:1,2b), der Zeit, die man braucht, um eine Palme zu umkreisen, einen Becher zu mischen, ein Ei zu braten oder es auszutrinken usw. (bSot 4a: alles Zeitangaben, wie lang eine Frau mit einem Mann allein sein darf, bis ein gerechfertigter Verdacht gegen sie entsteht). Dergleichen Angaben sind für die Spätantike normal, ohne dass man deshalb ein zumindest rudimentäres Zeitbewusstsein bezweifeln dürfte.

Gemessene Zeit wird eher selten erwähnt, v. a. in Bezug auf Mitternacht. Wenn David sagt: „Um Mitternacht stehe ich auf, um dich zu preisen" (Ps 119,62 חצות לילה), fragt man dazu in bBer 3b: „Wie wusste denn David, wann Mitternacht war? Mose unser Meister wusste es nicht! Denn es steht geschrieben: ‚So spricht der Herr: Um Mitternacht will ich mitten durch Ägypten gehen' (Ex 11,4: כחצות הלילה). Warum heißt es ‚um Mitternacht'? Wenn du meinst, Gott habe ihm gesagt ‚(etwa) um Mitternacht' – gibt es im Himmel einen Zweifel? Vielmehr sagte Gott zu ihm: ‚(genau) um Mitternacht' (בחצות), Mose aber kam und sagte: ‚(etwa) um Mitternacht'".

---

15 S. Stern, Time and Process, 47.

16 Erwähnt sei auch das viel diskutierte astronomische Instrument, das in Qumran gefunden wurde: M. Albani, Un instrument de mesures astronomiques à Qumrân, RB 104 (1997), 88–115; G. M. Hollenback, The Qumran Roundel: An Equatorial Sundial?, DSD 7 (2000), 123–129; id., More on the Qumran roundel as an equatorial sundial, DSD 11 (2004), 289–292; B. Thiering, The Qumran Sundial as an Odometer Using Fixed Lengths of Hours, DSD 9 (2002), 347–363.

Wie man sieht, achtet der rabbinische Ausleger genau auf den Unterschied der Ausdrucksweise im Psalm und hier in Ex 11: zwischen „etwa um die Mitte der Nacht" (כהצות הלילה) kann nicht dasselbe sein wie „zur Mitte der Nacht" (הצות לילה) – einmal ist es ein annähernder Wert, das andere Mal genau (die Einheitsübersetzung gibt diesen Unterschied nicht wieder). Doch dann hat der Ausleger das Problem, wie Gott den Zeitpunkt nur annähernd angegeben habe; er wusste doch genau, wann er eingreifen werde. Und tatsächlich heißt es dann Ex 12,29: „Und es geschah zur Mitte der Nacht" (ויהי בחצי הלילה: also genau). Daher muss Ex 11,4 die ungenaue Wiedergabe des Wortes Gottes durch Mose sein, der unsicher war.

Wenn Mose aber nicht sicher war, fährt der Text fort, „sollte es dann David wissen?! Vielmehr hatte David ein Zeichen; denn R. Chana bar Bisna sagte im Namen des R. Simeon Chasida: Eine Harfe war über dem Bett Davids aufgehängt, und sobald Mitternacht war, kam ein Nordwind und blies hinein und sie ertönte von selbst. Sofort stand David auf und befasste sich mit der Tora, bis die Säule der Morgenröte aufstieg".

Wie Mose den genauen Zeitpunkt von Mitternacht nicht wusste und auch nicht die Israeliten mit einer präzisen Angabe verunsichern wollte, die sie nicht kontrollieren konnten, hätte auch David diesen Zeitpunkt nicht gekannt, wäre es ihm nicht durch ein wunderbares Zeichen geoffenbart worden. Explizit sagt das auch die Mekhilta: „‚Und es geschah zur Mitte der Nacht' (בחצי הלילה: Ex 12,29). Warum wird das gesagt? Weil schon gesagt wurde: ‚Mose sagte: So spricht der Herr: Um Mitternacht (כהצות הלילה) will ich mitten durch Ägypten gehen' (Ex 11,4). Denn Fleisch und Blut ist es unmöglich, genau die Mitte der Nacht zu wissen (לעמוד על חציו של לילה); hier aber hat sein Schöpfer sie geteilt. R. Jehuda ben Batyra sagt: Der seine Stunden und seine Minuten kennt, er hat sie geteilt" (MekY Pisha 13, Horovitz-Rabin 42f; vgl. PesK 7,5, Mandelbaum 125; PesR 17,8, Ulmer 364f).

Die Mekhilta deR. Simeon ben Jochai zu Ex 12,29 (ed. D. Nelson 47) sieht in der Formulierung כהצות הלילה von Ex 11,4 kein Problem: „'Und es geschah zur Mitte der Nacht'. Mose sagte zu den Israeliten: 'In dieser Nacht (בלילה הזה) gehe ich durch das Land Ägypten' (Ex 12,12) und setzte ihnen keine Zeit fest, damit die Israeliten nicht herumsitzen und sich üble Gedanken machen und sagen: Die Stunde ist schon gekommen und wir wurden nicht erlöst. Aber als Mose zu Pharao sprach, was sagte er da? 'Um Mitternacht (כהצות הלילה) will ich gehen' (Ex 11,4). Es sagte R. Levi: Die Sache ist ausgewogen, sobald ich die Nacht teile, nicht eine Haaresbreite früher und nicht eine Haaresbreite später. Er sitzt auf dem Stundenstein und setzt die Stunde auf Haaresbreite genau fest" (יושב על אבן שעות ומכוין את השעה כחוט השערה). Denn kein Reich greift auf das andere nicht einmal um Haaresbreite über. Ist aber die Zeit eines Reiches gekommen, zu fallen, sei es bei Tag, fällt es bei Tag, bei Nacht, fällt es bei Nacht" (dieser letzte Abschnitt kommt nochmals zu Ex 12,42).

כחצות הלילה wird hier offenbar nicht als Annäherung verstanden, sondern im Gegenteil als präzise Zeitangabe: „Es wird genau um Mitternacht stattfinden"; Gott selbst sitzt auf der steinernen Uhr und setzt die Zeit haargenau fest. Dem Pharao setzt Gott die genaue Zeit fest, nicht aber seinem Volk, das die Zeitrechnung nicht beherrscht und deshalb zu früh glauben könnte, der Zeitpunkt sei schon verstrichen und Gott werde nicht mehr eingreifen (dasselbe Argument Sanh 97b gegen die Berechnung der Endzeit: „Verflucht seien die Berechner der Endzeit, die da sagen, das Ende sei herangekommen und doch nicht eingetroffen; nun werde es nicht mehr kommen"). In der zuvor zitierten Stelle von bBer 3b mag dieselbe Begründung impliziert sein, dort allerdings auf anderer sprachlicher Basis: כחצות הלילה, als nur ungefährer Termin verstanden, gilt dort als Mitteilung an das Volk, hier ist es das noch weniger präzise „in dieser Nacht" von Ex 12,12.[17]

Auch außerhalb des rituellen Raums haben Zeitangaben für das Recht der Mishna zentrale Bedeutung – so etwa im Eherecht, wenn etwa eine noch sehr junge Frau zwischen Eheschließung und Heimführung ein Jahr zur Vorbereitung zuerkannt bekommt, zugleich der Mann sie nach dieser Zeit unbedingt zu sich nehmen muss, oder wenn eine Witwe, die im Haus ihres verstorbenen Gatten verbleibt, erst nach 25 Jahren ihre Eheverschreibung verbraucht hat (mKet 12,4). Im selben Kontext ist auch die Rede davon, dass eine Frau für ihre in die Ehe mitgebrachte Tochter den Unterhalt für fünf Jahre ausbedingt. Auch die Diskussion um die korrekte Datierung von Urkunden ist zu erwähnen, die bei Ehe- und Scheidungsurkunden für die Gültigkeit zentral ist, ebenso die Diskussion der Rechtswirkung von vor- bzw. nachdatierten Urkunden (mShevi 10). All diese Rechtszusammenhänge setzen doch wohl ein Zeitverständnis voraus, das über eine bloße Synchronisation hinausgeht.

Interessanter für das rabbinische Zeitverständnis bleibt aber doch der religiös-rituelle Rahmen. Wichtig ist nicht nur, dass man sich in seinen Gebetszeiten an den vorgegebenen Rahmen hält, der, wie schon

---

17 PesR 17,4 (Ulmer 360f) löst die verschiedenen Zeitangaben anders auf. Gott hatte sein Eingreifen „in dieser Nacht" (Ex 12,12) zugesagt; Mose aber präzisierte: „um Mitternacht" (11,4), und da Gott Mose schon als „zuverlässig in meinem ganzen Haus" (Num 12,7) bezeichnet hat, kann er ihn nicht als Lügner bloßstellen und hält sich daher an die Zeitangabe Moses.

gesagt, den einstigen Zeitablauf im Tempel spiegelt. Die Gleichzeitigkeit der himmlischen Liturgie mit der irdischen, wie sie schon die
Sabbatopferlieder von Qumran voraussetzen, ist auch in der Liturgie
der rabbinischen und nachrabbinischen Zeit, v. a. in den Hekhalot-Tex-
ten, ein Thema. Auch dort, wo Israel den Ton angibt und die Engel nur
in den Lobpreis Israels einfallen, gilt es, sich an geordnete Zeiten zu
halten, um die Gemeinsamkeit zu ermöglichen.[18] Wichtig ist aber auch
das Verständnis des Sabbat wie auch der Festzeiten als ein Heraustreten aus der eigenen gebundenen Zeiterfahrung, um Anteil zu haben an
der Ruhe Gottes, wie dann die Endzeit eine Überwindung der Zeit mit
sich bringt, da sie ganz Sabbat ist und Ruhe für das ewige Leben
(mTam 7,4; bTam 33b u. ö.). Ein ähnliches Heraustreten aus der Zeit,
eine Begegnung mit der Zeit des Anfangs und der Endzeit ermöglicht
aber auch die Erfahrung des Apokalyptikers, wie dies rabbinisch in
literarischer Umprägung die Erzählungen des Rabba bar bar Chana
bieten (bBB 75–77),[19] wie das aber auch der Jona-Midrasch in PRE 10
vorführt.

2. Geschichte

Wenn es dem Apokalyptiker möglich ist, das Rad der Zeit zurück zu
drehen, als Beobachter an die Anfänge der Geschichte zurück zu gehen,
so ist es andererseits Israel auch möglich, durch sein Leben gemäß der
Tora die Zeit der Geschichte bis zum Kommen des Messias zu ver-
kürzen: Er kommt „heute, wenn ihr auf seine Stimme hört" (Ps 95,7).
Verlängern kann man dagegen die von Gott bestimmte Weltzeit auch
durch ein Tora-widriges Verhalten nicht, man kann das Ende nicht
hinauszögern: „ich, der Herr, führe es zu seiner Zeit herbei" (Jes 60,22);
„zur bestimmten Zeit trifft es ein" (Hab 2,3: bSanh 98a). Den im selben
Kontext zu lesenden Fluch über die, die die Endzeit berechnen, haben
wir schon zitiert. Wichtig ist aber auch die im Zusammenhang stehende Aussage (bSanh 97a–b), dass die Welt siebentausend Jahre währt,
wovon die zweitausend Jahre des Messias eigentlich schon begonnen
hätten, wäre es nicht unserer Sünden wegen (so auch SER 2, Friedmann
6f: „Wegen unserer zahlreichen Sünden ist über uns die Verknechtung
innerhalb der zweitausend Jahre der Zeit des Messias gekommen, und

---

18   Dazu G. Stemberger, „Himmlische" und „irdische" Liturgie in der rabbinischen Zeit.
      In: Dialog oder Monolog? Zur liturgischen Beziehung zwischen Judentum und
      Christentum, Hg. A. Gerhards, H. H. Henrix, QD 208, 2004, 92–102.
19   Dazu G. Stemberger, Münchhausen und die Apokalyptik. Baba Batra 73a–75b als
      literarische Einheit. JSJ, 20 (1989), 61–83.

mehr als siebenhundert Jahre sind davon schon vergangen"). Das
bedeutet übrigens nicht, dass die Weltzeit als ganze verlängert wird;
nur die zweitausend Jahre der Tora werden wegen der Sünden Israels
auf Kosten der zweitausend Jahre des Messias verlängert. Neben dieser
Vorstellung kennt man aber auch eine Gliederung der Weltzeit nach
Jubiläen, Zyklen von siebenmal sieben Sabbatjahren, auf die jeweils ein
Jobeljahr folgt. Diese schon viel ältere Gliederung der Geschichte[20] findet sich in bSanh 97b in der Form, dass die Welt 85 Jubiläen zu je
fünzig Jahren dauert und der Messias im letzten Jubiläum kommt.

Die eben genannten Vorstellungen der siebentausend Jahre oder 85
Jubiläen währenden Weltzeit führt uns zur Frage einer religiös verstandenen und strukturierten Geschichte, die wohl kaum ohne ein
gewisses Verständnis von Zeit zu sehen ist. Wenn man feststellt, dass
schon mehr als viertausend Jahre seit der Erschaffung der Welt vorbei
sind, beruft man sich auch auf eine gewisse Chronologie, die ihrerseits
wieder eng mit der Frage nach dem Kalender zusammen hängt. Einen
solchen Zusammenhang früher behauptet zu haben, sieht Stern allerdings heute als einen Fehler an:

> Because of the common assumption that the calendar is as system for
> measuring time, or, as I once put it, a way of ,making sense' of the
> dimension of time, attempts have often been made to infer from calendars
> an underlying notion of the time-dimension. I must plead guilty of having
> made this mistake myself.[21]

Die wesentliche Funktion des Kalenders sei nicht, so Stern, Zeit zu
messen, sondern „to facilitate the coordination of events and activities,
and to measure the duration of activities and processes".[22] Für den
Jahresablauf mag das stimmen; die Apokalyptiker beklagen ja, durch
einen falschen Kalender werde die notwendige Übereinstimmung mit
der himmlischen Welt zerstört. Auch die frühe rabbinische Einfügung
eines Schaltmonats nach rein pragmatischen Kriterien passt dazu; ebenso die Zählung der Jahre des Sabbatjahrzyklus (wie auch die byzan-
tinische Rechnung nach Indiktionen).

Bei umfassenden Zusammenhängen wie der Wahrnehmung von
Geschichte wird jedoch eine solche Einengung problematisch. Der für
die frühen Rabbinen grundlegende *Seder Olam (Rabba)*, der die biblischen Jahresangaben zu einer Chronologie der Weltgeschichte ab
Erschaffung der Welt zusammenfügt und in groben Zügen über die
biblische Geschichte bis zum Bar Kokhba-Aufstand weiterführt, könnte

---

20 Cf. C. Berner, Jahre, Jahrwochen und Jubiläen. Heptadische Geschichtskonzeptionen
    im Antiken Judentum, BZAW 363, 2006.
21 D. Stern, Time and Process, 59.
22 D. Stern, Time and Process, 59f.

vielleicht noch als Messung der „Dauer von Tätigkeiten und Prozessen" verstanden werden; doch kann man dies auch noch von der
Art sagen, in der der Seder Olam die biblische Geschichte strukturiert?
Zum Teil kann der Seder Olam auf biblische Vorgaben zurückgreifen,
wenn etwa zwischen Sem und Isaak 490 Jahre stehen, 480 zwischen
Exodus und Tempelbau. Schon hinter diesen biblischen Angaben steht
ein gewisses Konzept der Redaktion; der Seder Olam baut es in Fortsetzung von Tendenzen aus der Zeit des Zweiten Tempels aus und
postuliert eine Symmetrie der Geschichte, die für ihr Verständnis wesentlich ist (das begründet eine lange Tradition jüdischer Geschichts-
schau bis hin zu Abraham Ibn Dauds Sefer ha-Qabbala). Dass der
Autor des Seder Olam damit mehr will als die Dauer von Tätigkeiten
und Prozessen anzugeben, zeigt er, wenn er an das Ende des Werkes
eine Reflexion über die Unergründlichkeit der Geschichte setzt.[23]

Auch mSota 9 bietet, zum Teil in Parallele mit dem Seder Olam,
eine strukturierte Geschichtserfahrung, wenn Sequenzen von Auf-
ständen mit den damit verbundenen rabbinischen Verboten angeführt
werden – der „Krieg des Vespasian", „der Krieg des Qitos", „der letzte
Krieg" (auffällig hier die Verwendung des transkribierten griechischen
Wortes *polemos* statt des hebräischen Worts) – oder wenn zwischen der
Zeit (oder dem Zustand?) unterschieden wird, da der Tempel noch
stand, und jetzt. Der Text drückt die Erfahrung eines deutlichen Ab-
stiegs gegenüber den goldenen Zeiten des Anfangs aus. Schon die Apokalyptiker haben die Geschichte in Perioden gegliedert; die Rabbinen
führen das in einem reduzierten Maß fort. Wichtiger als die schon
genannte Einteilung der Weltgeschichte in sieben Jahrtausende ist die
häufige, aus Daniel übernommene, Gliederung der nachbiblischen
Geschichte nach der Herrschaft der vier Weltreiche, deren letztes Rom
ist (einschließlich des christlich gewordenen Rom), nach dessen Ende
die messianische Zeit bzw. die Herrschaft Gottes kommt (mit dem
Übergang zur islamischen Herrschaft erweitert man das Schema
manchmal auf fünf Reiche, öfter aber bleibt man beim biblischen Modell und versucht, den Islam in das vierte Reich zu integrieren, wie
man ja schon früher Babylonien und Medien miteinander verbunden

---

23 Von den zahlreichen Studien von Chaim Milikowsky zum Seder Olam siehe u. a.:
    Kima and the Flood in Seder 'Olam and B.T. Rosh ha-Shana: Stellar Time-Reckoning
    and Uranography in Rabbinic Literature, PAAJR 50 (1983), 105–132; ders., Seder
    'Olam and Jewish Chronography in the Hellenistic and Roman Periods, PAAJR 52
    (1985), 115–139; ders., The Symmetry of History in Rabbinic Literature: The Special
    Numbers of Seder Olam, Chapter Two, JSJT 11 (1993), 37–47(hebräisch). Leider noch
    immer nicht erschienen ist Milikowsky's seit Jahren als im Druck befindlich
    angekündigtes dreibändiges Werk: Seder Olam, Critical Edition with Introduction
    and Commentary (hebräisch).

hat). Hier wird jeweils Geschichte strukturiert, wie übrigens auch die Datierung bestimmter Ereignisse auf feste Jahrestage (etwa der 9. Ab für alle großen Unheile der jüdischen Geschichte, Pesach für vergangene und erhoffte Erlösungsereignisse) vom Bemühen zeugt, eine gewisse Symmetrie und Struktur in die Geschichte zu bringen, die nicht unbedingt mit der realen Erfahrung und der erlebten Zeit übereinstimmt.[24]

Hier muss man natürlich auch von der Zeitrechnung sprechen. Meist führt man auf den Seder Olam die Rechnung „ab Erschaffung der Welt" zurück. Zwar datiert der Text einmal ein Ereignis so, verwendet diese Rechnung aber nicht systematisch, nicht als absolute Chronologie; im Allgemeinen datiert der Seder Olam relativ zu vorausgehenden Ereignissen. Eine feste Zählung ab Erschaffung der Welt wurde erst sekundär aus dem Seder Olam entwickelt, vielleicht auch zum Teil durch christliche Parallelen beeinflusst. Der früheste Beleg ist eine leider nur zum Teil erhaltene Mosaikinschrift der Synagoge von Susiya, die das "zweite [Jahr] des Sabbat[jahrzyklus], das Jahr 4000 ... seit die Welt erschaffen wurde", nennt.[25] Da die Zahlen nach 4000 nicht erhalten sind, kann man nur ein Datum ab dem Jahr 240 = 4000 seit Erschaffung der Welt entnehmen. Erst ab etwa dem 9. Jh. setzt sie sich die Zählung ab Erschaffung der Welt immer mehr durch. Die Zählung ab Zerstörung des (Zweiten) Tempels (deren Datierung in das Jahr 68/69 man schon im Seder Olam findet) nennt mGit 8,5 unter den unüblichen Datierungen, die einen Scheidebrief untauglich machen. Die Rabbinen lehnen diese Zeitrechnung ab, da sie die Berechnung des erhofften Wiederaufbaus und so apokalyptische Tendenzen fördern könnte, die nur zu neuen Katastrophen führen würden. Früheste Belege für eine Datierung ab Zerstörung des Tempels sind einige Grabsteine von Zoar am Südostende des Toten Meers aus der Zeit zwischen 351 und 577.[26] Nach einem kurzen aramäischen Teil datieren diese Inschriften den Tod des Verstorbenen in Hebräisch ab Zerstörung des Tempels, meist in Verbindung mit der Angabe des Jahres im Sabbatjahrzyklus. Zwei Grabsteine aus dem 6. Jh. verbinden diese Datierung explizit mit der Hoffnung auf den Wiederaufbau des Tempels. In Galiläa datierte man den Wiederaufbau der Synagoge von

---

24 J. Neusner, The Idea of History in Rabbinic Judaism, BRLJ 12, 2004.

25 Text in J. Naveh, On Stone and Mosaic. The Aramaic and Hebrew Inscriptions from Ancient Synagogues (hebräisch), 1978, 116f.

26 Zu diesen Grabsteinen siehe S. Stern, Calendar, 87–97.146–153; ders./H. Misgav, Four Additional Tombstones from Zoar (hebräisch), Tarbiz 74 (2005), 137–151. Dort weitere Literatur. Die viel zahlreicheren christlichen Grabsteine von Zoar bieten ebenfalls eine sehr ausführliche Datierung.

Nabratein auf dem vom Vorgängerbau übernommenen Türsturz in das Jahr 494 nach Zerstörung des Tempels, d. h. 564 (oder eventuell 562).[27] Im 9.– 11. Jh. wird eine Datierung ab Zerstörung des Tempels häufiger, wirklich verbreitet ist sie aber nie. Die verbreitetste Datierung bis ins hohe Mittelalter bleibt die seleukidische Zeitrechnung (ab 311 v.), auch „Zählung der Dokumente" genannt.

Zwar begegnet man in rabbinischen Texten oft einer gewissen Gleichgültigkeit gegenüber der Vergangenheit, und der Ablehnung der Frage, wie etwas genau gewesen ist, mit dem fast sprichwörtlichen *mai de-hawa, hawa*, „was war, war" (z. B. bJoma 5b), und sieht die Geschichte auf Anekdoten reduziert; doch lassen solche präzise Datierungen wohl ein Zeitbewusstsein erkennen, das über die Koordination von Ereignissen und die Messung der Dauer gewisser Prozesse weit hinausgeht. Wo das Jahr im Sabbatjahrzyklus angegeben wird, ist sicher die pragmatische Angabe im halakhischen Kreislauf der sieben Jahre im Vordergrund (auch wenn man in Wirklichkeit schon wegen der staatlichen Steuern kaum noch irgendwo die Brache des Landes im Sabbatjahr einhalten konnte und den Schuldennachlass in diesem Jahr durch den Prosbul aufhebt), zugleich natürlich der Gedanke an die für ein Sabbatjahr erhoffte kommende Erlösung. Dazu bedarf es keines abstrakten Zeitbewusstseins. Anders sieht es schon aus, wenn man ein Ereignis Jahrhunderte nach Zerstörung des Tempels oder Jahrtausende ab Erschaffung der Welt datiert. Natürlich wird auch damit einmal eine Hochzeit oder Scheidung, der Tod eines Menschen oder die Errichtung eines Gebäudes für die Zeitgenossen konkret fassbar eingeordnet und überprüfbar, zugleich aber doch auf einer nicht mehr überschaubaren Zeitschiene von den Anfängen der Welt zur Zeit der Erlösung eingefügt. Da wird die Einordnung in Zeit und Geschichte eine tief religiöse Aussage. PRE 28 leitet aus Gen 15,11f ab, dass die Herrschaft der Weltreiche über Israel nicht länger als einen Tag Gottes dauert, d. h. nicht länger als tausend Jahre (Ps 90,4), und präzisiert dann, dass man zwei Drittel einer Stunde des Tages Gottes abziehen muss, nämlich die Zeit vor Sonnenuntergang, wenn man die Strahlen der Sonne schon nicht mehr sieht. Sollte man auch bei solchen Berechnungen der erwarteten messianischen Zeit (die für den heutigen Leser des Midrasch nicht mehr genau nachvollziehbar ist, da der Ausgangspunkt der tausend Jahre Fremdherrschaft nicht sicher ist) ein Fehlen von Zeitbewusstsein behaupten?

---

27   Text in J. Naveh, On Stone, 31–33.

3. Ewigkeit

Zum Schluss nur noch einige Worte zur Vorstellung von „Ewigkeit" im rabbinischen Denken. Der biblische Begriff עולם ist nach wie vor nicht voll geklärt; in den verschiedensten Wortverbindungen bedeutet er vor allem die lange Dauer, den nicht absehbaren Zeithorizont nach hinten wie nach vorne, in die Zukunft, ohne sich je mit dem philosophischen Begriff der „Ewigkeit" zu decken;[28] die Bedeutung „Welt" kommt erst nachbiblisch auf; doch auch da bleibt vielfach die zeitliche Komponente bestehen, wenn etwa rabbinisch „diese Welt" der „kommenden Welt" gegenübergestellt wird.

„'Darum lieben dich die Weltzeiten' (Hld 1,3: עלמות, ‚Mädchen' als defektive Schreibung von עולמות gelesen). Es sagten die Weisen: Fünfzig Jahre heißt ʻolam. ‚Hanna zog nicht mit (sondern sagte... dann soll er vor dem Angesicht des Herrn erscheinen) und er soll für immer (עד עולם) dort bleiben' (1 Sam 1,22), fünfzig Jahre. Und weiter heißt es: ‚Und sein Herr durchbohre ihm sein Ohr (mit einem Pfriem; dann bleibt er für immer [לעולם] sein Sklave)" (Ex 21,6), fünfzig Jahre. Daraus lernen wir: Die von Samuel ausgesagten fünfzig Jahre heißen ʻolam und die fünfzig Jahre, die vom Sklaven ausgesagt werden, heißen ʻolam. Es ergibt sich: Vom Tag, da die Welt erschaffen wurde, bis jetzt sind es 94 ʻolamim und vier Jahre. Deshalb heißt es: ‚Die Weltzeiten (עלמות) lieben dich'" (SER 7, Friedmann 37).

Der Text ist nicht nur wegen seiner typisch rabbinischen Auslegung interessant, die jederzeit ein Wort im Sinn der Auslegung anders vokalisieren und ihm dadurch eine neue Bedeutung abgewinnen kann, sondern auch durch die zeitliche Verortung des Autors, der (wenn wir den Abschnitt wörtlich nehmen) im Jahr 4704 ab Erschaffung der Welt (d.h. 944 unserer Zeitrechnung) schreibt – eine Datierung, die ohne einen bestimmten Zeitbegriff kaum Sinn macht. Vor allem zeigt der Text auch, wie wenig man zumindest in gewissen Zusammenhängen ʻolam als Ewigkeit in unserem Sinn auffasst.

Doch wie sieht es aus, wenn man von Gott spricht? Eine Reihe von Bibelstellen kann man von der absoluten Anfangslosigkeit Gottes verstehen, so etwa Ps 90,2: „Ehe die Berge geboren wurden, die Erde entstand und das Weltall, bist du, o Gott, von Ewigkeit zu Ewigkeit" (מעולם ועד עולם). Die Rabbinen scheinen an dieser Perspektive des Textes kaum interessiert. BerR 1,4 (Theodor-Albeck 6; cf. bPes 54a) zitiert den Vers als Beleg dafür, dass auch die Umkehr zu den Dingen gehörte, die der Erschaffung der Welt vorausgingen, und diskutiert in der Folge, was

---

28   Siehe H. D. Preuß, Art. עולם, ThWAT V (1986) 1144–1159.

davon zuerst war, rechnet also mit einer Reihenfolge der Entstehung auch schon vor der Weltschöpfung (also nicht mit einer Zeitlosigkeit, die der Welt vorausgeht). Ähnlich ist es mit anderen Texten; das Thema scheint nicht im Vordergrund zu stehen.

Der Targum gibt Jes 6,3, das von den Serafim gerufene dreifache Heilig so wieder: „Und sie riefen einander zu und sagten: Heilig in den hohen Himmeln oben, dem Haus seiner Schekhina, heilig auf der Erde, dem Werk seiner Macht, und heilig לעלם ולעלמי עלמיא, Herr der Heerscharen" (manche MSS lesen בעלם עלמיא). Während man den üblichen Text des Targum von Gottes Heiligkeit in Ewigkeit verstehen kann,[29] Gottes Herrschaft über Raum und Zeit, könnte der Text der Handschriften eher nochmals die räumliche Dimension der Herrschaft Gottes ausdrücken, „in der Welt der Welten".[30]

Erst im Mittelalter wird die Ewigkeit Gottes ein häufiges Motiv in der Liturgie, während man in rabbinischen Texten kaum eindeutige Belege findet. Selbstverständlich versteht man Gott als unsterblich: „Ich lebe und bestehe auf immer und ewig" (לעולם ולעולמי עולמים: MekY Bachodesch 6, Horovitz-Rabin 224), das heißt ohne Ende in alle Zukunft, doch auch seine Anfangslosigkeit explizit auszusagen, findet man nicht notwendig.[31]

Gott ist sicher auch für die Rabbinen der Gott der Zeit und Geschichte – eine Vorstellung, die im zitierten Text über Gott, der auf seiner steinernen Uhr sitzt, prägnant zum Ausdruck kommt, die aber auch im für palästinische Synagogen der byzantinischen Zeit so zentralen Bild des Tierkreises gegenwärtig wird, wo Gott als der Sonnengott über den die Zeiten regelnden Gestirnen thront. Doch bleibt auffällig, wie wenig das explizit gesagt wird. Gott wird in früher rabbinischer Literatur gern „der Ort" genannt: „R. Huna im Namen des R. Ammi: Warum umschreibt man den Namen des Heiligen, gepriesen sei er, und nennt ihn ‚Ort'? Weil er der Ort seiner Welt ist, nicht aber die Welt sein Ort ist" (BerR 68,9, Theodor-Albeck 777). Eine analoge Aussage zu Gott und Zeit ist nicht zu finden.

D. Stern hat sicher Recht,[32] dass sich im Judentum die Einstellung zur Zeit ab dem Mittelalter deutlich geändert hat, dass die Vorstellung

---

29 B. D. Chilton, The Isaiah Targum. Introduction, Translation, Apparatus and Notes (The Aramaic Bible 11), 1987, 14, übersetzt: "holy in eternity"; J. Ribera Florit, El Targum de Isaías. Version crítica, introducción y notas (Biblioteca Midrásica 6), 1988, 83: "santo por los siglos de los siglos".

30 So D. Stern, Time, 39–41.

31 Siehe D. Stern, Time, 32 Anm. 20, wo er auch darauf hinweist, dass E. E. Urbach, The Sages. Their Concepts and Beliefs, Cambridge, MA, 1975, nie von der Ewigkeit Gottes spricht. Auch die Encyclopaedia Judaica, ²2007, hat kein Stichwort Eternity!

32 D. Stern, Time, 86ff.

von Zeitmangel, vom verantwortlichen Umgang mit der Zeit und von Zeitverschwendung nun thematisiert wird. Doch auch die rabbinischen Texte enthalten schon eine Fülle an Aussagen, die ihr zwar vormodernes, aber doch sehr konkretes Verständnis von Zeit belegen.

Teil IV:
Neues Testament und christliche Tradition

Der Kairos der Basileia

Die Geschichte Jesu als Ende und Wende

THOMAS SÖDING

1. Eschatologische Zeitenwende

Das Christentum ist überzeugt, dass es in der Geschichte einen echten Einschnitt gibt, eine definitive Wende zum Guten, den Beginn einer neuen Ära, die wirklich neu ist. Der populäre Mythos von den Weltzeitaltern wird im Neuen Testament nicht aufgegriffen, auch wenn man später Vergils Proklamation einer neuen Ära durch die Geburt des Königskindes aus der Jungfrau (buc. 4) als eine christologische Fremdprophetie zu deuten bemüht war; Konstantin hat sie 325 seiner Eröffnungsansprache beim ersten Ökumenischen Konzil von Nizäa zugrundegelegt.

Im Alten Testament allerdings, beim Propheten Daniel, liefert der Mythos eine Folie zur Deutung der Weltgeschichte als Unheilsgeschichte (Dan 2). Freilich bringt der Prophet geschichtstheologisch den Monotheismus Israels zu Geltung. Er hebt den Zyklus der ewigen Wiederkehr auf, der dem Mythos eingeschrieben ist, und stellt an das Ende der Geschichte das Reich Gottes, „das in Ewigkeit nicht untergeht" (Dan 2,44). Dadurch sichert er, dass die Geschichte endlich und einmalig ist; er klagt den Primat Gottes ein, aber auch der Zukunft vor der Gegenwart, des Jenseits vor dem Diesseits, der Ewigkeit vor der Zeit. Die große Zäsur setzt das Weltgericht am Jüngsten Tag (Dan 7. 12)

Diese apokalyptische Vision hat im Neuen Testament einen tiefen Eindruck hinterlassen.[1] Johannes der Täufer macht sie sich am Ufer des Jordan zu eigen. Er verkündet das kommende Zorngericht Gottes (Mt 3,10 par Lk 3,9):

Schon ist die Axt an die Wurzel gelegt.

---

1   Vgl. F. Hahn, Frühjüdische und urchristliche Apokalyptik. Eine Einführung, BThSt 36, 1998.

In seiner Zeit, da Gottes Endgericht droht. kann Johannes nur mit Wasser taufen. Die Wassertaufe schützt zwar vor dem Feuertod am Jüngsten Tag; aber sie ist nicht die Geisttaufe, die erst der Messias spenden wird, der Stärkere, der nach Johannes kommt und dem er nicht die Riemen seiner Schuhe zu binden würdig ist. Ob der Täufer die Ankunft des Messias *in* der Zeit, also den Beginn einer messianischen Ära, angesagt hat oder das Ende der Zeit mit der Erscheinung Gottes auf Erden am Jüngsten Tag (Mk 1,4–8; Mt 3,1–12 par. Lk 3,1–20), ist schwer zu entscheiden. Die „Standespredigt", die freilich nur zum lukanischen Sondergut gehört und in ihrer Authentizität nicht von allen anerkannt wird, zeichnet paradigmatisch das Ethos eines eschatologischen Lebens auch als Reicher, als Zöllner und als Soldat vor (Lk 3,11–14); das spricht dafür, dass der Täufer noch Zeiträume gestalten wollte. In jedem Fall ist das Endgericht nicht auf den St. Nimmerleinstag verschoben; der Jüngste Tag steht vor der Tür.

Auch Jesus setzt bei der apokalyptischen Hoffnung Israels an. Deshalb lehrt er seine Jünger im Vaterunser zu beten:

„Dein Reich komme!" (Mt 6,10 par. Lk 11,2).

Die Evangelien enthalten zahlreiche Gerichtsworte Jesu, mit denen sich die historisch-kritische Exegese allerdings schwergetan hat, weil das Beharren auf Gerechtigkeit angeblich der Liebesbotschaft Jesu widerspricht.[2] Die Synoptiker überliefern auch mehrere Endzeitreden Jesu (Mk 13; Mt 23–25; Lk 17,22–37; 21), mit denen sich die historisch-kritische Exegese gleichfalls schwer anfreunden konnte, weil die apokalyptischen Szenarien zu schrecklich schienen und Jesus die Zerstörung des Tempels nicht habe voraussehen können.[3] Aber das sind eher Blickverengungen liberaler Theologe als Barrieren der Rückfrage nach Jesus.

Freilich ist das Neue Testament in allen seinen Schriften von der Glaubensüberzeugung geprägt, das Reich Gottes sei nicht nur das Jenseits der Geschichte, der Inbegriff der Ewigkeit, sondern durch Jesus von Nazareth bereits gegenwärtig, so sehr die Vollendung noch aussteht.[4] Das Kommen der Gottesherrschaft, das mit dem Kommen des Gottessohnes in eins fällt, ist ein geschichtliches Ereignis. Genauer: Es

---

2   Zur Integration der Gerichtsworte in die Reich-Gottes-Botschaft vgl. Th. Söding, Feuer und Schwert. Das Gericht Gottes in der Basileia-Verkündigung Jesu, Der Religionsunterricht an höheren Schulen 43 (2000) 213–224.

3   Vgl. G. Vanoni/B. Heininger, Reich Gottes, Die Neue Echter Bibel. Themen, 2002.

4   Vgl. K. Koenen/R. Kühschelm, Zeitenwende. Perspektiven des Alten und Neuen Testaments, NEB:Th 2, 1999.

ist *das* geschichtliche Ereignis.[5] Es gibt der Geschichte ihre entscheidende Prägung, indem es den einzigen Epochenwechsel herbeiführt, der theologisch diesen Namen verdient. Das kommende Reich Gottes verwischt nicht den Unterschied zwischen Gott und Mensch noch den zwischen Zeit und Ewigkeit. Aber der offene Himmel über dem Hirtenfeld von Bethlehem, über dem Jordan und über dem Ölberg zeigt an, dass in Jesus der ewige Gott eschatologisch, endgültig, in der Geschichte, auf der Erde handelt, und zwar dadurch, wie es die Theologie der Neuzeit im kritischen Anschluss an Schelling[6] sagen wird, dass er – in Jesus Christus – sich selbst offenbart.

Das wird im Neuen Testament an verschiedenen Stellen, freilich auch auf verschiedene Weise zum Ausdruck gebracht. Die Positionen lassen sich nicht identifizieren, sind aber auf ihre Weise nur für das Christentum signifikant.

2. Der Kairos der Gottesherrschaft

Jesus von Nazareth macht eine eminente Zeitansage. Folgt man dem ältesten Evangelium, tritt Jesus nach der Verhaftung des Täufers Johannes mit diesen Worten in die Öffentlichkeit (Mk 1,15):

> Die Zeit ist erfüllt, die Gottesherrschaft nahe gekommen, kehrt um und glaubt an das Evangelium.

Die vier kurzen Sätze, im Griechischen zwei Indikative und zwei Imperative, sind programmatisch; Markus will mit ihnen das Wesentliche der Botschaft Jesu zum Ausdruck bringen. Die Exegese[7] diskutiert zwar, wie stark der Evangelist bei der Formulierung als Redaktor Hand

---

5   Zur Kategorie des Ereignisses in der Geschichtswissenschaft vgl. L. Hölscher, Art. Ereignis, in: S. Jordan (Hg.), Lexikon Geschichtswissenschaft. 100 Grundbegriffe, 2002, 72ff: „… eine Begebenheit, die eine geschichtliche Veränderung herbeiführt … sinnbildend … Einzigartigkeit … Kontingenz". Signifikant ist die Bestimmung: „Bewirkung durch menschliche Akteure". Das ist tatsächlich die Geschichtswissenschaft unüberwindlich gezogene Grenze. Die Theologie muss hingegen auch in ihrem Geschichtsverständnis zu denken versuchen, wie Gott durch das Handeln von Menschen handeln kann und wie im Handeln von Menschen auf ein Handeln Gottes geschlossen werden kann; dazu meine Überlegungen in: Ereignis und Erinnerung. Die Geschichte Jesu im Spiegel der Evangelien, Nordrhein-Westfälische Akademie der Wissenschaften. Vorträge G 411, 2007.

6   Über das Wesen der menschlichen Freiheit, 1809, in: Gesammelte Werke VII, 1860, 394. Schelling unterscheidet allerdings nicht scharf, ob Gott selbst sich offenbart oder ob Gott sich selbst offenbart. Die christologische Präzisierung des Begriffs der Selbstoffenbarung findet sich bei J. S. Drey, Apologetik als wissenschaftliche Nachweisung des Christentums in seiner Erscheinung II, 1842 (³1847), 254.

7   Vgl. P. Dschulnigg, Das Markusevangelium, ThKNT 2, 2007, 70–74.

angelegt hat, folgt ihm aber nahezu einhellig darin, dass der Vers zentrale Stichworte Jesu aufnimmt und den denkbar besten Zugang zu seiner Verkündigung öffnet.[8] Den Kernsatz vom Nahen der Gottesherrschaft hat Jesus – nach Matthäus und Lukas – auch seinen Jüngern zu sagen anvertraut, da er sie aussendet, Israel neu für Gott zu gewinnen (Lk 10,9 par. Mt 10,7).

a) Kairos

Das erste Hauptwort der Verkündigung Jesu lautet καιρός. Es kann zwar gestritten werden, wie scharf in der neutestamentlichen Koine der Unterschied zwischen καιρός, dem entscheidenden Zeitpunkt, und χρόνος, der verstreichenden Zeit, gemacht werden kann. Denn der größere Zusammenhang des Verses zeigt, dass die erfüllte Zeit nicht nur einen Augenblick höchsten Glückes, „die Stunde der wahren Empfindung" (Peter Handke) meint, sondern einen heilsgeschichtlichen Kontext hat: Sie erschließt einen Rückraum der Verheißung, in dem die Prophetie Israels neu entdeckt wird (cf. Mk 1,2–4), und ist selbst die Verheißung einer Zukunft der Heilsvollendung jenseits aller geschichtlichen Zukunft, wenn das Reich Gottes nicht nur „nahe" und in diesem Sinn „da" (Lk 17,20), sondern vollendet ist und in diesem Sinn transzendent.

Aber das Wort καιρός markiert doch einen Wendepunkt, einen bestimmten Moment. Dieser Moment ist dadurch ausgezeichnet, dass in ihm wirklich etwas Neues passiert: Es gibt, so das Pathos der Verkündigung Jesu, ein echtes Werden nicht nur am Anfang, als Gott Himmel und Erde erschuf (Gen 1,1), sondern auch in der Geschichte, als Gott seine Herrschaft nahekommen ließ. Jesus verkündet eine Neuheit: etwas, das vorher nicht war, wiewohl es erhofft, erwartet, ersehnt, vielleicht auch befürchtet worden ist; etwas, das nie wieder kommen wird, auch wenn viele sich als Kopisten versuchen werden, die dann als Antichrist, Lügenprophet oder Pseudo-Messias entlarvt werden müssen (vgl. Mk 13 parr.); und etwas, das von diesem Augenblick an alle Zeit bestimmt, indem es aller bisherigen Zeit, die vom Schrei der bedrängten Kreatur und von der Hoffnung auf Erlösung erfüllt ist (vgl. Röm 8), ihr Ziel setzt und sie über sich selbst hinaus in Gottes Ewigkeit hineinführt.

---

8   So auch nach J. Ratzinger /Benedikt XVI., Jesus von Nazareth. Vol. I: Von der Taufe im Jordan bis zur Verklärung, 2007.

b) Basileia

Der neue Wein, der in neue Schläuche gehört, ist die Frohe Botschaft von der nahegekommenen Gottesherrschaft (Mk 2,22); und der diesen neuen Wein abfüllt und einschenkt, ist kein anderer als Jesus von Nazareth. Die Gottesherrschaft ist der Inbegriff allen Heiles. Während die neuzeitliche Geschichte von der Idee beherrscht wird, Menschen müssten ihre Freiheit nicht nur gegenüber Menschen, sondern auch gegenüber Gott erkämpfen, ist die Verkündigung Jesu von der urbiblischen Überzeugung geprägt, nichts sei für den Menschen besser, als wenn Gott als Herr, als König sich zur Geltung bringe und anerkannt werde.[9] Das ist eine Konsequenz des biblischen Monotheismus, der jedes Konkurrenzverhältnis zwischen menschlicher und göttlicher Freiheit als Irrsinn erweist. Notwendig ist freilich der Kampf gegen die Götzenbilder, die endlichen Phänomen Ewigkeitswert zuschreiben; aber dieser Kampf ist gerade ein Dienst an der Aufrichtung der Herrschaft Gottes. So macht Jesus er vor, wenn er im Pilatus-Prozess schweigt (Mk 15,1–15 parr.), und so ahmen ihn die Apostel nach, wenn sie Gott mehr gehorchen als den Menschen (Apg 5,29).

Die Herrschaft Gottes ist nach der synoptischen Tradition der entscheidende Begriff sowohl der Heilsgegenwart als auch der Heilszukunft. Jesus kann aber auch, so wie er vom Eingehen ins Reich Gottes spricht, vom ewigen Leben oder absolut vom „Leben" reden, das zu gewinnen ist, das aber auch verspielt werden kann (Mk 9,30.45 par. Mt 18,9; Mk 10,30 parr.; Mt 7,14; Mt 10,39 par. Lk 17,33;Mt 25,46).[10] Dieses ewige Leben wird nach dem Johannesevangelium zum großen Thema der Verkündigung Jesu und dann, gemäß der dialektischen Eschatologie von Heilszukunft und Heilsgegenwart, auch zu einer Größe der präsentischen Eschatologie: Es ist die Wirklichkeit des Lebens im Glauben kraft des Heiligen Geistes. Es ist ein Leben, das jetzt schon von der Unbedingtheit der Liebe Gottes berührt ist, die sich in Jesus verkörpert.

Jesus lebt auf die Vollendung der Gottesherrschaft hin und von ihr her. Aber er malt sie nicht aus. Die Herrschaft Gottes ist nicht Utopia. Sie ist auch nicht das Goldene Zeitalter. Sie ist im strengen Sinn des Wortes das Königreich *Gottes*. Deshalb entzieht es sich allen Ausma-

---

9   Vgl. H. Spieckermann, Heilsgegenwart. Eine Theologie der Psalmen, FRLANT 148, 1989.

10 Helmut Merklein war in seinen magistralen Arbeiten der Überzeugung, dass die Verse, die vom ewigen Leben sprächen, sekundär seien, weil sie eine statische Eschatologie bezeugten im Gegensatz zur dynamischen der meisten Basileia-Worte: Jesu Botschaft von der Gottesherrschaft. Eine exegetische Skizze, SBS 111, ³1989. Aber der Gegensatz ist künstlich. Soteriologische Dynamik entfaltet die Basileia in der Geschichte; in der Zukunft Gottes herrscht die Fülle der Vollendung.

lungen. Es gilt das Bilderverbot. Aber die Basileia ist doch kein Nirwana, das nur ins Schweigen versenken würde. Paulus wird im Römerbrief zum Ausdruck bringen, dass Gottes Herrschaft kein überdimensioniertes Schlaraffenland und doch die unendliche gesteigerte Erfüllung dessen ist, worauf alle Hoffnungen sich richten (Röm 14,17):

> Das Reich Gottes ist nicht Essen und Trinken,
> sondern Gerechtigkeit und Friede und Freude
> im Heiligen Geist.

Jesus erzählt Gleichnisse vom Reich Gottes, weil er eine Beziehung zwischen irdischer und himmlischer Seligkeit sieht, die durch Gottes Einzigkeit, die Treue zu seinen Verheißungen, gestiftet ist und bereits im Hier und Jetzt einen Vorgeschmack der Vollendung vermittelt, aber sie doch nicht vorwegnehmen, entzaubern, beherrschen kann. Die Gottesherrschaft ist und bleibt die Herrschaft *Gottes*. Als solche ist sie Inbegriff der Ewigkeit, und durch Jesus Christus prägt sie alle Zeit.

Das dritte große Zeitwort des Neuen Testaments neben καιρός und χρόνος ist αἰών. Seine Bedeutung untermauert diesen Befund. Im Griechischen des Neuen Testaments steht das Wort für Zeit und für Ewigkeit (Mk 10,30 par. Lk 18,30), genauer: sowohl für eine lange Ära der Menschheitsgeschichte jenseits von Eden als auch für die vollendete Herrschaft Gottes, sowohl für diese wie für jene Welt (Mt 12,32 par. Lk 20,34f.). Jesus kennt das Zwei-Äonen-Schema der Apokalyptik, das den Gegensatz zwischen der gegenwärtigen Misere und der himmlischen Freude betont, die auf die Gerechten wartet. Aber Jesus nutzt dieses Schema nicht, um Untergangsszenarien und Himmelswelten zu entwerfen, sondern um sowohl den entscheidenden Unterschied, als auch die großen Zusammenhänge zwischen Zukunft und Gegenwart, Jenseits und Diesseits aufzudecken, die beide in Gottes Gerechtigkeit begründet sind. Der entscheidende Unterschied besteht in der Überwindung von Tod und Teufel, der entscheidende Zusammenhang in der unendlichen Bedeutung jeden irdischen Augenblicks für die Ewigkeit und der Ewigkeit Gottes für den Kairos der Basileia. In Computesprache ausgedrückt: Das Jüngste Gericht ist nicht das finale *Reset*, das die Geschichte auslöscht, sondern das finale *Backup*, das sie endgültig sichert und vergegenwärtigt. Die Weltgeschichte ist nicht selbst das Weltgericht, wie Hegel meinte, sondern ist im Zeichen des Gerichts der Ort einmaligen Lebens, das von Gott geschenkt ist und vor Gott verantwortet sein will.

c) Nähe

Wenn Jesus verkündet, dass die Gottesherrschaft sich genähert hat, stellt er sie sie als eine Größe der Zukunft vor, die in die Gegenwart vorstößt, aber auch des Jenseits, das sich diesseits Platz schafft. Zeitliche und räumliche Vorstellungen greifen ineinander.[11] Das Nahekommen ist ein Vorgang, der Zeit braucht und Raum schafft: Zeit, die Botschaft zu verkünden; Raum, den Glauben zu leben.

Die Nähe der Gottesherrschaft qualifiziert Zeit und Ewigkeit. Es ist nicht so, dass die Zeit abliefe und dann die Ewigkeit begänne; der ewige Gott kommt vielmehr durch Jesus, der die Gottesherrschaft verkündet, so nahe, dass Jesus auf die Frage der Pharisäer, wann sie denn komme, antworten kann, sie sei nicht irgendwann einmal „hier" und „da", sondern jetzt schon „mitten unter euch" (Lk 17,20f.) – was sich am ehesten im Blick auf den Sprecher erklärt, Jesus selbst.[12]

Nach Mk 1,15 ist die Gottesherrschaft nahegekommen und deshalb ist die Zeit erfüllt. Damit ist der ewige Gott selbst nahegekommen – so unendlich nahe, wie die Propheten, mit neutestamentlichen Augen gelesen, dies verheißen haben. „Heute hat sich dieses Wort in euren Ohren erfüllt", sagt Jesus nach dem Lukasevangelium in seiner Antrittspredigt zu Nazareth (Lk 4,18–21), nachdem er die messianische Hoffnung des Jesaja zitiert hat, dass ein „Gnadenjahr des Herrn" ausgerufen werde, in dem „Blinde sehen" und „Lahme gehen" und „Gefangene freiwerden" und „die Armen" das Evangelium hören können (Jes 61,1f.).

Dann aber wird auch deutlich, wie die Zeitenwende im Sinne Jesu zu verstehen ist. Sie ändert nicht schlagartig die Lage aller Menschen in der Welt. Sie wird vielmehr – im doppelten Sinn des Wortes – von den Glaubenden realisiert: von denen, die tot waren und neu aufleben, wie Jesus das Gleichnis vom verlorenen Sohn zuspitzt (Lk 15,11–32); von denen, die hören, ihre Schuld sei vergeben (Mk 2,1–11 parr.; Lk 7,36–50); von denen, die Jesus, der sich selbst einlädt, in ihr Haus einlassen, um auf diese Weise den Segen Gottes zu erlangen (Lk 19,1–10). Wer die Erfahrung der Gegenwart Gottes macht, erfährt freilich auch die Differenz zur Vollendung; denn durch den Glauben, den Jesus weckt, wird der Gerechtigkeitssinn gestärkt, das Mitleid, die Fähigkeit zu trauern. Aber es gibt aus Gottes Zukunft heraus eine Gegenwart der Basileia. Wer umkehrt und glaubt, ist nicht vor Versuchung, Schwäche, Sünde und Tod gefeit, aber gewinnt eine Hoffnung. die das ganze Le-

---

11 Vgl. H. Weder, Gegenwart und Gottesherrschaft. Überlegungen zum Zeitverständnis bei Jesus und im frühen Christentum, BThSt 20, 1993.

12 Vgl. Th. Söding, Jesus und die Kirche. Was sagt das Neue Testament, 2007, 76–81.

ben bestimmt. Sonst wären die Seligpreisungen in den Wind gesprochen (Mt 5,3–12 par. Lk 6,20f.). Die Zeitenwende, die Jesus proklamiert hat eine existentielle Dimension: Sie erschließt sich den Glaubenden, die in der Nachfolge Jesu ein neues Leben führen; das wird die johanneische Tradition ausbauen. Die Zeitenwende hat auch eine ekklesiale Dimension: Die Gemeinschaft der Jüngerinnen und Jünger, die Jesus begründet und befördert, weil er ihnen seine Gemeinschaft bewährt, ist der Ort, da die 1. Person Plural im Vaterunser Realität wird. Das wird später Paulus in seiner Leib-Christi-Theologie ausbauen. Die Zeitenwende hat aber auch eine universalgeschichtliche, politische Dimension, weil sie jede Sakralisierung der Macht kritisiert und die Glaubenden wie die Kirche geschichtliche Größen sind, die aus der Nähe der Gottesherrschaft ihre Kraft ziehen. Das wird in der Johannesoffenbarung zum Leitthema werden.

Zur Nähe der Gottesherrschaft gehört, was die Forschung „Naherwartung" genannt hat.[13] Häufig liest man, Jesus habe den Jüngsten Tag für die allernächste Zeit erwartet, sodass die Parusieverzögerung eines der ganz großen Probleme des Neuen Testaments gewesen sei. Albert Schweitzer hat der „konsequenten Eschatologie" für Jahrzehnte zum Durchbruch verholfen.[14] Die Konsequenz wäre, dass Jesus doch nicht die Zeitenwende, sondern das Zeitenende ausgerufen – und sich geirrt hätte. Aber diese These, die heute noch viele Anhänger hat, muss die vielen retardierenden Elemente der Jesustradition relativieren, die eine längere Geschichte erwarten lassen. Eine Kulturgeschichte der Zeit lässt erkennen, dass in der Antike der Zeittakt eher mit dem Seismographen als dem Chronometer gemessen worden wäre und die Kürze der Zeit eher auf die Intensität von Erfahrungen und Erwartungen als auf knappe Zeitintervalle schließen lassen. Typisch scheint das Gleichnis von den klugen und törichten Jungfrauen, das mit einer längeren Zeit des Wartens, aber mit dem plötzlichen Kommen des Bräutigams rechnet (Mt 25,1–13).[15] Die Moral von der Geschicht' lautet mit Jesu Worten:

Seid wachsam, denn ihr kennt nicht Zeit noch Stunde (Mt 25,13)

---

13   Vgl. K. Erlemann, Endzeiterwartungen im frühen Christentum, UTB 1937, 1996.
14   Geschichte der Leben-Jesu-Forschung, 1906. ²1913 (Nachdruck ed. Otto Merk, ⁹1984).
15   Ulrich Luz wertet allerdings diesen Kommentarvers als eine matthäische Hinzufügung, die dem Gleichnis, das ursprünglich gar nicht von der Parusie handle, einen drohenden Unterton verleihe; auch das Verzögerungsmotiv sei ursprünglich nur um der erzählerischen Spannung willen eingebaut (Das Evangelium nach Matthäus III,EKK I/3, 465–492, bes. 477). Das ist allerdings eine voraussetzungsreiche These, die vom Text nicht gedeckt ist.

Die Unkenntnis, die auch den Engeln im Himmel und selbst dem irdischen Sohn des himmlischen Vaters eignet (Mk 13,32 par. Mt 24,36), führt weder zu Angst noch zu Resignation, sondern soll zur Nüchternheit und Wachsamkeit führen. Für Desinteresse an den Zeitläuften, für eine innere Emigration aus der Geschichte, für Gleichgültigkeit gegenüber den Anforderungen des Alltages lässt die Bergpredigt keinen Platz. Wer glaubt, dass es ein Jenseits dieser Geschichte gibt, das nicht vom Nichts, sondern von Gottes Ewigkeit bestimmt ist, wird nicht von der Daseinsvorsorge aufgefressen und kann sich auf das Naheliegende konzentrieren, um das Notwendige zu tun:

> [33]Trachtet zuerst nach dem Reich Gottes und seiner Gerechtigkeit,
> und dies alles wird euch dazugegeben werden.
> [34]Sorgt nicht um das Morgen,
> denn der Morgen wird das Seine besorgen,
> Jeder Tag hat genug eigene Plage. (Mt 6,33f.)

d) Wendepunkt

Die beiden Zeitangaben von Mk 1,15 sind im Perfekt gehalten: Die Zeit ist erfüllt worden, weil die Gottesherrschaft nahegekommen ist. Dem griechischen Tempussystem folgend, handeln die beiden Verben von einer einmaligen, in der Vergangenheit abgeschlossenen Handlung, die in der Gegenwart fortdauernde Wirkung hat. Das Aramäische der Muttersprache Jesu lässt eine solch akzentuierte Zeitangabe nicht zu. Der griechische Wortlaut von Mk 1,15 liefert allein durch die Tempuswahl eine tiefgreifende Interpretation des Wortes Jesu. Freilich scheint diese Interpretation angemessen. Sie hat nicht nur das Bild der Überlieferung geprägt, sondern kann auch einen Zugang zu Jesus selbst öffnen

Mk 1,15 ist performative Rede. Jesus stellt die Nähe der Gottesherrschaft durch sein Wort her, indem er sie darstellt. Jesus verkündet, wie der Evangelist sagt, das Evangelium *Gottes* (Mk 1,14). Gott hat die Zeit erfüllt und seine Herrschaft nahekommen lassen, bevor noch Jesus den Mund öffnet, aber damit er als Verkünder agiert; Jesus seinerseits verkündet, um zu offenbaren und zuzusprechen, was von Gott her bereits geschehen ist und was Gott an ihn, den Sprecher, bereits gebunden hat, und realisiert dadurch, was Gott in Gang gesetzt hat. Diese Offenbarung ist ein integraler Bestandteil des Kommens, das Jesus verkündet.

Ganz ähnlich ist die griechische Zeitenfolge in einem Wort, das aus der Redenquelle überliefert ist und ein Echo der jesuanischen Deutung seiner Exorzismen hören lässt (Lk 11,20 par. Mt 12,28)[16] :

> Wenn ich mit dem Finger Gottes die Dämonen austreibe,
> ist die Gottesherrschaft zu euch vorgestoßen.

Es wird nicht gesagt, die Herrschaft Gottes sei in der Gegenwart erfahrbar, weil Jesus Dämonen austreibe (dann hätte er wenig vorzuweisen); vielmehr demonstriert Jesus in den Exorzismen, dass die Gottesherrschaft bereits in die Gegenwart vorgestoßen ist. Die griechische Überlieferung wählt an dieser Stelle gleichfalls ein Vergangenheitstempus, aber nicht das Perfekt, sondern den Aorist. Denn hier reicht es, die geschichtliche Einmaligkeit – sozusagen den Kairos – zu betonen, in dem die Herrschaft Gottes die Sphären durchstoßen hat, während dessen andauernde Wirkung in den Exorzismen beispielhaft angesprochen wird.

Diese fortdauernde Wirkung ist das permanente Kommen der Basileia. Anders wäre es unsinnig, wenn Jesus seine Jünger um das Kommen der Basileia zu beten lehrte, während aber doch das Vaterunser gerade der Hoffnung auf die Gottesherrschaft Ausdruck verleiht. Die Wachstumsgleichnisse (Mk 4 parr.) greifen diesen Zug auf. Das „Kommen" der Gottesherrschaft zeigt zweierlei; ihre Transzendenz und ihr Einwirken auf die Gegenwart für alle Zeit. Erst in der eschatologischen Vollendung kommt es ans Ziel; dann hört das Kommen auf, es herrscht die reine Gegenwart.

Beim Wendepunkt ist an ein Geschehen in dieser Zeit gedacht, das nach der Ära der alttestamentlichen Propheten liegt und dem pathetischen „Heute" der jesuanischen Schriftauslegung Substanz gibt. Die Neuzeit hat gerne an ein Berufungserlebnis Jesu geglaubt. Aber abgesehen davon, dass dies nur seine subjektive Gewissheit begründen könnte, erlauben die Evangelien es nicht, ein Psychogramm Jesu zu zeichnen, Folgt man der markinischen Komposition, ist an die Taufe Jesu zu denken (Mk 1,9–11): Hier wird der Sohn Gottes in sein messianisches Amt eingesetzt und auf seinen messianischen Weg geschickt, die Gottesherrschaft zu verwirklichen.[17] Der vom Evangelisten überlieferte Text ist theologisch hoch komplex und nur als Ergebnis einer österlichen Gestaltung zu verstehen, hält aber doch die

---

16 Vgl. Th. Söding, „Wenn ich mit dem Finger Gottes die Dämonen austreibe,..." (Lk 11,20). Die Exorzismen im Rahmen der Basileia-Verkündigung Jesu, in: A. Lange u. a. (Hg.), Die Dämonen. Die Dämonologie der israelitisch-jüdischen und frühchristlichen Literatur im Kontext ihrer Umwelt, 2003, 519–549.

17 Nachgezeichnet von C. Focant, L'Évangile selon Marc, CB.NT 2, 2004, 66–80.

Erinnerung an den „Anfang", die ἀρχή des Evangeliums fest, von der die Überschrift des Markusevangeliums spricht.[18]

Im lukanischen Sondergut findet sich ein geheimnisvolles Wort, das Jesus als apokalyptischer Mystiker spricht und von einer ähnlichen Zeitstruktur geprägt ist. Als die Jünger ihn fragen, weshalb sie Macht über die Dämonen haben (Lk 10,17), antwortet Jesus nach Lk 10,18:

> Ich sah den Satan wie einen Blitz vom Himmel niederfahren.

Auch nach diesem Wort liegt das entscheidende Geschehen in der Vergangenheit. Das mythische Motiv des Satanssturzes[19] läutet in der Tradition des apokalyptischen Judentums[20] die Endzeit ein, nach Lk 10,18 aber eine neue Zeitära ein. Strittig ist, ob sich hier ein Berufungserlebnis[21] widerspiegelt oder eine Offenbarung[22], wie sie sich ähnlich im eschatologischen Jubelspruch niedergeschlagen hat, mit dem Jesus dem Vater dankt, ihm alles übergeben zu haben: alles, was für seinen Dienst an der Gottesherrschaft zum Heil der Welt notwendig ist (Mt 11,25ff. par. Lk 10,21f.). So oder so: Die Möglichkeiten, die sich bieten, weil wahr ist, was Jesus gesehen hat, nehmen die Jünger im Auftrag Jesu wahr. Weil Gott den Satan aus dem Himmel vertrieben hat, können sogar die Jünger die Dämonen aus den Menschen vertreiben. Die Macht des Teufels ist gebrochen; mag er sich auch auf Erden noch auszutoben versuchen. Genau diese Durchbruch Gottes, des Guten, proklamiert Jesus (vgl. Mk 3,20–35). Dass er auch seine Jünger bevollmächtigen kann, die Früchte zu ernten, zeigt das Definitive des Geschehens.

---

18 Lukas, der keine direkte Parallele zu Mk 1,15 hat, lässt in der Antrittspredigt beim „Heute" an Jesu geschichtliches Wirken denken, seine heilsgeschichtliche Präsenz während der Zeit seiner Verkündigung. Nach Matthäus .hat bereits Johannes der Täufer das Nahegekommensein der Gottesherrschaft verkündet (Mt 3,2); und zwar schon vor der Taufe Jesu, die nach Matthäus nicht der Berufung oder Einsetzung, sondern der Offenbarung Jesu als Sohn Gottes dient (Mt 3,13–17). Am ehesten wird man dann die Linie zurück bis zur Geburt Jesu verlängern. Aber das ist nur zu vermuten, nicht zu beweisen.

19 Vgl. C. Auffarth/L. T. Stuckenbruck (Hg.), The Fall of the Angels, Themes in Biblical Narrative 6, 2004.

20 Die breite Palette der Belegtexte reicht von Daniel (10,13f.20f.:Sturz falscher Engel) über das Jubiläenbuch (23,29: Vernichtung Satans) und die Ascensio Mosis (10,1: Vernichtung Satans) bis zur Kriegsrolle (1QM 1; 15,12 – 16,1: Kampf gegen die Mächte des Bösen). Nach slavHen 29,4f (vgl. 18,3; 31,1–7) werden aufrührerische Engel aus dem Himmel in die Luft geschleudert (VitAdae 16,1; Asc.Jes 4,2; 10,29; Eph 2,2; 6,12; 1QM 14,15), was sich von Jes 14,12 und Ez 28,14–17 her erklärt.

21 So G. Theißen/A. Merz, Der historische Jesus. Ein Lehrbuch, 1996, 196f.236.

22 So P. Stuhlmacher, Biblische Theologie des Neuen Testaments I, 1992, 82; J. Becker, Jesus von Nazareth, 1996, 131ff.

Dass eine heilsgeschichtliche Wende mit Jesu Kommen verbunden ist, ergibt sich schließlich auch aus einer Spruch-Tradition, die bei Matthäus und bei Lukas unterschiedlich gestaltet ist:

> Gesetz und Propheten gehen bis Johannes der Täufer.
> Von da an wird die Gottesherrschaft verkündet,
> und jeder drängt in sie hinein. (Lk 16,16)
> Von den Tagen des Täufers Johannes bis jetzt
> wird die Himmelsherrschaft bedrängt,
> und die Bedränger reißen sie an sich. (Mt 11,12).

Die Verse sind exegetisch umstritten, weil nach einer gemeinsamen Urform gesucht wird, die schwer zu finden sein wird. Unklar ist auch, ob Johannes der Täufer auf die Seite von „Gesetz und Propheten" oder die Jesu und der Gottesherrschaft gehört, ob die Gewalt eher die positive Energie gläubigen Engagements oder die zerstörerische Kraft zelotischer Militanz meint. Aber im einen wie im anderen Fall ist klar, dass Johannes der Täufer mit seiner Botschaft vom nahen Gericht, vom Kommen des Stärkeren und von der Taufe mit Feuer und Geist die eschatologische Wende einleitet, von der Gesetz und Propheten sprechen, wenn man sie als Zeugnisse der Verheißung hört. Die gleichfalls kontroverse Frage, ob der Täufer die Ankunft des Messias in der Zeit, also den Beginn einer messianischen Ära, angesagt hat oder das Ende der Zeit mit der Erscheinung Gottes auf Erden am Jüngsten Tag (Mk 1,4–8; Mt 3,1–12 par. Lk 3,1–20), kann gleichfalls offenbleiben. Von Jesus her betrachtet, ist die Antwort klar: Die Gottesherrschaft ist aus der Zukunft Gottes heraus schon da; deshalb können die Armen seliggepriesen, Kranke geheilt, Dämonen ausgetrieben, Tote auferweckt werden[23]. Dieses alles ist wahr, weil Jesus da ist: er, der da – nach der Frage des Täufers – „kommen soll"; niemand braucht auf „einen anderen zu warten" (Mt 11,2 par. Lk 7,19)[24].

3. Die Fülle der Zeit

Das paulinische Seitenstück zu Mk 1,15 findet sich im Galaterbrief, wo Paulus den Christen erklärt, dass ihr Heil nicht davon abhängt, beschnitten zu sein, weil nur die Beschneidung die Zugehörigkeit zum

---

23   Vgl. J. Schröter, Jesus von Nazaret. Jude aus Galiläa – Retter der Welt, 2006, 203–213.

24   Zur Jesaja-Rezeption in diesem Horizont vgl. F. Wilk, Die Geschichte des Gottesvolkes im Licht jesajanischer Prophetie. Neutestamentliche Perspektiven, in: C. Böttrich/J. Herzer (Hg.), Josephus und das Neue Testament. Wechselseitige Wahrnehmungen. III. Internationales Symposium zum Corpus Judaeo-Hellenisticum 25.–28. März, 2007, 245–264.

Gottesvolk der Abrahamskinder begründe (Gen 17). Der Apostel hält dafür, dass Jesus Christus der einzige Retter ist, der verheißene Sohn, der Abrahams Segen allen Völkern austeilt (Gal 3). Um dies den Galatern wieder nahezubringen, erklärt er ihnen – mithilfe traditioneller Motive der Christologie – den neuen Status, der ihrem Glauben entspricht (Gal 4,4–5)[25]:

> [4]Als aber die Fülle der Zeit gekommen war,
> sandte Gott seinen Sohn,
> geboren von einer Frau
> und gestellt unter das Gesetz,
> [5]damit er die unter dem Gesetz freikaufe,
> damit wir die Einsetzung zu Söhnen erlangen.

Paulus schreibt nicht καιρός, sondern χρόνος; dennoch ist die Nähe zu Mk 1,15 groß. χρόνος verbindet der Apostel mit πλήρωμα. Parallelen führen in die frühjüdische wie frühchristliche Geschichtstheologie weisheitlicher und apokalyptischer Provenienz. Die „Fülle der Zeit" ist der Abschluss einer langen Wartezeit, markiert bei Paulus aber nicht nur deren Ende[26], sondern den Anfang der neuen Zeit, in der sich die gesammelte Energie der Vergangenheit entlädt[27]. Während die Apokalyptik in ihrer Zeitmessung den Blick darauf lenkt, wann das Maß der Sünden voll (1QS 4,18–19.; 1QM 14,1; 1QpHab 7,13) und das Ende der Welt erreicht sein wird (Dan 7,22; syrBar 30,1; 4Esr 4,36.; vgl. Ez 7,12; 9,1), beobachtet die Weisheit, wann eine Entscheidung gereift ist (Ios., ant. 6,49), ein neuer Lebensabschnitt begonnen hat (Est 4,12 A) oder eine geschichtliche Phase beendet ist (TestJud 9,2; Tob 14,5). Paulus hingegen beschreibt eine definitive Wende in der Zeit, eine Wende zum Heil, die nicht das Ende der Geschichte markiert, sondern ihr ein für allemal eine neue Perspektive gibt.[28] Mit dieser Geschichtstheologie hat der Apostel Schule gemacht (Eph 1,10). Sie ist tief ins christliche Zeitbewusstsein eingedrungen. An jedem Weihnachtsfest wird sie lebendig.

---

25 Zum christologischen Gehalt vgl. Th Söding, Der Gottessohn aus Nazareth. Das Menschsein Jesu im Neuen Testament, [2]2008 (2006), 77–78.

26 So jedoch H. Schlier, Der Brief an die Galater, KEK 7,. [12]1962, 137.

27 F. Mussner, Der Galaterbrief, HThKNT 9, 2001, 269: „Die Vollendung ist als Erfüllung der Zeit zugleich ihre heilsgeschichtliche Sinngebung".

28 Vgl. K. Scholtissek, „Geboren von einer Frau, geboren unter das Gesetz", in: U. Schnelle u. a. (Hg.), Paulinische Christologie, 2000, 194–219.

a) Zeitenwende

Stellt man die Verse über die Zeitenwende in den Kontext des Ga-
laterbriefes, wird deutlich, was endet: nicht das Walten Gottes in der
Geschichte, nicht die Erwählung Israels, nicht der Bund Gottes mit seinem Volk, sondern die Unfreiheit, die daraus resultiert, dass der Nomos die Sünde nur verurteilen kann, während umfassende Vergebung
allein dem messianischen Gottessohn vorbehalten ist (wie dies auch der
Tora zu entnehmen sei). Was beginnt, ist die Zeit des Glaubens an Jesus
Christus, der Befreiung aus der selbstverschuldeten Unmündigkeit, der
Eingliederung in den Leib Christi, der Hoffnung auf Erlösung, insofern
sie nichts geringes ist als die Anteilgabe an der Gottesbeziehung des
Sohnes zum Vater, die Prägung des Selbst-Bildes durch den, der Gottes
originales Ebenbild ist (2Kor 4,4). Paulus erschließt den Mitgliedern der
galatischen Gemeinden ihre Gegenwart als Zeit des Heils, das definitiv
durch das geschichtliche Geschehen der Sendung Jesu begründet ist.

Der Wendepunkt ist die Geburt Jesu. In den späteren Glauben-
kämpfen gegen den Doketismus wird der Satz sich bewähren: Jesus ist
wirklich von einer Frau geboren worden (ob Paulus nun wusste, dass
sie Jungfrau war, oder nicht). Sein Menschsein ist ein christologisches
Faktum erster Güte. Auch sein Judentum ist kein geschichtlicher Zufall,
sondern eine geschichtliche Notwendigkeit, weil Gott der Eine und
Einzige ist, der, wie Paulus gut jüdisch und christlich sagt, „treu" ist
(Röm 3,3; 1Kor 1,9; 10,13; 2Kor 1,18; 1Thess 5,24); und den, wie der
Apostel im Römerbrief ausführen wird, seine Gnade nicht reut (Röm
11,29). Die theologische Bedeutung der Menschwerdung des Gottessohnes und des Judeseins Jesu hat Paulus so ausgedrückt, dass der
Sohn Gottes „unter das Gesetz gestellt" worden ist. Damit ist nicht nur
ein Vorgang wie etwa die Darstellung Jesu im Tempel gemeint, von der
Lukas erzählt (Lk 2,22), um die jüdische Frömmigkeit der Eltern Jesu
ins rechte Licht zu rücken. Der Handelnde ist vielmehr Gott, der Vater.
Eine Parallele besteht zu den Dahingabeworte (Röm 4,25; 8,31ff. –nur
dass dort Jesu Tod als äußerste Konsequenz der Gnade, als unaus-
denkbar großes Geschenk Gottes an die erlösungsbedürftigen Menschen erscheint, während in Gal 4,4–5 Gott als der verkündet wird, der
durch die Sendung des Sohnes die Fülle der Zeiten heraufführt und
damit die Fülle des Heiles verwirklicht. Der Apostel denkt an Gottes
ewigen Heilsplan, der immer schon die Sendung des Sohnes zur
Rettung der Menschheit vorsieht und sich im Zeitpunkt nicht von
Vorgaben anderer abhängig macht, etwa der Schlechtigkeit ihrer
Sünden, sondern selbst bestimmt, seinen Sohn zur Gabe zu machen –
aus reiner Liebe (Röm 8,31–39). So geht es auch aus Gal 4,2 hervor, wo

Paulus im Bild des Erbrechts von der durch Gott vorherbestimmten Zeit spricht, da die Unmündigkeit endet.[29] Paulus lehrt keine doppelte Prädestination; aber zu Gottes Treue gehört die Verwirklichung seiner Verheißungen, die in der Identität des Schöpfers mit dem Erlöser begründet ist.

Paulus hat aber in Gal 4,4–5 auch Jesu Leben als Jude im Gehorsam gegen das Gesetz vor Augen, am Ende seinen Tod am Kreuz, den das Gesetz verflucht (Gal 3,13–14), auf dass Gott, wie das Evangelium lautet, den Gekreuzigten zum Segen für alle Glaubenden mache. Dazu passt, dass Gal 4,4–5 nicht auf die Geburt Jesu fixiert ist. Paulus hat Jesu Heilsbedeutung im Blick. Deshalb spricht er von der Sendung des Sohnes durch Gott, so wie im Römerbrief auch (Röm 8,3). Präexistenzchristologie ist vorausgesetzt[30]; akzentuiert aber ist der Heilsdienst des Gottessohnes. Jesus befreit diejenigen, die unter der Herrschaft des Gesetzes in der Sünde gefangen sind; er befreit sich als derjenige, der selbst „unter das Gesetz gestellt" worden ist.

b) Äonenwende

Definitiv ist die Sendung Jesu. Hinter sie gibt es kein Zurück. Aber auch Paulus betont wieder und wieder, die Vollendung stehe noch aus. Anders wäre gar nicht zu verstehen, dass Jesus „unter das Gesetz gestellt" ist. Die Befreiung vom Gesetz, sofern es versklavt, und die Einsetzung zu Söhnen, sofern sie zur Freiheit führt, sind für die Glaubenden gegenwärtige Heilsereignisse, die in der Taufe sakramental zugeeignet worden sind (Gal 3,26ff.).

Das Heil in Vollendung bringen sie aber noch nicht. In manchen Briefen scheint Paulus Anlass zu haben, einen gewissen Enthusiasmus zu dämpfen, der in der Freude über den empfangenen Reichtum an Gnade die Brüche des Lebens, das Leid der Opfer, den Abgrund des Todes überspringen will – und doch nur abstürzen kann, wenn es an realistischer Einschätzungen menschlicher Schwäche fehlt (vgl. 1Kor 3– 4). Bei den Galatern scheint diese Gefahr weniger zu bestehen. Paulus will ihnen vielmehr vor Augen führen, dass sie schon längst, bevor sie mit dem Gedanken an eine Beschneidung zu spielen begonnen haben, den Geist Gottes ohne Abstriche empfangen haben (Gal 3,1–4).

---

29 Vgl. A. M. Buscemi, Lettera ai Galati. Commentario esegetico, Studium Biblicum Franciscanum. Analecta 63, 2004, 387.

30 Vgl. M. Hengel, Präexistenz bei Paulus?, in: C. Landmesser u. a. (Hg.), Jesus Christus als die Mitte die Schrift. Studien zur Hermeneutik des Evangeliums. FS Otfried Hofius, BZNW 86, 1997, 479–517.

Dennoch stellt er ins Präskript einen christologischen Leittext, der nicht nur die überströmende Liebe Jesu Christi (Gal 2,20), sondern auch den eschatologischen Vorbehalt markiert (Gal 1,4). Der Apostel verkündet Jesus Christus:

> der sich selbst für unsere Sünden hingegeben hat,
> auf dass er uns herausreiße aus diesem gegenwärtigen Äon des Bösen
> gemäß dem Willen Gottes, unseres Vaters

Die Zeit gewinnt in diesem Vers eine neue Perspektive. Die Lebenshingabe Jesu liegt in der Vergangenheit. Ihr Sinn und Zweck zielt aber in eine Zukunft jenseits der Geschichte, und zwar nicht nur jenseits der Welt-, sondern auch jenseits der Kirchengeschichte. Der Konjunktiv des Nebensatzes, der den getauften Galatern gesagt ist (und eine ältere Bekenntnisformel aufnehmen dürfte), zielt über ihren gegenwärtigen Status als Kirchenmitglieder hinaus. Die Verheißung, die der Nebensatz enthält, kann sich nur in der Auferstehung der Toten und im ewigen Leben jenseits dieser Welt verwirklichen. Der „Äon des Bösen", der von der Sünde kontaminiert ist und sich deshalb im Tode zeigt, ist mit der Sendung und dem Kreuzestod, ist auch mit der implizierten Auferstehung Jesu, nicht einfach beendet. Er ist vielmehr gegenwärtig (vgl. Röm 8,18). Er steht an, drängt sich auf, dringt ein – in die Weltzeit und in die Lebenszeit der Christen. Das zeigt sich im Leiden der Kreatur (vgl. Röm 8,18). Augustinus hat gegen die Manichäer geltend gemacht, dass die Ursache nicht in der Schlechtigkeit der Welt liege, für die ein Demiurg die Verantwortung zu tragen hätte, sondern an der Sünde Adams, der seine Welt mit in den Untergang ziehe.[31] Nicht der Äon selbst ist böse, er wird vom Bösen beherrscht; die Zeit ist nicht als solche von Übel, vielmehr wird sie vom Unheil totgeschlagen. Dass Jesus Christus die Menschen, auch die Glaubenden, aus diesem Bösen „herausreißen" muss, zeigt, wie sehr sie ihm verhaftet sind – und wie ungleich stärker die Kraft des Guten ist.

Die Christen leben von dieser Verheißung. Im Römerbrief wird Paulus am Beispiel Abrahams sagen, sie begründe eine Hoffnung wider Hoffnung (Röm 4,17). Denn nahezu alles spricht für die Herrschaft des Todes, nur Jesus Christus spricht – mit der Heiligen Schrift – für das Heil Gottes, und der Apostel spricht für Jesus Christus. Die Erwartung der kommenden Vollendung ist aber keine bloße Versprechung und schon gar keine Vertröstung. Die Hoffnung schafft Fakten. Es ereignen sich jetzt schon Umkehr und Glaube, Sündenvergebung und Befreiung, Geistbegabung und Gemeinschaft zwischen Juden und Heiden, Sklaven und Freien, Männern und Frauen (Gal

---

31 Exp. Gal. 3,3, CSEL 84, 58. (Hinweis von Martin Meiser.)

3,28). Es gibt in Vorwegnahme des Eschaton Orte der Heilsgegenwart, der Präsenz Jesu Christi, des auferstandenen Gekreuzigten: das Ich des Glaubenden, der erkennt, wie sehr Christus ihn geliebt hat, so dass es sogar für ihn gestorben ist (Gal 2,20), und das Wir der Getauften in der Kirche, die durch Glaube, Hoffnung und Liebe zusammenfindet.

Die böse Welt freilich bleibt weder hier noch dort einfach draußen. Sie drängt nach innen: in die Seelen und in die Häuser der Gläubigen hinein. So wie die Sünde sogar das Gesetz als Hebel benutzen konnte, um unter dem Mantel des Guten das Böse triumphieren zu lassen, die Hartherzigkeit und Heuchelei, die Gewalt im Namen Gottes und die Rechthaberei in Fragen der Religion, so wird sie auch das Evangelium, was Paulus kaum erst zu ahnen vermochte, in den selben Strudel ziehen. Wer die Christologie von Gal 1,4 im Sinn hat, wird davon nicht überrascht sein – und nach den Gegenkräften suchen, die Paulus zufolge nur aus jenem Glauben kommen können, der „durch Liebe wirksam" ist (Gal 5,6).

c) Heilsgegenwart

Während Gal 4,4–5 die Zeitenwende betont und Gal 1,4 auf die noch ausstehende Vollendung hinweist, akzentuiert 2Kor 6,2 das Jetzt der Heilsgegenwart. Paulus zitiert aus dem Zweiten Lied vom Gottesknecht Gottes Wort an den Propheten, das die Befreiung des Volkes aus dem Exil feiert (Jes 49,8):

[2]Denn er spricht:
„Zur rechten Zeit habe ich dich erhört
und am Tag des Heiles dir geholfen."

Unter der „rechten Zeit" und dem „Tag des Heiles" versteht der Gottesknecht das Ende der Babylonischen Gefangenschaft. In der poetischen Welt des Liedes ist sie noch nicht realisiert; aber sie wird definitiv geschehen, weil Gott den Anfang in der Erwählung des Knechtes gemacht hat. Schon die Septuaginta hat den doppelten Aorist, den auch Paulus zitiert; das entscheidende ist passiert, auch wenn die Verwirklichung noch aussteht. *Post factum*, nach der Befreiung aus dem Exil, wenn das Gottesknechtslied gesungen wird, gewinnt das Vertrauen in Gottes Geschichtsmacht und Zuverlässigkeit, das den Aorist trägt, neuen Grund. Paulus bezieht die jesajanische Verheißung auf Jesus Christus. Die kurze Auslegung des Apostels erinnert an Jesu Wort in der Synagoge von Nazareth nach LK 4. Der Apostel kommentiert:

Siehe, jetzt ist die rechte Zeit!
Siehe, jetzt ist der Tag des Heiles.

Im Kommentar steht, wie im Prophetenzitat, καιρός. Der „Tag des Heiles" ist dieser eschatologische Kairos, der sich – je neu – „jetzt" ereignet: nicht nur zum Zeitpunkt, da Paulus den Brief verfasst hat, und in jedem Moment, da er aufmerksam gelesen wird, sondern allezeit seit dem Kommen Jesu Christi.

Das „Jetzt" ist der Moment, der sich ergeben hat, nachdem Gott geholfen und in seiner Hilfe die Bitten seines Volkes erhört hat. Paulus spricht also die Korinther in ihrer Gegenwart an, da sie als Glieder der Kirche Gottes (2Kor 1,1) leben dürfen. Zieht man den Zusammenhang heran, ist der Grund für den gegenwärtigen Kairos der Kreuzestod Jesu mit seiner Heilsgabe, die durch die Auferweckung zu den Menschen gelangt (2Kor 5,21). Während Gal 4,4–5 von der Geburt her die ganze Sendung Jesu begreift, die am Kreuz kulminiert (Gal 3,13), und Gal 1,4 vom Ende Jesu her das Ende der Welt in den Blick nimmt, um noch unendlich weiter zu sehen, schaut 2Ko 5,21–6,2 vom Kreuz her auf die Gegenwart des Heiles im Leben der Glaubenden, die an die Gegenwart Jesu zurückgebunden ist.

4. Ausblick

Paulus stimmt mit Jesus darin überein, dass es eine eschatologische Wende in der Geschichte gibt, die dadurch geschieht, dass Gott selbst in ihr definitiv eingreift. Es gibt nicht nur eine futurische, sondern auch eine präsentische Eschatologie, weil es eine perfektische Eschatologie gibt: etwas, das geschehen ist und alle Zeit bestimmt, weil es bleibt in alle Ewigkeit. In den synoptischen Evangelien steht die Verkündigung der Basileia im Vordergrund, die proklamiert, was Gott zum Heil der Welt getan hat, indem er an seinem geliebten Sohn Gefallen gefunden hat, so dass er ihn in sein messianisches Amt einsetzt; Paulus denkt von Jesu Tod und Auferstehung her, die er in den Zusammenhang des ewigen Heilsratschlusses Gottes stellt und deshalb auch von der Präexistenz und Inkarnation des Gottessohnes her erschließen kann. Die Rechnung vor und nach Christi Geburt, die später in die Kalender eingetragen worden ist, ist vorbereitet in den Diskussionen der Alten Kirche mit Markion und mit den Gnostikern, die aus unterschiedlichen Gründen eine Heilsgeschichte nicht erkennen konnten, aber überzeugt werden sollten, dass der Monotheismus, wie Jesus ihn gelehrt und gelebt hat, die Zeit der Geschichte nicht übersprungen, sondern als Raum des Handeln Gottes erschlossen hat. Die Diskussionen kreisen um die Geltung des Gesetzes und die Bedeutung des Glaubens; sie kreisen letztlich um die Identität Jesu Christi und seines Verhältnisses zu Gott, dem Vater.

Dort, wo geglaubt und verstanden wird, dass „Gott in Christus" war, wie Paulus sagen kann (2Kor 5,19), oder dass der Sohn und der Vater „eins" sind, wie es im Johannesevangelium steht (Joh 10,30), kann überhaupt nur die Einsicht in eine epochale Wende wachsen, dass die Zeit geöffnet ist für die Ewigkeit und die Ewigkeit einbricht in die Zeit. Die Sendung des Gottessohnes ist kein Gebot der Stunde. Sie ist keine Funktion der Geschichte. Unter den Bedingungen des biblischen Monotheismus ist es gerade umgekehrt: Die Zeit ist geschaffen. Sie ist begrenzt, am Anfang und am Ende. Aber sie ist nicht das Ganze. Es gibt ein Jenseits, ein Vorher und Nachher der Welt-Zeit. So kann es auch eine Offenbarung Gottes in der Zeit geben. Wo Gott „seinen eigenen Sohn nicht geschont, sondern für uns alle hingegeben hat" (Röm 8,32), ist Unerhörtes geschehen, das unwiderruflich Zeit und Ewigkeit bestimmt.

Das Neue Testament ist leidenschaftlich an Zeitdiagnosen interessiert. Die Zeichen der Zeit zu lesen, ist nach Jesus die große Tugend, die den Heuchlern abgeht (Lk 12,56), von den Jüngern aber eingeübt werden soll. Demgegenüber treten Spekulationen über die Ewigkeit weit zurück. Jesus begnügt sich mit der Vision, dass am Jüngsten Tag der Menschensohn seine Engel aussenden werde, um alle zu sammeln, die Gott retten wolle (Mk 13,24–27 parr.). Paulus konzentriert sich auf die Verheißung des ewigen Lebens mit Jesus Christus in der Gegenwart Gottes (1Thess 5,9f.), der dann von Angesicht zu Angesicht geschaut werden könne. Weil Gott ewig ist, gilt auch und gerade von den Glaubenden, dass sie nur ein dunkles Spiegelbild erblicken können (1Kor 13,12). Alle Aufhellungen sind Illusionen, Projektionen, Wunschträume. Das ist der wesentliche Beitrag des Neuen Testaments zur Religionskritik.

Freilich zeigt der Blick auf Jesus, der seinerseits den Blick auf die Propheten schärft: Der ewige Gott ist nicht der unbewegte Beweger. Die Ewigkeit ist nicht die Negation der Zeit. Der ewige Gott handelt in der Zeit, um die Welt zu erschaffen, zu erhalten und zu erlösen. Es gibt Kommunikation zwischen Gott und Mensch, es gibt Beziehungen zwischen Zeit und Ewigkeit. Gott hat ein Ohr für die Klagen der Menschen und ihr Freudengeschrei. Er lässt sich nicht bestechen. Aber er straft und lobt, er gewährt Gnade, er erhört Bitten. Menschen können ihn hören und anreden. Die Zeit ist von Gottes Ewigkeit umfangen und für sie geöffnet. Das Neue Testament ist mehr an Zeitdiagnosen als an Ewigkeitsspekulationen interessiert, weil die Ewigkeit Gottes der Raum ist, in dem die Zeit sich abspielt und die Zeit der Raum, in dem auf Gottes Ewigkeit gehofft werden kann.

Von der generellen Zurückhaltung, die Vollendung auszumalen, macht das letzte Buch der Bibel eine Ausnahme, die Johannesoffenbarung. Sie überschreitet nicht die Grenze der Metaphorik, aber malt die Bilder des Unheiles und des Heiles so farbenprächtig aus wie sonst nie in der Bibel. Dem Seher wird auf Patmos, in der Verbannung, der Himmel geöffnet, sodass er die Jubelgesänge der Engel hört und den Glanz des göttlichen Thronsaales erblickt. Indem er nach oben schaut, in den Himmel, schaut er auch in die Zukunft, aber ebenso in die Vergangenheit und Gegenwart – und über Zeit und Raum hinaus Denn er schaut den, „der ist und der war und der kommt" (Offb 1,4; 8; 4,8). Indem er aber in den Himmel schaut, sieht er die Erde genauer als je zuvor. Denn im Himmel ist die Erde, bei Gott sind die Menschen nicht vergessen. Im Halleluja der Engel gehen die Klagerufe der Opfer nicht unter; in der Bitte um Erlösung wird die Vorfreude der Erfüllung laut. Das Leid der Welt ist nicht vergessen; es wird verwunden. Johannes erneuert die Prophetie des Jesaja (Jes 25,8), er negiert die Negation:

Er wird abwischen alle Tränen von ihren Augen
und der Tod wird nicht mehr sein,
noch Trauer, noch Klage, noch Schmerz. (Offb 21,4)

Gott, Welt, Zeit und Ewigkeit bei Origenes

CHARLOTTE KÖCKERT

Zeit und Ewigkeit als „Raum" göttlichen Wirkens zu denken, ist dem alexandrinischen Theologen Origenes zu Beginn des dritten Jahrhunderts von zwei Seiten her vorgegeben: zum einen handeln die biblischen Schriften in vielfältiger Weise vom Handeln Gottes in Zeit und Ewigkeit; zum anderen lehrt auch die Mehrheit der zeitgenössischen Philosophen, dass Gott existiert und vorsehende Fürsorge (πρόνοια) für die Welt übt. Seine konkrete Gestalt gewinnt das Denken des Origenes im Spannungsfeld dieser beiden Einflüsse: der Auslegung biblischer Texte einerseits sowie philosophisch-theologischer Spekulation andererseits. Um diesem Charakter des origenianischen Denkens gerecht zu werden, der sich unmittelbar auf die inhaltliche Gestalt und die Darstellung seiner Theologie auswirkt, werde ich im Folgenden keinen systematischen Aufriss der Zeit- und Ewigkeitsvorstellungen des Origenes präsentieren. Vielmehr werde ich einige Texte betrachten, in denen Origenes ausgehend von biblischen Textpassagen Gottes Verhältnis zu Zeit und Ewigkeit skizziert. Dieses Vorgehen erscheint mir für Origenes angemessener als der Versuch, aus dem Werk des Origenes eine systematische Philosophie der Zeit zu erheben.[1]

1. Gott ist jenseits von Zeit und Ewigkeit

Gottes Handeln in Zeit und Ewigkeit zu denken, beginnt für Origenes mit einer Schwierigkeit. Denn für ihn ist Gott seinem Wesen nach als transzendent zu Zeit und Ewigkeit zu denken. Das betont er wiederholt, wenn er in Auslegung biblischer Texte (Joh 1,1; Spr 8,22) das

---

1 So zuletzt P. Tzamalikos, Origen. Cosmology and Ontology of Time, SVigChr 77, 2006; ders., Origen. Philosophy of History and Eschatology, SVigChr 85, 2007. Vor allem der ersten Monographie liegt in weiten Teilen P. Tzamalikos' Dissertation zugrunde (The Concept of Time in Origen, 1991), deren Thesen er außerdem in mehreren Aufsätzen publiziert hat. Bereits vor ihm hat Johannes Sp. Kassomenakis eine ähnliche Fragestellung in seiner philosophischen Dissertation formuliert (Zeit und Geschichte bei Origenes, Diss. München 1967), in der er Origenes eine stringente Philosophie der Zeit abspricht und ihn als Geschichtsphilosophen darstellt.

Verhältnis des Logos bzw. der Weisheit Gottes zu Gott Vater erörtert. Der Ausspruch der Weisheit „Gott schuf mich als Anfang seiner Wege für seine Werke ... von Ewigkeit her, im Anfang, ehe die Erde war ... war ich ... bei ihm (Spr 8,22f.30)" oder der erste Vers des Johannesevangeliums „Im Anfang war der Logos (Joh 1,1)" dürfen nicht zeitlich verstanden werden. Denn bezogen auf den Logos gilt:

> Man muss wissen, dass bei dem Zeitlosen die zeitliche Hauptbedeutung der Verben, nämlich „war", „ist" und „wird sein", nicht verwendet werden darf. Denn Gott Logos, Sohn des Vaters, ist auch zeitlos Gott und deshalb dürfen die auf ihn bezogenen Verben nicht mit der Implikation von Zeit verwendet werden. Er ist nämlich nicht unter der Zeit (ὑπὸ χρόνον). Ein Verb aber ist das, was Zeit bezeichnet, wie Aristoteles sagt.[2]

Auch der Satz, „nie gab es eine Zeit, da Gott ohne Weisheit oder Logos war", ist nach Origenes mit Vorsicht aufzufassen.

> Denn auch diese Worte „da" und „nie" stellen selber Zeitbegriffe dar; was aber über Vater, Sohn und heiligen Geist gesagt wird, ist über alle Zeit und über alle Weltzeiten und über alle Ewigkeit hinaus zu denken. Diese Trinität allein ist es ja, die jedes Begreifen nicht nur im Sinne des Zeitlichen, sondern auch des Ewigen übersteigt. Alles andere dagegen, das außerhalb der Trinität liegt, ist nach Weltzeiten[3] und nach Zeiten messbar.[4]

---

2 *Frg.Jo.* 110 (GCS Origenes 4; 564,5–10 Preuschen): ... ἰστέον δὲ ὅτι τὰς κυρίως σημασίας τῶν ῥημάτων τοῦ χρόνου οὐ δεῖ ἐκλαμβάνειν ἐπὶ τῶν ἀιδίων, ἤγουν τὸ »Ἦν« καὶ ἔστιν καὶ ἔσται. ὁ γὰρ θέος λόγος καὶ υἱὸς ὢν τοῦ πατρὸς ἀίδιος τυγχάνων θεὸς τὰ ἐπ' αὐτοῦ ῥήματα οὐ μετὰ τοῦ προσσημαίνειν χρόνον ἐκλαμβάνειν δεῖ, μὴ ὢν αὐτὸς ὑπὸ χρόνον· ῥῆμα δέ ἐστι τὸ προσσημαῖνον χρόνον, ὡς Ἀριστοτέλης φησίν. Vgl. *frg.Jo.* 1 (483,19–484,6). Origenes spielt auf Aristoteles, *Int.* I 3, 16b6 an. An diese Interpretation von Joh 1,1 knüpft auch Basilius an: Οἷον γὰρ τὸ ὤν, τοιοῦτον καὶ τὸ ἦν, ἀΐδιον ὁμοίως καὶ ἄχρονον. (*Eun.* II 14 Z.58f. [SC 305; 56 Sesboüé/ Durand/ Doutreleau]).

3 Die Formulierung *in saeculis et in temporibus* kann auf die Übersetzung Rufins zurückgehen, der häufig einen Begriff des Origenes durch ein Paar von Synonymen wiedergibt. Wenn Origenes selbst hier zwei Begriffe unterschieden hat, so ist zu erwägen, ob *saecula* hier mehr umfasst als die Dauer der sichtbaren, zeitlichen Welt und auch das unbegrenzte Zeitalter der ewigen, himmlischen Welt einschließt (siehe dazu unten).

4 *Princ.* IV 4,1 (GCS Origenes 5; 350,19–26 Koetschau): [*Hoc autem ipsum quod dicimus, quia numquam fuit quando non fuit, cum venia audiendum est.*] *Nam et haec ipsa nomina temporalis vocabuli significantiam gerunt, id est quando vel numquam; supra omne autem tempus et supra omnia saecula et supra omnem aeternitatem intellegenda sunt ea, quae de patre et filio et spiritu sancto dicuntur. Haec enim sola trinitas est, quae omnem sensum intellegentiae non solum temporalis, verum etiam aeternalis excedit. Cetera vero, quae sunt extra trinitatem, in saeculis et in temporibus metienda sunt.* Übersetzung nach H. Görgemanns/ H. Karpp (Hg.), Origenes. Vier Bücher von den Prinzipien, TzF 24, 3. Auflage = 2. Auflage (1985), 1992, 787f. Vgl. *princ.* I 3,4 (54,14–21) im Zusammenhang einer Darlegung, dass der Heilige Geist wie Gott Vater und Sohn immer war: *Hoc sane quod dicimus, vel »semper« vel »erat« vel si quod aliud tale temporalis significationis nomen adsciscimus, simpliciter et cum venia accipiendum est, quoniam nominum quidem*

In diesen Passagen hält Origenes fest: Gottes Wesen ist nicht der Zeit unterworfen; es ist jenseits von Zeit und jenseits von Ewigkeit zu denken. Jede zeitliche und räumliche Vorstellung ist bezogen auf die göttliche Trinität allein der Unzulänglichkeit der menschlichen Sprache und des menschlichen Denkens geschuldet, die nicht von Raum und Zeit absehen können. Origenes artikuliert hier ein Problem, wie es ähnlich Platon (*Ti.* 37e–38c) oder Plotin (*Enn.* III 7 [45] 6, 23–36)[5] formulieren: die Sprache ist unzulänglich, wenn über das Ewige und Unveränderliche zu sprechen ist. Anders als Platons *Timaeus* hebt Origenes Gott aber auch über die Ewigkeit hinaus. Er unterscheidet Zeit *und* Ewigkeit von der Zeitlosigkeit Gottes und ordnet sie dem Bereich *extra trinitatem*, d. h. der Schöpfung zu. Das wirft zum einen die Frage auf, wie Gott auf Zeit und Ewigkeit bezogen ist; zum anderen stellt sich die Frage, was Origenes unter Ewigkeit versteht, wenn er sie von der Zeitlosigkeit des göttlichen Wesens unterscheidet.

Eine Passage aus dem Johanneskommentar scheint der Behauptung zu widersprechen, dass Origenes Gottes Wesen als zeitlos und Zeit und Ewigkeit transzendierend denkt. In einer Auslegung von Ps 2,7 spricht er im übertragenen Sinne von der unbegrenzten Zeit, die mit Gottes Leben einhergeht. Diese Ausführung steht im Zusammenhang einer umfangreichen Diskussion über die begrifflichen Bestimmungen (ἐπίνοια) des Sohnes:

> Aber … der erhabene Ursprung des Sohnes wird nicht deutlich dargestellt, wenn zu ihm der Satz „Du bist mein Sohn; heute habe ich dich gezeugt" von Gott gesagt wird, für den das Heute ewig (ἀεί) ist. Denn für Gott gibt es keinen Abend, ich aber meine, auch keinen Morgen. Aber die – wenn ich so sagen darf – Zeit, die zusammen mit seinem ungewordenen (ἀγένητος) und ewigen (ἀΐδιος) Leben ausgestreckt ist, ist für ihn dieser heutige Tag, an dem der Sohn gezeugt wurde. So kann man weder einen Anfang noch einen Tag seiner Zeugung feststellen.[6]

Origenes legt Ps 2,7 als Hinweis auf die ewige Zeugung des Sohnes durch Gott Vater aus. Daher interpretiert er das Zeitwort „heute" im

---

horum significationes temporales sunt, ea autem de quibus loquimur tractatu quidem sermonis temporaliter nominantur, natura autem sui omnem intellegentiam sensus temporalis excedunt.

5   Zu Plotin siehe knapp R. Sorabji, Time, Creation and the Continuum. Theories in Antiquity and the Early Middle Ages, 2002 (= 1983), 112–114.

6   *Jo.* I 29(32),204 (GCS Origenes 4; 37,6–12 Preuschen): ἀλλὰ διὰ τούτων πάντων οὐ σαφῶς ἡ εὐγένεια παρίσταται τοῦ υἱοῦ, ὅτε δὲ τὸ »Υἱός μου εἶ σύ, ἐγὼ σήμερον γεγέννηκά σε« λέγεται πρὸς αὐτὸν ὑπὸ τοῦ θεοῦ, ᾧ ἀεί ἐστι τὸ »σήμερον«, – οὐκ ἔνι γὰρ ἑσπέρα θεοῦ, ἐγὼ δὲ ἡγοῦμαι, ὅτι οὐδὲ πρωΐα, ἀλλὰ ὁ συμπαρεκτείνων τῇ ἀγενήτῳ καὶ ἀϊδίῳ αὐτοῦ ζωῇ, ἵν᾽ οὕτως εἴπω, χρόνος ἡμέρα ἐστὶν αὐτῷ σήμερον, ἐν ᾗ γεγέννηται ὁ υἱός, – ἀρχῆς γενέσεως αὐτοῦ οὕτως οὐχ εὑρισκομένης ὡς οὐδὲ τῆς ἡμέρας.

Sinne einer ewigen Dauer (ἀεί), die Gottes ungewordenem und ewig-
zeitlosem (ἀΐδιος) Leben entspricht. Ewigkeit im Sinne von ewiger
Dauer ist dabei zwar unzeitlich gedacht, wird aber durch die Analogie
zur Zeit sowie die Analogie zur Dauer einer Lebensspanne erklärt.[7]
Richard Sorabji ist zuzustimmen, dass Origenes hier einen anderen Gedanken präsentiert als in den Passagen, die die Transzendenz Gottes
gegenüber Zeit und Ewigkeit festhalten.[8] Daraus ergibt sich aber noch
nicht der Schluss, dass Origenes keine eindeutige Vorstellung von der
Zeitlosigkeit Gottes besitzt, wie Sorabji meint. Vielmehr zeigt das Nebeneinander der verschiedenen Passagen, dass bei Origenes der Gottes-
begriff, sobald die innertrinitarischen Beziehungen zur Sprache kommen, eine Dynamik besitzt, die Origenes nur in der Vorstellung vom
ungewordenen, ewigen Leben Gottes ausdrücken kann. Für sie muss er
gedanklich und sprachlich auf die Analogie zur Zeit zurückgreifen. Es
ist auf jeden Fall auffallend, dass Origenes lieber metaphorisch von der
„Zeit" des göttlichen Lebens spricht, als dafür wie z. B. Philo den in der
platonischen Tradition geprägten und gebräuchlichen Begriff αἰών zu
verwenden.[9]

2. Gott erschafft die Zeit

Vor dem soeben skizzierten Hintergrund versteht sich der erste Vers
der Bibel „Im Anfang schuf Gott" nicht von selbst. In seinem leider nur
fragmentarisch erhaltenen Kommentar zum Buch Genesis erörtert Origenes die mit diesem Satz verbundenen Schwierigkeiten ausführlich

---

7   Wenn die folgende Passage aus der unter Origenes' Namen überlieferten Auslegung
    zu Proverbien tatsächlich Origenes gehört, so lässt sich die Analogie zur Beschrei-
    bung einer menschlichen Lebensspanne für Origenes auch terminologisch belegen
    (*Exp. Prov.* [PG 17, 189A]: Αἰῶνα τὸν ἀνθρώπου βίον λέγει, ὡς ὁ Παῦλος· »Οὐ μὴ
    φάγω κρέα εἰς τὸν αἰῶνα, ἵνα μὴ τὸν ἀδελφόν μου σκανδαλίσω«· τὸ γὰρ
    συμπαρεκτεινόμενον τῇ συστάσει τῆς ζωῆς αὐτοῦ, αἰῶνα ὠνόμασεν· Vgl. die
    ähnlich formulierte Erklärung von „Äon dieser Welt" im Epheserkommentar (siehe
    Anm. 25). Im Hintergrund steht die in der klassischen Literatur verbreitete
    Bedeutung von αἰών als „Lebensspanne" (siehe dazu H. Sasse, Art. αἰών, αἰώνιος,
    ThWNT 1, 1933, [197–209] 197f.). Den allgemeinen Sprachgebrauch referiert Aristo-
    teles, *Cael.* I 9, 279a23–25: τὸ γὰρ τέλος τὸ περιέχον τὸν τῆς ἑκάστου ζωῆς χρόνον
    … αἰὼν ἑκάστου κέκληται. Einen Überblick über Origenes' „Terminologie der
    Ewigkeit", besonders zu αἰών und αἰώνιος, bietet I. Ramelli, Origene ed il lessico
    dell'eternità, Adamantius 14, 2008, 100–129.

8   Siehe R. Sorabji, Time, Creation and the Continuum, 123.

9   Philo bezeichnet den βίος Gottes (*Quod Deus* 6,32 [Philo Opera 2; 63,10–13
    Wendland]) bzw. das unsterbliche Leben derer, die an Gottes Leben Anteil haben
    (*Fug.* 57 [Philo Opera 3; 122,12–18 Wendland]) sowie das Leben des intelligiblen
    Kosmos (*Mut.* 47,267 [Philo Opera 3; 202,25 Wendland]) als ἀπέρατος αἰών.

und behandelt vor allem zwei Probleme: Wie ist die Erzählung in Genesis 1f., die ein mehrtägiges Schöpfungshandeln suggeriert, Gott angemessen zu interpretieren? Wie ist der Ausdruck ἐν ἀρχῇ zu deuten, der auch zeitlich verstanden werden kann und einen Anfang in der Zeit nahelegt?

Für ein Gott angemessenes Verständnis des Schöpfungsberichtes in Gen 1 kann sich Origenes auf exegetische Vorgänger berufen. So eignet er sich in einer für ihn typischen distanzierten Weise die Lösung Philos an, wenn er schreibt:

> Einige aber halten es für absurd anzunehmen, dass Gott nach Art eines Hausbauers, der mehrere Tage zur Vollendung eines Gebäudes braucht, den Kosmos in mehreren Tagen vollendet haben soll, und sie meinen deshalb, dass alle Dinge auf einmal (ὑφ᾽ ἕν) entstanden sind, und von diesem Ausgangspunkt her etablieren sie folgende Lehre: sie meinen, dass der Ordnung wegen die Aufzählung der Tage und der Dinge, die in ihnen entstehen, berichtet wird. Wahrscheinlich haben sie zu diesem Zweck den Ausspruch gebraucht, von dem man annehmen kann, dass er diese Position unterstützt: „Er sprach und es wurde hervorgebracht; er befahl und es wurde geschaffen (Ps 32,9;148,5)".[10]

Aus anderen Texten, die auf diese Auslegung aus dem Genesiskommentar verweisen, wird deutlich, dass dieses „auf einmal" als ein unausgedehnter und daher zeitloser Moment zu verstehen ist.[11] Gott

---

10   Origenes, *Cat. in Gen. frg.* 193 (La Chaîne sur la Genèse, édition intégrale par F. Petit, TEG 1, 1991, 134): Ἤδη δέ τινες ἄτοπον εἶναι νομίζοντες τὸ ὑπολαμβάνειν τὸν θεόν, δίκην οἰκοδόμου μὴ διαρκέσαντος χωρὶς ἡμερῶν πλειόνων πληρῶσαι τὴν οἰκοδομήν, ἐν πλείοσιν ἡμέραις τετελεκέναι τὸν κόσμον, φασὶν ὑφ᾽ ἓν πάντα γεγονέναι καὶ ἐντεῦθεν τοῦτο κατασκευάζουσιν, ἕνεκεν δὲ τάξεως οἴονται τὸν κατάλογον τῶν ἡμερῶν εἰρῆσθαι καὶ τῶν ἐν αὐταῖς γινομένων. Πιθανῶς δ᾽ ἂν πρὸς τοῦτο κατασκευάζειν νομιζομένῳ χρήσαιντο ῥητῷ τῷ »Αὐτὸς εἶπε καὶ ἐγενήθησαν, αὐτὸς ἐνετείλατο καὶ ἐκτίσθησαν«. Vgl. Philo, *Opif.* 3,13 (Philo Opera 1; 4,1–4 Cohn) und dazu D. T. Runia, Philo of Alexandria. On the Creation of the Cosmos according to Moses, Introduction, Translation and Commentary, Philo of Alexandria Commentary Series 1, 2001, 125f. Origenes verweist auf seine Auslegung von Gen 2,4 außerdem in *Cels.* VI 60 (GCS Origenes 2; 131,4–8 Koetschau). Den Psalmvers zitiert Origenes auch in der Zusammenfassung seiner Genesisauslegung in *Cels.* VI 60 (GCS Origenes 2; 130,19–21 Koetschau). Zu Origenes' Auslegung des biblischen Schöpfungsberichtes siehe ausführlicher Ch. Köckert, Christliche Kosmologie und kaiserzeitliche Philosophie. Die Auslegung des Schöpfungsberichtes bei Origenes, Basilius und Gregor von Nyssa vor dem Hintergrund kaiserzeitlicher Timaeus-Interpretationen (erscheint in STAC, 2009), Kap. B I.

11   Siehe *comm. in Mt.* XIV 9 (GCS Origenes 10; 297,24–289,3 Klostermann): εἰ δέ τις τῷ τάχει τῆς τοῦ θεοῦ περὶ ταῦτα δυνάμεως ἀπιστεῖ, οὗτος οὐδέπω νενόηκε τὸν ποιήσαντα τὰ ὅλα θεὸν οὐ δεηθέντα χρόνων εἰς τὸ ποιῆσαι τὴν τηλικαύτην οὐρανοῦ καὶ γῆς καὶ <πάντων> τῶν ἐν αὐτοῖς κτίσιν. κἂν γὰρ δοκῇ ἐν ἓξ ἡμέραις ταῦτα πεποιηκέναι, συνέσεως χρεία πρὸς τὸ νοῆσαι πῶς λέγεται τὸ ἐν ἓξ ἡμέραις »αὕτη ἡ βίβλος γενέσεως οὐρανοῦ καὶ γῆς« καὶ τὰ ἑξῆς. Damit, dass die Welt in einem zeitlosen Moment geschaffen wurde, vergleicht Origenes das Ge-

unterscheidet sich von menschlichen Handwerkern darin, dass er die Schöpfung allein durch die Kraft seines Willens auf einmal ins Sein stellt. Bei ihm, der keiner Zeit unterworfen ist, fallen Wollen, Entschluss und Vollbringen zusammen.[12] Diese grundsätzliche Einsicht legt später auch Basilius von Caesarea seiner Auslegung des ersten Verses des Schöpfungsberichtes zugrunde, wenn er schreibt:

> Aber vielleicht heißt es wegen des Unausgedehnten und Unzeitlichen der Schöpfung *Im Anfang schuf er*. Denn etwas Ungeteiltes und Unausgedehntes ist der Anfang. … Damit nun gelehrt werde, dass gleichzeitig zusammen mit dem Willensstreben Gottes zeitlos der Kosmos ins Sein gestellt wurde, heißt es *Im Anfang schuf er*. … das heißt auf einmal und augenblicklich.[13]

Gottes Schöpfungshandeln als einen zeitlosen Akt des Willens zu denken, hat ein Gegenstück in neuplatonischen Spekulationen, nach denen der göttliche Intellekt allein durch sein Sein wirkt und die Welt zeitlos (ἀχρόνως) und augenblicklich (ἀθρόως) schafft.[14] Origenes unterscheidet sich von den späteren Platonikern aber dadurch, dass nach ihm dieser zeitlose Schöpfungsakt Gottes gerade keinen ewigen Vorgang darstellt, sondern den realen Anfang der Welt und damit auch der Zeit konstituiert. Gott ist auf die Welt und Zeit bezogen, insofern er in einem freien Willensakt ihr Schöpfer ist.

---

schehen des endzeitlichen Gerichts und die Auferstehung (298,5–10): τολμητέον οὖν καὶ λεκτέον, ὅτι ὁ τῆς προσδοκωμένης κρίσεως καιρὸς οὐ δεῖται χρόνων, ἀλλ' ὡς ἡ ἀνάστασις λέγεται γίνεσθαι »ἐν ἀτόμῳ, ἐν ῥιπῇ ὀφθαλμοῦ«, οὕτως (οἶμαι) καὶ ἡ κρίσις. Mit dieser Beschreibung des Schöpfungs- und Endzeitgeschehens steht Origenes in einer Denktradition, die auch bei Clemens von Alexandrien begegnet. Siehe den Hinweis von H. J. Vogt auf *str.* VI 145,4,5 (GCS Clemens 2 [1960], 506,14–27 Stählin/ Früchtel) (Origenes, Der Kommentar zum Evangelium nach Mattäus, Teil 2, eingel., übers. und mit Anm. versehen von H. J. Vogt, BGrL 30, 1990, 76f.).

12   Siehe Origenes, *comm. in Gen. frg.* bei Eusebius, *p.e.* VII 20,1 (GCS Eusebius 8/1; 402,7–16 Mras).

13   Basilius von Caesarea, *hex.* I 6 (GCS Basilius 1; 11,15–18; 11,23–12,2 Amand de Mendieta/ Rudberg): Ἢ τάχα διὰ τὸ ἀκαριαῖον καὶ ἄχρονον τῆς δημιουργίας εἴρηται τό· »Ἐν ἀρχῇ ἐποίησεν«, ἐπειδὴ ἀμερές τι καὶ ἀδιάστατον ἡ ἀρχή. … Ἵνα τοίνυν διδαχθῶμεν ὁμοῦ τῇ βουλήσει τοῦ θεοῦ ἀχρόνως συνυφεστάναι τὸν κόσμον, εἴρηται τό· »Ἐν ἀρχῇ ἐποίησεν«.

14   Nach Porphyrius wirkt der göttliche Intellekt durch sein bloßes Sein (*in Ti. frg.* bei Proclus, *in Ti.* I 395,12 [Diehl]): αὐτῷ τῷ εἶναι τὸν θεῖον νοῦν ἐπιτελούμενον. Gegenüber der epikureischen Polemik gegen das Wirken der Götter betont Porphyrius, dass Gott mühelos wirkt. Der Effekt stellt sich bei ihm in einem zeitlosen Augenblick ein: Gott schafft die Welt ἀχρόνως bzw. ἀθρόως (*in Ti. frg.* bei Proclus, *in Ti.* I 395,18.21 [Diehl]). Siehe auch die Aussagen über das Denken des Intellekts in *sent.* 44 (BSGRT; 57,19–21 Lamberz): εἰ δὲ μὴ τόδε μετὰ τόδε ἐπ' αὐτοῦ γίνεται, ἅμα πάντα νοεῖ· ἐπεὶ οὖν πάντα ἅμα καὶ οὐ τὸ μὲν νῦν, τὸ δὲ αὖθις, πάντα ἅμα νῦν καὶ ἀεί. Aus dieser Beschreibung der Tätigkeit des göttlichen Intellekts folgt dann die Annahme, dass die Welt ewig sein muss.

Dass die Zeit ein Geschöpf Gottes ist und zusammen mit der Welt geschaffen wurde, legt sich für Origenes unter anderem von Hebr 1,2 her nahe.[15] Hier ist vom Sohn die Rede, durch den Gott die Zeitalter (Äonen) gemacht hat. Diesen Bibelvers legt Origenes im Kommentar zu Joh 1,3 im Kontext der Rede von der Schöpfungsmittlerschaft Christi aus;[16] auf ihn kommt er auch zu sprechen, wenn er im Epheserkommentar über die begrenzte zeitliche Ausdehnung der gegenwärtigen Welt spricht.[17]

Weil die Zeit erst mit der Welt geschaffen wurde, lehnt es Origenes ab, den Ausdruck ἐν ἀρχῇ im ersten Vers des Schöpfungsberichtes zeitlich zu verstehen. Er verknüpft ihn mit Joh 1,1 und deutet ἀρχή auf Christus, der als Gottes Weisheit der Ursprung und das Prinzip der Schöpfung ist.[18] In seiner Auslegung von Gen 1,1 begründet Origenes seine Ablehnung der zeitlichen Bedeutung. Calcidius, der in seinem Timaeuskommentar Origenes' Deutung überliefert, referiert:

> Anfang werde keineswegs im zeitlichen Sinne gesagt, nicht nämlich habe es irgendeine Zeit gegeben vor der Ausgestaltung der Welt noch vor dem Wechsel von Tag und Nacht, durch den die Abschnitte der Zeit bemessen werden.[19]

In seiner ersten Genesispredigt erklärt Origenes auf der gleichen Grundlage, warum Gen 1,5 vom „Tag eins" und nicht vom ersten Tag spricht:

> Denn Zeit war noch nicht, bevor die Welt war. Aber Zeit nimmt ihren Anfang ausgehend von aufeinanderfolgenden Tagen. Der zweite Tag näm-

---

15   Hebr 1,2: ἐπ' ἐσχάτου τῶν ἡμερῶν τούτων ἐλάλησεν ἡμῖν ἐν υἱῷ, ὃν ἔθηκεν κληρονόμον πάντων, δι' οὗ καὶ ἐποίησεν τοὺς αἰῶνας.

16   Origenes, *Jo.* II 7,72 (GCS Origenes 4; 64,24–31 Preuschen).

17   *Comm. in Eph. frg.* 9 Z.183f. (J. A. F. Gregg, Documents. The Commentary of Origen upon the Epistle to the Ephesians, JThS 3, 1901–2, [233–244.398–420.554–576] 403): καὶ τὸ »δι' οὗ ἐποίησε τοὺς αἰῶνας« κείμενον δόξει κτίσμα λέγειν τοὺς αἰῶνας, ... Der Kontext ist eine Auslegung von Eph 2,1f. und die Frage nach dem αἰών τοῦ κόσμου τούτου im Unterschied zum αἰών τοῦ κρείττονος κόσμου ἐφ' ὅν οἱ ἅγιοι σπεύδουσιν (Z. 168f.; 403).

18   Siehe *hom. in Gen.* I 1 Z. 1–12 (SC 7bis; 24 Doutreleau); *frg. Jo.* 1 (484,9–11 Preuschen); *Jo.* I 19,109–115 (23,12–24,10). Vgl. Origenes, *comm. in Gen. frg.* bei Calcidius, *in Ti.* 276 (Timaeus a Calcidio translatus commentarioque instructus edidit J.H. Waszink, Corpus Platonicum Medii Aevi. Plato Latinus 4, editio altera, 1975, 282,9–11 Waszink). Siehe zu Origenes' Interpretation von ἀρχή (Gen 1,1) Ch. Köckert, Christliche Kosmologie und kaiserzeitliche Philosophie , Kap. B I 3.

19   Origenes, *comm. in Gen. frg.* bei Calcidius, *in Ti.* 276 (280,14–16 Waszink [siehe Anm. 18]): *initium minime temporarium dici – neque enim tempus ullum fuisse ante mundi exornationem dieique et nocturnas vices quibus temporis spatia dimensa sunt* ... Zur Rückführung von Calcidius, *in Ti.* 276–278 auf den Genesiskommentar des Origenes siehe Ch. Köckert, Christliche Kosmologie und kaiserzeitliche Philosophie, Kap. B I 1.2.

lich und der dritte und der vierte und die übrigen, sie alle beginnen, Zeit anzugeben.[20]

Origenes leitet seine knappe Erörterung der Zeit hier direkt aus dem Schöpfungsbericht ab, der durch die Angabe der Schöpfungstage strukturiert ist. Vor der Erschaffung der Welt gab es keine Zeit. Auch im unausgedehnten Moment der Schöpfung kann noch nicht von Zeit gesprochen werden.[21] Zeit entsteht erst mit einer Abfolge von Tagen, d. h. mit einer mess- und zählbaren zeitlichen Ausdehnung. Der Wechsel von Tag und Nacht konstituiert dabei nicht die Zeit, sondern misst sie. Diese Interpretation von Gen 1,5 knüpft kritisch an die verbreitete philosophische Auffassung an, dass Zeit Zahl ist, die von etwas anderem gemessen wird: für die Aristoteliker von der Bewegung des Himmels bzw. dem Streben der Seelen der Himmelskörper,[22] für Origenes und die auf ihn folgenden christlichen Denker dagegen durch den Wechsel von Tag und Nacht und die Abfolge von Tagen, die von Gott gesetzt sind.[23]

Der Gedanke eines Anfangs und eines Endes der Zeit sowie die Beziehung der Zeit auf die Existenz der Welt – beide Aspekte finden sich in einer Formulierung aus dem Epheserkommentar wieder. Ori-

---

20 Origenes, *hom in Gen.* I 1 Z.41–44 (SC 7bis; 26 Doutreleau): *Quia tempus nondum erat, antequam esset mundus. Tempus autem esse incipit ex consequentibus diebus. Secunda namque dies et tertia et quarta et reliquae omnes tempus incipiunt designare.*

21 Dass ein ungeteilter Augenblick nicht Zeit ist, betonen die Aristoteliker: Aristoteles, *Ph.* IV 13, 222a14; IV 11, 220a13; ausgeführt von Alexander von Aphrodisias in seinem Traktat „Über die Zeit", Abschnitt 12 (R. W. Sharples, Alexander of Aphrodisias. On Time, Phron. 27, 1982, [58–81] 62f.).

22 Siehe Aristoteles, *Ph.* IV 11, 219b2–5.7–9; 12, 220b8.32–221a9. Ausgeführt von Alexander von Aphrodisias in seinem Traktat „Über die Zeit", Abschnitt 9 ([wie Anm. 21] 61f.). Zu Alexanders Auffassung, dass die Bewegung der Himmelssphären sich dem Streben ihrer Seelen verdankt, die Unveränderlichkeit des unbewegten Bewegers zu imitieren, siehe R.W. Sharples, Alexander of Aphrodisias, 70.

23 Diesen Gedanken greift dann Basilius von Caesarea auf, wenn er gegen die populäre philosophische Auffassung der Zeit betont, dass der Wechsel von Tag und Nacht, d.h. das Maß der Zeit, sich nicht der Bewegung der Gestirne verdankt, sondern allein auf Gottes Befehl zurückgeht. Siehe die Auslegung von Gen 1,5 in *hex.* II 8 (GCS Basilius 1; 34,6–10 Amand de Mendieta/ Rudberg): Νῦν μὲν λοιπὸν μετὰ τὴν ἡλίου γένεσιν ἡμέρα ἐστὶν ὁ ὑπὸ ἡλίου πεφωτισμένος ἀὴρ ἐν τῷ ὑπὲρ γῆν ἡμισφαιρίῳ λάμποντος … Τότε δὲ οὐ κατὰ κίνησιν ἡλιακήν, ἀλλὰ ἀναχεομένου τοῦ πρωτογόνου φωτὸς ἐκείνου καὶ πάλιν συστελλομένου κατὰ τὸ ὁρισθὲν μέτρον παρὰ θεοῦ, ἡμέρα ἐγίνετο καὶ νὺξ ἀντεπῄει. (35,18-20): Ἡ κυριώτερος ὁ ἐν ἀπορρήτοις παραδιδόμενος λόγος, ὡς ἄρα ὁ τὴν τοῦ χρόνου φύσιν κατασκευάσας θεὸς μέτρα αὐτῷ καὶ σημεῖα τὰ τῶν ἡμερῶν ἐπέβαλε διαστήματα … In der Auseinandersetzung mit Eunomius betont er, dass Tage, Monate und Jahre nicht Teile der Zeit darstellen, wie Eunomius' Definition der Zeit nahelegt, sondern Maße der Zeit sind (*Eun.* I 21 Z.21–28 [SC 299; 248 Sesboüé/ Durand/ Doutreleau]).

genes fragt hier, was unter dem Zeitalter des hiesigen Kosmos zu verstehen ist. Dabei bestimmt er als das Zeitalter (den Äon) dieser Welt „die Zeit, die zusammen mit der Gestalt dieser Welt von Anfang bis Ende ausgestreckt ist"[24]. Er greift dabei auf das populäre Verständnis von Zeitalter (αἰών) als Spanne eines Lebens bzw. der Zeitdauer des Kosmos zurück,[25] in dessen Tradition auch der neutestamentliche Gebrauch von αἰών als Weltzeitalter steht.

Die Eigentümlichkeiten von Origenes' Auffassung der Zeit werden noch deutlicher, wenn man fragt, wie sie sich zu den philosophischen Konzeptionen von Zeit in der zeitgenössischen intellektuellen Umwelt verhält. Die Verknüpfung von Zeit und Ausdehnung rückt Origenes' Verständnis der Zeit in die Nähe der populären stoischen Auffassung von Zeit als „Ausdehnung der Bewegung des Kosmos"[26]. Allerdings verwendet Origenes nicht den spezifischen Fachbegriff διάστημα, sondern leitet – anders als zum Beispiel Philo – die Beschreibung der Zeit aus biblischen Texten ab.[27] Zwei weitere Unterschiede werden sichtbar.

---

24 *Comm. in Eph.* frg. 9 Z. 168–170 ([wie Anm. 17] 403): τί ἐστι >κατὰ τὸν αἰῶνα τοῦ κόσμου τούτου< περιπατεῖν, καὶ οὐχὶ κατὰ τὸν αἰῶνα τοῦ κρείττονος κόσμου ἐφ' ὃν οἱ ἅγιοι σπεύδουσιν; ὅ μὲν οὖν τις ἁπλούστερον >αἰῶνα τοῦ κόσμου τούτου< ἡγήσεται τὸν συμπαρεκτεινόμενον χρόνον τῇ τούτου τοῦ κόσμου ἀπ' ἀρχῆς μέχρι τέλους κατασκευῇ. Anlass ist die Auslegung von Eph 2,1–5. Auf diesen Text bin ich aufmerksam geworden durch P. Tzamalikos, Origen. Cosmology and Ontology of Time, 213.

25 Zur allgemeinen Bedeutung von αἰών bei den Dichtern, die Aristoteles aufgreift, siehe A. J. Festugière, Le sens philosophique du mot αἰών. À propos d'Aristote, *De Caelo* I 9, in: ders., Études de philosophie grecque, Bibliothèque d'histoire de la philosophie, 1971, (254–271) 254–257: „Le sens premier d' αἰών est donc ,temps que dure la vie d'chacun', τὸ τέλος τὸ περιέχον τὸν τῆς ἑκάστου ζωῆς χρόνον." (ebd., 257); außerdem knapp H. Sasse, Art. αἰών, αἰώνιος, 197f.; ders., Art. Aion, RAC 1, 1950, Sp. 195–200.

26 Siehe Philo, *Opif.* 7,26 (Philo Opera 1; 8,7–10 Cohn) = SVF II 511 (165,4–7 von Arnim): χρόνος γὰρ οὐκ ἦν πρὸ κόσμου, ἀλλ' ἢ σὺν αὐτῷ γέγονεν ἢ μετ' αὐτόν· ἐπεὶ γὰρ διάστημα τῆς τοῦ κόσμου κινήσεώς ἐστιν ὁ χρόνος, προτέρα δὲ τοῦ κινουμένου κίνησις οὐκ ἂν γένοιτο, ἀλλ' ἀναγκαῖον αὐτὴν ἢ ὕστερον ἢ ἅμα συνίστασθαι ... Vgl. Simplicius, *in Cat.* 350,15f. (CAG 8; Kalbfleisch) = SVF II 510 (164,38–165,3); Stobaeus I 106,5–23 = SVF II 509 (165,14–30).

27 Eine Nähe zum stoischen Zeitbegriff sieht P. Tzamalikos (Origen and the Stoic View of Time, JHI 52, 1991, 535–561, teilweise aufgegangen in ders., Origen. Cosmology and Ontology of Time, 179–219). Ich kann ihm allerdings nicht zustimmen, wenn er nachweisen möchte, dass Origenes den Ausdruck διάστημα im stoischen Sinne als geprägten Begriff verwendet, in dem das Wesen von Zeit zusammengefasst sei. In den Belegen, die P. Tzamalikos (Origen. Cosmology and Ontology of Time, 206–209) anführt, verwendet Origenes διάστημα im Singular und im Plural (!), um konkrete Zeitspannen zu bezeichnen, nicht als Bezeichnung für Zeit an sich. P. Tzamalikos' Argumentation ist von dem Interesse geleitet, Origenes als Urheber des Zeitbegriffs auszumachen, der sich später bei den Kappadoziern, Augustinus und weiteren Denkern findet. Siehe P. Tzamalikos, a. a. O., 225–232.260–268. Zwischen Origenes'

Zum einen führt Origenes die Zeit gerade nicht auf die Bewegung des Kosmos zurück. Das metaphorische Dictum, das den Kosmos als „Vater der Zeit"[28] betrachtet, ist nach Origenes falsch. Denn die Zeit entsteht zwar mit der Welt, ihre Ursache liegt aber außerhalb der Welt in Gottes schöpferischem Willen. Zum anderen ist für Origenes – anders als für die Stoa und die Mehrheit der antiken Denker – Zeit nicht unbegrenzt, sondern hat wie die Welt Anfang und Ende.[29]

Mit den Platonikern stimmt der christliche Denker Origenes darin überein, bei den Stoikern das Fehlen einer transzendenten Ursache von Welt und Zeit zu kritisieren. Die zeitgenössischen Platoniker drücken den Bezug der Zeit auf eine transzendente Ursache dadurch aus, dass sie im Anschluss an *Ti.* 37d die Zeit als „ewiges, bewegliches Abbild" der Ewigkeit auffassen.[30] Dabei schreiben sie gelegentlich die stoische Definition der Zeit Platon zu, ergänzen sie aber durch einen an *Ti.* 37d angelehnten Zusatz, der eben diesen Bezug der Zeit auf das intelligible Urbild enthält. Das zeigt sich beispielhaft an der Notiz des kaiserzeitlichen Platonikers Alkinoos, der in seiner Einführung in die Lehre Platons schreibt:

Erklärung von „Zeitalter" im Epheserkommentar und den Aussagen bei Basilius oder Gregor von Nyssa bestehen jedoch deutliche Unterschiede. Vgl. Origenes' Auslegung von Eph 2,1–5 (*Comm in Eph. frg.* 9 Z. 169f. ([wie Anm. 17] 403): ὁ μὲν οὖν τις ἁπλούστερον >αἰῶνα τοῦ κόσμου τούτου< ἡγήσεται τὸν συμπαρεκτεινόμενον χρόνον τῇ τούτου τοῦ κόσμου ἀπ' ἀρχῆς μεχρὶ τέλους κατασκευῇ. mit Basilius, *adv. Eun.* I 21 Z. 28-30 (SC 299; 248 Sesboüé/ Durand/ Doutreleau): Χρόνος δέ ἐστι τὸ συμπαρεκτεινόμενον τῇ συστάσει τοῦ κόσμου διάστημα. Zwar benutzt Basilius philosophische Begriffe, die alle auch bei Origenes begegnen (P. Tzamalikos, a. a. O., 227), aber eben in einer geprägten Formulierung mit definitorischem Charakter, die so nicht bei Origenes zu finden ist.

28   Philo, *Quod Deus* 6,31 (Philo Opera 2; 63,3–5 Wendland) = SVF II 165,10–12 (von Arnim): δημιουργὸς δὲ καὶ χρόνου θεός· καὶ γὰρ τοῦ πατρὸς αὐτοῦ πατὴρ — πατὴρ δὲ χρόνου κόσμος — τὴν κίνησιν αὐτοῦ γένεσιν ἀποφήνας ἐκείνου· Im Unterschied zu Origenes greift Philo die stoische Definition der Zeit auf (*Opif.* 7,26 [Philo Opera 1; 8,7–10 Cohn]; wie Anm. 26). In der metaphorischen Trias von Großvater/ Vater/ Enkel ordnet Philo aber dem Kosmos als Vater/ Urheber der Zeit Gott als höhere Ursache vor und bindet damit die Zeit letztlich an eine tranzendente Ursache. Origenes geht noch einen Schritt weiter und bezeichnet den Kosmos bewusst nicht als Ursache der Zeit, sondern sieht allein Gott als Urheber der Zeit.

29   In der Annahme, dass Welt und Zeit einen Anfang und ein Ende haben, unterscheidet sich Origenes' Verständnis von αἰών als Dauer des Kosmos charakteristisch von dem Verständnis, das z.B. Aristoteles, *Cael.* II 1, 283b26–29 oder I 9, 279,23–28 formuliert. Zur Unbegrenztheit der Zeit nach der Stoa siehe die Referate bei Stobaeus I 106,5–23 (SVF II 509); I 105,8–16 (SVF III Appolodurus 8); I 105,17–106,4 (Poseidonius). Zur Unbegrenztheit der Zeit als Abbild der Ewigkeit bei den Platonikern siehe die folgenden Anmerkungen.

30   Siehe Platon, *Ti.* 37d5–7: εἰκὼ ... κινητόν τινα αἰῶνος ... μένοντος αἰῶνος ἐν ἑνὶ κατ' ἀριθμὸν ἰοῦσαν αἰώνιον εἰκόνα, τοῦτον ὃν δὴ χρόνον ὠνομάκαμεν.

Und Zeit nämlich schuf er [sc. der Demiurg C.K.] als Ausdehnung der Bewegung des Kosmos, gleichsam als Bild der Ewigkeit, die das Maß der Dauer des ewigen Kosmos ist.[31]

Auf spezifische Weise verbindet dann auch Plotin in seinem Traktat über Zeit und Ewigkeit die transzendente Verankerung der Zeit in ihrem Verhältnis zu ihrem intelligiblen Urbild mit dem durch die Stoiker verbreiteten Konzept des διάστημα. Zeit entsteht nach Plotin als niederes Abbild, ja als Ersatz der Ewigkeit durch den Austritt (ἔκτασις) der Seele aus dem Einen und der Abwendung von ihrem Ursprung. Das bedeutet den Verlust der unzerteilten (ἀδιάστατος) Einheit und das Auseinandertreten (διάστασις) der Seele in die Vielheit. Zeit als διάστημα ist bei Plotin daher nicht an die Bewegung des Kosmos, sondern an die Bewegung der Seele gebunden. Das Abbild der ursprünglichen Einheit ist dabei bewahrt in der Kontinuität der Zeit, die ständig ins Unendliche fortschreitet.[32]

Indem die Zeit als ewiges Abbild der Ewigkeit aufgefasst wird, partizipiert die sichtbare und körperliche Welt in den Augen der Platoniker an der Dauer des intelligiblen Urbildes und steht zu ihm in einer Beziehung größtmöglicher Ähnlichkeit. Diese grundlegende Überzeugung, aus der die Platoniker ein Argument für die Lehre von der Ewigkeit der Welt ableiten, hält im vierten Jahrhundert Calcidius in seinem Timaeuskommentar fest.[33]

> Was ist das, was eingerichtet ist nach einem intelligiblen und unveränderlichen Urbild, anderes als Beständigkeit (*perennitas*)? Denn dieses dürfte wohl niemand bezweifeln, dass das, was nach der Ähnlichkeit eines immerwährenden (*sempiternus*) Urbildes eingerichtet ist, die Ähnlichkeit der stetigen Dauer (*similitudino perpetuitatis*) besitzt. Und die Dauer ist in Ewigkeit (*in aevo*); denn das Urbild, d.h. die intelligible Welt, ist durch alle Ewigkeit (*per aevum*), das aber, was nach dem Urbild eingerichtet ist, die

---

31 Alkinoos, *Inst.* 14 (Alcinoos. Enseignement des doctrines de Platon, introduction, texte établi et commenté par J. Whittaker et traduit par P. Louis, CUFr, 1990, 34,4–6): Καὶ γὰρ τὸν χρόνον ἐποίησε τῆς κινήσεως τοῦ κόσμου διάστημα, ὡς ἂν εἰκόνα τοῦ αἰῶνος, ὅς ἐστι μέτρον τοῦ αἰωνίου κόσμου τῆς μονῆς. Die stoische Definition von Zeit als διάστημα τῆς τοῦ κόσμου κινήσεως schreibt bereits Aetius, *Plac.* I 21.2 (Dox. Gr. 318a4f. = b6f.) Platon zu.

32 Siehe Plotin, *Enn.* III 7 (45) 11, in einem epistemologischen Kontext aufgenommen und kommentiert von Porphyrius, *sent.* 44 (BSGRT; 58,10–59,12 Lamberz): Τῇ μὲν οὖν ταύτης [sc. τῆς ψυχῆς C.K.] κινήσει παρυφίσταται χρόνος, τῇ δὲ τοῦ νοῦ μονῇ τῇ ἐν ἑαυτῷ ὁ αἰών … (58,23f.); … τοῦ μὲν κινουμένου ἀεὶ ἀπὸ τοῦ ἑστῶτος κατὰ ταυτότητα τῷ ἀεὶ τῷ ἑαυτοῦ τὸν αἰῶνα ἀπεικονίζοντος, … (59,9–11).

33 Der Kommentar des Calcidius wird in die erste Hälfte des (J. Dillon, The Middle Platonists. A Study of Platonism 80 B.C. to A.D. 220, 1977, 401–408) bzw. an das Ende des vierten Jahrhunderts datiert (Timaeus a Calcidio translatus [wie Anm. 18], XV). Siehe außerdem S. Gersh, Middle Platonism and Neoplatonism. The Latin Tradition, Volume II, PMS 23/2, 1986, 421–425.

sinnlich wahrnehmbare Welt, ist durch die Zeiten (*per tempora*). Der Zeit eigentümlich ist es freilich, voranzuschreiten; der Ewigkeit eigentümlich aber ist es, an einem Ort zu sein und immer im Gleichen zu verharren. Ebenso sind die Teile der Zeit Tage und Nächte, Monate und Jahre; Teile der Ewigkeit dagegen gibt es nicht. Ebenso sind die Arten der Zeit Vergangenheit, Gegenwart und Zukunft; das Wesen der Ewigkeit aber ist gleichförmig in einziger und dauerhafter Gegenwart. Daher gilt von der intelligiblen Welt, dass sie beständig ist; von dieser Welt hier, deren Abbild aber, dass sie beständig war ist sein wird.[34]

Die Platoniker unterscheiden die abgeleitete ewige Dauer der sichtbaren Welt zwar deutlich von der selbstursächlichen und in sich ruhenden Ewigkeit des Urbildes.[35] Dennoch ist die Beziehung so eng, dass die Welt gleichsam als jüngerer ewiger und unsterblicher Gott aufgefasst werden kann.[36] Der Platoniker Jamblich sieht später ein Problem darin, dass durch das direkte Abbildverhältnis von Zeit und Ewigkeit die sichtbare Welt zu eng an den intelligiblen Bereich heranrückt, und nimmt daher eine von der Ewigkeit unterschiedene, überirdische, dem

---

34 Siehe Calcidius, *in Ti.* 25 (75,14–76,6 Waszink [wie Anm. 18]): *Quid quod institutus est ad exemplum alterius intellegibilis et immutabilis perennitatis? Iam illud nemo dubitat, quae ad similitudinem instituuntur exempli sempiterni habere similitudinem perpetuitatis. Et perpetuitas in aevo; quare exemplum, id est intellegibilis mundus, per aevum, id vero quod ad exemplum institutum est, sensilis scilicet mundus, per tempora. Et temporis quidem proprium progredi, aevi propria mansio semperque in idem perseveratio; temporis item partes, dies et noctes, menses et anni, aevi partes nullae; temporis item species praeteritum praesens futurum, aevi substantia uniformis in solo perpetuoque praesenti. Mundus igitur intellegibilis semper est, hic, simulacrum eius, semper fuit est erit.* Vgl. außerdem *in Ti.* 105 (154,13–20): *Imago quoque eius hic sensilis simulacro aevi facto atque instituto iungetur; imago enim demum aevi tempus est manentis in suo statu, tempus porro minime manens, immo progrediens semper et replicabile. … Itaque ut intellegibilis mundus per aevum, sic sensilis per omne tempus – alia quippe exemplorum, alia imaginum vita – recteque uno eodemque momento mundus exaedificabatur sensilis et dierum noctiumque instituebantur vices, elementa seriesque temporis ex quibus menses et anni, partes eius ratione ac supputatione dividuae.* Calcidius bestimmt „Ewigkeit" als „Gleichförmigkeit in einziger und dauerhafter Gegenwart", die eine Transzendenz gegenüber der Zeit impliziert.

35 Bereits Platon, *Ti.* 37d1–4 hält fest, dass das Abbild die Ewigkeit des Urbildes nur „soweit es möglich ist" imitieren kann. Auch Plotin unterscheidet deutlich die Ewigkeit (αἰών) der intelligiblen Welt (siehe vor allem *Enn.* III 7 [45] 3) von der ständig voranschreitenden Zeitlichkeit der sichtbaren Welt, die das Urbild imitiert, ihm gleicht und sein Abbild ist (*Enn.* III 7 [45] 11,27–29). Die Zeit der sichtbaren Welt ist ein ἄλλον (*Enn.* III 7 [45] 11,40f.).

36 So bereits bei Platon, *Ti.* 34a8–b1.8. Auch nach Numenius ist die Welt ein Gott (*frg.* 21 [Numénius, Fragments, texte établi et traduit par È. Des Places, CUFr, 1973, 60]). Dass die Bestimmung des Unterschieds, aber auch der abgeleiteten Ähnlichkeit der sichtbaren Welt zur Ewigkeit des Urbildes bzw. Gottes ein Thema in platonischen Schuldiskussionen war, zeigt eine Passage aus den hermetischen Schriften, *Corp. Herm.* VIII 2 (I 87,14–88,3 Nock/ Festugière). Siehe dazu A.J. Festugière, Le sens philosophique du mot αἰών, 266f.

Intelligiblen angehörige Zeit an, die als Idee der physischen Zeit fungiert.[37]

Origenes lehnt die platonische Verhältnisbestimmung von Zeit und Ewigkeit, sichtbarer Welt und intelligiblem Urbild ab. Er bestimmt Welt und Zeit als begrenzte, endliche Geschöpfe Gottes. Durch den Gegensatz zwischen Zeitlichkeit der Welt und Zeitlosigkeit Gottes markiert Origenes gerade die Distanz zwischen transzendentem Schöpfer und geschaffener Welt, die allein durch Gottes schöpferischen Willen überbrückt wird.[38] Charakteristisch verschieden ist also, wie die Platoniker und Origenes die transzendente Verankerung der Zeit denken: Origenes setzt der Vorstellung eines ewigen Urbild-Abbildverhältnisses das Konzept der Schöpfung aus Gottes Willen entgegen. Außerdem betont er, dass die zeitliche Ausdehnung der Welt auf ein Ziel ausgerichtet ist; sie schreitet nicht ständig ins Unendliche fort. Origenes' Verständnis der Zeit unterscheidet sich also von den Konzeptionen zeitgenössischer Philosophen charakteristisch in den Punkten, in denen seine Kosmologie insgesamt als christliche Kosmologie von ihnen differiert.

Die bisherigen Beobachtungen zeigen, dass Origenes Zeit als ein Attribut der geschaffenen Welt versteht. Diese Auffassung gründet sich zum einen auf die Interpretation biblischer Texte, zum anderen auf die Einsicht, dass Zeit an Raum bzw. Körperlichkeit gebunden ist. Hier liegt die philosophische Voraussetzung dafür, Gott jenseits von Zeit zu denken, da ihm allein Körperlosigkeit eignet.[39]

Die zitierte Auslegung von Eph 2,2 zeigt darüber hinaus, dass es am biblischen Sprachgebrauch liegt, wenn Origenes den Begriff αἰών nicht auf Gott bezieht, obwohl αἰών analog dem Gebrauch bei Platon, *Ti.* 37d5f. in der platonischen Tradition im Sinne von Ewigkeit aufgefasst und zur Charakterisierung des göttlichen Wesen verwendet

---

37 Siehe dazu H. Leisegang, Die Begriffe der Zeit und Ewigkeit im späteren Platonismus, Beiträge zur Geschichte der Philosophie des Mittelalters. Texte und Untersuchungen 13/4, 1913, 30f.

38 Hierin sieht T. P. Verghese auch einen grundlegenden Unterschied zwischen Plotins und Gregor von Nyssas Zeitkonzept (ΔΙΑΣΤΗΜΑ and ΔΙΑΣΤΑΣΙΣ in Gregory of Nyssa. Introduction to a Concept and the Posing of a Problem, in: H. Dörrie u.a. (Hg.), Gregor von Nyssa und die Philosophie, Zweites internationales Kolloquium über Gregor von Nyssa, 1976, 243–258).

39 Siehe *princ.* I 1,1–4 (GCS Origenes 5; 16,19–20,4 Koetschau); I 1,6 (21,10–12): *Non ergo corpus aliquod aut in corpore esse putandus est deus, sed intellectualis natura simplex, nihil omnino in se adiunctionis admittens*; II 2,2 (112,15–17.21f.): *Si vero inpossibile est hoc ullo modo adfirmari, id est quod vivere praeter corpus possit ulla alia natura praeter patrem et filium et spiritum sanctum, …, solius namque trinitatis incorporea vita existere recte putabitur.* Vgl. auch IV 3,15 (347,19–22).

werden kann.[40] Dagegen reden vor allem die neutestamentlichen Schriften in zahlreichen Passagen vom Äon dieser bzw. der zukünftigen Welt. Sie können αἰών geradezu als Synonym zu κόσμος verwenden.[41] Origenes versteht daher Äon als Ausdruck für die Dauer von Welt.[42] Außerdem dürfte auch die platonische Auffassung von αἰών als Maß der Dauer des Ewigen, wie sie bei dem vor-plotinischen Platoniker Alkinoos zur Sprache kam, Origenes gehindert haben, Ewigkeit auf das Wesen Gottes zu beziehen. Denn nach diesem Verständnis wird Ewigkeit im Sinne von immerwährender Dauer verstanden und dabei in Analogie zur Zeit, gleichsam als ein höherer Modus von Zeitlichkeit gedacht. Die grundsätzliche Distanz zwischen geschaffener Welt und Gott, die nach Origenes durch keine Urbild-Abbild-Beziehung, sondern allein durch Gottes Willen überbrückt wird, verwischt dabei. Wie noch zu zeigen ist, verbindet Origenes Ewigkeit im Sinne von unbegrenzter Dauer nicht mit Gott, sondern mit dem eschatologischen Zustand der Geschöpfe.

3. Die Zeit als „Raum" für die Interaktion von Gott und Mensch

Der biblische Sprachgebrauch liegt nun auch jenen Texten zugrunde, in denen Origenes eine Abfolge mehrerer Weltzeiten erwägt. Die neutestamentliche Rede von der Vollendung der Äonen durch das Sündopfer Christi (Hebr 9,26), sowie die Verheißung zukünftiger Äonen, in denen Gott die Fülle seiner Güte erweisen wird (Eph 2,7), stellen Origenes vor große Schwierigkeiten, beide Aussagen miteinander zu verbinden. Als Lösung schlägt er folgende Ansicht vor:

> Wie die Vollendung des Jahres der letzte Monat ist, nach dem der Anfang eines anderen Monats bevorsteht, ebenso ist vielleicht, indem mehrere Zeitalter gleichsam ein Jahr von Zeitaltern ausmachen, die Vollendung das jetzige Zeitalter. Nach diesem werden gewisse zukünftige Zeitalter eintreten, deren Anfang das kommende ist. Und in jenen zukünftigen Zeitaltern wird Gott den Reichtum seiner Gnade in Güte dadurch erweisen

---

40   Siehe Philo (wie Anm. 9); später dann auf andere Weise Plotin, *Enn.* III 7 (45) 3,34–38; 5,18–22.

41   Siehe dazu A. Sasse, Art. αἰών, αἰώνιος, 202–204.

42   Ähnliches lässt sich auch in der Terminologie Gregor von Nyssas beobachten, der αἰών eng mit dem Gedanken von räumlicher und zeitlicher bzw. quasi-zeitlicher Ausdehnung verknüpft und daher besonders in der Auseinandersetzung mit Eunomius nie mit dem Wesen Gottes in Verbindung bringt (D. L. Balás, Eternity and Time in Gregory of Nyssa's Contra Eunomium, in: H. Dörrie, Gregor von Nyssa und die Philosophie, 128–153).

(Eph 2,7), dass der größte Sünder, nämlich der, welcher gegen den Heiligen Geist gelästert hat und in dem ganzen gegenwärtigen Zeitalter und vom Anfang bis zum Ende in dem kommenden Zeitalter von der Sünde gefangen gehalten wird (Mt 12,32; Lk 12,10; Gal 1,4), nach diesen Zeitaltern – ich weiß nicht wie – das Heil erlangt.[43]

Mit sichtlicher Mühe versucht Origenes hier, verschiedene neutestamentliche Aussagen zur Anzahl der Äonen miteinander in Einklang zu bringen. Dabei skizziert er die Vorstellung einer Abfolge von Zeitaltern. Das gegenwärtige Zeitalter, in das das historische Auftreten Jesu fällt, markiert das Ende eines Jahres von Zeitaltern. Daran schließt sich ein weiteres Jahr von Zeitaltern an. Aus der Bedeutung von Äon als Zeit, die die Dauer einer Welt umfasst, folgt aus der Abfolge von Zeitaltern die Annahme mehrerer, aufeinanderfolgender Welten.[44] Für Origenes steht dabei fest, dass das Erdenleben und der Opfertod Christi im gegenwärtigen Zeitalter einmalig und unwiederholbar sind.[45] Außerdem äußert er die Hoffnung, dass die zukünftigen Zeitalter und Welten auf das Heil selbst des größten Gottesfeindes hinauslaufen werden.[46] Die Unschärfe, die in Origenes' Aussagen über die Anzahl,

---

43 *Or.* II 27,15 (GCS Origenes 2; 374,9–18 Koetschau): καὶ περὶ τηλικούτων στοχαζόμενος νομίζω ὅτι, ὥσπερ συντέλεια τοῦ ἐνιαυτοῦ ὁ τελευταῖός ἐστι μήν, μεθ᾽ ὃν ἀρχὴ μηνὸς ἑτέρου ἐνίσταται· οὕτω μή ποτε, πλειόνων αἰώνων οἱονεὶ ἐνιαυτὸν αἰώνων συμπληρούντων, συντέλειά ἐστιν ὁ ἐνεστὼς αἰών, μεθ᾽ ὅν μέλλοντές τινες αἰῶνες ἐνστήσονται, ὧν ἀρχή ἐστιν ὁ μέλλων, καὶ ἐν ἐκείνοις τοῖς μέλλουσιν ἐνδείξεται ὁ θεὸς τὸν πλοῦτον »τῆς χάριτος αὐτοῦ ἐν χρηστότητι«· τοῦ ἁμαρτωλοτάτου καὶ εἰς τὸ ἅγιον πνεῦμα δυσφημήσαντος κρατουμένου παρὰ τῆς ἁμαρτίας ἐν ὅλῳ τῷ ἐνεστῶτι αἰῶνι καὶ ἀρχῆθεν μέχρι τέλους τῷ μέλλοντι μετὰ ταῦτα οὐκ οἶδ᾽ ὅπως οἰκονομησομένου. Vgl. *princ.* II 3,5 (120,1–16 Koetschau). Eine ähnliche Skizze findet sich auch in *Com. in Mt.* XV 31 (GCS Origenes 10; 445,1–14 Klostermann).

44 In einem anderen Kontext vertritt Origenes sie auch in *princ.* III 5,3 und belegt sie dort mit Jes 6,22 und Pred 1,9–10 (GCS Origenes 5; 271,22–273,16 Koetschau).

45 Vgl. *princ.* II 3,5 (GCS Origenes 5; 120,1–16 Koetschau) sowie *comm. in Rom.* V 10 (FC 2/3; 180,15–182,26 Heither). Hieronymus' Behauptung, dass Origenes eine Wiederholung des Leidens Christi lehre, verkennt den diskutierenden Charakter der origenianischen Darstellungen und gibt Origenes einseitig und dadurch verzeichnet wieder (*Apol.* I 20 Z.3–5 [CChr.SL 79; 19 Lardet]; vgl. *ep.* 124,12 [CSEL 56/1; 114,27–115,8 Hilberg]). Ähnlich Justinians Polemik in *ep. ad Menam* (ACO III [1940]; 213,1–7 Schwartz). Siehe zu diesem Komplex G. Bardy, Récherches sur l'histoire du texte et des versions latines du De Principiis d'Origène, MFCL 25, 1923, 186f. Anders urteilen H. Görgemanns/ H. Karpp (Hg.), Origenes. Vier Bücher von den Prinzipien, 773 Anm. 38.

46 In *Or.* II 27,15 betrachtet Origenes das Heil des größten Sünders als Ausweis des Gnadenreichtums Gottes, das in gewisser Weise zu den Geheimnissen gehört, die er nicht ergründen kann. Es setzt voraus, dass Gottfeindlichkeit keine natürliche Beschaffenheit ist, sondern aus der freien Ausrichtung des eigenen Willens entspringt, die Gott letztlich überwinden wird. Origenes' Vorstellung von der Errettung aller folgt somit aus seiner Exegese von 1 Kor 15,23–28 sowie der Lehre vom freien Willen

Abfolge und Dauer von Welten beobachtet werden kann, rührt zum großen Teil von der soeben vorgeführten Schwierigkeit her, verschiedene biblische Aussagen miteinander in Einklang zu bringen. Dieser Ursprung in der Bibelauslegung ist auch bei den Texten des Origenes im Auge zu behalten, in denen der Schriftbezug wegen einer stärker systematischen oder apologetischen Perspektive zurücktritt.

Origenes ist sich der Gefahr bewusst, dass die von ihm aus der Bibel abgeleitete Vorstellung einer Abfolge von Weltzeiten im Sinne der stoischen Kosmologie als ein unendlicher Zyklus identischer Welten verstanden werden kann. Er wendet sich daher vehement dagegen, die Abfolge von Welten als ewige Wiederkehr des Gleichen aufzufassen.[47] Denn darin sieht er die Lehre vom absoluten Anfang und absoluten Ende der sichtbaren Welt sowie die Freiheit der rationalen Geschöpfe aufgehoben. Die Folge von Weltzeiten mag aus menschlicher Perspektive endlos erscheinen. Dennoch hat sie einen Anfang im Schöpfungsakt Gottes und ist sie auf das eschatologische Ziel der Einheit aller in Gott ausgerichtet.

Diese Vollendung stellt nach Origenes einen stufenweisen Prozess dar,[48] der alle Weltalter umfasst und dessen Ende nicht gewusst, sondern nur erhofft werden kann.[49] Origenes verbindet hier das Ergebnis seiner Schriftauslegung mit der philosophisch-theologischen Erörte-

---

der rationalen Geschöpfe. Origenes präsentiert sie wie in *Or.* II 27,15 auch in anderen Zusammenhängen nicht als feststehende, dogmatische Lehrmeinung, sondern als vorsichtige Überlegung und eschatologische Hoffnung. Wichtige Texte aus diesem Zusammenhang präsentiert H. Crouzel, A Letter from Origen "to Friends in Alexandria", in: D. Neiman/ M. Schatkin (Hg.), The Heritage of the Early Church, Essays in Honor of George V. Florovsky, OCA 196, 1973, 135–150 (abgedruckt in H. Crouzel, Les fins dernières selon Origène, CS 320, Variorum, 1990); ders., L'apocatastase chez Origène, in: H. Lies (Hg.), Origeniana Quarta, IThS 19, 1987, 282–290 (abgedruckt in H. Crouzel, Les fins dernières selon Origène).

47 Siehe die Argumentation in *princ.* II 3,4 (GCS Origenes 5; 119,6–31 Koetschau), an deren Ende Origenes betont: *Qui autem vel numerus vel modus hic sit, ego me nescire fateor. Si qui autem posset ostendere, libentius discerem.* (119,30f.); vgl. die Auseinandersetzung mit den Vorwürfen des Celsus in *Cels.* IV 67f. (GCS Origenes 1; 337,1–339,16 Koetschau); V 20 (GCS Origenes 2; 21,11–23,8 Koetschau).

48 *Princ.* III 6,6 (GCS Origenes 5; 287,23–26; 288,1–4 Koetschau*): Quod tamen non ad subitum fieri sed paulatim et per partes intellegendum est, infinitis et immensis labentibus saeculis, cum sensim et per singulos emendatio fuerit et correctio prosecuta, ... et sic per multos et innumeros ordines proficientium et deo se ex inimicis reconciliantium pervenitur usque ad ›novissimum inimicum‹, qui dicitur ›mors‹, ut etiam ipse ›destruatur‹, ne ultra sit inimicus.*

49 In seiner Auslegung von Rö 11,36 kommt Origenes auf die Vollendung zu sprechen (*Comm in Rom.* VIII 13 [FC 2/4; 318,13–18 Heither]): »in ipso« vero, quod perfectio omnium et finis in ipso erit tunc, cum erit Deus omnia in omnibus; et tunc »ipsi gloria in saecula saeculorum. Amen.« »In saecula« propter hoc, quod perfectio omnium non intra unum saeculum concluditur, sed in multa protenditur et vix aliquando adimplenda speratur.*

rung über die wesentliche Freiheit, das Ziel und die Vollendung des Menschen. Auf diese Weise gelangt er zu einem theologischen Entwurf, der bis heute umstritten ist. In ihm ist Zeit zu verstehen als die von Gott begründete Abfolge von Zeitaltern von der Erschaffung der Welt bis zu ihrer eschatologischen Vollendung. Die Gesamtzeit, die alle Zeitalter umfasst, bildet dabei den „Raum", in dem die rationalen Geschöpfe, d. h. die Menschen, Engel und Gewalten, auf ihrem Weg der Entwicklung und Vervollkommnung hin zu Gott voranschreiten.

Die Dauer der Weltzeit wird allein von Gott gewusst. Er überblickt alle Zeitalter und lenkt die gesamte Schöpfung hin zu dem von ihm gewollten Ende, zu der Einheit aller. Origenes kann daher von Gottes „väterlichem Ratschluss über die Ordnung in allen Zeitaltern"[50] sprechen. Weltzeit insgesamt ist somit der Raum, indem sich in einem allmählichen Prozess Gottes Wille durchsetzt.

Gleichzeitig betont Origenes, dass die große Zahl von Stufen in diesem Prozess aus der Feindschaft zu Gott herrührt.[51] In seiner Auslegung von 2 Kor 15,9 („Gott war es, der in Christus die Welt mit sich versöhnte"), legt er dar, dass die Zeitspannen (*spatia*, d.h. διαστήματα) der Versöhnung mit Gott ausgedehnt und verlängert werden, „weil wir unsere Bekehrung aufschieben und es vernachlässigen, uns zu verbessern".[52] Gott weiß also die Dauer der Weltzeit vorher und trifft in seinem Vorherwissen Anordnungen. Er setzt die Dauer der Weltzeit aber nicht fest, denn Anzahl und Dauer der Zeitalter hängen von der freien Entscheidung der rationalen Geschöpfe ab, sich zu bessern und zu vervollkommnen. Für Origenes ist somit die Weltzeit der „Raum", in dem Gottes Wille auf den freien Willen der rationalen Geschöpfe trifft, mit ihnen in Interaktion tritt und sie unter Wahrung ihrer Freiheit zur Vollendung führt.[53]

Diese Vorstellung wirft die Frage auf, wie der transzendente, zeitlose und keiner Veränderung unterworfene Gott mit den zeitlichen, in ihren Entscheidungen und Handlungen kontingenten Geschöpfen zusammenwirken kann. Origenes behandelt diese Frage konkret anlässlich seiner Auslegung des Vaterunsers. Hier erörtert er, ob das Gebet

---

50   *Or.* II 27,14 (GCS Origenes 2; 373,22f. Koetschau): … τὴν πατρικὴν βουλὴν περὶ τῆς ἐν ἅπασι τοῖς αἰῶσι διατάξεως …

51   *Princ.* III 6,6 (GCS Origenes 5; 288,1–4 Koetschau [siehe Anm. 48]).

52   *Comm in Rom.* IX 41 (FC 2/5; 140,14–17 Heither): … *idem Paulus dicit, quia »Deus erat in Christo mundum reconcilians sibi«; sed reconciliationis huius spatia conversionis nostrae dilatio et emendationis negligentia distendit et longiora constituit;* …

53   P. Tzamalikos formuliert prägnant: „time as the extension of freedom" (Origen. Cosmology and Ontology of Time, 332), wobei ergänzt werden muss, dass geschöpfliche Freiheit nach Origenes nicht mit der Vollendung der Zeit aufhört.

zu einem Vorsehung und Fürsorge übenden Gott überhaupt sinnvoll ist.[54]

Das Gebet ist für Origenes Ausdruck oder auch Tat des menschlichen Willens gegenüber Gott. Die Situation des Gebetes skizziert er als Gespräch zwischen dem Menschen und Gott, den er ausdrücklich als Anwesenden und Hörenden beschreibt.[55] Dieses Gespräch ereignet sich aus der Perspektive des betenden Menschen zum Zeitpunkt seiner Willensäußerung im Gebet, aus der Perspektive Gottes in dem zeitlosen Moment der Weltschöpfung. Origenes sagt daher, dass Gott die zukünftige Beschaffenheit des menschlichen Willens zusammen mit allen übrigen Dingen im Akt der Schöpfung im Voraus erkannt hat. Dementsprechend hat Gott in seinen Anordnungen jeder Tat des menschlichen Willens die ihm zukommende Folge zugemessen. Die Konsequenz der menschlichen Tat ereignet sich somit einerseits gemäß der göttlichen Vorsehung, andererseits entsprechend dem Zusammenhang der innerweltlichen Ereignisse (κατὰ τὸν εἱρμὸν τῶν ἐσομένων). Ursache der menschlichen Tat, z. B. des Gebets, ist allein die freie Willensregung des Menschen, nicht das Vorauswissen Gottes. Gottes Wissen um die Beschaffenheit des Willens und der aus ihr folgenden Tat ist allerdings Ursache dafür, dass der freie Wille der Geschöpfe so in die Verwaltung des Ganzen eingeordnet wird, wie es für die Einrichtung der Welt dienlich ist.[56]

---

54 Origenes stellt vorgebrachte Einwände gegen das Gebet dar (*Or.* I 5,1–6) und entgegnet ihnen (I 6,1–7,1). Siehe dazu W. A. Löhr, Argumente gegen und für das Gebet. Konturen einer antiken Debatte (im Anschluß an Origenes und Porphyrios), in: E. Campi u. a. (Hg.), Oratio. Das Gebet in patristischer und reformatorischer Sicht, FS Alfred Schindler, FKDG 76, 1999, 87–95. Origenes spricht ein Thema an, das auch unter kaiserzeitlichen Platonikern diskutiert wurde. Siehe im gleichen Band A. Dihle, Das Gebet des Philosophen, in: a. a. O., 23–41.

55 *Or.* I 8,2 (GCS Origenes 2; 317,8–10 Koetschau): Der Betende hat einen Nutzen, δι' αὐτῆς τῆς ἐν τῷ εὔχεσθαι καταστάσεως θεῷ παριστάναι ἑαυτὸν καὶ παρόντι ἐκείνῳ λέγειν σχηματίσας ὡς ἐφορῶντι καὶ παρόντι· (317,25–27): Die Erinnerung an Gott und das Gebet sind besonders nützlich für τοὺς πείσαντας ἑαυτοὺς ὅτι παρόντι καὶ ἀκούοντι παρεστήκασι καὶ λέγουσι θεῷ.

56 Das im Haupttext Vorangehende ist eine Paraphrase von *Or.* I 6,3 (GCS Origenes 2; 313,3–15 Koetschau): … ἀναγκαίως τοῦτο [sc. τὸ ἐφ' ἡμῖν] μετὰ τῶν λοιπῶν, πρὶν γένηται, τῷ θεῷ ἔγνωστι »ἀπὸ κτίσεως« καὶ »καταβολῆς κόσμου«, ὁποῖον ἔσται· καὶ ἐν πᾶσιν, οἷς προδιατάσσεται ὁ θεὸς ἀκολούθως οἷς ἑώρακε περὶ ἑκάστου ἔργου τῶν ἐφ' ἡμῖν, προδιατέτακται κατ' ἀξίαν ἑκάστῳ κινήματι τῶν ἐφ' ἡμῖν τὸ καὶ ἀπὸ τῆς προνοίας αὐτῷ ἀπαντησόμενον ἔτι δὲ καὶ κατὰ τὸν εἱρμὸν τῶν ἐσομένων συμβησόμενον, οὐχὶ τῆς προγνώσεως τοῦ θεοῦ αἰτίας γινομένης πᾶσι καὶ ἐκ τοῦ ἐφ' ἡμῖν κατὰ τὴν ὁρμὴν ἡμῶν ἐνεργηθησομένοις. εἰ γὰρ καὶ καθ' ὑπόθεσιν μὴ γινώσκοι ὁ θεὸς τὰ ἐσόμενα, οὐ παρὰ τοῦτο ἀπολοῦμεν τὸ τάδε τινὰ ἐνεργήσειν καὶ τάδε θελήσειν· πλέον δὲ ἀπὸ τῆς προγνώσεως γίνεται τὸ κατάταξιν λαμβάνειν εἰς τὴν τοῦ παντὸς διοίκησιν χρειώδη τῇ τοῦ κόσμου καταστάσει τὸ ἑκάστου ἐφ' ἡμῖν.

Nicht von ungefähr ist diese Textpassage in ihrer sprachlichen Gestalt verschachtelt. Denn Origenes verschränkt hier zwei Ebenen der Betrachtung: die Ebene Gottes und die Ebene des Menschen. Wenn er vom Vorauswissen Gottes und den vorgängigen Anordnungen Gottes spricht, trägt er zwar sprachlich Zeitlichkeit in das Handeln Gottes hinein. Es kommt ihm aber dabei nicht darauf an, ein Früher oder Später auf der Ebene Gottes zu denken. Vielmehr will er Gottes Wissen von den innerzeitlichen Ereignissen abheben. Gottes Wissen und Anordnungen sind wie Gottes Schöpfungsakt zeitlos zu denken.

Das inhaltliche Gewicht der Textpassage liegt auf dem Schlussteil und der Feststellung, dass Gott nicht die Regungen und Taten des Willens verursacht, sondern für deren nützliche Einordnung in die Einrichtung der Welt verantwortlich ist. Der Ausdruck κατάστασις τοῦ κόσμου ist dabei vor dem Hintergrund der Kosmologie des Origenes zu verstehen. Sie ist weniger daran interessiert, ein natürliches System zu beschreiben, sondern zielt vielmehr darauf ab, die Welt als dynamischen Raum für die Entwicklung und das spirituelle Wachstum der vernünftigen Geschöpfe zu betrachten. Die nützliche Einordnung des freien Willens des Beters in die so verstandene dynamische Organisation der Welt meint somit eine Einordnung, die der spirituellen Entwicklung des Beters und dessen rationaler Mitgeschöpfe dient, eine Einordnung also, die auf die Verbesserung und Vervollkommnung der geschöpflichen Willen zielt.[57] Für Origenes steht fest, dass der Gott und Vater des Alls der beste Betreuer für die Seelen ist. Für die unzähligen Seelen mit ihren unzähligen Eigenarten, Bewegungen, Vorsätzen und Willensstrebungen kennt er allein die rechten Zeiten, Behandlungsmittel und Erziehungsmethoden.[58] Aber Gott rettet nicht ohne den Willen des betreffenden Menschen.[59] Für diese göttliche Pädagogik ist der Faktor Zeit auf der Ebene der rationalen Geschöpfe entscheidend, weil nur so eine Entwicklung ihrer Willen möglich ist und auf diese Weise ihre Freiheit gewahrt bleibt.

Es sind nicht zuletzt biblische Aussagen zur Zeit, die Origenes einen wichtigen Anhaltspunkt dafür bieten, das zeitliche Erleben der Geschöpfe von der Zeitlosigkeit Gottes zu unterscheiden. So zieht er in

---

57 Dementsprechend führt Origenes in den folgenden Abschnitten seiner Schrift über das Gebet in der rhetorischen Form einer Prosopoiie ein Selbstgespräch Gottes vor, in dem er deutlich macht, dass Gott das Kontingente vorherweiß und auch den Willen zum Bösen pädagogisch einordnet.

58 *Princ.* III 1,14 (GCS Origenes 5; 220,8–13 Koetschau).

59 Siehe *princ.* III 1,15 (GCS Origenes 5; 222,7–223,1 Koetschau). Origenes folgt hier inhaltlich Clemens von Alexandrien, der bereits betonte, dass Gott nicht willenlos seine Güte verströmt und der Mensch nicht gegen seinen Willen gerettet wird (*str.* VII 42,4 [GCS Clemens 3 (1970); 31,31–32,4 Stählin/ Früchtel/ Treu]).

seiner Schrift über das Gebet aus Ps 89(90),4 („Tausend Jahre sind in
deinen Augen wie der gestrige Tag, der vergangen ist") den Schluss:

> Und es ist gar nicht erstaunlich, dass für Gott die Dauer des gesamten Zeit-
> alters die Bedeutung des Zeitraums eines Tages nach unserer Rechnung
> hat, ich aber glaube sogar noch eines geringeren Zeitraumes.[60]

Origenes knüpft hier an den Gedanken des Psalmes an, der bereits den
kategorialen Unterschied zwischen Gottes Zeit und menschlicher Zeit
formuliert. Dabei versteht Origenes den im Psalm genannten Zeitraum
von tausend Jahren als Ausdruck für die Dauer eines Zeitalters, vielleicht sogar für die Gesamtheit von Zeit. In dem wie ein Nachtrag wir-
kenden letzten Satzteil präsentiert er als eigene Überlegung, dass diesem unermesslich langen Zeitraum eine kleinstmögliche zeitliche Ausdehnung bei Gott entspricht. Vor dem Hintergrund der bisher vorgeführten Aussagen des Origenes über die Zeitlosigkeit Gottes und des
göttlichen Handelns ist dieser Nachsatz so zu verstehen, dass Origenes
sich hier gedanklich an die Ausdehnungslosigkeit und damit Zeitlosigkeit herantastet, die Gottes Schöpfungsakt im Anfang charakterisiert. Die Dauer eines Zeitalters bzw. die gesamte Weltzeit, die aus
menschlicher Perspektive Vergangenheit, Gegenwart und Zukunft umfasst, ist bei Gott in dem gleichsam unausgedehnten, zeitlosen Moment
der Schöpfung präsent. Origenes' Ausführungen scheinen auf den ersten Blick Gott der Kategorie der Zeit zu unterwerfen. Wie der Psalmvers verwendet Origenes aber den Kontrast zwischen der kleinst-
möglichen zeitlichen Ausdehnung und einem unermesslich langen
Zeitraum, um den kategorialen Unterschied zwischen der menschlichen Zeitgebundenheit und dem ganz anderen Wesen Gottes anschaulich zu machen.[61]

Die in der Bibelauslegung gewonnene Einsicht, dass der zeitlichen
Ausdehnung aus der Perspektive des Menschen ein kleiner Augenblick
bei Gott entspricht, macht den ontologischen Gegensatz zwischen der

---

60 *Or.* II 27,13 (GCS Origenes 2; 372,24–373,2 Koetschau): καὶ οὐδὲν θαυμαστὸν τῷ
    θεῷ τὸν ὅλον αἰῶνα τῆς παρ' ἡμῖν μιᾶς ἡμέρας διαστήματος λόγον ἔχειν, ἐγὼ δ'
    οἶμαι ὅτι καὶ ἐλάττονος.

61 P. Tzamalikos (Origen. Cosmology and Ontology of Time, 259f.) verfehlt meines
    Erachtens die Pointe dieser und anderer exegetischer Passagen des Origenes, wenn
    er mit ihnen Origenes „the idea of relativity in the perception of time" im modernen
    Sinne zuschreibt. Es kommt Origenes immer darauf an, durch den Unterschied
    zwischen dem menschlichen Zeitmaß und dem Zeitmaß bei Gott (siehe die Ausle-
    gung von Ps 89[90] in *Or.* II 27,13 [GCS Origenes 2; 372,24–373,2 Koetschau] oder die
    Auslegung von Jes 26,20 in *Hom in Jer.* 12,10 [GCS Origenes 3; 96,23–373,2
    Klostermann]) bzw. dem menschlichen Zeitmaß auf der Erde und dem Zeitmaß der
    Heiligen an ihrem himmlischen Aufenthaltsort (*Comm. in Matt.* XV 31 [GCS
    Origenes 10; 442,10–443,7 Klostermann]) einen ontologischen Unterschied deutlich
    zu machen.

zeitlichen Ausdehnung der Welt und der Zeitlosigkeit Gottes deutlich. Er kann nach Origenes allein von Gott überwunden werden. Das geht anschaulich aus einer bemerkenswerten Parallele hervor, die zwischen Origenes' Erklärung von Zeit und seinen Aussagen über die Präsenz des Christus Logos in der Welt besteht. Ich erinnere: Origenes beschreibt Zeit als das, was zusammen mit der Gestalt der Welt ausgestreckt (συμπαρεκτεινόμενον) ist. Von Christus heißt es nun, dass er als Gottes Kraft bei jedem Menschen anwesend und zusammen mit der ganzen Welt ausgestreckt (συμπαρεκτεινόμενος) ist.[62] Der Gott Logos, der seinem Wesen nach zeitlos und nicht der Zeit unterworfen ist, wird hier auf die räumlich-zeitlich ausgedehnte Welt bezogen.

In der Auslegung von Hebr 1,2 und Joh 1,3 entfaltet Origenes, dass Gott durch den Christus Logos Welt und Zeit geschaffen hat. Nun drückt er aus, dass durch den Christus Logos der transzendente Gott in der räumlich-zeitlichen Welt präsent ist, die zeitliche Ausdehnung der Welt umfasst und auf sie bezogen ist.

4. Ewigkeit als geschaffener „Raum" für die dauerhafte Einheit aller in Gott

Es bleibt nun zu besprechen, wie Origenes die eschatologische Vollendung der Zeit denkt. Mit dieser Frage ist eines der umstrittenen Themen der origenianischen Theologie angeschnitten. Eine Wurzel dieses Streits liegt darin, dass die Kritiker des Origenes in Antike und Gegenwart zu wenig beachten, in welchem Modus Origenes seine Überlegungen zum Ende der Welt vorträgt. Dabei weist Origenes in den entsprechenden Abschnitten von *De Principiis* selbst darauf hin, dass er zu diesem Thema vorsichtige Erwägungen anstelle, die eher den Charakter einer Diskussion, denn den einer lehrhaften Abhandlung hätten.[63] Diese Haltung des Origenes hat ihren Ursprung in seiner Bibel-

---

62 *Jo.* VI 30,154 (GCS Origenes 4; 140,10–12 Preuschen): Origenes spricht hier … περὶ τῆς προηγουμένης οὐσίας Χριστοῦ …, ὅτι δύναμιν τοσαύτην ἔχει ὡς καὶ ἀόρατος εἶναι τῇ θειότητι αὐτοῦ, παρὼν παντὶ ἀνθρώπῳ παντὶ δὲ καὶ ὅλῳ τῷ κόσμῳ συμπαρεκτεινόμενος·

63 Siehe *princ.* I 6,1 (GCS Origenes 5; 78,16–21 Koetschau): *Quae quidem etiam a nobis cum magno metu et cautela dicuntur, discutientibus magis et pertractantibus quam pro certo ac definito statuentibus. Indicatum namque a nobis in superioribus est, quae sint de quibus manifesto dogmate terminandum sit; quod et pro viribus fecisse nos puto, cum de trinitate loqueremur; de his vero disputandi specie magis quam definiendi, prout posssumus, exercemur.* In III 6,9 (291,3–5) überlässt es Origenes ausdrücklich dem Leser zu entscheiden: *Hactenus nobis etiam corporeae naturae vel spiritalis corporis ratione discussa, arbitrio legentis relinquimus ex utroque quod melius iudicaverit eligendum.* Vergleichbare

auslegung.[64] Wegen der Erhabenheit und Tiefe der biblischen Schriften
ist Origenes zurückhaltend, zu schwierigen Passagen eine definitive

---

Hinweise auf den Diskussionscharakter finden sich auch in anderen thematischen
Zusammenhängen, z.B. der Frage nach der Präexistenz der rationalen Geschöpfe
(*princ.* II 8,4 [162,9f.]): Origenes betont, er habe seine Aussagen nicht als *dogmata*
vorgetragen, sondern *tractandi more ac requirendi discussa.* H. Crouzel deutet derartige
Formulierungen so, dass Origenes hier keine systematische Absicht verfolge,
sondern Hypothesen im Sinne theologischer Forschung formuliere (Théologie de
l'image de Dieu chez Origène, Theol[P] 34, 1956, 132). Für F. H. Kettler sind die
Aussagen des Origenes vor dem Hintergrund seines theologischen Systems zu
evaluieren (Der ursprüngliche Sinn der Dogmatik des Origenes, BZNW 31, 1966,
20.24). K. H. Uthemann nimmt eine mittlere Position ein: „… die Alternativen sind
m. E. bei Origenes nicht so gedacht, dass die eine ‚Hypothese' die andere ausschließt, weil es ‚das System' fordert (das der Autor oder der erfahrene Leser kennen) oder weil sie nicht zugleich konsistent sein können und man darum forschen,
d.h. nach neuen Argumenten suchen muss. Vielmehr werden Alternativen formuliert, weil jede Seite für den Autor wahr und mit der anderen vermittelbar ist, und
insofern zeigt sich hier eine systematische Absicht und vor allem (zumindest im
Bewußtsein des Autors) eine schon geleistete Synthese." (Protologie und Eschatologie. Zur Rezeption des Origenes im 4. Jahrhundert vor dem Ausbruch der ersten
origenistischen Kontroverse, in: W. Bienert/ U. Kühneweg (Hg.), Origeniana Septima, EThL.B 137, 1999, [399–458] 404). Ich stimme Uthemanns Hinweis zu, dass für
Origenes alle beiden skizzierten Hypothesen zum eschatologischen Zustand wahr
sind; ich bin allerdings nicht der Ansicht, dass Origenes' „eigentliche" Meinung
letztlich in einer Synthese beider Aussagereihen zu finden ist, wie es Uthemann in
seinem Beitrag entwickelt.

64   Origenes formuliert seine Haltung programmatisch im Prolog seines Genesis-
      kommentars, erhalten bei Pamphilus, *apol. Orig.* 5–7 (SC 464; 40–42 Ammacker/
      Junod), siehe dazu ausführlicher Ch. Köckert, Christliche Kosmologie und kaiser-
      zeitliche Philosophie, Kap. B I 4.2.1. Origenes wendet seine Zurückhaltung
      gegenüber definitiven Auslegungsentscheidungen manchmal auch ins Pädagogi-
      sche, um seine Leser zu eigener Übung anzuspornen, wie H.J. Vogt gezeigt hat (Wie
      Origenes in seinem Matthäuskommentar Fragen offen läßt, in: H. Crouzel/A. Quac-
      quarelli [Hg.], Origeniana Secunda, QVetChr 15, 1980, 191–198). Zu Origenes' ze-
      tetisch-gymnastischer Methode der Schriftauslegung und ihrem Fortwirken bei spä-
      teren Autoren siehe auch L. Perrone, Der formale Aspekt der origenianischen Argu-
      mentation in den Auseinandersetzungen des 4. Jahrhunderts, in: W. Bienert/U. Küh-
      neweg (Hg.), Origeniana Septima, 119–134. Die Haltung des Origenes ist durch F.H.
      Kettlers Beschreibung nicht zutreffend charakterisiert, der anlässlich *princ.* II 6,4
      (GCS Origenes 5; 85,23f. Koetschau) meint: „Origenes selbst weiß also genauer, wie
      die Lösung der Alternative aussieht, und verbirgt sie hier nur vor den »Knechten«,
      während die »Freunde« sie erraten sollen. Alle derartigen offengelassenen Alter-
      nativen in περὶ ἀρχῶν und anderen Origenes-Schriften … dürften nach dieser Regel
      zu interpretieren sein. Die jeweilige Lösung solcher Alternativen ergibt sich aus den
      Konsequenzen des Systems." (Der ursprüngliche Sinn der Dogmatik des Origenes,
      24). Auch folgende allgemeine Aussage Kettlers verzeichnet in meinen Augen
      Origenes' Haltung: „Für den großen Systematiker Origenes scheint das Kern-
      problem nicht darin bestanden zu haben, daß ihm wesentliche Punkte seiner »Er-
      kenntnis« unklar oder unsicher geblieben wären …, sondern vielmehr darin, daß er
      das meiste von dem, was ihm klar und gewiß war, nicht ebenso klar und deutlich
      sagen durfte." (a. a. O., 47). Der Prolog zum Genesiskommentar zeigt sehr deutlich,

Auslegungsentscheidung zu fällen. Er legt dem Leser daher oft mehrere Varianten vor oder lässt Fragen offen. Diese zetetische Methode schlägt sich auch in den Texten aus *De Principiis* nieder, in denen sich Origenes zur eschatologischen Vollendung der Welt äußert und in denen die Verbindung von Bibelauslegung und spekulativer Theologie besonders stark hervortritt. In ihnen ringt er um das Verständnis alt- und neutestamentlicher Texte, die er in unterschiedlicher Weise auf die Vollendung der Welt bezieht.

Weil die Vorstellungen von Zeit und Körperlichkeit bei Origenes eng miteinander verknüpft sind, ist es sachlich notwendig, einige Passagen aus *De Principiis* ausführlicher zu betrachten, in denen Origenes über den eschatologischen Zustand der rationalen Geschöpfe nachdenkt. Dieser Textdurchgang bildet die Basis für den letzten Abschnitt meiner Darstellung, in der ich skizziere, wie Origenes die Vollendung der Zeit denkt. Es wird sich zeigen, dass die Frage nach Origenes' Verständnis von Zeit bzw. Ewigkeit ein interessantes und neues Licht auf die Frage nach dem Status der Körpernatur im eschatologischen Zustand wirft, die in der Forschung zu Origenes äußerst umstritten ist.

4.1 Origenes' Diskussion des eschatologischen Endzustandes in *princ.* I 6,1–4; II 2,1–3,7; III 6,1–9

Ausgehend von der antiken Kontroverse um die Eschatologie des Origenes wird in der Forschung diskutiert, ob Origenes einen körperlichen oder einen unkörperlichen eschatologischen Zustand der Geschöpfe angenommen hat. Diejenigen, die Origenes als eigentliche Auffassung die Annahme eines körperlosen Zustandes zuschreiben, berufen sich vor allem auf die Zeugnisse bei Hieronymus und Justinian und sehen in den anderslautenden Passagen der lateinischen Übersetzung von *De Principiis* Überarbeitungen oder Interpolationen des Übersetzers Rufin (z.B. F.H. Kettler; G. Bostock)[65]. Diejenigen, die als

---

dass Origenes' Haltung keine Taktik darstellt, sondern ihr tatsächlich die Einsicht zugrunde liegt, dass angesichts der Größe der zu erforschenden Geheimnisse seine und menschliche Erkenntnis überhaupt unvollkommen ist.

65 F. H. Kettler, Der ursprüngliche Sinn der Dogmatik des Origenes. Kettlers Interpretation von *De Principiis* bildet die Grundlage für seine Deutung von Passagen aus anderen Werken des Origenes in ders., Neue Beobachtungen zur Apokatastasislehre des Origenes, in: H. Crouzel/A. Quacquarelli (Hg.), Origeniana Secunda, 339–348. Siehe dazu die Rezension von H. Crouzel, Chronique Origénienne, BLE 83, 1982, 226f. Eine ähnliche Position vertritt G. Bostock, Quality and Corporeity in Origen, in: H. Crouzel/ A. Quacquarelli (Hg.), Origeniana Secunda, 323–337. Hinweise auf die Unmöglichkeit körperloser rationaler Geschöpfe bei Origenes – wie z.B. *princ.* II 2,1 (GCS Origenes 5; 112,9f. Koetschau), ähnlich I 6,4 (85,15–20); II 2,2 (112,15–17.21f.);

genuine Meinung des Origenes die Annahme eines Zustandes geistiger Körperlichkeit vertreten, legen Rufins Übersetzung größere Glaubwürdigkeit bei und betonen den Einfluss paulinischer Theologie auf Origenes (H. Crouzel; H. Cornélis; R. Roukema)[66]. Origenes' Rede von einem körperlosen Zustand wird dabei von H. Crouzel als eine uneigentliche Formulierung für den Zustand geistiger Körperlichkeit aufgefasst.[67] Die Alternative zwischen Körperlosigkeit und Körperlichkeit des Endzustandes wird schließlich implizit in den grundlegenden Gegensatz zwischen Origenes, dem Philosophen und systematischen Theologen, und Origenes, dem Bibelausleger und biblischen Theologen gegossen.[68]

4,3 (137,17f.); IV 3,15 (347,16–22) – sehen auch B. Studer (Zur Frage der dogmatischen Terminologie in der lateinischen Übersetzung von Origenes' *De principiis*, in: J. Fontaine/ Ch. Kannengiesser [Hg.], Epektasis. Mélanges Patristiques offerts au Cardinal Jean Daniélou, 1972, [403–414] 409f.), J. Rius-Camps (La suerte final de la naturaleza corpórea según el Peri Archon de Orígenes. Formulación fluctuante entre el dato revelado y los presupuestos filosóficos de un sistema, in: StPatr 14, TU 117, 1976, [167–179] 171) und H. Strutwolf (Gnosis als System. Zur Rezeption der valentinianischen Gnosis bei Origenes, FKDG 56, 1993, 337.340) als Interpolationen des Rufin. R. Somos (Origenian Apocatastasis Revisited, CrSt23, 2002, 53–77) dagegen geht von der rufinischen Übersetzung aus und deutet die Aussagen über einen geistigen Körper als allegorische Umschreibungen absoluter Unkörperlichkeit. Er beruft sich auf Texte wie *mart.* 3 (GCS Origenes 1; 4,19–22 Koetschau). Auf diese Passage beruft sich auch P. Tzamalikos, Origen. Philosophy of History and Eschatology, SVigChr 85, 2007, 311. Siehe dazu M. Edwards in seiner Rezension des Buches (JThS 59, 2008, 520f.).

66 Siehe H. Cornélis, Les fondements cosmologiques de l'eschatologie d'Origène, RSPhTh 43, 1959, 32–80.201–247; H. Crouzel, L'apocatastase chez Origène, in: L. Lies (Hg.), Origeniana Quarta, IThS 19, 1987, 282–290; ders., La doctrine origénienne du corps ressuscité, BLE 81, 1980, 175–200.241–266; beide Arbeiten sind abgedruckt in ders., Les fins dernières selon Origène. R. Roukema, La résurrection des morts dans l'interprétation origénienne de 1 Corinthien 15, in: La résurrection chez les Pères, CBiPa 7, 2003, 161–177.

67 H. Crouzel, Origen, 1989, 90; ders., Mort et immortalité selon Origène, BLE 79, 1978, (19–38.81–96.181–196) 181 (abgedruckt in ders., Les fins dernières selon Origène); ders., La doctrine origénienne du corps ressuscité, 188. Aufgenommen von L.R. Hennessey, A Philosophical Issue in Origen's Eschatology. Three Senses of Incorporeality, in: R. J. Daly (Hg.), Origeniana Quinta, BEThL 105, 1992, 373–380. Gegen Crouzels Interpretation siehe die Kritik von M. Edwards, Origen no Gnostic; or on the Corporeality of Man, JThS 43, 1992, 23–37.

68 Eine Übersicht über Origenes' Aussagen zum eschatologischen Zustand aus *De Principiis* bietet J. Rius-Camps, La suerte final. Rius-Camps führt die unterschiedlichen Annahmen darauf zurück, dass in einem Fall philosophische Voraussetzungen den Vorrang haben und in dem anderen Fall die Autorität des biblischen Textes überwiege (Zusammenfassung seiner Analyse a. a. O., 176–179). Ein Überblick über die Texte findet sich auch bei R. Somos, Origenian Apocatastasis Revisited, 65–76.

Eine Betrachtung der zur Diskussion stehenden Passagen aus *De Principiis* (I 6,1–4; II 2,1–3,7; III 6,1–9) zeigt jedoch, dass die Konzentration auf die Frage nach der genuinen bzw. eigentlichen Meinung des Origenes nicht dessen zetetischer Form theologischen Arbeitens entspricht, und dass die Alternative zwischen Origenes, dem spekulativen Theologen, und Origenes, dem Bibelausleger, so nicht haltbar ist. Denn beide Positionen beruhen auf der Auslegung biblischer Schriften und in beide Positionen fließen philosophische Prämissen ein.

Ich halte mich im Folgenden an den Text der rufinischen Übersetzung von *De Principiis*. Denn nur so kann ein Argumentationsgang nachgezeichnet werden, da der Wert und die Position der griechischen Exzerpte, die Justinian überliefert, sowie der Textabschnitte, die Hieronymus in lateinischer Übersetzung zitiert, keineswegs sicher sind. Diese Texte, die Koetschau als Fragmente von *De Principiis* betrachtet und oft der rufinischen Übersetzung vorzieht, müssen vielmehr als Testimonien für sich geprüft und diskutiert und auf die rufinische Übersetzung bezogen werden.[69] Die von J. Rius-Camps vorgetragene Hypo-

---

69 Zur Überlieferung von *De principiis* siehe knapp H. Görgemanns/ H. Karpp (Hg.), Origenes. Vier Bücher über die Prinzipien, 32–45. Zur Kritik am Verfahren Koetschaus, aus den Notizen bei Hieronymus und Justinian den ursprünglichen Text von *De principiis* zu gewinnen, siehe E. Preuschens Rezension in BPhWS 39, 1916, (1198–1206) 1204; G. Bardy, Recherches sur l'histoire du texte; H. Crouzel/ M. Simonetti, Origène. Traité des principes, Tome 1, SC 252, 1978, 22–33. Bardy weist nach, dass Justinians *ep. ad Menam* (543), seine *ep. ad sanct. synod.* (553) sowie die damit jeweils verbundenen Anathematismen für die Gewinnung des griechischen Textes von *De Principiis* wertlos sind, während das Florileg griechischer Exzerpte aus *De Principiis*, das Justinian in *ep. Ad Menam* überliefert, einen gewissen Wert besitzt (a. a. O., 49–86). Allerdings sind diese Exzerpte thematisch geordnet und geben nicht die Textabfolge von *De principiis* wieder. Da die Stellenangaben des Exzerptors ungenau und z. T. falsch sind, ist es schwierig, den genauen Kontext der Textausschnitte zu ermitteln. Ihr Wortlaut erweckt überdies Zweifel, dass es sich um wörtliche Zitate handelt. Vielmehr geben sie die Überlegungen des Origenes in der Gestalt verknappter und zugespitzter Affirmationen wieder (G. Bardy, a.a.O., 63–73). Die lateinische Übersetzung von Abschnitten aus *De Principiis*, die Hieronymus in seiner *epistula ad Avitum* (ca. 409/410) mitteilt, beachtet demgegenüber die Abfolge der Bücher und gibt genauer an, aus welchem Buch die Ausschnitte stammen. Gleichwohl lässt sich der genaue Kontext innerhalb eines Buches nicht immer ermitteln. Ein Vergleich mit den *De Principiis*-Fragmenten aus der *Philocalia* (dazu G. Bardy, a. a. O., 181–189) sowie eine genaue Analyse des Hieronymus-Briefes selbst und seiner Einleitung der Origenes-Zitate zeigen jedoch, dass Hieronymus dem griechischen Text selbst in den als Zitaten eingeleiteten Abschnitten nicht wörtlich folgt und oft zusammenfassende und kommentierende Paraphrasen, auch in Gestalt indirekter Rede bietet (siehe K. Müller, Kritische Beiträge I: Zu den Auszügen des Hieronymus [ad Avitum] aus des Origenes Περὶ ἀρχῶν, SPAW 36, 1919, 616–629; H. Crouzel/ M. Simonetti, a. a. O., 28; J. Rius-Camps, Localisation à l'intérieur du De Principiis d'Origène-Rufin de certains extraits sur les êtres raisonnables conservés par Jérôme, VigChr 41, 1987, [209–225] 209f.; die Einschätzung der „direkten Zitate" des Hieronymus als „wörtliche Übersetzungen" [ebd.] teile ich jedoch nicht). Die

these, dass Origenes seine Schrift selbst mehrfach überarbeitet habe, kann für die vorliegende Untersuchung außer acht gelassen werden.[70]

1.   In *princ.* I 6,1–4 kommt Origenes innerhalb von *De Principiis* zum ersten Mal auf die Vollendung der Welt zu sprechen. Für Origenes steht dabei fest, dass in Gottes Güte die Ursache dafür liegt, dass die gesamte Schöpfung durch Christus zu einem Ende geführt wird. Es bedeutet die Unterwerfung auch der Feinde unter Christus und die Vernichtung des Todes, wie Origenes aus einer Verbindung von Ps 109 (110),1 und 61(62),2 mit 1 Kor 15,25–27 entnimmt (79,1–21). Auch Phil 2,10 dient als Beleg dafür, dass die gesamte Welt mit ihren vielfältigen Rängen von Geschöpfen Christus unterworfen und zur eschatologischen Einheit geführt wird, die dem einheitlichen Ursprung aller Dinge entspricht (79,21–80,7).[71] Diese Einheit bedeutet für die Geschöpfe Seligkeit (*beatitudo*), insofern sie in ihr an der Heiligkeit, Weisheit und an der Gottheit selbst Anteil haben (80,11–14).

Die Aufnahme in die eschatologische Einheit geht einher mit der Neuschaffung von Himmel und Erde, die Origenes mit Jes 65,17 belegt

---

Abschnitte bei Hieronymus zeichnet ebenfalls aus, dass sie die Aussagen und Überlegungen des Origenes zu strittigen Themen in Gestalt gesicherter Behauptungen und affirmativer Lehraussagen präsentieren. Hieronymus' Präsentation ist deutlich durch seine Origenes-feindliche Haltung geprägt. Zwar erlauben die Zeugnisse des Hieronymus, Rufins Übersetzung an einigen Stellen zu ergänzen. Dennoch gibt Rufins Übersetzung den zetetisch-suchenden Charakter der origenianischen Darlegung besser wieder (G. Bardy, a. a. O., 201 gegen P. Koetschau, der in der Regel Hieronymus' Übersetzung den Vorzug vor Rufin gibt). Auch Rufin bietet keine wörtliche Übersetzung, wohl aber eine Wiedergabe, die dem Sinn und dem Geist des Origenes gemäß ist. Da er die Methoden und Ziele seiner Übersetzungsarbeit in einer Vorrede selbst offenlegt, lässt sie sich gut einschätzen. Vergleiche mit den Fragmenten aus der *Philocalia* zeigen, dass Rufin seine Vorlage um größerer Klarheit willen sowohl kürzt als auch durch Erläuterungen erweitert. Er präsentiert „une paraphrase généralement exacte, non une traduction. Il avertit qu'il a parfois retranché, mais qu'il n'a rien ajouté qui ne soit d'Origène" (H. Crouzel/ M. Simonetti, a. a. O., 26). Zur Übersetzung Rufins siehe G. Bardy, a.a.O., 87–153; H. Crouzel/ M. Simonetti, a. a. O., 23–26; N. Pace, Ricerche sulla traduzione di Rufino del „De principiis" di Origene, PFLFM 133, 1990 (1–11 Überblick über die Diskussion).

70   Seine Auffassung einer mehrfachen Überarbeitung von *De Principiis* durch Origenes selbst fasst J. Rius-Camps zusammen in: Los diversos stratos redaccionales del Peri Archon de Orígenes, RechAug 22, 1987, 5–65; ders., Orígenes. Tractat dels Principis, intr., text revisat, trad. i notes, Escriptors Cristians, 1998, 24–53. Siehe dazu die Kritik durch G. Dorival, Nouvelles remarques sur la forme du *Traité des Principes* d'Origène, RechAug 22, 1987, (67–108) 68–81.

71   Die Erwähnung der „Himmlischen, Irdischen, Unterirdischen" (Phil 2,10) bietet den Ausgangspunkt, hier eine Erörterung über die verschiedenen Ränge von Geschöpfen einzuschieben, die durch die freien Willensregungen entstanden sind und zusammen das gesamte All ausmachen (*princ.* I 6,2 [GCS Origenes 5; 80,7–82,3 Koetschau]).

(82,5–7).[72] Als biblische Grundtexte führt Origenes außerdem Joh 17,20–23 an und präsentiert damit die Einheit von Vater und Sohn als Vorbild für die eschatologische Einheit der Geschöpfe (82,7–12). Mit Eph 4,13 beschreibt er die zukünftige Einheit als Einheit im Glauben, die den *vir perfectus* konstituiert, d. h. die Einheit aller als der vollendete Leib Christi, dessen Vorläufer im gegenwärtigen Leben die Kirche als Bild der Einheit darstellt (1 Kor 1,10) (82,12–19). Origenes bekräftigt noch einmal, dass das Ende die Einheit aller bedeutet (siehe I 6,1 [79,1–18]) und dass am Ende des göttlichen Erziehungsprozesses niemand aus der Einheit und Harmonie des eschatologischen Zustandes herausfallen wird (83,9–84,6).

Origenes schließt mit einer ausführlichen Erörterung zu 2 Kor 4,18, wo Paulus zwischen den sichtbaren, zeitlichen Dingen und den unsichtbaren, ewigen Dingen unterscheidet (I 6,4 [84,22–85,24]). Dabei geht es ihm vor allem darum zu klären, inwiefern das Sichtbare, d. h. das Materiell-Körperliche, zeitlich ist. Origenes erwägt verschiedene Erklärungen. *Erstens:* In den zukünftigen Zeiträumen und Zeitaltern (*spatia et saecula*), in denen die eschatologische Einheit hergestellt wird, hört das Materiell-Körperliche auf zu existieren. *Zweitens:* Die Gestalt des Materiell-Körperlichen vergeht, die Substanz wird aber nicht gänzlich vernichtet. Origenes findet in 1 Kor 7,31 und Ps 101(102),27 biblische Anhaltspunkte dafür, dass die materielle Substanz nicht zugrunde geht, sondern sich deren Gestalt (*habitus*) und – Origenes ergänzt für seine Argumentation die biblischen Formulierungen – deren Eigenschaften ändern. Auch die Verheißung eines neuen Himmels und einer neuen Erde Jes 65,17 lässt Origenes für diese Deutung sprechen. Er wehrt die Behauptung einer Auflösung der Körpernatur ab, indem er darauf hinweist, dass allein Gottes Wesen ohne Körper gedacht werden kann, alle anderen Wesen aber nicht ohne Körper leben und subsistieren können (85,14–20). *Drittens:* Im eschatologischen Zustand ist die Körpersubstanz so zu himmlischer Lauterkeit und Reinheit gereinigt, dass man sie sich wie Äther vorstellen muss.

---

72 Nach Hieronymus (*ep.* 124,3 [CSEL 56/1; 98,23–99,4 Hilberg]) hat Origenes Jes 65,17 als Beleg für eine Abfolge mehrerer Welten angeführt und nicht auf das absolute Ende der Welten bezogen. Aus diesem Grund hält H. Strutwolf *princ.* I 6,2 (GCS Origenes 5; 82,5–7 Koetschau) für eine Überarbeitung des Rufin (Gnosis als System, 347). Die Verwendung des Zitats in *princ.* I 6,4 (84,27–85,22) einerseits und die Verwendung der verwandten Passage Jes 66,22 in III 5,3 (273,5–7) andererseits zeigen jedoch, dass Origenes die Verheißung eines neuen Himmels und einer neuen Erde in beiden Bedeutungen zitieren kann. Entscheidend ist also der jeweilige argumentative Kontext der Auslegung. Hieronymus zitiert nur ein mögliches Verständnis des Origenes.

Diese dritte Erklärung stellt den Versuch dar, die zweite Behauptung, dass Gestalt und Eigenschaften der Körpersubstanz umgewandelt werden, zu veranschaulichen. Origenes zieht dabei zum Vergleich die populäre Vorstellung von Äther als besonders reiner und feiner Stofflichkeit heran, ohne eine Identität mit Äther zu behaupten (… *ita pura erit atque purgata ut aetheris in modum et caelestis cuiusdam puritatis ac sinceritatis possit intellegi* 85,21f.).[73] Den philosophischen Hintergrund für die Erwägung, dass die Körpersubstanz in einen ätherartigen feinen Zustand umgewandelt wird, bildet Origenes' Vorstellung von Materie als einem Substrat, das allen von Gott gewollten Veränderungen zugrunde liegt.

2.   In *princ.* II 2,1–3,7 kommt Origenes erneut auf die Frage der Körperlichkeit im eschatologischen Zustand zu sprechen. Unmittelbar zuvor hat er die Materie als notwendige Grundlage der Vielfalt in der Körperwelt erörtert und erklärt, dass sie von Gott geschaffen ist. Nun fragt er, ob die rationalen Geschöpfe wesenhaft und notwendig mit Körperlichkeit, d. h. mit Materie verbunden sind. Die Frage entscheidet sich für ihn daran, ob die Geschöpfe den Gipfel der Heiligkeit und Glückseligkeit (*summum sanctitatis et beatitudinis*) mit oder ohne Körper erreichen.

In einer kurzem Bemerkung hält Origenes es zunächst für schwierig und fast unmöglich, einen körperlosen Zustand anzunehmen (112, 9f.). Diese Notiz darf nicht als rufinisch ausgeschieden werden.[74] Sie ist eine Konsequenz aus der Grundannahme, die sich auch an anderen Stellen findet, dass allein dem göttlichen Wesen Körperlosigkeit eignet (112,15–22). Origenes erklärt daher, dass das Wesen der rationalen Geschöpfe, d.h. ihre Intellekthaftigkeit, zwar gedanklich und begrifflich (*opinione quidem et intellectu*) von der Materie geschieden werden kann, gleichwohl aber niemals ohne sie existiert.[75] Dem Zustand vollkom-

---

73   Kaiserzeitliche Platoniker fassen Äther nicht wie Aristoteles als fünften Körper auf, sondern als sehr feine, feurige Substanz der Himmelskörper. Sie ordnen ihn damit in die Reihe der ineinander umwandelbaren Elemente ein. Diese Vorstellung versucht, platonische und aristotelische Aussagen zu den grundlegenden Elementen bzw. Körpern zu harmonisieren. Sie ist wohl erstmals in der Elementenlehre der pseudoplatonischen Epinomis greifbar. Siehe J. H. Waszink, Art. Äther, RAC 1, 1950, Sp. (150–158) 151–154. Im Zusammenhang der Vorstellung einer geistigen Körperlichkeit zieht Origenes diese philosophische Auffassung von Äther als illustrierenden Vergleich heran. In einem anderen Kontext (*princ.* II 1,1 [GCS Origenes 5; 106,17f. Koetschau]) ordnet er dagegen Äther einer bestimmten Kosmosregion zu.

74   Gegen F. H. Kettler, Der ursprüngliche Sinn, 16 Anm. 73.

75   Zu dieser Passage und ihrer Bedeutung für die Beurteilung der Lehre des Origenes siehe M. J. Edwards, Origen no Gnostic. Edwards' Analyse profiliert die eine Interpretationslinie des Origenes, die von der theologischen Grundthese ausgeht,

mener Heiligkeit und Glückseligkeit entspricht daher ein „himmlischer Körper" (1 Kor 15,40) bzw. ein „geistiger Körper" (1 Kor 15,44) (113,1–4). Origenes markiert auch hier die Unvollkommenheit und Vorläufigkeit seiner Überlegungen und empfiehlt ein sorgfältiges Bibelstudium, um die Frage vollständiger zu erörtern (113,5–10).

In II 3,1 skizziert Origenes in Form vorsichtiger Erwägungen die Vorstellung einer Abfolge verschiedener Welten. Sie schließt die Frage ein, ob irgendwann einmal gar keine Welt sein wird, bzw. ob es irgendwann einmal gar keine Welt gegeben hat. Damit ist auch die Frage nach der Körpernatur und der Materie gestellt. Dass sie geschaffen ist und dass somit auch die Welt einen Anfang hat, hat Origenes bereits in II 1,1–4 gezeigt. Nun behandelt er die Frage nach einem möglichen Ende der Körpernatur.

Origenes präsentiert zunächst eine Auslegung von 1 Kor 15,53–56 (II 3,2; 115,1–117,7), die auf die Annahme eines Zustandes geistiger Körperlichkeit hinausläuft. Das „Vergängliche" und „Sterbliche" weist auf die Materie des Körpers, die durch die Verbindung mit einer vollkommenen Seele gestaltet wird. Durch sie erhält der Körper Anteil am vollkommenen Leben, d.h. an der Unsterblichkeit und Unvergänglichkeit der Seele. Die grundlegende anthropologische Vorstellung ist dabei, dass die Seele den Körper gebraucht und der Zustand der Seele den Zustand des Körpers bestimmt: einer unvollkommenen Seele entspricht ein dichter, fleischlicher Körper; einer vollkommenen Seele entspricht ein feinerer, reinerer, geistiger Körper (116,15–19; vgl. 112,22–113,4). Die göttliche Erziehung der Seele gipfelt in diesem Argumentationsgang nicht in der Auflösung der Körpernatur, sondern in der Veränderung der Körpernatur in eine geistige und dadurch unvergängliche und unsterbliche Gestalt (116,25–117,7).

In einem zweiten Argumentationsgang führt Origenes in II 3,3 einige Argumente an, die für ein Ende der Körpernatur und für einen künftigen körperlosen Zustand sprechen. Für sie geht er von 1 Kor 15,54–56 aus. Die Aussage, dass der Tod in den Sieg verschlungen wird, versteht er unter der Voraussetzung, dass der Tod in der materiellen Körperlichkeit wirkt, weil der Körper der Ort der Sünde ist. Daraus folgt, dass die Vernichtung des Todes die Vernichtung der Körpernatur impliziert (117,9–12.18–23). Ein anderes Argument baut auf der erkenntnistheoretischen Annahme auf, dass vollkommene Erkenntnis der Seele nur losgelöst vom Körper möglich ist, da die Ver-

---

dass nur Gott unkörperlich ist und folglich allen Geschöpfen Körperlichkeit zukommt. Daneben stehen aber die Passagen, in denen Origenes in einer gewissen Spannung zu dieser theologischen Grundthese die Möglichkeit eines körperlosen Endzustandes und damit auch Anfangszustandes durchspielt.

bindung mit einem Körper sie hemmt. Daraus folgt, dass die Seele nur ohne Körper den Zustand vollkommener Erkenntnis und Glückseligkeit erreichen kann (117,12–15).[76] In diesem Zusammenhang versteht Origenes den Zustand eines feineren und reineren Körpers als einen Übergangszustand hin zur gänzlichen Körperlosigkeit (117,15–23). In einem weiteren Argument knüpft Origenes an 1 Kor 15,24–28 an und sieht in der Körperlosigkeit eine Voraussetzung für die endzeitliche Unterwerfung aller unter Gott (117,23–118,11). Origenes demonstriert soweit im Interpretationsstrang von II 3,3, dass unter bestimmten gedanklichen Voraussetzungen die Annahme eines Zustandes der Körperlosigkeit aus 1 Kor 15 als dem zentralen Text christlicher Eschatologie entwickelt werden kann.

Den Abschnitt II 3,3 beschließt Origenes dann mit einem Einwand gegen die Annahme zukünftiger Körperlosigkeit (118,12–119,3). Dabei geht er davon aus, dass die Willensfreiheit der rationalen Geschöpfe dauerhaft eine potenzielle Mannigfaltigkeit der Willensbewegungen konstituiert und somit Körperlichkeit als Voraussetzung von Vielheit notwendig macht. Er äußert daher die hypothetische Annahme, dass dann die körperliche Natur nach ihrer Auflösung erneut erschaffen werden muss. Dieser Abschnitt wird oft im Zusammenhang von Aussagen bei Hieronymus und Justinian gelesen, nach denen Origenes einen erneuten Fall der zur Vollkommenheit gelangten Geschöpfe gelehrt habe. Ohne Zweifel hat Origenes dieses Thema diskutiert, ohne allerdings eine endgültige Lehraussage zu formulieren.[77] Der Gedankengang bei Rufin lässt vor dem Hintergrund dieser Diskussion eine interessante Pointe zu. Sein inhaltliches Zentrum ist zum einen die Lehre von der bleibenden Willensfreiheit der rationalen Geschöpfe und zum anderen die Lehre, dass die eschatologische Einheit aller eine Gnadengabe Gottes ist. Die Annahme erneuter Mannigfaltigkeit nach der eschatologischen Einheit stellt ein Gedankenexperiment dar, das den dauerhaften Bestand der geschöpflichen Willensfreiheit illustrieren

---

76 Diese erkenntnistheoretische Fragestellung klingt auch in *princ.* II 1,7 an (GCS Origenes 5; 191,20–192,1 Koetschau); vgl. die Paraphrase des Hieronymus, *ep.* 124,7 (CSEL 56/1; 105,3–10 Hilberg).

77 Hieronymus zu *princ.* II in *ep.* 124,5 (CSEL 56/1; 101,25–102,16 Hilberg); Justinian, *ep. ad Menam* (ACO III [1940]; 211,24–27 Schwartz). Origenes stellt an verschiedenen Stellen die Frage, ob ein erneuter Abfall möglich sei, und diskutiert Für und Wider (z.B. in Auslegung von Jes 54,11–14 in *Jo.* X 42,291; in *Cels.* VI 20; IV 69; VIII 72; *princ.* I 3,8). Siehe dazu R. Roukema, der diese vielschichtige Diskussion des Origenes nachzeichnet („Die Liebe kommt nie zu Fall" [1 Kor 13,8a] als Argument des Origenes gegen einen neuen Abfall der Seelen von Gott, in: W. Bienert/ U. Kühneweg [Hg.], Origeniana Septima, 15–23).

soll.[78] Die Größe der göttlichen Gnade ergibt sich daraus, dass mitzudenken ist, dass im eschatologischen Zustand diese Möglichkeit eines erneuten Rückfalls in die Unvollkommenheit nicht realisiert wird. Für die Frage nach der Beschaffenheit des eschatologischen Zustandes ergibt dieses gedankliche Experiment, dass auch im eschatologischen Zustand Körperlichkeit als Bedingung der Möglichkeit geschöpflicher Mannigfaltigkeit existieren muss. Dass Rufin dieses Argument eines (hypothetischen) Abfalls aus der Vollkommenheit konstruiert hat, ist unwahrscheinlich. Der gesamte Abschnitt ist vielmehr ein gutes Beispiel dafür, wie kühn und spielerisch Origenes bisweilen argumentiert.

Die Willensfreiheit der rationalen Geschöpfe bildet dann den Anknüpfungspunkt für Erörterungen über die Abfolge und die Ursachen verschiedener Welten (II 3,4; 119,4–120,16). Ausgehend von der biblischen Rede von den Zeitaltern der vergangenen, gegenwärtigen und zukünftigen Welt(en) fragt Origenes am Schluss dieses Abschnittes, ob die endzeitliche Vollendung aller Dinge als ein Äon gedacht werden muss (120,17–29). Offensichtlich angeregt durch Dan 12,3 (LXX) erwägt er, dass die Vollendung etwas Größeres darstelle als einen Äon. In den Aussagen über die zukünftige Einheit aller in Gott (Joh 17,21.24) sieht Origenes daher einen Zustand verheißen, „in dem nicht mehr alles in einem Äon ist, sondern Gott alles in allem (1 Kor 15,28)".[79] Vor dem Hintergrund der Verbindung, die Origenes zwischen Äon und der raum-zeitlichen Vorstellung von Welt sieht, ist diese Passage bedeutungsvoll. Denn die eschatologische Einheit aller in Gott wird hier der raum-zeitlichen Existenz in einem Äon gegenüber gestellt und damit als zeit- und körperlos gedacht.

---

78 Auch zu den anderen Stellen, in denen Origenes die Möglichkeit eines erneuten Abfalls der Seelen von Gott diskutiert, kann man mit C. Blanc fragen: „Mais Origène parle-t-il vraiment d'autre chose que d'une possibilité matérielle de pécher d'une âme qui ne le voudra? – car, si, nous dit-il également, tout ce que l'Apôtre énumère dans l'Épître aux Romains [8,38f.] est incapable de nous séparer de l'amour de Dieu …" (Origène. Commentaire sur Saint Jean, Tome 2 [Livres VI et X], SC 157, 1970, 99f.).

79 *Princ.* II 3,5 (GCS Origenes 5; 120,22–29 Koetschau): *Movet me autem in hoc scripturae sanctae auctoritas, quae dicit:* »*In saeculum, et adhuc*«; ›*adhuc*‹ *enim quod dicit, plus aliquid sine dubio quam saeculum vult intellegi; et vide ne illud quod dicit salvator quia* »*volo ubi ego sum ut et isti ibi sint mecum*« *et* »*sicut ego et tu unum sumus, ut et isti in nobis unum sint*« *ostendere videatur plus aliquid quam est saeculum vel saecula, forte etiam plus quam est* ›*saecula saeculorum*‹*, id videlicet cum iam non in saeculo sunt omnia, sed* ›*omnia et in omnibus deus*‹.

Origenes fasst seine Erörterung des zukünftigen eschatologischen Zustandes schließlich am Ende des Kapitels in II 3,7 zusammen und präsentiert dem Leser drei Alternativen.[80]

Erstens (125,4–6): Nach der Unterwerfung aller unter Gott, wenn Gott „alles in allem ist", ist ein körperloses Leben möglich. Diese Annahme wurde in II 3,3 (117,8–118,11) entfaltet und ist auch in II 3,4 (120,17–29) impliziert.

Zweitens (125,6–12): In der Unterwerfung unter Christus und schließlich Gott (1 Kor 15,27) werden alle rationalen Geschöpfe „eines Geistes" mit Gott (vgl. 1 Kor 6,17). Darin verwirklicht sich auf vollkommene Weise ihr Wesen, das darin besteht, ähnlich Gott Geist/ Intellekt zu sein. In der „Einheit im Geist" drückt sich die eschatologische Vollkommenheit der rationalen Geschöpfe aus. Sie prägt die Körpersubstanz, mit der die Intellekt-Seelen auch im eschatologischen Zustand verbunden sind. Entsprechend der vollkommenen Eigenschaften und Verdienste dieser Seelen wird die Körpersubstanz in einen ätherartigen Zustand verwandelt. Diese Annahme wurde in II 3,2 (113,1–4; 116,15–19), allerdings ohne den Vergleich mit Äther, entfaltet. Rufins Übersetzung *in aetherium statum* ist unbedingt gegenüber Hieronymus' Formulierung *dissolvetur in aetherum* vorzuziehen. Denn der verwandte Abschnitt I 6,4 (85,21f.) zeigt, dass Origenes den geistigen Körper mit Äther vergleicht, nicht identifiziert.

Drittens (125,12–126,17): Der sichtbare, vergängliche irdische Kosmos (vgl. 2 Kor 4,18) wird vergehen, und den Seligen wird oberhalb davon ein Platz in dem „guten Land (Ex 3,8)", „dem Land der Lebendigen (Jer 11,19)", das „die Sanftmütigen besitzen werden (Mt 5,5)", zugewiesen. Im Hintergrund dieser Position steht Origenes' Auslegung von Gen 1,1.6–10, die er kurz zuvor in II 3,6 referiert hat (123,1–124,25). Hier unterscheidet er zwischen dem sichtbaren, vergänglichen irdischen Kosmos, von dessen Erschaffung Gen 1,6–10 handelt, und dem noch nicht zu sehenden, unvergänglichen Kosmos der Heiligen, dessen Erschaffung Gen 1,1 berichtet. In Auseinandersetzung mit einer platonisierenden Genesisauslegung betont Origenes ausdrücklich, dass der himmlische Kosmos kein unkörperlicher, intelligibler Ideen-Kos-

---

80 Die drei Alternativen geben Rufin (GCS Origenes 5; 125,1–126,2 Koetschau) und Hieronymus (*ep.* 124,5 [CSEL 56/1; 102,16–103,6 Hilberg]) in den Grundaussagen gleich wieder. Für eine Analyse der beiden Textabschnitte siehe Ch. Köckert, Christliche Kosmologie und kaiserzeitliche Philosophie, Kap. B I 4.3.1.

mos ist, sondern von einer Körperlichkeit ist, die jetzt im irdischen Zustand noch nicht gesehen werden kann.[81]

Die dritte Variante stellt das kosmologische Pendant der zweiten Variante dar, in der derselbe Sachverhalt aus anthropologischer Perspektive beschrieben ist. Dem eschatologischen Zustand einer geistigen Körperlichkeit der rationalen Geschöpfe, die in der geistigen Einheit mit Gott zur Vollkommenheit gelangt sind, entspricht als „Ort" der himmlische Kosmos der Heiligen.

3. In *princ.* III 6,1–9 spricht Origenes noch einmal von der eschatologischen Vollendung und dem Status der Körpernatur. Vor dem Hintergrund seiner Lehre vom freien Willen der rationalen Geschöpfe sowie deren anthropologischen, kosmologischen und soteriologischen Konsequenzen (II 1–5) beschreibt er hier die endzeitliche Vollendung als Zielpunkt jeglichen geschöpflichen Strebens. Die in Texten wie Joh 10,30; 17,21.24 und 1 Kor 15,28 verheißene eschatologische Einheit aller in Gott stellt Origenes hier als Erfüllung und Überbietung des Ziels philosophischen Strebens dar, das darin besteht, soweit als möglich Gott ähnlich zu werden (III 6,1; 280,2–281,5). In diesem Zusammenhang ergibt sich die Frage, ob dieses Ziel mit Körperlichkeit verbunden sein kann oder ob es die Körperlosigkeit der Geschöpfe fordert.

Origenes präsentiert zunächst (281,6–282,20) eine Überlegung, nach der selbst eine gereinigte und gänzlich geistige Körperlichkeit ein Hindernis für die „Ähnlichkeit" und „Einheit" mit Gott darstellt. Unter der Voraussetzung, dass „Ähnlichkeit" und „Einheit" sich hier auf Ähnlichkeit und Einheit im Wesen bezieht, wie sie Joh 10,30 von der Einheit von Vater und Sohn aussagt,[82] und Körperlichkeit bzw. Unkörperlichkeit zu den Wesensmerkmalen zählen, kann ein körperliches Wesen nicht ähnlich oder eins mit dem körperlosen Gott sein.[83]

---

81 Siehe *princ.* II 3,6 (GCS Origenes 5; 121,26–122,13; 124,1–25 Koetschau). Siehe dazu Ch. Köckert, Christliche Kosmologie und kaiserzeitliche Philosophie, Kap. B I 4.1.3 und 4.3.1.

82 Rufin überliefert als Erläuterung dieses Zusammenhangs in 281,11f. einen Verweis auf Joh 10,30, der von der Einheit von Vater und Sohn in der Eigentümlichkeit ihrer Natur spreche (*ad naturae proprietatem referendum*). Dieser Satz wird von einigen Forschern als rufinisch ausgeschieden, weil er spätere trinitätstheologische Diskussionen voraussetze (siehe H. Görgemanns/ H. Karpp (Hg.), Origenes. Vier Bücher von den Prinzipien, 647 Anm. 8). Auch wenn Origenes möglicherweise nicht in geprägter Terminologie von *naturae proprietas* gesprochen hat, so hat er doch sachlich an die Körperlosigkeit bzw. Zeitlosigkeit als Merkmale gedacht, die er an mehreren Stellen allein dem göttlichen Wesen (Vater, Sohn und Heiliger Geist) zuschreibt.

83 Hieronymus referiert etwas ausführlicher einen vergleichbaren Gedanken (*ep.* 124,9–10 [CSEL 56/1; 109,19–111,9 Hilberg]).

Origenes untersucht dann, was aus der biblischen Verheißung, dass Gott „alles in allem" sein wird, für den Status der Körpernatur folgt.[84] Die entscheidende Frage ist für ihn, was dieses „alles" ist, das Gott im eschatologischen Zustand „in allem" sein wird. Während bereits jetzt gelte, dass Gott überall und „in allem sei", bestehe die vollkommene Seligkeit und das Ende aller Dinge darin, dass Gott nicht nur „in allem", sondern auch „alles" sei (283,7–13).

Origenes entfaltet, dass im eschatologischen Zustand Gott im Unterschied zu jetzt in *jedem Einzelnen alles* sein wird, indem *jeder* vernünftige Geist vollkommen gereinigt allein Gott empfindet, denkt und schaut. So wird Gott das Maß aller seiner Willensregungen und Handlungen sein. Jeder Einzelne wird frei vom Begehren des Bösen sein, weil er immer im Guten ist und Gott für ihn alles ist. Der qualitative Unterschied des Endzustandes zum gegenwärtigen Zustand besteht darin, dass dann Gott nicht nur in einigen, sondern *in allen* alles ist, d. h. dass alle rationalen Geschöpfe auf diese Weise mit Gott vereint sind.[85] In diesem Zustand ist auch der Tod überwunden. Er wird damit als Folge einer fehlenden oder unvollkommenen Ausrichtung auf Gott beschrieben (III 6,3., 283,14–284,10).

Origenes zieht aus dieser Auslegung von 1 Kor 15,28 den ersten vorsichtigen Schluss, dass die Körpersubstanz vergehen muss (285,1–7). Unter den erkenntnistheoretischen Voraussetzungen, auf denen auch seine Ausführungen in II 3,3 beruhen, verhindert sie, dass die Vollkommenheit und Glückseligkeit (*perfectio et beatitudo*) der ratio-

---

84 Wenn man Rufins Übersetzung in *princ.* III 6,2 (GCS Origenes 5; 283,1–7 Koetschau) und eine damit verwandte Darstellung Justinians (*ep. ad Menam* [ACO III (1940); 211,28–212,2 Schwartz]) zur Auslegung von 1 Kor 15,28 nebeneinanderstellt, so hat Origenes aus 1 Kor 15,28 zunächst eine erste Argumentation für die Körperlosigkeit entfaltet. Die gedankliche Voraussetzung ist, dass 1 Kor 15,28 von einer wesensmäßigen Einheit zwischen Gott und „allem" spricht. Daraus folgt, dass im eschatologischen Zustand weder Vernunftloses (Tiere) und Unbelebtes (Steine, Holz), noch Schlechtigkeit existieren werden, weil sie mit Gottes Wesen unvereinbar sind. Da die Körper ihrer eigenen Natur nach unbelebt sind, können sie nicht in der eschatologischen Einheit mit Gott existieren. Diesen letzten Satz überliefert nur Justinian, während Rufins Argumentation darin gipfelt, dass der eschatologische Zustand ohne Vernunftlosigkeit, Unbelebtes, Schlechtigkeit, d. h. vollkommene Vernunft, Leben und Güte ist. Die Schlussfolgerung für den Status der Körpernatur folgt bei Rufin erst in III 6,3 und dort im Gegensatz zu Justinian mit einem doppelten Ergebnis. Hier zeigt sich, dass das Exzerpt bei Justinian Origenes einseitig wiedergibt, indem es nur eine Interpretationslinie des Origenes referiert und in Analogie zur vorangehenden Auslegung von Joh 17,21.24; 10,30 (281,6–12) Origenes' Argumentation eindeutig in die Annahme der Körperlosigkeit gipfeln lässt.

85 Dem entspricht die Aussage im verwandten Kontext von *princ.* II 3,6, dass der eschatologische, himmlische Kosmos bis zur völligen Lauterkeit gereinigt ist, während der jetzige, irdische Kosmos von den Gottlosen geteilt wird (GCS Origenes 5; 124,7f. Koetschau).

nalen Geschöpfe in der beschriebenen Einheit mit Gott dauerhaften Bestand hat.

In einem zweiten Argumentationsgang, der die Ausführungen von II 3,2 aufgreift, verbindet Origenes seine Auslegung von 1 Kor 15,28 mit der Vorstellung einer geistigen Körperlichkeit der Geschöpfe, für die er sich auf 1 Kor 15,44 stützt (III 6,4–7).[86] Der geistige Körper entspricht dem Zustand der heiligen und vollkommenen Seelen, in dem sie vollkommen gereinigt und allein von Gott erfüllt sind.[87] Dieser Zustand bedeutet „Freiheit vom Dienst der Vergänglichkeit" (285,13f.)[88] nicht in dem Sinne, dass die körperliche Natur abgelegt wird, sondern in dem Sinne, dass die gottfeindliche oder nur unvollkommen auf Gott bezogene Ausrichtung der Seele überwunden ist, die sich in der festen und dichten Beschaffenheit des irdischen Körpers manifestiert.[89] Der geistige Körper ist das Haus „nicht mit Händen gemacht, das ewig ist im Himmel" (2 Kor 5,1). Er ist an Feinheit, Reinheit und Herrlichkeit allen jetzt zu sehenden irdischen und himmlischen Körpern überlegen (285,16–29).

Der Übergang vom irdischen zum geistigen Körper geschieht Origenes zufolge durch den Willen Gottes (285,30). Diesem göttlichen Willensakt liegt die Materie zugrunde, die Gott im Anfang geschaffen hat. Aus ihr schuf Gott die Vielfalt der sichtbaren Welt, die im endzeitlichen Zustand in die Einheit des geistigen Körpers überführt wird. In ihr existiert keine Verschiedenheit mehr, weil „alle eins werden" (Joh 17, 21) und wie „der Vater und der Sohn eins sind" (Joh 10,30). Die eschatologische Einheit aller in Gott geht nach dieser Argumentationslinie nicht mit Körperlosigkeit, sondern mit einer geistigen Körperlichkeit

---

86 Dass in III 6,4 die Auslegung von 1 Kor 15,28 aus III 6,2f. fortgeführt wird, zeigt deutlich die Einleitung (GCS Origenes 5; 285,8–10 Koetschau): *Nunc vero quoniam apud apostolum Paulum mentionem ›spiritalis corporis‹ invenimus, qualiter etiam inde sentiri debeat de hoc, tantummodo prout possumus requiramus.* 1 Kor 15,28 wird außerdem in dem zusammenfassenden Satz in III 6,6 (287,21–23) zitiert: *In hunc ergo statum omnem hanc nostram substantiam corporalem putandum est perducendam, tunc cum omnia restituentur, ut ›unum‹ sint, et cum deus fuerit ›omnia in omnibus‹.*

87 Die Bezeichnung *sanctas et perfectas animas* in II 6,4 (GCS Origenes 5; 285,12f. Koetschau) schlägt eine Brücke zu *perfectionem et beatitudinem rationabilium naturarum* in II 6,3 (285,1f.).

88 Auch in *princ.* II 3,6 (GCS Origenes 5; 124,1–8 Koetschau) ist der Gedanke der Freiheit vom Dienst der Vergänglichkeit nicht mit dem Ablegen des Körpers verbunden, sondern mit der vollkommenen Reinheit und Lauterkeit des himmlischen Kosmos, der gerade nicht unkörperlich zu denken ist (124,8–25). Hieronymus bezieht in seiner Paraphrase der origenianischen Position den „Dienst der Vergänglichkeit" (Rö 8,21) einseitig nur auf die vorübergehende Bekleidung mit Körpern (*ep.* 124,9f. [CSEL 56/1; 110,10–12 Hilberg]).

89 Vgl. die verwandten Ausführungen in *princ.* II 3,2 (GCS Origenes 5; 115,1–117,7 Koetschau).

einher. Analog dazu bedeutet die Vernichtung des letzten Feindes (vgl.
1 Kor 15,26) und das Ende der mit dem Tod verbundenen Traurigkeit
(vgl. Offb 21,4) nicht das Ende der Körpersubstanz, die Gott geschaffen
hat, sondern das Ende der gottfeindlichen Willensausrichtung des
letzten Feindes, die in diesem selbst ihre Ursache hat.

Die Überführung der von Gott geschaffenen Materie in den Zustand geistiger Körperlichkeit setzt die vollendete Besserung und Vervollkommnung der Seelen voraus und schließt sie ab (III 6,6; 287,21–
288,17; vgl. 289,1–10). Der Körper wird auf diese Weise von einem „Gefäß der Unehre" zu einem „Gefäß der Ehre" (vgl. Rö 9,21). Origenes betont, dass er durch Gottes Willen immer und ohne Veränderung in
diesem Zustand bleibt und beruft sich dafür auf Paulus, der von einem
ewigen Haus im Himmel spricht (2 Kor 5,1) (288,17–20; vgl. II 3,6;
124,14). Dieser Satz antwortet auf die Bedenken, die Origenes selbst
unter bestimmten gedanklichen Voraussetzungen gegen die Körperlichkeit des Endzustandes geäußert hatte (III 6,3 284,10–285,7).[90] Aufgrund des göttlichen Willens ist die Körperlichkeit kein Hindernis für
die Vollkommenheit und Seligkeit der rationalen Geschöpfe und ihre
Einheit mit Gott. Gottes Wille bewirkt, dass die Vollkommenheit der
Seelen und die Einheit der gereinigten, geistigen Körperlichkeit dauerhaft erhalten bleiben, obwohl die Seelen ihrer Natur nach theoretisch
die Möglichkeit einer erneuten Abkehr von Gott haben und Körperlichkeit ihrer Natur nach potenziell Vielheit enthält. Origenes bedient
sich hier wie in der vewandten Passage II 3,6 (124,1–25) des bereits bei
Platon, *Ti.* 41b anzutreffenden philosophisch-theologischen Arguments, dass Gottes Wille die natürliche Beschränkung eines Wesens
überwinden kann.[91]

Origenes' Annahme einer geistigen Körperlichkeit wurzelt auch
hier in der anthropologischen Grundansicht, dass Körper und Seele
unauflöslich miteinander verbunden sind und der Körper durch die
Seele geprägt wird (289,1–10). Im Zuge des Prozesses der Besserung
und Vervollkommnung der Seele ist somit auch der Körper Veränderungen unterworfen. Im Hintergrund steht die von Origenes an
verschiedenen Stellen vorgetragene und durch biblische Aussagen
gestützte ontologische Grundansicht, dass Gott zwei Naturen ge-

---

90 Wegen dieses Rückbezugs ist es meines Erachtens nicht nötig, den Satz als
    Interpolation Rufins auszuscheiden, wie H. Görgemanns/ H. Karpp (Hg.) (Origenes,
    Vier Bücher von den Prinzipien, 661 Anm. 19) oder P. Nemeshegyi (La paternité de
    Dieu chez Origène, BT.H 2, 1960, 224 Anm. 3) erwägen.

91 Angeführt in verschiedenen Kontexten z.B. von den Platonikern Atticus, *frg.* 4
    (Atticus, Fragments, texte établi et traduit par É. Des Places, CUFr, 1977, 50–54) oder
    Numenius, *frg.* 52 Z.24–32 (CUFr Numénius [wie Anm. 36]; 95f. Des Places).

schaffen hat: die sichtbare, körperliche Natur und die unsichtbare, unkörperliche Natur, d. h. die Seele. Beide Naturen sind auf je spezifische Weise wandelbar und können daher auf je ihre Weise in einen Zustand höchster Vollkommenheit gelangen (III 6,7; 289,11–22). Damit verbunden sind Origenes' Auffassung von einer in alles wandelbaren Materie und seine Ablehnung eines fünften, unwandelbaren Stoffes, die er zum Abschluss von III 6,6 vorträgt, um seine These von der Umwandlung des irdischen Körpers in einen geistigen Körper philosophisch plausibel zu machen.

Am Schluss seiner Argumentation verknüpft Origenes erneut seine Untersuchung zur Körperlichkeit des eschatologischen Zustandes mit der aus seiner Auslegung von Gen 1f. entwickelten Beschreibung des himmlischen Kosmos, der Aufenthaltsort und Wohnstätte der Heiligen ist. In ihm werden durch Christus alle rationalen Geschöpfe Gott unterworfen werden (1 Kor 15.27f.). In diesem Zustand sind sie nach dem vorangegangenen Erziehungsprozess so gereinigt, dass sie aufnahmefähig für Gott sind und Gott für sie „alles in allem ist". Als Konsequenz nimmt auch die Körpernatur den höchsten Zustand an, d. h. den Zustand geistiger Körperlichkeit.[92] Wie in I 6,4 und II 3,7 lässt Origenes auch in III 6,9 die Entscheidung zwischen den beiden skizzierten Vorstellungen des eschatologischen Zustandes offen (291,3–5).

Der Durchgang durch einige für die Eschatologie des Origenes zentrale Passagen aus *De Principiis* zeigt, dass Origenes in dieser Schrift zwei Vorstellungen vom eschatologischen Zustand der Geschöpfe präsentiert: einen körperlosen Zustand und einen Zustand geistiger Körperlichkeit. Beide Vorstellungen entwickelt und belegt er aus der Auslegung biblischer Texte, unter denen 1 Kor 15 eine herausragende Stellung einnimmt. Die Argumentation zur Körperlosigkeit greift besonders VV. 26–28 heraus und verknüpft sie mit Passagen wie Joh 10,30; 17,21. Die Argumentation zur geistigen Körperlichkeit geht vor allem von VV. 40–44.53–56 aus und interpretiert VV. 26–28 sowie die johanneischen Texte aus dieser Perspektive. Beiden Vorstellungen liegen außerdem philosophische Annahmen zugrunde. Die Argumentation zugunsten der Körperlosigkeit erfolgt vor dem Hintergrund der erkenntnistheoretischen Annahme, dass der Körper den Erkenntnisaufstieg der Seele zu Gott behindert und nur ein vom Körper befreiter

---

92 Hieronymus interpretiert diesen Gedanken des Origenes im Sinne der Körperlosigkeit, indem er jenen höchsten Zustand als göttlichen Zustand erklärt (*ep.* 124,10 [CSEL 56/1; 112,17–20 Hilberg]). In der Argumentation des Origenes, die Rufin überliefert, schließt der Gedanke jedoch offensichtlich die Untersuchung zur Transformation der Körpernatur in einen Zustand geistiger Körperlichkeit ab. Ich denke, dass Hieronymus auch hier wieder die doppelte Argumentationsstruktur des Origenes ignoriert und auf eine einzige Interpretationslinie reduziert.

Intellekt dauerhaft Gott schauen und eine Einheit mit ihm bilden kann. Die Argumentation zugunsten der geistigen Körperlichkeit geht von der grundlegenden ontologischen Annahme aus, dass allein Gott körperlos existieren kann und alles außerhalb der göttlichen Trinität notwendig mit Körper verbunden ist. Die erkenntnistheoretische Prämisse der ersten Argumentationslinie wird dabei nicht aufgegeben, sondern durch das philosophisch-theologische Argument ergänzt, dass der göttliche Wille die natürliche Beschränkung eines Wesens aufheben kann. Auf diese Weise kann auch die mit einem geistigen Körper verbundene Seele Gott dauerhaft schauen und mit ihm „im Geiste" eine Einheit bilden. Die Vorstellung eines geistigen Körpers wird durch eine auf philosophische Bestimmungen der Materie aufbauende Auffassung untermauert, nach der die Materie die von Gott geschaffene, allseits wandelbare Grundlage von Körperlichkeit darstellt; nach Origenes schließt dies auch den Übergang von fleischlicher zu geistiger Körperlichkeit ein. Den Zustand eines geistigen Körpers veranschaulicht Origenes in *De Principiis* durch einen Vergleich mit den Eigenschaften von Äther, ohne den geistigen Körper mit Äther zu identifizieren. Andere Versuche, die Vorstellung eines geistigen Körpers mit einem bestimmten philosophischen Konzept zu identifizieren, z. B. der Vorstellung eines Astralleibs oder dem Konzept des Seelenwagens, können vor diesem Hintergrund Origenes wohl kaum als definitive Lehraussage zugeschrieben werden.[93] Sicher lässt sich belegen, dass Origenes den

93 Prokop von Gaza überliefert eine Auslegung, die die Erschaffung der Seele (Gen 1,26) von der Erschaffung eines feinteiligen, leuchtenden Körpers (Gen 2,7) sowie des schweren, dichten Körpers (Gen 3,21) unterscheidet (PG 87/1, 221A; siehe die Edition der Textpassage von M. Heimgartner, Pseudojustin – Über die Auferstehung. Texte und Studien, PTS 54, 2001, 290–292). Diese Auslegung wird von einigen Forschern auf Origenes zurückgeführt und als Beleg dafür interpretiert, dass Origenes den geistigen Körper mit dem platonischen Konzept des Seelenwagens identifiziert habe: H. Crouzel, Le thème platonicien du „véhicule de l'âme" chez Origène, Did(L) 7, 1977, 225–237 (abgedruckt in ders., Les fins dernières selon Origène; ders., La doctrine origénienne du corps ressuscité; ders., L'anthropologie d'Origène. De l'*archē* au *telos*, in: U. Bianchi/ H. Crouzel (Hg.), Arché e Telos. L' antropologia di Origene e di Gregorio di Nissa: Analisi storico-religiosa, SPMed 12, 1981, (36–49) 41–46, aufbauend auf M. Simonetti, Alcune osservazioni sull'interpretazione origeniana de Genesi 2:7 e 3:21, Aevum 36, 1962, 370–381. H. Crouzel wird ausgeschrieben von L.R. Hennessey, A Philosophical Issue in Origen's Eschatology). Die bei Prokop überlieferte Auslegung gibt aber nicht die Interpretation des Origenes, sondern die Auslegung späterer Origenisten wieder. Vgl. mit der Position bei Prokop die sehr viel vorsichtiger formulierte Position des Origenes, überliefert bei Theodoret von Cyrus, *Quaest. Gen.* III (*Coll. Coisl. frg.* 721 [Catenae Graecae in Genesim et in Exodum II: Collectio Coisliniana in Genesim, edita a F. Petit, CChr.SG 15, 1986, 124–126]). M. Heimgartner ordnet die Position der von Prokop zitierten Allegoreten ebenfalls nicht Origenes zu, sondern der „origenistischen Tradition"(a. a. O., 258–285). Auch S. Gasparro stellt in der

eschatologischen Zustand geistiger Körperlichkeit mit der lichthaften Erscheinung der Engel vergleicht.[94]

4.2 Zwei Vorstellungen vom eschatologischen Zustand: Körperlosigkeit und Zeitlosigkeit – geistige Körperlichkeit und unbegrenzter Äon

Origenes' Interpretation kreist in den eschatologischen Passagen von *De Principiis* vor allem um folgende Fragen: Wie ist die endzeitliche Unterwerfung aller unter Christus (Phil 2,10) und die Einheit aller in Gott zu denken (Joh 10,30; 17,21)? Wie ist die Vernichtung des letzten Feindes, des Todes, zu denken. Wie ist zu denken, dass Gott am Ende „alles in allem" ist (1 Kor 15,24–28)? Origenes skizziert in *De Principiis* zwei verschiedene Vorstellungen: einerseits den Übergang in die

---

Diskussion mit H. Crouzel den origenianischen Ursprung des Prokop-Referats infrage (in: U. Bianchi/ H. Crouzel [Hg.], Arche e Telos, 50). Die Behauptung, dass Origenes den geistigen Körper mit dem platonischen Konzept des ὄχημα τῆς ψυχῆς identifiziert, stützt sich vor allem auf die Paraphrase origenianischer Lehren durch Methodius, der Origenes' Position hier mit platonischen Lehren vergleicht (*Res.* III 18 [GCS Methodius; 414,19; 415,2 Bonwetsch]). In anderen Origenes-Paraphrasen des Methodius zum Thema fehlt der platonische Begriff. Origenes selbst betont in einem etwas anderen Kontext (die Bekleidung Adams mit den Hautkleidern/ der Abstieg der Seelen in die Körperwelt), dass die christliche Vorstellung weitaus subtiler und geheimnisvoller sei als die platonische Lehre (*Cels.* IV 40 [GCS Origenes 1; 313,8–314,2 Koetschau]). Dass Origenes in der Auseinandersetzung mit Celsus auf die platonische Vorstellung eines αὐγοειδές σῶμα zurückgreift, um die Körperlichkeit Jesu in seinen nachösterlichen Erscheinungen plausibel zu machen (*Cels.* II 60 [183,5–10]), bedeutet nicht, dass er das platonische Konzept des „Seelenwagens" mit seiner Vorstellung eines geistigen Körpers identifiziert. Dass die Annahme eines kugelförmigen Astralleibes als Lehraussage nicht auf Origenes, sondern auf spätere Origenisten zurückgeht und in der Polemik der Gegner des Origenes aufgegriffen wird, hat A.J. Festugière plausibel gemacht (De la doctrine 'origéniste' du corps glorieux sphérique, RSPhT 43, 1959, 81–86). Zwar erwähnt Origenes in *Or.* II 31,3 (GCS Origenes 2; 397,4–7 Koetschau) die Annahme eines kugelförmigen Körpers der himmlischen Bewohner kurz als Meinung von Spezialisten, um eine spirituelle Auslegung von Phil 2,10 zu stützen. Im Kommentar zu Ps 1,5, wo er die Frage des Auferstehungsleibes ausführlich erörtert, begegnet diese Annahme jedoch nicht (*Sel. in Psalm.* 1,5 [PG 12, 1092–1097]; von R. Devreesse Origenes zugeschrieben [Les anciens commentateurs grecs des psaumes, StT 264, 1970, 7]).

94 Siehe *comm. in Mt.* XVII 30 (GCS Origenes 10; 671,17–21 Klostermann). Diese Vorstellung steht auch in *princ.* III 6,4 (GCS Origenes 5; 285,25–27 Koetschau) im Hintergrund, wo Origenes vom *decor, splendor, fulgor* des geistigen Körpers spricht. Dass Origenes den Lichtleib der Engel mit dem platonischen ὄχημα τῆς ψυχῆς identifiziert, wie H. Crouzel meint (Le thème platonicien du „véhicule" de l'âme chez Origène) und H. J. Vogt aufgreift (Origenes. Der Kommentar zum Evangelium nach Mattäus, Teil 2, 319), lässt sich aus diesen und den bei Vogt angeführten Textpassagen allerdings nicht ableiten. Siehe dazu auch die voranstehende Anmerkung.

Körperlosigkeit und das Eingehen in die Zeitlosigkeit Gottes; andererseits den Übergang in eine geistige Körperlichkeit, den Aufstieg in den
„himmlischen Kosmos der Heiligen" und das Eingehen in das unbegrenzte Zeitalter.

Auf der ersten Interpretationslinie versteht Origenes die genannten
biblischen Verse so, dass sie auf eine Vernichtung aller Unterschiede,
eine Auflösung der Körpernatur und das Eingehen aller in die Einheit
und Körperlosigkeit Gottes hindeuten. Denn die Einheit aller in Gott,
die von Joh 10,30 etc. verheißen wird und die das philosophische Ziel
der Angleichung an Gott noch überbietet, setzt voraus, dass der körperlose Zustand Gottes angenommen wird. Origenes beschreibt hier
die Einheit der rationalen Geschöpfe mit Gott als Wesenseinheit. Auch
die verheißene Vernichtung des letzten Feindes legt eine Vernichtung
der Körpernatur nahe, weil diese der Ort des Todes ist. Origenes stellt
hier den eschatologischen Zustand der Existenz in einer raum-zeitlichen Welt gegenüber. In diesem Zustand ist alles „nicht mehr in einem Äon", sondern Gott ist „alles in allem" (1 Kor 15,28). Die Vollendung der Welt und der Zeit bedeutet demnach, dass alles in die
Körperlosigkeit und Zeitlosigkeit Gottes eingeht.

Auch die zweite Interpretationslinie von *De Principiis* geht von der
verheißenen Einheit aller in Gott aus und sieht das Ende darin, dass
„Gott alles in allem" ist. Die Einheit aller bedeutet hier jedoch einen
allgemeinen Zustand geistiger Körperlichkeit, in dem keine Verschiedenheit mehr existiert. Er ist möglich, weil alle Seelen in Einheit mit
Gott bzw. eines Geistes mit Gott sind (1 Kor 6,17). Origenes spricht hier
von einer Einheit mit Gott „im Geiste", nicht von einer Wesenseinheit
mit Gott, die den körperlichen Geschöpfen nicht möglich ist. Als die
Einheit aller in Gott, von der das Johannesevangelium in Analogie zum
Einssein von Vater und Sohn spricht (Joh 10,30; 17,20), versteht Origenes hier die Einheit aller Glaubenden, die den einen vollkommenen
Leib Christi bilden. Dass „Gott alles in allem" ist, bedeutet keinen
Übergang in den körperlosen und zeitlosen Zustand Gottes, sondern
die vollkommene Reinigung des Geistes, der nur noch Gott denkt, der
immer in Gott ist, weil Gott für ihn alles ist. Die Verheißung
der „Vernichtung des letzten Feindes" (1 Kor 15,24–28) meint in diesem
Zusammenhang nicht, dass die Körpernatur als Ort des Todes vergeht,
sondern dass die feindliche Willensrichtung auch des größten Gottesfeindes vernichtet wird. Die Einheit in Gott stellt demnach die vollkommene Aufnahme des göttlichen Willens in den eigenen Willen dar.
Diese Gleichförmigkeit aller geschöpflichen Willen mit dem Willen
Gottes begründet auch die Einheit aller Geschöpfe untereinander.

Es entspricht dieser Vorstellung von einer geistigen Körperlichkeit, wenn Origenes an einigen Stellen von *De Principiis* den eschatologischen Zustand als einen Äon bezeichnet. So betont er, dass Gottes Vorsehung den Menschen nicht im Hinblick auf die gegenwärtige Welt, sondern auf das unendliche, unbegrenzte Zeitalter hin (πρὸς τὸν ἄπειρον αἰῶνα/ πρὸς τὸν ἀπέραντον αἰῶνα) hin lenkt.[95] Wenn man bedenkt, dass für Origenes der Begriff αἰών immer mit der raumzeitlichen Ausdehnung von Welt verknüpft ist, muss man schließen, dass Origenes auch den eschatologischen Zustand irgendwie „raumzeitlich" denkt.

Dieser Gedanke findet Unterstützung in der Beobachtung, dass Origenes in seinem zweiten Interpretationsstrang dem eschatologischen Zustand der Geschöpfe einen Ort zuweist: nämlich die neue Erde und den neuen Himmel, die in Jes 65,17 verheißen sind. Nach seinem Genesiskommentar sind sie identisch mit dem Himmel und der Erde, die nach Gen 1,1 im Anfang geschaffen wurden. Sie unterscheiden sich von der sichtbaren Erde, auf der wir jetzt leben, und dem sichtbaren Himmel, den wir jetzt sehen, deren Erschaffung in Gen 1,6–10 geschildert wird. Origenes betont ausdrücklich, dass der himmlische Kosmos von Gen 1,1 geschaffen ist, aber durch Gottes Willen nicht vergehen wird. Er ist das Haus, nicht mit Händen gemacht, das ewig ist, im Himmel (2 Kor 5,1). Um einem platonisierenden Verständnis des himmlischen Kosmos z. B. nach Art der Genesisauslegung des Philo von Alexandrien vorzubeugen, hebt Origenes in seiner Auslegung von Gen 1 ausdrücklich hervor, dass dieser Kosmos seinem Wesen nach nicht unkörperlich ist, sondern von einer Körperlichkeit ist, die jetzt noch nicht gesehen werden kann. Fügt man nun Origenes' Erwähnung eines zukünftigen, unbegrenzten Äon mit seiner Auslegung von Gen 1,1 und der Beschreibung eines himmlischen Kosmos vor dem Hintergrund seiner Erklärung von αἰών aus dem Epheserkommentar zusammen, so ergibt sich als Aussage, dass der zukünftige, unbegrenzte Äon die „Zeit" ist, „die zusammen mit dem himmlischen Kosmos ausgestreckt ist". Da der himmlische Kosmos durch Gottes Willen nicht vergeht, hat dieses Zeitalter kein Ende. Dem entspricht Origenes' Bemerkung, dass die Versöhnung mit Gott und die Herrlichkeit des geistigen Körpers „durch den Willen des Schöpfers immer und ohne

---

95 Siehe *Princ.* III 1,13 (GCS Origenes 5; 218,9–13 Koetschau): θεὸς γὰρ οἰκονομεῖ τὰς ψυχὰς οὐχ ὡς πρὸς τὴν φέρ' εἰπεῖν πεντηκονταετίαν τῆς ἐνθάδε ζωῆς, ἀλλ' ὡς πρὸς τὸν ἀπέραντον αἰῶνα· ἄφθαρτον γὰρ φύσιν πεποίηκε τὴν νοερὰν καὶ αὐτῷ συγγενῆ, καὶ οὐκ ἀποκλείεται ὥσπερ ἐπὶ τῆς ἐνταῦθα ζωῆς ἡ λογικὴ ψυχὴ τῆς θεραπείας. Gottes Leitung und Weltverwaltung sind gerichtet πρὸς τὴν ἀθανασίαν τῆς ψυχῆς καὶ τὸν ἄπειρον αἰῶνα (217,6f.).

Veränderung bleibt".[96] Aus der Sicht des Menschen in der gegen-
wärtigen Welt, für den der Übergang in den himmlischen Kosmos noch
aussteht und das unbegrenzte Zeitalter „zukünftig" ist, hat es zwar den
Anschein, als ob das unbegrenzte Zeitalter in dem Moment des Über-
gangs aus der sichtbaren Welt seinen Anfang nimmt. Aus Origenes'
Auslegung von Gen 1 ergibt sich jedoch deutlich, dass der himmlische
Kosmos keinen Anfang in der Zeit hat, sondern sein Anfang „vor" aller
Zeit allein in Gottes schöpferischem Willen liegt.

Es zeigt sich, dass im eschatologischen Kontext für Origenes αἰών
die Dauer der himmlischen Welt bezeichnet. Dieser Äon ist nicht quan-
titativ, sondern vor allem qualitativ von den Zeitaltern der sichtbaren
Welt unterschieden. Er ist nicht vom Widerstreit der geschöpflichen
Willen gegen Gott geprägt und daher auch nicht von einer Vielfalt
divergierender Willensstrebungen gekennzeichnet. Der geistigen Körperlichkeit der himmlischen Welt entspricht eine geistige Form von
Zeitlichkeit, nämlich Ewigkeit im Sinne von unbegrenzter Dauer. Hier
wird abschließend deutlich, warum Origenes in *princ*. IV 4,1 Gott jenseits von Zeit *und* jenseits von Ewigkeit denkt.[97] Denn Ewigkeit ist für
ihn in diesem Zusammenhang von der Zeitlosigkeit Gottes unterschieden und stellt den von Gott geschaffenen, mit geistiger Körperlichkeit verbundenen „Raum" für die dauerhafte Einheit und Gleichförmigkeit aller Geschöpfe in Gottes Willen dar.[98]

Im Zusammenhang dieser zweiten Interpretationslinie von *De
Principiis* hält Origenes an der scharfen Unterscheidung zwischen dem
Wesen Gottes und dem Wesen der Schöpfung fest, die sich in dem
Gegensatz von Körper- und Zeitlosigkeit einerseits und materieller
bzw. geistiger Körperlichkeit und zeitlicher Ausdehnung bzw. ewiger
Dauer andererseits äußert. Indem Origenes den Begriff αἰών im Sinne
von unbegrenzter Dauer auf den eschatologischen Zustand der
Geschöpfe anwendet, weicht er auf charakteristische Weise von einem
verbreiteten philosophischen Sprachgebrauch ab, nach dem ἀπέρατος
αἰών entweder das Wesen Gottes bzw. des intelligiblen Kosmos
bezeichnet (Platon; Philo) oder die Ewigkeit der Welt ausdrückt (Aristoteles). In seiner strikten Unterscheidung zwischen Ewigkeit im Sinne

---

96 *Princ*. III 6,6 (GCS Origenes 5; 288,17–20 Koetschau): *In quo statu etiam permanere
    semper et immutabiliter creatoris voluntate credendum est, fidem rei faciente sententia
    apostoli Pauli dicentis:* »Domum habemus non manu factam, aeternam in caelis«.

97 *Princ*. IV 4,1 (GCS Origenes 5; 350,19–26 Koetschau [siehe Anm. 4]).

98 Einige Texte können allerdings so gelesen werden, dass Origenes auch für den
    eschatologischen Zustand der Geschöpfe ein weiteres spirituelles Wachstum nicht
    ausschließt. Siehe z. B. die Skizze des Erkenntnisaufstiegs in *princ*. II 3,6 (GCS
    Origenes 5; 126,2–17 Koetschau); ähnlich III 6,8f. (289,27–291,2). Das unbegrenzte
    Zeitalter darf also nicht statisch gedacht werden.

der selbstursächlichen Zeitlosigkeit Gottes einerseits und Ewigkeit im Sinne von geschaffener, aber unbegrenzter, immerwährender Dauer der Geschöpfe andererseits zeichnet sich bei Origenes eine Unterscheidung ab, die spätere Denker in anderen Kontexten terminologisch fixieren werden.[99]

An dieser Stelle muss noch einmal betont werden, dass Origenes in den eschatologischen Abschnitten von *De Principiis* seine Entscheidung zwischen den beiden skizzierten Vorstellungen zum eschatologischen Zustand offen lässt. Zahlreiche Bemerkungen in den referierten Passagen zeigen deutlich seine tastende Unsicherheit. So betrachtet er den Zustand geistiger Körperlichkeit an einigen Stellen als ein Zwischenstadium vor dem Übergang in die Körperlosigkeit.[100] Andererseits bezweifelt er im Zusammenhang der ersten Interpretationslinie, dass ausserhalb von Gott überhaupt Körperlosigkeit angenommen werden kann.[101] Eine ähnliche Unsicherheit über den Status der Geschöpfe kann interessanterweise auch in Origenes' Aussagen über den Anfangszustand der Schöpfung beobachtet werden.

Diese Zurückhaltung des Origenes, eine definitive Aussage über den eschatologischen Zustand der Geschöpfe zu treffen, stellt keine taktische oder pädagogische Zurückhaltung dar, sondern spiegelt das echte Unwissen des Origenes in dieser Frage wider.[102] Es hilft daher meines Erachtens nicht weiter, nach Origenes' „eigentlicher" Meinung zu diesem Thema zu fragen.[103] Origenes' Beitrag zur Formulierung

---

99 So z. B. Boethius, der in einem Hinweis auf die Lehre der Philosophen bzw. Platons zwischen der *aeternitas* Gottes i. S. absoluter Transzendenz gegenüber der Zeit und der *sempiternitas* der Welt i. S. von immerwährendem Sein und ungebrenzter zeitlicher Dauer unterscheidet (*trin.* 4 Z.64–77 [LOEB 74 (1978); 20–22 Stewart]) und analog dazu zwischen *aeternum* und *perpetuum* (*cons.* 5,6,14 Z.50–52 [CChr.SL 94; 102 Bieler]) differenziert. Kurz darauf unterscheiden im Griechischen auch Simplicius, *in Ph.* 1155,13 (CAG 10; Diels) oder Olympiodorus, *in Mete.* 146,15–23 (CAG 12/2; Stüve) zwischen αἰώνιος bezogen auf Gott und ἀΐδιος bezogen auf die Welt. Siehe dazu M. Kneale, Eternity and Sempiternity, Proceedings of the Aristotelian Society 69, 1968-69, 223–238; R. Sorabji, Time, Creation and the Continuum, 116f.119f., zu Boethius außerdem J. Marenbon, Boethius, Great Medieval Thinkers, 2003, 135–138.

100 Siehe *princ.* II 3,3 (GCS Origenes 5; 117,15–23 Koetschau). Zum Kontext siehe oben den Textdurchgang durch II 3,3.

101 Siehe *princ.* II 2,1 (GCS Origenes 5; 112,9f. Koetschau); vgl. I 6,4 (85,14–20).

102 Siehe dazu die Diskussion in Anm. 63.64. Ich kann R. Somos (Origenian Apocatastasis Revisited, 57) nicht zustimmen, der meint: „When these are issues of *gymnastike*, they have no essential role, and if so, the *De Principiis* will loose its importance. … there would remain only a sceptical standpoint." Origenes markiert in vollem Bewusstsein eine offene theologische Frage und deren Probleme.

103 Diese Frage stellen auf ihre Weise sowohl F. H. Kettler als auch H. Crouzel, die hier als exemplarische Vertreter der beiden gegensätzlichen Origenes-Deutungen genannt werden sollen (siehe Anm. 65.66). Auch J. Rius-Camps untersucht die

einer christlichen Eschatologie besteht gerade in dieser zweifachen Antwort. Mit ihr hält er die Schwierigkeiten fest, die mit den beiden skizzierten Vorstellungen jeweils verbunden sind. Die erste Interpretationslinie läuft auf eine Theosis der rationalen Geschöpfe hinaus, bei
der in der Körperlosigkeit und Zeitlosigkeit Gottes der Unterschied
zwischen Schöpfer und Geschöpf aufgehoben wird. Die zweite Interpretationslinie hält an dieser Unterscheidung fest. Sie steht aber vor der
Schwierigkeit, dass damit die geschaffene eschatologische Dauer der
Geschöpfe von der Zeitlosigkeit Gottes unterschieden ist und dabei
Gefahr läuft, als Ewigkeit zweiter Ordnung zu erscheinen. Origenes
doppelte Antwort hält somit die philosophisch-theologische Frage offen, wie die rationalen Geschöpfe an der verheißenen Ewigkeit Gottes
wahrhaftig partizipieren können, ohne dass in dieser Partizipation der
Unterschied zwischen Schöpfer und Geschöpf aufgehoben wird.

Ich habe vorgeführt, wie Origenes in der Verbindung von Bibelauslegung und philosophisch-theologischer Spekulation Gottes Verhältnis
zu Zeit und Ewigkeit bestimmt. Folgende Ergebnisse können nun
festgehalten werden:

(1) „Zeit" ist für Origenes immer verbunden mit der sichtbaren
Welt und hat wie sie einen Anfang und ein Ende. Sie erstreckt sich über
die unermesslich lange, aber dennoch begrenzte Abfolge von Welten.
Dabei konstituiert sie den „Raum", in dem Gott die rationalen Geschöpfe unter Wahrung ihrer Freiheit in einem Prozess der Besserung
und Entwicklung zu dem von ihm gesetzten Ziel führt. Hieran wird
deutlich, dass Origenes' Verständnis von Zeit weniger naturphiloso-
phisch, als vielmehr theologisch ist. Gott ist auf Welt und Zeit bezogen,
insofern er sie durch den Christus Logos geschaffen hat und durch ihn
in der räumlich-zeitlichen Welt präsent ist.

(2) Die eschatologische Vollendung der Welt und der Zeit denkt
Origenes auf zwei verschiedene Weisen, die er nebeneinander stehen
lässt, womit er die Begrenztheit und Vorläufigkeit beider Vorstellungen
markiert: Er fasst einerseits die eschatologische Vollendung als Übergang in den körperlosen und zeitlosen Zustand Gottes auf, andererseits
als den Übergang in einen Zustand geistiger Körperlichkeit, der mit
dem Übergang in den himmlischen Kosmos und das Eintreten in das
unbegrenzte Zeitalter verbunden ist. Beide Vorstellungen können als
Auslegungen bestimmter biblischer Texte, darunter vor allem 1 Kor 15,
verstanden werden.

---

eschatologischen Kapitel von *De Principiis* unter der Fragestellung, welche Meinung
Origenes bevorzugt habe (La suerte final, 178).

(3) Origenes verwendet implizit einen doppelten Begriff von Ewigkeit. Bezogen auf Gott versteht er Ewigkeit als körperlose Zeitlosigkeit im Sinne einer absoluten Transzendenz gegenüber der räumlichen Ausdehnung und zeitlichen Dauer der geschaffenen Welt. Bezogen auf den eschatologischen Zustand der Geschöpfe fasst er auf einer der beiden Interpretationslinien von 1 Kor 15 Ewigkeit auf als die von Gott geschaffene, mit geistiger Körperlichkeit verbundene Dauer aller Geschöpfe in der vollkommenen Einheit in Gottes Willen. Vor dem Hintergrund dieser zweiten Bedeutung ist die Aussage des Origenes zu verstehen, dass Gott jenseits von Zeit und jenseits von Ewigkeit zu denken ist.

(4) Charakteristisch ist Origenes' Gebrauch des Begriffs αἰών. In Anknüpfung an den biblischen Sprachgebrauch verwendet Origenes ihn vor allem als Ausdruck für die begrenzte Zeitdauer der sichtbaren Welt(en). Bezogen auf den eschatologischen Zustand bezeichnet αἰών bei ihm außerdem die unbegrenzte Dauer des himmlischen Kosmos. Gegründet auf den biblischen Sprachgebrauch weicht Origenes damit auf charakteristische Weise von der philosophischen Verwendung von αἰών ab, wie sie einerseits bei Platon, Philo und kaiserzeitlichen Platonikern, andererseits bei Aristoteles zu greifen ist.

Anteilgeben an der Ewigkeit

Erwägungen zu einem christlichen Ewigkeitsbegriff

E BERHAD J ÜNGEL

Der christliche Glaube setzt eine leidenschaftliche Hoffnung aus sich heraus: die Hoffnung, Anteil an Gottes Ewigkeit zu bekommen. In gewisser Weise erfüllt sich diese Hoffnung schon in unserem irdischen Leben: „denn wo Vergebung der Sünden, da ist auch Leben und Seligkeit."[1] Es gibt also schon jetzt so etwas wie „ewig sein in einem Augenblick."[2] Doch solche Partizipation an der Ewigkeit ist vorläufig und unvollkommen. Ist doch nach 1. Joh. 3,2 den Glaubenden selber noch nicht erschienen, was sie sein werden. Kann man dennoch schon jetzt davon *reden*? Gibt es theologisch verantwortliche Rede von Gottes Ewigkeit und des Menschen Teilhabe an ihr?

Ich behaupte: Ja.

Und ich will solche Rede im Folgenden wenigstens ansatzweise versuchen. Dabei bin ich mir der Gefahr, das ewige Leben im kommendem Reich Gottes apokalyptisch auszumalen, durchaus bewusst. Die Gefahr, Theologie zu religiösem Kitsch zu pervertieren, ist nirgends größer als in der Eschatologie! Doch die häufig zu hörende Behauptung, dass im Blick auf das ewige Leben für unser an Raum und Zeit gebundenes Vorstellen und Begreifen die „Nacht der Bildlosigkeit" herrsche, ist hermeneutisch ebenfalls unangemessen – einmal ganz abgesehen davon, dass die Nacht niemals bildlos ist, in der Nacht vielmehr die Bilder entwerfende Phantasie unkontrolliert zu blühen und alle möglichen Blüten zu treiben beginnt. Die christliche Hoffnung versinkt nicht in die „Nacht der Bildlosigkeit", sondern sie erwartet den „Tag des Herrn". Und der verbreitet schon jetzt etwas von dem zu ihm gehörenden Licht, so dass zumindest in Gleichnissen von ihm geredet werden kann. Ich folge den bei früherer Gelegenheit aufgestellten hermeneutischen Grundsätzen über die eschatologische Gleichnisrede,

---

1   M. Luther, Kleiner Katechismus, BSLK 520, 29f.
2   F. Schleiermacher, Über die Religion. Reden an die Gebildeten unter ihren Verächtern. 1799. KGA Bd 2, 1984, 247, 10f..

wenn ich – immer im kritischen Bewusstsein, nur ἐκ μέρους zu erkennen und also auch nur pars pro toto reden zu können – eine Reihe von
besonderen Bestimmungen des ewigen Lebens vorzuschlagen wage.

Theologie bedenkt freilich nicht erst, wenn es um die sogenannten
letzten Dinge geht, sondern bereits dann, wenn es um das Woher aller
Dinge, um deren Ursprung in und deren Herkunft von Gott geht, das
ewige Leben. Denn während die heilige Schrift dem sterblichen Menschen ewiges Leben verheißt, bezeugt sie, dass Gottes Leben sich von
Ewigkeit zu Ewigkeit entwirft, also selber ewig ist. Theologie muss
folglich sagen, (1.) was Leben und (2.) was ewig ist. Die folgenden
Überlegungen beschränken sich auf die zweite Frage, setzen also für
diesmal ein gewisses Verständnis dessen, was Leben genannt zu werden verdient, voraus. Wie das – mehr oder weniger treffend verstandene – Leben durch das Prädikat ewig qualifiziert wird, das ist die die
folgenden Ausführungen leitende Frage, deren Beantwortung in 15
Schritten erfolgen soll. Dafür habe ich das literarische Genus einer theologischen Meditation gewählt, die gar nicht erst den Anspruch erhebt,
sich an der in der Systematischen Theologie üblichen analytischen
Schärfe messen zu wollen. Ich will nur ein wenig nachdenken.

1

Nach dem Zeugnis der biblischen Texte ist mit dem Begriff des göttlichen Lebens das Prädikat ewig bereits mitgesetzt, während der Begriff des menschlichen Lebens keineswegs das Prädikat ewig impliziert. Der Satz „Gottes Leben ist ewiges Leben" ist ein analytisches
Urteil, der Satz „menschliches Leben ist ewiges Leben" hingegen ist,
wenn er denn überhaupt wahr ist – dass er wahr wird, das erwartet die
christliche Hoffnung! –, ein synthetisches Urteil. Die alten Dogmatiker
haben sogar Gott und Ewigkeit völlig eins gesetzt: „aeternitas non est
aliud quam ipse deus: die Ewigkeit ist nichts anderes als Gott selbst."[3]

Es ist also streng zu beachten, dass Ewigkeit zwar ein notwendiges
Kennzeichen des Lebens Gottes ist, dass es aber mit dem menschlichen
Leben keineswegs notwendig mitgesetzt ist, ewig zu sein.

Menschliches Leben erfährt sich, und zwar nicht erst angesichts des
Todes, als ein vergängliches Leben. Und Vergänglichkeit ist nach Auffassung sowohl der heiligen Schrift als auch der Weltweisen so ziemlich das Gegenteil von Ewigkeit.

---

3   Thomas von Aquin, s. th. I q 10a 2 ad 3.

2

Dieser Sachverhalt dürfte einer der Gründe dafür sein, dass alle Versuche einer Begriffsbestimmung, die nicht vom Begriff des göttlichen Lebens ausgehen, den Begriff der Ewigkeit als Kontrastbegriff konzipieren. Was ewig genannt zu werden verdient, wird von vermeintlichen – und vielleicht ja auch wirklichen – Gegensätzen her bestimmt. Ich werde im Folgenden umgekehrt vorgehen und vom Verständnis des Lebens des dreieinigen Gottes her zu bestimmen versuchen, was ewig genannt zu werden verdient, um dann Kontrastbegriffe zu gewinnen, die das Gegenteil ewigen Lebens zur Sprache bringen.

In der Regel geht man, wenn man bestimmen will, was ewig zu heißen verdient von Mangelerfahrungen aus. Und als elementare Mangelerfahrung gilt eben die Erfahrung der eigenen Vergänglichkeit. „Alles Fleisch ist wie Gras, und alle seine Herrlichkeit ist wie eine Blume auf dem Felde. Das Gras verdorrt, die Blume verwelkt." (Jes 40,6f.; vgl. Ps. 90,5f.) Und im Kontrast zu dieser Vergänglichkeitserfahrung heißt es dann: „aber das Wort unseres Gottes bleibt ewiglich"(Jes 40,8).

Im sechsten Gesang der Ilias wird die Erfahrung eigener Vergänglichkeit ähnlich beschrieben: „Wie die Art der Blätter, so ist auch der Menschen Geschlecht. Die einen Blätter verweht der Wind in den Abgrund, die anderen grünen im Wald, wenn der Frühling ins Land kommt. So ist auch das Menschengeschlecht: Das eine blüht auf, das andere vergeht."[4]

Was der alttestamentliche Text durch den Wechsel von der Schönheit der Blume zu ihrem Verdorren, das bringt der homerische Text durch den Wechsel von Werden und Vergehen zum Ausdruck. Was aufblüht, verwelkt. Was entsteht, muss vergehen.

Ewigkeit aber wird durch den Kontrast zu solchen Vergänglichkeitserfahrungen bestimmt als Dauerhaftigkeit. Und wenn man Vergänglichkeit als Implikation der Zeitlichkeit auffasst und Zeitlichkeit als Bedingung der Möglichkeit des Werdens begreift, dem das Vergehen notwendig folgt – „denn alles, was entsteht, ist wert, dass es zugrunde geht" – , dann wäre das Ewige das Zeitlose und deshalb Ungewordene und eben deshalb Bleibende: ἀεὶ ὄν.

Im Horizont solcher Überlegungen ist jener philosophische Ewigkeitsbegriff konzipiert worden, der dann die abendländische Metaphysik grundlegend geprägt hat.

Das muss nicht besagen, dass der derart konzipierte Ewigkeitsbegriff theologisch völlig untauglich ist. Doch man wird im Umgang

---

4 *Homer*, Ilias VI, 146–149.

mit diesem Ewigkeitsbegriff von vornherein im Blick haben und im Blick behalten müssen, dass *Gottes* Ewigkeit nicht von solchen Kontrasterfahrungen her – jedenfalls nicht primär von ihnen her – zu begreifen ist.

3

Im Blick auf das Leben des dreieinigen Gottes, das sich in den Ereignissen der „innergöttlichen" Ursprungsbeziehungen vollzieht, bekennt der Glaube: Gott lebt von Ewigkeit zu Ewigkeit. Ewigkeit ist für den christlichen Glauben also ein das Sein des lebendigen Gottes explizierender Begriff, der nur als solcher dann auch in den als Kontrasterfahrungen vermuteten irdischen Lebenszusammenhängen seine Bedeutung haben kann. Ewigkeit ist theologisch folglich nicht – jedenfalls nicht primär – zu begreifen als Gegensatz zu ..., sondern als Entfaltung von ....

Entfaltet wird mit dem Begriff der Ewigkeit das Sein des lebendigen Gottes. Es handelt sich genauerhin um eine der Form des göttlichen Seins, der Form des göttlichen Lebens, der Form der trinitarischen Existenz Gottes geltende Entfaltung. So wie Gottes Handeln gegenüber seinem Geschöpf und an seinem Geschöpf, so wie Gottes Wirken ad extra sich in der Form eines zeitlichen und räumlichen Wirkens vollzieht, Raum und Zeit also als die Form des schöpferischen Handelns Gottes *ad extra* zu gelten haben, so hat auch Gottes trinitarisches Leben als Vater, Sohn und heiliger Geist eine Form, eine Vollzugsform, in der sich diese trinitarische göttliche Existenz vollzieht: die Ewigkeit.

Diese Einsicht in den Charakter der Ewigkeit als Form des trinitarischen Lebens Gottes und die ihr korrespondierende Einsicht in den Charakter von Raum und Zeit als Form des göttlichen Wirkens ad extra bewahrt die Theologie von vornherein vor dem den Ewigkeitsbegriff verderbenden Fehler einer bloßen Entgegensetzung von Zeit und Raum einerseits und Ewigkeit andererseits. Eine solche bloße Entgegensetzung führt zu einem abstrakten Ewigkeitsbegriff. Sie führte in der metaphysischen Tradition – zwar nicht durchgängig, aber doch überwiegend – zu der an Parmenides anknüpfenden Auffassung von der Ewigkeit als Zeitlosigkeit.

4

Parmenides hatte dem Seienden ontologische Merkmale zugesprochen, die das Verständnis dessen geprägt haben, was später als ewig bezeichnet wurde.

Das Seiende ist im parmenideischen Lehrgedicht gekennzeichnet als das nicht vergehende Jetzt. Es „ist nicht das Gegenwärtige in seiner Relation zum Vergangenen und Zukünftigen, sondern das immer Gegenwärtige (ἀγένητόν ἀνώλεθρον); es ist in sich ohne Differenzierung (οὖλον); es ist einzig und neben ihm gibt es kein anderes (μονογενές); es ist ohne Bewegung und Veränderung (ἀτρεμές); es bedarf nicht der Verwirklichung in der Zukunft, ist in sich vollendet (ἀτέλεστον)".[5] Ein solches Seiendes „hat weder Anfang noch Ende: es kann weder entstehen noch vergehen ..., ist ungegliedert und daher ohne Entwicklung... Also ist es ‚jetzt' ganz, eines, zusammenhängend (= ununterbrochen, nicht periodisiert, atemporal)"[6]: νῦν ἔστιν ὁμοῦ πᾶν.

Dieses als raumloses und zeitloses Zugleich verstandene Seiende, das nicht nur jedes Zugrundegehen, sondern auch jedes Werden aus sich ausschließt, wurde zum Modell der Ewigkeit, als man diese als ein „stehendes Jetzt", als *nunc stans* – im Unterschied zum *nunc fluens* – definierte.

Die lexikalische Auskunft des im 17. Jahrhundert gedruckten philosophischen Wörterbuches von Johannes Micraelus[7] ist repräsentativ: „NUNC..., Dividitur in Nunc semper stans, id est, aeternitatem; et in nunc semper fluens, id est, tempus: das Jetzt... wird eingeteilt in das immer stehende Jetzt, das ist die Ewigkeit, und in das immer fließende Jetzt, das ist die Zeit" Das stehende Jetzt, das *nunc stans*, ist zwar Gegenwart, aber eben zeitlose Gegenwart. Als stehendes Jetzt ist es schlechthin ereignislos.

5

Gegen dieses Verständnis von Ewigkeit als Zeitlosigkeit hat die neuere Theologie Protest eingelegt. Im 20. Jahrhundert haben vor allem Paul Althaus,[8] Paul Tillich,[9] Wolfhart Pannenberg[10] und – besonders ein-

---

5   E. Heitsch, Parmenides. Die Anfänge der Ontologie, Logik und Naturwissenschaft. Die Fragmente, herausgegeben, übersetzt und erläutert, 1974 .

6   E. Heitsch, Parmenides, a. a. O., 167.

7   J. Micraelus, Lexicon philosophicum, ²1662, 905.

8   P. Althaus, Die christliche Wahrheit, ⁸1969, 276f.; Die letzten Dinge, ⁹1964, 331f.

9   P. Tillich, Systematische Theologie, Bd. 1, ⁸1987, 315f.

dringlich – Karl Barth[11] gegen die Bestimmung der Ewigkeit als Zeitlosigkeit Front gemacht. Karl Barth hatte emphatisch gefordert: „Aus
der babylonischen Gefangenschaft des abstrakten Gegensatzes zum
Zeitbegriff muss der theologische Ewigkeitsbegriff befreit werden."[12]
Barth und Pannenberg wollen dabei an die Ewigkeitsdefinition des
Boethius anknüpfen, die ihrerseits auf Plotin zurückgeht, nämlich an
die Definition: „aeternitas ... est interminabilis vitae tota simul et perfecta possessio: Ewigkeit ist der ganze, gleichzeitige und vollkommene
Besitz unbegrenzbaren Lebens".[13]

Das Ewigkeitsverständnis des Boethius – das ist sein Vorzug! – leitet dazu an, den Begriff der Ewigkeit als Explikation des göttlichen Lebens zu begreifen. Denn nur für Gott gilt, dass er die Vergangenheit
nicht hinter sich und die Zukunft nicht als etwas noch Ausstehendes
vor sich hat. Karl Barth hat diese Explikation genauerhin als Explikation des trinitarischen Lebens Gottes verstanden, das als solches auch
„ein Vorher und Nachher" einschließt.[14] Und Wolfhart Pannenberg
argumentiert auf derselben Linie: „Kraft ihrer trinitarischen Differenzierung umschließt die Ewigkeit Gottes die Zeit der Geschöpfe in ihrer
ganzen Ausdehnung, vom Beginn der Schöpfung bis zu ihrer eschatologischen Vollendung."[15] Und da Gott in seinem ewigen Leben nicht
nur die Herkunft und die Gegenwart seiner selbst ist, sondern – Gottes
Sein ist im Kommen! – sich selber auch Zukunft ist, ist sein ewiges
Leben ein ereignisreiches Leben. Im Unterschied zum *nunc stans* ist die
als Explikation des trinitarischen Lebens Gottes verstandene Ewigkeit
nicht ereignislos, sondern ereignisreich.

Doch in welcher Weise ist die Ewigkeit die Form der trinitarischen
Existenz Gottes? In welcher Weise ist sie die Form des innergöttlichen
Lebens, so wie Raum und Zeit die Formen des göttlichen Wirkens *ad
extra* und besonders des geschöpflichen Lebens sind? In welcher Weise
also ist die Ewigkeit die Form des innergöttlichen Lebens, das als solches im göttlichen Handeln ad extra sich erschließt? Was macht ihren
Ereignisreichtum aus?

---

10   W. Pannenberg, Systematische Theologie, Bd. 1, 1988, 433–443.
11   K. Barth, KD II/1, 688–698.
12   K. Barth, KD II/1, 689.
13   Vgl. Boethius. De consolatione Philosophiae V, 6: lateinisch und deutsch, hg. und
     übersetzt von E. Gegenschatz u. O. Gigon, 1990, 262.
14   K. Barth, KD II/1, 693f.
15   W. Pannenberg, Systematische Theologie, Bd. 1, 439.

6

Ich antworte mit einem ersten, allerdings entscheidenden Satz: Gott ist
ewig, insofern er als Vater, Sohn und heiliger Geist sich auf sich selbst
bezieht, in dieser Selbstbeziehung aber *konzentriertes* Leben und kraft
dieser Konzentration *beständig* ist.

Ewigkeit ist Konzentration des Seins. Konzentration des Seins freilich nicht im Sinne der Konzentration des Diffusen auf einen „Punkt",
sondern im Sinne von äußerster Intensität des Seins. Sein und Intensität
sind im Blick auf Gott dasselbe, nämlich: ewiges Leben. Die als Intensität verstandene Konzentration wiederum ist die Bedingung der Möglichkeit eines gezielten Auseinandertretens des Seins in einen Lebens-
zusammenhang. Es wird also nicht Auseinandergetretenes nachträglich
konzentriert (wie bei Plotin die Seele), sondern als sich konzentrierendes Sein hat die Ewigkeit die Kraft zum Auseinandertreten in
immer noch größere „Fernen", ohne sich selbst zu verlieren. Die als
Konzentration und Intensität des Seins verstandene Ewigkeit ist also
das Gegenteil der als grenzenloser Extensität verstandenen schlechten
Unendlichkeit.

Sich intensiv auf sich selbst beziehend ist Gottes trinitarische Existenz sich konzentrierendes Leben und als solches ewig. Auch nicht von
ferne ist der Gedanke denkbar, dass Gott ein zerstreutes Wesen wäre.
Der zerstreute Professor ist nicht sein Ebenbild.

Man wird in diesem Zusammenhang an die vielen biblischen Aussagen denken dürfen, in denen Gott als Fels bezeichnet wird: als der
Fels, der dauert, als der Fels, auf den man bauen kann, als der Fels, der
verlässlich ist. Und der das alles von sich aus ist. Gottes Ewigkeit ist als
lebendige Konzentriertheit seine Beständigkeit, seine von nichts und
niemandem problematisierbare Beständigkeit, aus sich selbst und
durch sich selbst beständig. Beständig aber eben deshalb, weil es ein
sich konzentrierendes Leben voller Intensität ist. Von dieser Einsicht
aus wird verständlich, dass dem Begriff der göttlichen Ewigkeit, auch
das rückt die Metapher des Felsens in den Blick, dem Begriff der
göttlichen Treue unmittelbar benachbart ist.

7

Von dieser Bestimmung des Ewigkeitsbegriffes her können nun auch
Gegenbegriffe benannt werden, die das Gegenteil dessen, was ewig
genannt zu werden verdient, zur Sprache bringen: Gegenbegriffe, die –
nicht etwa das Gott gegenüber konträre, also andere, geschöpfliche,

von ihm aber durchaus bejahte Sein, sondern – das Gott widersprechende, das von ihm nicht bejahte, das von ihm verworfene und
deshalb in sich selber nichtige Sein kennzeichnen.

Wollte man diese Gegenbegriffe systematisieren und das systematische Ensemble solcher Gegenbegriffe als eine Einheit begreifen, dann
würde sich wohl der Begriff einer Hölle ergeben. Doch ob die Theologie die Aufgabe hat, eine eigene Lehre von der Hölle zu konzipieren
– das darf mit Fug und Recht bezweifelt werden. Theologie ist Rede
von Gott. Gott ist um seiner selbst willen interessant und eben deshalb
Gegenstand der Theologie. Die Würde, Gegenstand einer besonderen
theologischen Lehre zu werden, hat die Hölle jedoch nicht verdient.
Denn sie ist nicht um ihrer selbst willen interessant. Wir werden also
zwar eine Reihe von Gegenbegriffen zur Ewigkeit aufstellen, deren jeder sozusagen den Weg zur Hölle verdeutlicht. Wir werden aber diese
Gegenbegriffe nicht zu einer Lehre von der Hölle systematisieren.
Solche Gegenbegriffe sind theologisch nur insofern von Bedeutung, als
sie deutlich zu machen vermögen, was dem ewigen Leben widerspricht
und was sich deshalb schon jetzt von selbst verbieten sollte. Sie sollen
den Weg zur Hölle wenn schon nicht ungangbar, so doch wenigstens
obsolet machen.

8

Einen ersten Gegenbegriff haben wir en passant bereits erwähnt. Ist
Ewigkeit durch Konzentration und Intensität gekennzeichnet, dann ist
Zerstreutheit das Gegenteil der Ewigkeit. Ein zerstreutes Leben ist ein
Leben ohne Richtung und ohne Zentrum, ohne Mitte. Es ist ein Leben
ohne Verlässlichkeit.

In seiner Richtungslosigkeit diffundiert das dem ewigen Leben
widersprechende Leben in alle möglichen Richtungen. Und in alle
Richtungen auseinander driftend ist es überall und nirgends. Zum zer-
streuten Leben gehört die – freilich impotente – Tendenz zur Ubiquität
oder zumindest doch zur Multivolipräsenz, die für ein endliches Leben
wiederum so etwas wie Selbstmultiplikation, Selbstvervielfältigung voraussetzt. Denn nur wenn ich mich selber vervielfältigen kann, kann
ich gleichzeitig auch an mehreren Orten präsent sein. Der Barbier von
Sevilla ist ein noch relativ sympathisches und relativ harmloses, aber
immerhin sprechendes Beispiel: „Figaro hier, Figaro da" – und eben
deshalb also „Figaro, Figaro, Figaro". Richtungslos und möglichst überall und in Wirklichkeit niemals ganz da – das ist zerstreutes Leben im
Gegensatz zum ewigen Leben. Und weil es möglichst überall und in

Wirklichkeit niemals ganz da ist, ist auf das zerstreute Leben kein Verlass.

Dieselbe Zerstreutheit lässt sich auch als eine Existenz ohne Zentrum, als ein Leben ohne Mitte beschreiben. Mitte meint hier den konzentrierenden, den das Leben sammelnden Schwerpunkt oder besser noch, die das Leben sammelnde Pointe. Die „Mitte", das „Zentrum" liegt hier nicht etwa in uns, sondern sozusagen vor uns. Es ist die Pointe, auf die hin ein Leben sich entwirft bzw. auf die hin ein Leben sich sammeln lässt. Man mag sich das an den Gleichnissen Jesu von der Gottesherrschaft verdeutlichen. Indem Jesus sie erzählt, sammelt er ja nicht nur die Aufmerksamkeit seiner Hörer, sondern mit der Aufmerksamkeit seiner Hörer sammelt er zugleich deren Existenz, und zwar so, dass die Pointe des Gleichnisses – die Gottesherrschaft! –zur Pointe der gesammelten Existenz wird. Wo eine solche Pointe fehlt, da zerstreut sich die menschliche Existenz, da wird das menschliche Leben zerstreutes Leben. Und als solches ist es das Gegenteil ewigen Lebens.

9

Wir notieren einen zweiten Gegenbegriff zu dem, was ewig genannt zu werden verdient.

Wenn Ewigkeit als Vollzugsform der trinitarischen Existenz Gottes diejenige Intensität und Konzentration göttlichen Seins ist, die die Zeit und den Raum in sich einschließt, und insofern einen ereignisreichen Beziehungsreichtum impliziert, dann kommt als ihr Gegenteil die Ereignislosigkeit und die Beziehungslosigkeit des Todes in Betracht.

Auch das gehört sozusagen zu den Wegen, die statt in das Reich Gottes in die Hölle führen: ein Leben, in dem zwar dies und das passiert, in dem sogar viel passieren kann, aber in dem sich nichts ereignet. Die ermüdende Wiederkehr stets des Gleichen führt zum ennui, der keineswegs ein Signet nur der beginnenden Neuzeit ist, in der man nichts mehr fürchtete als die elende Langeweile. Der Ekel vor dem ereignislosen Leben ist uralt. Schon die mittelalterlichen Mönche wurden nicht selten von der zwischen lähmender Lustlosigkeit, maßloser Traurigkeit und geistlichem Überdruss spielenden *acedia* heimgesucht. Die *acedia* kennzeichnet ein Leben, indem sich nichts mehr ereignet. Semper idem! Nichts Neues unter der Sonne! Schon die Jugend uralt! „Es geht nichts ab" – wie die Berliner Gören sagen würden. Ein solches ereignisloses Leben ist die Perversion personalen Lebens überhaupt. Denn wir leben, um das Leben zu erleben. Und nur wo sich etwas ereignet,

kann man auch etwas erleben. Ereignisloses Leben ist vom Tode ge-
kennzeichnetes Leben.

Ereignisse geschehen aber nur da, wo es Beziehungen gibt. Wir leben, damit wir einander begegnen, damit es zum Gegenüber, zum Mit-
Sein, ja zum Füreinander-Sein kommt. Und insofern ist wahres Leben
immer ein beziehungsreiches Leben. Nur in diesem Beziehungsreichtum ist das menschliche Ich es selbst. Des Menschen Sünde aber ist dessen Drang in die Beziehungslosigkeit. Insofern zerstört die Sünde das
Leben. Wo die Beziehungen enden, ereignet sich nichts mehr. Dann
heißt es:

> „Nichts mehr wird kommen.
> Frühling wird nicht mehr werden.
> Tausendjährige Kalender sagen es jedem voraus.
>   Aber auch Sommer und weiterhin,
>   was so gute Namen
> wie 'sommerlich' hat –
>   es wird nichts mehr kommen ..."[16]

Ein Leben ohne Advent: nichts mehr wird kommen ....
Das ist das Gegenteil ewigen Lebens.

10

Wir erarbeiten einen dritten Kontrastbegriff zum Begriff des ewigen
Lebens, indem wir uns auf ein weiteres Merkmal der das Leben des
dreieinigen Gottes kennzeichnenden Ewigkeit besinnen.

Wenn es wahr ist, dass Gott (1) in der Person des Vaters der Ursprung der Gottheit, der *fons divinitatis*, und als solcher der Ursprung
allen Lebens ist, dass Gott aber (2) in der Person des Sohnes am Kreuz
einen zeitlichen Tod erleidet und wenn diese *duo maxime contraria*
durch (3) die Person des Geistes so aufeinander bezogen sind, dass sie
sich zum – freilich äußerst spannungsreichen – Frieden göttlichen Lebens vereinen, dann ist Gottes ewiges Leben ein Leben im Frieden.
Ewigkeit ist friedliche Existenz.

Als solche ist sie der Kern wahrer Beständigkeit und also auch der
Kern wahrer Dauer. Was im Frieden existiert, geht nicht verloren. Und
umgekehrt: was in gar keiner Weise im Frieden existiert, könnte überhaupt nicht existieren: „naturae ... nullo modo essent, si non quali-
cumque pace subsisterent: die Naturen würden in gar keiner Weise ex-

---

16   I. Bachmann, Enigma, Werke, hg. v. C. Koschel u. a., Bd. 1, 1978, 171.

istieren, wenn sie nicht in irgendeiner Weise im Frieden da wären".[17] Was ewig ist, ist im Frieden. Ewigkeit ist der Friede des Seins.

Doch was ist Frieden? Was ist das, was nach biblischer Urteilskraft Frieden genannt zu werden verdient?

Von Papst Benedikt XIV wird folgende Anekdote überliefert: Als der Papst in einem Bologneser Frauenkloster, in dem seine Schwester Äbtissin ist, das Hochamt hält, singen die Nonnen mit größtem Eifer eine eigens komponierte, an Wiederholungen reiche Messe. Im Credo können sie die entscheidenden christologischen Formulierungen gar nicht oft genug repetieren, so dass dem Papst immer wieder das „genitum, non factum" ins Ohr gesungen wird. Der Papst wird ungeduldig, er möchte zum Offertorium übergehen. Schließlich unterbricht er das Gesinge mit dem Satz: „Sive genitum, sive factum – pax vobiscum".

Albrecht Ritschl, dem die Anekdote von Doellinger erzählt worden war, ist von ihr so sehr entzückt, dass er sie brieflich an Harnack weitergibt mit der Bemerkung: „Das ist doch eine prächtige Ironie auf alle Dogmatik und deren Streitsätze."[18]

In der Tat, eine „prächtige Ironie"! Aber nicht so sehr „auf alle Dogmatik und deren Streitsätze" als vielmehr auf das theologische Verständnis vom Frieden, das derjenige haben muss, der über die Wahrheit des Glaubens mit einem *pax vobiscum* hinweggehen zu können meint. Denn der Friede, den die Kirche bezeugt und entbietet, entspringt ja gerade jener Wahrheit, die das Credo – und insofern eben auch das Bekenntnis „Credo ... in unum Dominum Jesum Christum, filium dei unigenitum, ... genitum, non factum" – zur Sprache zu bringen beansprucht. Nach einer glücklichen Metapher C. F. von Weizsäckers ist der Friede so etwas wie „der Leib einer Wahrheit", so dass „Friede möglich sein" kann, nur „soweit die ihn tragende Wahrheit reicht".[19]

Die Wahrheit wäre dann die Seele des Friedens, und dieser müsste bei lebendigem Leibe verfaulen und schließlich verwesen, wenn man ihn ohne die ihn beseelende Wahrheit haben zu können meint. Dergleichen hatte wohl der Prophet Jeremia gemeint, als er den falschen Propheten vorwarf: „sie sagen ‚Friede, Friede' – und ist kein Friede" (Jer 6,14; 8,11). Kann man, so fragt Blaise Pascal deshalb mit Recht, im Frieden bleiben, wenn die Wahrheit zerstört wird?

---

17 Augustinus, De civitate Dei, XIX, 13, CChr. SL XLVIII, 679, 31f.

18 Vgl. A. Gilg, Weg und Bedeutung der altkirchlichen Christologie, ThB, Bd. 4, [3]1966, 7. Ich wiederhole früher Dargelegtes: E. Jüngel, Ganz werden. Theologische Erörterungen V, 2003, 1f.

19 C. F. von Weizsäcker, Der Garten des Menschlichen. Beiträge zur geschichtlichen Anthropologie, [6]1978, 40.

Es gilt folglich, möglichst genau diejenige Wahrheit zu bestimmen, deren Leib nach christlichem Verständnis Frieden genannt zu werden verdient.

Die entscheidende Bestimmung der Wahrheit, als deren Leib die Bibel den Frieden kennt, ist die Erinnerung an den „Sitz im Leben", den die Rede vom Frieden in der Bibel hat. Denn dieser „Sitz im Leben" ist der Gruß. *Shalom alechem* sagt man noch heute in Israel. Mit denselben Worten grüßt der auferstandene Christus die Seinen (Joh 20,19). Und der Apostel verbindet, wenn er der Gemeinde den apostolischen Gruß entbietet, „Gnade und Friede von Gott unserem Vater und dem Herrn Jesus Christus" (Röm 1,7; 1Kor 1,3).

Mit dieser indikativischen Rede vom Frieden, die im Gruß ihren „Sitz im Leben" hat, hängt es zusammen, dass der Friedensgruß ein Vertrauensverhältnis begründet. Wer anderen Menschen „shalom" zuspricht, der macht sich selber für den Frieden verantwortlich, er verpflichtet sich zum Frieden. Der Friede ist hier so etwas wie ein Raum schöpferischer Geborgenheit, in dem das Leben seine Ganzheit findet und entfalten kann. Er ist genauerhin diejenige Wohlordnung, in der die das Leben konstituierenden Relationen – dazu gehören vor allem: meine Beziehung zu meiner natürlichen und zu meiner sozialen Umwelt, meine Beziehung zu mir selbst und meine Beziehung zu Gott, in der alle diese fundamentalen Beziehungen – ihrerseits im Verhältnis gegenseitiger Bejahung und Begünstigung stehen und eben dadurch das Ganzsein des Lebens bewirken.

11

Den schärfsten Gegenbegriff des derart als Ganzsein begriffenen Friedens bildet nicht etwa eine kaputte Existenz, sondern ein durch die Gleichschaltung aller Relationen erzwungenes totalitäres *totum*, das nur durch äußeren Zwang zusammengefügt und zusammengehalten wird und ohne diesen äußeren Zwang sofort zerfallen würde – wie ja denn auch die totalitären politischen Systeme alsbald zu zerfallen pflegen, wenn der sie kennzeichnende Zwang gebrochen ist.

Im Gegensatz zu jeder totalitären Gleichschaltung anderer Interessen und Intentionen fördert ein auf Frieden bedachtes Handeln das jeweils andere Leben gerade in seinem Anderssein zugunsten einer schöpferischen Gemeinschaft gegenseitigen Andersseins. Das durch Gleichschaltung erzwungene totalitäre *totum* kennt Andersein nur als Feindschaft, die deshalb ebenfalls zu den Kontrastbestimmungen ewigen Lebens gehört. Zum Frieden des ewigen Lebens gehört das Ende

aller Feindschaft. Und wer sich diesen Frieden schon jetzt durch ein
authentisches *pax vobiscum* zusprechen lässt, wird alles dafür tun, dass
die Kategorie des Feindes auch im politischen, gesellschaftlichen und
ökonomischen – „feindliche Übernahme"! – Kontext obsolet wird.
Einem auf Frieden bedachten Denken ist es grundsätzlich verwehrt, im
Freund-Feind-Verhältnis zu denken. Für ein auf Frieden bedachtes
Denken fällt keine Bürgerin und kein Bürger, fällt auch der nach dem
Gesetz als Verbrecher geltende Mensch nicht in die Kategorie des Feindes. Entsprechend ist auch im Verhältnis der Staaten und Gesellschafts-
systeme zueinander darauf hinzuarbeiten, dass aus Feindschaft, wenn
schon nicht Freundschaft, so doch sachliche Gegnerschaft wird. Aus
Gegnerschaft lässt sich etwas machen, aus Feindschaft nichts.

Das gilt, solange der zum ewigen Leben gehörende Friede zwar als
souveräner Indikativ der Gnade bereits auf Erden präsent, aber doch
noch nicht die „Mutter aller Dinge" ist, sondern immer wieder der
Krieg – sei es versteckt, sei es ganz ungeniert – als Vater aller Dinge
proklamiert wird. Es charakterisiert hingegen die Ewigkeit, dass in ihr
der Frieden uneingeschränkt und ganz und gar herrscht. Frieden ist
dann nicht mehr ein den Kriegszustand unterbrechendes Intervall, aber
auch nicht mehr ein zwar lang währender, aber immer mal wieder von
einem Krieg oder kriegsähnlichen Handlungen unterbrochener Zustand. In der Ewigkeit ist auch der Friede ewig. Denn die Konzentration und Intensität des Lebens, als die wir die Ewigkeit bestimmt haben, ereignet sich so, dass nun der Friede, dass nun εἰρήνη πάντων
μήτηρ ist.

12

Im ewigen Leben ist der Friedens-Gruß dann also erfüllt. Es sind dann
auch keine Belehrungen oder Anweisungen darüber mehr nötig, „wie
Eheleute, wenn zu Zeiten Zorn, Zwietracht und Uneinigkeit unter sie
kommt, sich mögen verschonen, und wie ungeschliffene, grobe Män-
er, dazu ungezogene, halsstarrige Weiber zu einem friedlichen Leben
zu bringen sind".[20] Nein, dann muss niemand mehr zum friedlichen
Leben gebracht werden. In der Ewigkeit wird denn auch der von Kant
apostrophierte holländische Gastwirt, der die drei Worte ‚Zum ewigen
Frieden' nur als satirische Überschrift über einen auf seinem Gasthaus-

---

20 D. Erasmus, Coniugium (1532) – ein in lutherischen Pfarrhäusern viel gelesener
"Eheratgeber". Vgl. Angelika Dörfler-Dierken, "Es ist warlich eyn geringe lust dar-
bey". Erasmus als Eheberater im Luthertum; ZKG 113 (2002), 172–189.

schild gemalten Friedhof gelten lassen wollte[21], eines Besseren belehrt sein. Wer zum ewigen Frieden gelangt ist, der hat, auferstanden von den Toten, den Friedhofsfrieden für immer hinter sich. Und den Reichtum der sich ihre Möglichkeiten einander zuspielenden Lebensbeziehungen stets aufs Neue vor sich.

13

Es gilt nun noch einen für diesmal letzten Gesichtspunkt herauszustellen. Zum gleichzeitigen ganzen Besitz unbegrenzbaren Lebens, zur Konzentration und Intensität des göttlichen Seins, als die wir die Ewigkeit uns verständlich zu machen versucht haben – suffice nobis! –, gehört nämlich nicht nur das – die Unterschiedenheit durchaus wahrende – Ineinander von Raum und Zeit und insofern auch das – die Unterschiedenheit wahrende – Ineinander von Vergangenheit, Gegenwart und Zukunft, sondern auch – und mit jenem Ineinander eins – das Ineinander von Wirklichkeit und Möglichkeit. Die metaphysische Tradition aristotelischer Provenienz verstand die Ewigkeit als reine Wirklichkeit, als reine *actuositas*, die alle Möglichkeit und deshalb auch das Neue aus sich ausschließt: „in deo non cadit novum". Möglichkeit galt dabei als debiler Modus des Seins, das Mögliche als *ens debilissimum*. In dieser metaphysischen Tradition hat die Wirklichkeit den unbedingten ontologischen Primat vor der Möglichkeit – im Anschluss an die aristotelische Behauptung, πρότερον ἐνέργεια δυνάμεως ἐστιν.[22] Ein solcher defizienter Begriff von Möglichkeit (das Mögliche als das noch nicht Wirkliche und vielleicht niemals wirklich Werdende und deshalb Mangelhafte) verbietet sich schon aufgrund der eschatologischen Existenzweise der Glaubenden. Sind sie doch kraft göttlicher *potentia* ihrerseits im eminenten Sinne Vermögende (Mk 9,23: „alles ist möglich dem, der glaubt"). Und eben diese ihre eschatologische Offenheit für Möglichkeiten – „überschwingend in Möglichkeiten"[23] – zeichnet sie aus gegenüber der Wirklichkeit, die ohne Möglichkeit nur die tautologische Wirklichkeit eines bloßen A = A ist. Eine das Mögliche aus sich ausschließende tautologische Wirklichkeit vermag denn auch niemals schöpferisch zu werden. Der Glaube kann aber sogar – nach Luthers

---

21 Vgl. I. Kant, Zum ewigen Frieden. Ein philosophischer Entwurf. Akademie-Textausgabe VIII, 343.
22 Aristoteles, Metaphysik Θ, 1049 b 5.
23 Vgl. M. Heidegger, Vom Wesen des Grundes, in: M. Heidegger, Wegmarken, 1976, GAI/9,175.

verwegener Behauptung – *creatrix divinitatis, non in persona, sed in nobis* sein.

Was aber für die eschatologische Existenz der Glaubenden schon jetzt gilt, das gilt erst recht für die Ewigkeit Gottes. Die Ewigkeit schließt das Mögliche so wenig aus sich aus wie das Neue, sondern sie eröffnet Möglichkeiten: Möglichkeiten, von denen das Wirkliche auch dann, wenn das Mögliche verwirklicht ist, weiterhin zehrt. Die Ewigkeit ist der gleichzeitige ganze Besitz aller Möglichkeiten, die Gottes Wirklichkeit einräumt. Hier ist Wirklichkeit nicht eine die Möglichkeit – durch Verwirklichung – tilgende Größe, sondern hier begleiten die für eine Wirklichkeit konstitutiven Möglichkeiten diese Wirklichkeit. Hier gilt, was Kierkegaard im Blick auf die Seinsmodi behauptet hatte: „Die Möglichkeit, aus der das Mögliche, welches das Wirkliche ward, hervorgegangen ist, begleitet fort und fort das Gewordene".[24] Und umgekehrt: hier problematisiert das Mögliche nicht das Wirkliche, nimmt es diesem nicht den Ernst des Ernstfalles. Hier ist Möglichkeit nicht ein Alibi für Entscheidungslosigkeit. Hier stehen Möglichkeit und Wirklichkeit im Verhältnis gegenseitigen Nehmens und Gebens. Hier waltet auch zwischen den Seinsmodi der Wirklichkeit und der Möglichkeit shalom, also das Verhältnis gegenseitiger Begünstigung. Hier waltet der allemal schöpferische Friede göttlichen Lebens.

Stehen aber Wirklichkeit und Möglichkeit in der Ewigkeit im Verhältnis gegenseitiger Begünstigung, dann ist damit das ewige Leben als ein durch Freiheit ausgezeichnetes Leben gekennzeichnet. Denn Freiheit ist die Möglichkeit, innerhalb der Wirklichkeit „einen Zustand von selbst anzufangen".[25] Das sich solcher Möglichkeit erfreuende ewige Leben ist folglich ein durch Freiheit ausgezeichnetes anfängliches – nämlich anfänglich bleibendes, nicht veraltendes und deshalb ursprüngliches – Leben.

14

Der sich unter diesem Aspekt einstellende Gegenbegriff zum ewigen Leben ist der eines erstarrenden und in seiner Erstarrtheit unfreien Lebens. Fixiert sich das Leben auf den Seinsmodus der Wirklichkeit, dann interessiert allein das, was verwirklicht ist. Mit dem Primat der Möglichkeit entschwindet die Offenheit für Zukünftiges und Neues.

---

24 S. Kierkegaard, Philosophische Brocken, übersetzt von E. Hirsch, Ges. Werke, 10. Abt., ⁶1967, 82.

25 I. Kant, Kritik der reinen Vernunft, B 561, Ges. Schriften. Akademie-Ausgabe, Bd. III, 1911, 363.

Wirklich sind nach unserer Erfahrung ja nur der gegenwärtige Augenblick und – nämlich im Modus der Gewesenheit – der vergangene Augenblick. Der zukünftige Augenblick aber ist als bloße Möglichkeit nicht wirklich. Und es ist ungewiss, ob er je wirklich wird. Die Wirklichkeit des sich derart verstehenden personalen Lebens hat insofern ein Achtergewicht auf dem Verwirklichtsein, das im temporalen Modus der Vergangenheit „fest steht". Ihm ist nichts mehr möglich. Als Verwirklichtsein mag die Wirklichkeit bleiben, *aere perennius*, ein wirkliches κτῆμα εἰς ἀεί, aber möglich ist ihm nichts mehr.

Ihr Sinnbild hat diese mit dem Achtergewicht auf dem Verwirklichtsein beschwerte Wirklichkeit in jener altrömischen Sibylle, die von ihrem göttlichen Liebhaber sich die Gabe ewigen Lebens – genauerhin die Gunst, nicht sterben zu müssen – erbeten hatte. Die Bitte wurde erhört, die Sibylle durfte weiterleben und weiterleben und weiterleben. Doch die selten dämliche Sibylle hatte vergessen, zugleich um die Möglichkeit neuer Anfänge zu bitten. Sie hatte nicht bedacht, dass sie, wenn sie immer weiterleben würde, auch immer mehr altern müsste. Und altern heißt: schrumpfen. Und nun schrumpft sie und schrumpft sie und schrumpft ... und wird nicht aufhören zu schrumpfen.[26] Schrumpfendes, erstarrendes Leben – das ist die Folge eines Lebens ohne Möglichkeit.

Und als ein solches allein auf Wirklichkeit insistierendes Leben ist das erstarrende Leben ein dem wahren ewigen Leben widersprechendes und deshalb nur mit Vorbehalt so zu nennendes „Leben". Søren Kierkegaard hat die Verzweifeltheit eines Lebens beschrieben, das in einer sich repetierenden Wirklichkeit zu erstarren droht: „Wenn einer ohnmächtig wird, ruft man nach Wasser, Eau de Cologne, Hoffmannstropfen; wenn aber einer verzweifeln will, so heißt es: schaff Möglichkeit, schaff Möglichkeit ...!"[27] Ohne Möglichkeit ist das wirkliche Leben ohne Freiheit. Der Anfang eines solchen Lebens liegt immer nur hinter ihm. Es ist zu neuen Anfängen unfähig.

Das so verstandene Leben ist das genaue Gegenteil der Ewigkeit. Es ist die Hölle. Denn was sonst wohl wäre eine höllische Existenz, wenn nicht dies: eine jede Möglichkeit ausschließende sich selbst repetie-

---

26   Die Anekdote ist mehrfach überliefert. Ovid, Metamorphosen XIV, 130–153 erzählt sie von der Sibylle von Cumae. Zu möglichen Vorlagen und überlieferungsgeschichtlichen Zusammenhängen vgl. F. Böhmer, P. Ovidius Naso, Metamorphosen. Kommentar. Buch XIV–XV, 1986, 58–61.

27   S. Kierkegaard, Die Krankheit zum Tode, Gesammelte Werke, 24. und 25. Abt., 1957, 35f.

rende Wirklichkeit ohne die Fähigkeit, Neues anzufangen und deshalb auch letztlich ohne wahre Freiheit?

Es ist bemerkenswert, dass ausgerechnet Goethe gegen diese höllische Existenz eines erstarrten Lebens einwendete:

> „Und umzuschaffen das Geschaffene,
> Damit sich's nicht zum Starren waffne,
> Wirkt ewiges, lebendiges Tun ...
> Nur scheinbar steht's Momente still.
> Das Ewige regt sich fort in allen:
> Denn alles muß in Nichts zerfallen
> Wenn es im Seyn beharren will.“[28]

15

Wir haben uns einige wenige, aber entscheidende Aspekte des Ewigkeitsbegriffes vor Augen geführt. Was wir dabei herausgestellt haben, das gilt alles von der Ewigkeit, die Gott selbst ist. Gilt es auch von der Ewigkeit des dem Menschen verheißenen ewigen Lebens? Und wenn ja, inwiefern? Inwiefern hat oder bekommt der Mensch Anteil an der Ewigkeit, die wir mit den mitgeteilten Andeutungen zu kenn-zeichnen versucht haben?

Die Antwort auf diese Frage muss geleitet sein von der grundlegenden Einsicht, dass Ewigkeit ursprüngliche Konzentriertheit und Intensität des Lebens ist. Wird dem sterblichen Menschen durch Wort und Sakrament schon jetzt im Glauben und dann erst recht im Ereignis der Auferstehung der Toten und im Ereignis des jüngsten Gerichtes das ewige Leben eröffnet, dann *widerfährt* ihm die Konzentration und Intensivierung seines Lebens, die dem göttlichen Leben ursprünglich eigen ist. Dieses Widerfahrnis ist Gottes gnädiges Anteilgeben an seiner Ewigkeit. Und das gleiche ist auch im Blick auf die Welt zu behaupten. Ein neuer Himmel und eine neue Erde – das ist nicht die Ablösung des alten Himmels und der alten Erde durch etwas ihm gegenüber schlechthin Anderes. Ein neuer Himmel und eine neue Erde – das ist vielmehr die Verwandlung dessen, was jetzt Himmel und Erde ist: die Verwandlung, die sich in Gestalt der Konzentration des geschöpflichen Seins zur unmittelbaren Gegenwart des ganzen ungeteilten Daseins und in Gestalt der Intensivierung des geschöpf-lichen Seins zu seiner Herrlichkeit vollzieht. Ein Leben in Herrlichkeit verheißt das Evangelium denn auch wenn es ewiges Leben verheißt.

---

28   J. W. von Goethe, Eins und alles. Ausgabe letzter Hand. Band 3, 1828, 89f.

Und was macht Gottes Schöpfung herrlich? Worin besteht unsere Verherrlichung? Nach neutestamentlichem Zeugnis wurde Christus dadurch verherrlicht, dass er, zur Rechten Gottes des Vaters erhöht, mit diesem uneingeschränkt zusammen ist, zusammen lebt und zusammen wirkt. Entsprechend dürfte auch unsere Verherrlichung darin bestehen, dass wir mit Gott unwiderruflich zusammen kommen, zusammen leben und zusammen wirken. Dieses unüberbietbare Zusammensein mit Gott macht die Kreatur herrlich. Denn Gott ist Liebe (1. Joh. 4, 8 u. 16). Und wer konzentriert und intensiv mit dem zusammen ist, der durch und durch Liebe ist, der wird durch eben dieses Zusammensein herrlich. Martin Luther hat es in der Erläuterung zur letzten seiner Heidelberger Disputationsthesen so formuliert: „Die Sünder sind deshalb schön, weil sie geliebt werden: Ideo enim peccatores sunt pulchri, quia diliguntur"[29] Sie werden nicht geliebt, weil sie schön sind, sondern sie werden dadurch schön, dass sie geliebt werden. Der Gedanke ist offensichtlich auch weltlichen Autoren nicht ganz unvertraut. So erörtert Robert Musil in seinem Roman „Der Mann ohne Eigenschaften" immerhin die Frage: „Liebt man nun etwas, weil es schön ist, oder wird es schön, weil es geliebt wird?"[30] Ein jiddischer Berliner Schlager hat es assertorisch zu sagen gewagt, nämlich: „bei mir biste scheen". Sollte das Bachsche Weihnachtsoratorium mit seiner Behauptung „Bei Gott hat seine Stelle das menschliche Geschlecht" recht haben – und wer wollte das bezweifeln? –, dann werden wir im ewigen Leben aus Gottes Mund etwas Ähnliches zu hören bekommen wie der Adressat jenes Berliner Schlagers.

Oder formulieren wir es – wie es für ein akademisches Symposion eines hohen Graduiertenkollegs schicklicher sein dürfte – in der hohen Sprache Friedrich Hölderlins:

„wenn nämlich ein Gott erscheint auf Himmel und Erd und Meer/ kömmt allerneuende Klarheit"[31]

Und das ist die allerneuende Klarheit der mit dem ewigen Gott identischen Liebe, die herrlich ist und herrlich macht.

29　M. Luther, Heidelberger Disputation, BoA 5, 392, 7f.

30　R. Musil, Der Mann ohne Eigenschaften, hg. v. A. Frisé [10]1999, Bd. 2, 1112,

31　F. Hölderlin, Versöhnender, der Du nimmergeglaubt... SW hg. von F. Bessner, Bd.2, [2]1959, 141

Teil V:
Koran und islamische Tradition

Zeit und Ewigkeit in den Psalmen und im Koran (Ps 136 und Sure 55)[1]

ANGELIKA NEUWIRTH

1. Überblick

Kullu man ʿalayhā fān – „alles auf Erden ist vergänglich (doch bleibt das Antlitz Deines Herrn voll Majestät und Würde)" – dieser Koranvers – Sure 55:26, eine geläufige Grabinschrift – bildet auch den Anfang einer kalligraphischen Inschrift am Mausoleum von Turkān Khātūn[2], einer Stifterin aus Zentralasien, die wie viele andere ihrer Zeitgenossen in ihrem letzten Willen ihr Begräbnis in Jerusalem verfügt hatte. Der Vers hat seit Turkān Khātūns Zeit, dem 14. Jhd., zu unzähligen Frommen gesprochen, die auf ihrem Weg zum Ḥaram ash-Sharīf und der Aqṣā Moschee die Zeremonialstraße des Mamlukenviertels, die Bāb al-Silsilah-Straße in Jerusalem, passiert haben. Der Vers ist ein besonders sprechendes Zeugnis, das den mulimischen Betrachter an einen der bedeutendsten Texte seiner Tradition erinnert, *Sūrat ar-Raḥmān* (Q 55), bekannt als „Braut des Koran", *ʿarūs al-qurʾān*. Würde der Vers aber auch von Nicht-Muslimen zur Kenntnis genommen, so spräche er zu ihnen eine nicht weniger vertraute Sprache, denn er evoziert den Psalmvers 104:29/31, der von dem Verhältnis Gottes zu den Menschen sagt: (…) *tōsēf rūḥām yigwaʿūn we-el ʾafārām yeshūbhūn* (…) *yehī kebhōd YHWH le-ʿōlām* – „Du nimmst ihren Geist hinweg und sie vergehen, kehren zurück zu Staub …, möge die Majestät des Herrn für immer bestehen". Der Koranvers ist eine poetische Erinnerung daran, dass Jerusalem auf pluralen Traditionen beruht, die einen integralen Gesamttext bilden, der von zahlreichen Texten, insbesondere aber den Psalmen durchwirkt ist. Gleichzeitig zeigt die Präsenz eines koranisch neugelesenen

---

1   Dieser Beitrag ist die um eine neue Schlussfolgerung erweiterte Version eines früher unternommenen Psalm-Koran-Vergleichs, erschienen in: D. Hartwig u. a. (Hg.): „Im vollen Licht der Geschichte". Die Wissenschaft des Judentums und die Anfänge der kritischen Koranforschung, Ex Oriente Lux 10, 2008, 157–190. Der ältere Beitrag enthält die weitere Gegenüberstellung von Sure 78 und Ps 104.

2   S. zu dem Mausoleum von Turkān Khātūn, M. H. Burgoyne, Mamluk Jerusalem, 321–324.

Psalmverses im biblisch geprägten Jerusalem, dass mit der Christiani-
sierung der biblischen Traditionen das ‚Tor der Interpretation' noch
längst nicht geschlossen war, sondern es vielmehr in der islamischen
Kultur noch einmal weit aufgestoßen wurde.

Im Folgenden sei zunächst kurz die Rezeption der Psalmen im Koran und ihre Problematik vorgestellt. Als Fallbeispiel wird anschließend eine koranische Psalmen-Neulektüre, Sure 55, analysiert und gedeutet; in beiden Texten steht das zentrale Thema dieser Veranstal-
tungsreihe, Zeit und Ewigkeit, im Mittelpunkt.

1.1 Problematik der Psalm-Intertextualität

Heinrich Speyer (1897–1935), dem verdienten Erforscher koranischer
Rezeption biblischer und nachbiblischer Traditionen, verdanken wir
eine ausführliche Liste von Psalm-Reminiszenzen im Koran[3] – er zählt
nicht weniger als 141 auf –, deren Untersuchung auf ihre Funktion im
Korantext allerdings noch aussteht. Es sind – wie eine mikrostrukturel-
le Lektüre der frühmekkanischen Suren, wie sie gegenwärtig im Berliner BBAW-Projekt *Corpus Coranicum*[4] vorgenommen wird, zeigt – *de
facto* noch wesentlich mehr. Die koranische Psalmen-Intertextualität ist
noch nicht erforscht. Anders als bei den narrativen Teilen des Koran,
deren Beziehung zu früheren Traditionen bereits in der islamischen
Exegese Thema ist, sind die koranischen Psalm-Reminiszenzen in der
islamischen Tradition wie auch in der westlichen Forschung unbeachtet
geblieben. Nicht nur deshalb, weil sie weniger augenfällig sind, zumeist nur kleine Textelemente wie eine Gedankenfigur oder ein Bild
wiederaufnehmen. Für die islamische Tradition liegt das Hindernis an
der Wahrnehmung der Psalm-Intertextualität viel tiefer, es ist im Dog-

---

3   H. Speyer, Die biblischen Erzählungen im Qoran., 1931, 488–489.

4   Das gegenwärtig hohe Interesse am Koran hat die Etablierung einiger neuer For-
     schungsprojekte zum Koran ermöglicht, darunter vor allem das unter der Leitung
     von Verf. im Januar 2007 begonnene Projekt *Corpus Coranicum – Dokumentierte
     Edition und Historisch-kritischer Kommentar zum Koran*, das an der Berlin-Branden-
     burgischen Akademie der Wissenschaften von einer Arbeitsgruppe um Michael
     Marx und Nicolai Sinai bearbeitet wird, s. die Präsentation des Projekts von Michael
     Marx in: D. Hartwig u. a. (Hg.) „Im vollen Licht der Geschichte". Bereits seit 2006
     läuft im Sonderforschungsbereich 626 der Freien Universität Berlin „Ästhetische
     Erfahrung im Zeichen der Entgrenzung der Künste" ein Forschungsprojekt zu den
     „Ästhetischen Dimensionen der arabischen Sprache", in dem der Koran eine zen-
     trale Stellung einnimmt. Darüber hinaus ist der Koran – mit Übersetzung und einem
     historisch-kritischen Handkommentar – Teil eines großangelegten Verlagsprojekts
     des im Suhrkamp-Verlag angesiedelten Verlages der Weltreligionen, s. Almanach
     des Verlags der Weltreligionen, 2007.

matischen begründet: Denn diese Intertextualität betrifft – anders als die Wiederaufnahme sonstiger biblischer Texte – *mehr* als bestimmte narrative oder theologische Aussagen, sie betrifft die Form, d. h. die koranische Sprache und literarische Komposition selbst und tangiert damit letztlich die Prärogative der ‚Arabizität' des Koran. In der Tat hat – wie noch gezeigt werden soll – koranische Psalm-Rezeption eng mit Sprach-Reflexion zu tun.

Das Desiderat in der westlichen Forschung ist dagegen in einem generellen Desinteresse an literaturgeschichtlichen und noch mehr literarurwissenschaftlichen Zugängen zum Koran begründet. Speyer war der letzte in der Reihe der Forscher aus der Wissenschaft des Judentums, die sich die Ermittlung von älteren, dem Koran unterliegenden Traditionen zum Ziel gesetzt hatten. Nach der Vertreibung jüdischer Wissenschaftler aus deutschen Universitäten durch den Nationalsozialismus in den dreißiger Jahren des letzten Jahrhunderts, geriet der texthistorische Zugang zum Koran aus dem Blickfeld; mehr noch, er wurde sogar im nachherein diskreditiert. Der Vorwurf der Detail-Besessenheit, der Tüftelei, den man den historistischen Gelehrten nun machte, war zwar nicht ganz unbegründet, sie hatten trotz unschätzbarer textarchäologischer Arbeit den Koran selbst nicht sinnvoll erklären können, sondern waren bei der Wahrnehmung seiner Epigonalität, seiner letztendlich minderen Relevanz gegenüber den älteren Traditionen, stehen geblieben. Dennoch ist für den jetzt in Angriff zu nehmenden Schritt der theologischen Deutung der biblischen Intertextualität im Koran an ihre Arbeit anzuknüpfen, wenn man den Koran jetzt auch nicht mehr als eine späte Überlieferung der eigentlich interessierenden älteren Traditionen, sondern vielmehr als den Zieltext selbst ansieht, der ein neues Paradigma entwirft, das Eigengesetzlichkeit beansprucht. An der Psalm-Lektüre, die sich in Sure 55 dokumentiert, lässt sich diese Eigengesetzlichkeit deutlich zeigen.

1.2 Psalmreminiszenzen im koranischen Diskurs

Der Psalter als Teilcorpus der Bibel ist im Koran früh ein Begriff. Bereits die mittelmekkanische Sure 17:55 erwähnt eine David zugehörige Schrift mit der Bezeichnung *zabūr*[5] ‚Psalter'. Die Psalmen stehen damit streng genommen als eigene Schrift neben der Mose gegebenen Torah *(at-tawrāh)* und dem sich mit Jesus verbindenden Evangelium *(al-injīl)* –

---

5   Q 17:55 *wa-ataynā Dāʾūda zabūrā* (‚und wir gaben David den Psalter'). *Zabūr* erscheint hier wie in Q 4:163 indeterminiert, dagegen in 21:105 determiniert. Zur Etymologie s. A. Jeffery, Foreign Vocabulary in the Qurʾan, 1938,148–149.

ohne allerdings die von diesen behauptete Stellung als autoritatives
Vorbild der neuen Verkündigung zu erreichen. Für eine einzige Aussage beruft sich der koranische Text explizit auf die Psalmen: Q 21:105
*wa-la-qad katabnā fī z-zabūri min baʿdi dh-dhikri anna l-arḍa yarithuhā
ʿibādiya ṣ-ṣaliḥūn* („wir haben in den Psalmen geschrieben – nach dem
Lob –: die Gerechten sollen die Erde erben") – ein Wortlaut, der an Ps
37:9,11,29[6] *ṣaddīqīm yereshū areṣ* erinnert. Mehr noch als ihre konkrete
Textform sind die Psalmen im Koran jedoch als liturgischer Typus
präsent, so dass man für weite Teile des Korantextes von einem Psal-
men-Intertext sprechen kann. Das ist unschwer zu erklären:

Psalmengeprägte liturgische Frömmigkeit ist für die in die Region
der Halbinsel hineinreichende syrische Kirche vorauszusetzen, sie
könnte auch prägend auf Mitglieder der koranischen Gemeinde ge-
wirkt haben.[7] Da arabische Psalmenübersetzungen[8] für die vorislamische Zeit nicht nachweisbar sind[9], hat man für die Vermittlung der
Psalmen an arabisch-sprachige Rezipienten von mündlicher, evtl. auch
nichtarabischer Tradition auszugehen.[10] Eine in der jüngeren Forschung vorgetragene Verbindung der bisher unbefriedigend erklärten
Bezeichnung ‚Sure' mit Psalmrezitation[11] würde gut zu dieser intertex-
tuellen Präsenz der Psalmen im frühen Koran passen: *sūra* wäre dieser
Hypothese zufolge mit dem syrischen Wort *shūrāyā* – „Anfang", zur
Einleitung einer Lesung vorgetragene Psalmrezitation[12] – zu verbinden.
Einzelne Psalmverse, die in christlichen Gottesdiensten als liturgische
‚Zwischentexte' in Gebrauch waren, mögen unter dieser auf ihre got-
tesdienstliche Funktion zielenden Bezeichnung bekannt gewesen sein,
so dass die Psalm-ähnlichen frühen Suren als Neuformulierungen die-
ser Textsorte verstanden werden konnten. Ein syrischer liturgischer
Begriff hätte dann die Entstehung eines koranischen angestoßen.

---

6   H. Speyer, Koranische Erzählungen, 348.

7   S. Griffith, „Christians and Christianity",in: EQ I, 2001, 307–316.

8   In der christlich-arabischen Tradition sind die Psalmen als *al-mazāmīr* (Pl. von
     mazmūr) bekannt.

9   A. Schippers, Psalms and the Qur'an, EQ IV., 2004, 314–317.

10   Eine Bestandsaufnahme der bisher erreichten Ergebnisse in der Erforschung der
     koranischen Umwelt bietet der Sammelband von A. Neuwirth, N. Sinai und M Marx
     (Hg.), The Qur'ān in Context: Historical and Literary Investigations into the Genesis
     of the Qur'ān, 2009 (im Druck). – Rekonstruktionen der dem *textus receptus*
     zugrundeliegenden vorkoranischen Textformen, wie sie Ch. Luxenberg, Die syrisch-
     aramäische Lesart des Korans, 2000, versucht hat, bleiben spekulativ.

11   A. Neuwirth, Structure and the emergence of community, in: A. Rippin (Hg.), The
     Blackwell Companion to the Qur'an, 2006.

12   C. Brockelmann, Lexicon Syriacum, 1895, 488.

1.3 Gemeinsamkeiten

Die koranische Psalmen-Rezeption bleibt im Allgemeinen auf eine spezifische Metaphorik und besondere Gedankenfiguren begrenzt. Bekanntlich sind die Psalmen – anders als der Koran – Ausdruck der Lebensform einer agrarischen Gesellschaft. Es wäre ohne die Psalmen schwer zu erklären, dass sich Bilder aus dem Landbau, wie der fruchttragende Baum als Bild des Gerechten, bzw. aus dem vegetativen Zyklus wie das sprießende, dann aber welkende Gras als Bild der Vergänglichkeit des Menschen, wie sie im Psalter beherrschend sind, auch im Koran wiederfinden. Auch Gedankenfiguren wie die aus erfahrener Wohltat abzuleitende Verpflichtung zur Verlautbarung des Gotteslobes, die nur vermeintliche Macht des Menschen, sein Tun vor dem göttlichen Einblick zu verbergen, die fortwährende göttliche Prüfung des Menschen, aber auch Seine Wegweisung, sind für beide Textcorpora charakteristisch. In beiden Textcorpora ist viel von nächtlichem Wachen und Beten, von standhaftem Festhalten an der persönlich erkannten Wahrheit göttlicher Macht gegenüber einer Überzahl von Leugnern/Lügnern die Rede. Die Ambivalenz des Menschen, seine Anfälligkeit für Hybris und Selbstbetrug[13] sind den Sprechern beider Textcorpora vertraut. Vor allem aber sind sich der Psalmist[14] und die *persona* des Verkünders des Koran in ihrer Ergriffenheit von der Nähe ihres persönlichen Gottes, Seines auf sie gerichteten Antlitzes, verwandt.

Und noch etwas verbindet Psalmen und Koran: Dass auch die koranischen Suren von Anfang an als liturgische Texte gedacht und daher – wie innerhalb des biblischen Corpus einzig die Psalmen – zur Performanz, zum feierlichen, Kantilene-unterlegten Vortrag bestimmt waren, geht eindeutig aus ihrer Komposition hervor.[15] Mehrere koranische Texte geben sogar die Praxis der Rezitation im Rahmen einer Vigil als den Ort des Empfangs jeweils neuer Texte an. Der sprechendste dieser Texte ist der Anfang von Sure 73:1–9:

> *Yā ayyuhā l-muzzammil/*
> *qumi l-layla illā qalīlā/*
> *niṣfahu awi nquṣ minhu qalīlā/*
> *aw zid ʿalayhi wa-rattili l-qurʾāna tartīlā/*

---

13 S. für den Koran dazu K. Cragg, The Event of the Qurʾan, 1973, 95–109.

14 Diese Bezeichnung wird für die *persona* des jeweils in den Psalmen sprechenden Dichters gebraucht, ohne eine Unterscheidung zwischen verschiedenen Psalmendichtern zu treffen.

15 Die Untersuchung der Surenkompositionen von A. Neuwirth, Studien zur Komposition der mekkanischen Suren, 1981 (zweite erweiterte Auflage 2007) beruht weitgehend auf an die Psalmforschung angelehnten Kriterien.

innā sa-nulqi ʿalayka qawlan thaqīlā/
inna nashʾata l-layli hiya ashaddu waṭʾan wa-aqwamu qīlā/
inna laka fī n-nahāri sabḥan ṭawīlā/
wa-dhkur sma rabbika wa-tabattal ilayhi tabtīlā/
rabbu l-mashriqi wa-l-maghribi,
lā ilāha illā huwa fa-ttakhidhhu wakīlā:

‚Oh Eingehüllter/
wache die Nacht über, den größten Teil/
die Hälfte oder zieh davon etwas ab/
oder füge etwas hinzu und rezitiere die Lesung klar und deutlich./
Wir werden dir aufgeben gewichtige Rede./
Wahrlich, der Anfang der Nacht ist geeigneter zur Einprägung und
    geeigneter zum Sprechen./
Du hast am Tage langwierige Tätigkeit,/
so preise den Namen deines Herrn und wende dich ihm ganz zu!/
Er ist der Herr des Sonnenaufgangs und des Untergangs,
    kein Gott außer ihm! Nimm ihn zum Sachwalter!'[16]

Wenn hier auch von einer göttlichen Intervention die Rede ist – Gott
selbst gibt dem Verkünder Anweisungen für die richtige Prädisposition
zum Erhalt der Botschaften, so entstehen diesem Szenario zufolge die
neuen Texte doch nicht zuletzt durch menschliches Zutun, nämlich aus
der Vigilien-Rezitation von schon bekannten Texten. Diese Vigilien
wiederum dürften in Lobpreis-Rezitationen bestanden haben, bei denen in der Spätantike am ehesten an paraphrasierte Psalmentexte, vielleicht auch einfach an psalmistisch geprägte liturgische Gesänge, zu
denken ist.[17] So erinnert bereits in dem Koran selbst V. 2: *Qumi l-layla* –
„Wache des Nachts" an: *ḥaṣōt laylā aqūm le-hōdōt lekha*, Ps 119,62: „Um
Mitternacht stehe ich auf, dich zu preisen"; V. 8 *wa-dhkur sma rabbika* –
„Preise den Namen deines Herrn", an Ps 113,1 *hallelū et shem YHWH*:
„Preiset den Namen des Herrn", V. 9 *rabbu l-mashriqi wa-l-maghribi* –
„Herr des Aufgangs und des Untergangs", erinnert an Ps 50,1: *mim-
mizrah hash-shemesh ʿad mebōʾō* – „vom Aufgang der Sonne bis zu ihrem
Niedergang". Dass die hier erwähnten Vigilien in ihrer Dauer deutlich
an die entsprechenden nächtlichen Gottesdienste der im syrischen
Raum vielfach bezeugten Anachoreten erinnern, hat bereits Tor Andrae
hervorgehoben.[18]

---

16   Vgl. zu der Relation zwischen Textgenese und Kultentwicklung A. Neuwirth, Vom
     Rezitationstext über die Liturgie zum Kanon. Zu Entstehung und Wiederauflösung
     der Surenkomposition im Verlauf der Entwicklung eines islamischen Kultus, in: S.
     Wild (Hg.), The Qur'an as Text, 1996, 69–106.
17   Vgl. dazu A. Neuwirth, Psalmen – im Koran neu gelesen (Ps 104 und 136), in: D.
     Hartwig u. a. (Hg.), „Im vollen Licht der Geschichte", 157–190.
18   T. Andrae, Mohammed. Sein Leben und sein Glaube, 1932, Nachdruck 1977, 67.

Nicht nur von seiner literarischen Gestalt, sondern vor allem von seiner Funktion her steht der frühe Koran daher unter allen biblischen Büchern den Psalmen am nächsten. Die Psalmen sind gewissermaßen das poetische Amalgam bei der Komposition der frühen Suren. Gleichzeitig bestehen aber auch gravierende Unterschiede. Das Geschichtsbild der frühen Suren vor allem ist ganz anders besetzt als das des Psalmisten; während viele Psalmen göttliche Heilstaten in der Geschichte preisen, die Vergangenheit also als Garanten einer Verheißung wertschätzen, basiert das sich entwickelnde koranische Weltbild auf einer neuen, eschatologisch-orientierten Zeitwahrnehmung, die ein Geschichtsbild überschreibt, in dem die Vergangenheit als Verlustgeschichte keinerlei Verheißung birgt. Die Hörer der koranischen Verkündigung stehen in einem zyklischen Zeithorizont, in der Ewigkeit nur der unbeseelten Natur eignet, während jede soziale und kulturelle Struktur der Vergänglichkeit preisgegeben ist. Die skizzierten Formen von Ähnlichkeit wie auch Verschiedenheit der beiden Textgruppen Psalmen und Suren lassen sich am deutlichsten dort demonstrieren, wo Psalter und Koran in eine sich über längere Textpassagen erstreckende intertextuelle Relation eintreten. Zwei solche Fälle sind im frühen Koran belegt: eine exegetische Bearbeitung von Teilen von Ps 104 in Q 78 und die koranische Neulektüre des gesamten Ps 136 in Q 55, die im Zentrum der folgenden Überlegungen stehen soll.

2. Neulektüre eines vollständigen Psalms: Sure 55 und Ps. 136

Die These, die hier vertreten wird, ist, dass mit Sure 55 nicht nur eine exegetische Bearbeitung von Ps 136, sondern eine theologische Neulektüre, ein als solcher intendierter Gegentext vorliegt, ein Gegentext, der vor allem das psalmistische Verständnis von Zeit und Ewigkeit verhandelt und neu bewertet. Dafür sprechen verschiedene semantische, rhetorische und strukturelle Charakteristika, vor allem ein mit dem Psalm-Refrain verwandter fast die gesamte Sure durchlaufender Refrain. Gewiss, der Refrain ist in beiden Texten nicht identisch, er lautet im Psalm *kī le-ʿōlām ḥasdō* – „denn in Ewigkeit währet Seine Huld" – im Koran ist er eine rhetorische Frage, gerichtet an Menschen und Dämonen: *fa-bi-ayyi ālāʾi rabbikumā tukadhdhibān* – „welche Huld – oder: welche Zeichen – eures Herrn wollt ihr beide leugnen?" Gottes Huld ist hier nicht eine Versprechung auf ewig, sondern ohne Zeitdimension allumfassend. Eine Reihe von Eigentümlichkeiten der Sure wird erst mit Blick auf den Psalm voll erkennbar. Das ist bisher nicht so gesehen worden, vielmehr galt Sure 55 – die anders als der gut erforschte Psalm[19] bisher keine umfassende Untersuchung erfahren hat – in der westlichen Forschung als ein literarisch eher missglückter Text. Es sind vor allem die Duale in Q 55, die seit Theodor Nöldekes bahnbrechender *Geschichte des Qôrans* von 1860 als ein Musterbeispiel für die angeblichen Extravaganzen des koranischen Stils gelten, die nur als Reimzwang erklärt werden können.[20] – Zugegeben, Sure 55 ist ein eigentümlicher Text. In der Tat unterscheidet er sich in einem wichtigen Punkt von allen anderen frühen Korantexten: Er stellt sich außerhalb der historischen Zeit. Sehen wir uns den Text einmal genauer an.

2.1 Der Text

Sure 55: Der Barmherzige (سورة الرحمن)[21]

I

Hymnus ohne explizite Anrede an Adressaten:

1	Der Barmherzige	الرَّحْمَنُ
2	Lehrte den Koran,	عَلَّمَ الْقُرْآنَ
3	Erschuf den Menschen,	خَلَقَ الْإِنسَانَ
4	Lehrte ihn die klare Sprache.	عَلَّمَهُ الْبَيَانَ
5	Sonne und Mond folgen einer Berechnung,	الشَّمْسُ وَالْقَمَرُ بِحُسْبَانٍ
6	Stern und Baum fallen (vor Ihm) nieder.	وَالنَّجْمُ وَالشَّجَرُ يَسْجُدَانِ
7	Den Himmel hat er erhoben und die Waage angebracht,	وَالسَّمَاء رَفَعَهَا وَوَضَعَ الْمِيزَانَ

---

19 H. Gunkel, Die Psalmen. 1897,445–456, s. auch W. M. Kroll, Psalms: The Poetry of Palestine, 1944, 402–404; M. Dahood, The Anchor Bible. Psalms III 101–150. Introduction, translation, and notes with an appendix. The Grammar of the Psalter by M.D, 1970, 264–267, P. Auffret, Note sur la structure littéraire du Psaume CXXXVI", Vetus Testamentum XXVII (1977), 1–12; H. J. Kraus, Biblischer Kommentar: Altes Testament Bd. XV Psalmen, 1978, 1076–1080; H. Lamparter, Das Buch der Psalmen. Übersetzt und ausgelegt von H. L, 1990, 529–531.

20 T. Nöldeke: Geschiche des Qorans, 1860 (*GdQ*),30: „Wenn z. B. in der 55. Sure von *zwei* himmlischen Gärten die Rede ist mit je *zwei* Quellen und *zwei* Arten von Früchten und noch zwei anderen ähnlichen Gärten, so sieht man deutlich, daß die Duale dem Reime zuliebe gebraucht sind" – ein Passus, der von Schwally unverändert in *GdQ*²I,40 übernommen worden ist. Nöldeke hat seine Beurteilung 1910:9 wiederholt: „Der Reim bedingt die massenhaften Duale in Sure 55".

21 Die Übersetzung bleibt so nahe am Original wie möglich. Nur in einigen Fällen wurden Interpretamente eingefügt, sie sind durch Klammern gekennzeichnet.

8	Dass ihr euch nicht auflehnt gegen die Waage,	أَلاَّ تَطْغَوْا فِي الْمِيزَانِ
9	Sondern Gewicht nach Maß gebt und die Waage nicht schmälert.	وَأَقِيمُوا الْوَزْنَ بِالْقِسْطِ وَلاَ تُخْسِرُوا الْمِيزَانَ
10	Die Erde hat er ausgebreitet für die Menschen,	وَالأَرْضَ وَضَعَهَا لِلأَنَامِ
11	Darauf Fruchtbäume und Palmen mit Fruchthülsen	فِيهَا فَاكِهَةٌ وَالنَّخْلُ ذَاتُ الأَكْمَامِ
12	Und Korn in Ähren und duftende Kräuter.	وَالْحَبُّ ذُو الْعَصْفِ وَالرَّيْحَانُ
13	Welche Zeichen eures Herrn wollt ihr also leugnen?	فَبِأَيِّ آلاء رَبِّكُمَا تُكَذِّبَانِ

II

Hymnus mit Anrede an Adressaten:

14	Er schuf den Menschen aus feuchter Erde wie Töpferware	خَلَقَ الإِنسَانَ مِن صَلْصَالٍ كَالْفَخَّارِ
15	Und schuf die Jinnen aus einem Gemisch von Feuer.	وَخَلَقَ الْجَانَّ مِن مَّارِجٍ مِّن نَّارٍ
16	Welche Zeichen eures Herrn wollt ihr also leugnen?	فَبِأَيِّ آلاء رَبِّكُمَا تُكَذِّبَانِ
17	Der Herr der beiden Aufgänge und der beiden Untergänge.	رَبُّ الْمَشْرِقَيْنِ وَرَبُّ الْمَغْرِبَيْنِ
18	Welche Zeichen eures Herrn wollt ihr also leugnen?	فَبِأَيِّ آلاء رَبِّكُمَا تُكَذِّبَانِ
19	Er trennte die beiden Meere, wo sie zusammenfliessen,	مَرَجَ الْبَحْرَيْنِ يَلْتَقِيَانِ
20	Setzte zwischen sie eine Schranke, die sie nicht überschreiten.	بَيْنَهُمَا بَرْزَخٌ لاَّ يَبْغِيَانِ
21	Welche Zeichen eures Herrn wollt ihr also leugnen?	فَبِأَيِّ آلاء رَبِّكُمَا تُكَذِّبَانِ
22	Aus ihnen hervor kommen Perlen und Korallen.	يَخْرُجُ مِنْهُمَا اللُّؤْلُؤُ وَالْمَرْجَانُ
23	Welche Zeichen eures Herrn wollt ihr also leugnen?	فَبِأَيِّ آلاء رَبِّكُمَا تُكَذِّبَانِ
24	Sein sind die Schiffe, die über das Meer ziehen, sichtbar wie Wegzeichen.	وَلَهُ الْجَوَارِ الْمُنشَآتُ فِي الْبَحْرِ كَالأَعْلاَمِ
25	Welche Zeichen eures Herrn wollt ihr also leugnen?	فَبِأَيِّ آلاء رَبِّكُمَا تُكَذِّبَانِ
26	Alles auf der Welt ist vergänglich,	كُلُّ مَنْ عَلَيْهَا فَانٍ

27	Doch bleibt das Antlitz deines Herrn voll Majestät und Würde	وَيَبْقَى وَجْهُ رَبِّكَ ذُو الْجَلَالِ وَالْإِكْرَامِ
28	Welche Zeichen eures Herrn wollt ihr also leugnen?	فَبِأَيِّ آلَاءِ رَبِّكُمَا تُكَذِّبَانِ

Polemik:

29	Es fragt nach Ihm wer in den Himmeln und auf Erden ist, jeden Tag hat Er sein Werk zu tun.	يَسْأَلُهُ مَن فِي السَّمَاوَاتِ وَالْأَرْضِ كُلَّ يَوْمٍ هُوَ فِي شَأْنٍ
30	Welche Zeichen eures Herrn wollt ihr also leugnen?	فَبِأَيِّ آلَاءِ رَبِّكُمَا تُكَذِّبَانِ
31	Wir werden Uns noch mit euch befassen, ihr Leichten und ihr Schweren!	سَنَفْرُغُ لَكُمْ أَيُّهَا الثَّقَلَانِ
32	Welche Zeichen eures Herrn wollt ihr also leugnen?	فَبِأَيِّ آلَاءِ رَبِّكُمَا تُكَذِّبَانِ
33	Oh Volk der Jinnen und Menschen, könnt ihr, so springt heraus aus den Grenzen von Himmel und Erde, Ihr werdet nicht herausspringen ohne Vollmacht!	يَا مَعْشَرَ الْجِنِّ وَالْإِنسِ إِنِ اسْتَطَعْتُمْ أَن تَنفُذُوا مِنْ أَقْطَارِ السَّمَاوَاتِ وَالْأَرْضِ فَانفُذُوا لَا تَنفُذُونَ إِلَّا بِسُلْطَانٍ
34	Welche Zeichen eures Herrn wollt ihr also leugnen?	فَبِأَيِّ آلَاءِ رَبِّكُمَا تُكَذِّبَانِ
35	Es werden über euch Feuerzungen geschickt und heißes Erz, so daß ihr euch nicht retten könnt.	يُرْسَلُ عَلَيْكُمَا شُوَاظٌ مِّن نَّارٍ وَنُحَاسٌ فَلَا تَنتَصِرَانِ
36	Welche Zeichen eures Herrn wollt ihr also leugnen?	فَبِأَيِّ آلَاءِ رَبِّكُمَا تُكَذِّبَانِ

III

Eschatologische Szenerie:

37	Wenn einst der Himmel sich spaltet und rot erglüht wie Öl,	فَإِذَا انشَقَّتِ السَّمَاءُ فَكَانَتْ وَرْدَةً كَالدِّهَانِ
38	Welche Zeichen eures Herrn wollt ihr also leugnen?	فَبِأَيِّ آلَاءِ رَبِّكُمَا تُكَذِّبَانِ

Eschatologischer Vorgang: die Verdammten:

39 Jenen Tages wird nach seiner Schuld befragt werder Mensch noch Jinn.

فَيَوْمَئِذٍ لاَّ يُسْأَلُ عَن ذَنبِهِ إِنسٌ وَلاَ جَانٌّ

40 Welche Zeichen eures Herrn wollt ihr also leugnen?

فَبِأَيِّ آلاَءِ رَبِّكُمَا تُكَذِّبَانِ

41 Die Frevler werden an ihrem Zeichen erkannt und ergriffen bei Stirnlocken und Füßen.

يُعْرَفُ الْمُجْرِمُونَ بِسِيمَاهُمْ فَيُؤْخَذُ بِالنَّوَاصِي وَالْأَقْدَامِ

42 Welche Zeichen eures Herrn wollt ihr also leugnen?

فَبِأَيِّ آلاَءِ رَبِّكُمَا تُكَذِّبَانِ

Eschatologisches Doppelbild: Die Verdammten:

43 Dies ist Gehenna, die die Frevler stets geleugnet haben

هَذِهِ جَهَنَّمُ الَّتِي يُكَذِّبُ بِهَا الْمُجْرِمُونَ

44 Sie kreisen zwischen ihr und einer heißen Quelle.

يَطُوفُونَ بَيْنَهَا وَبَيْنَ حَمِيمٍ آنٍ

45 Welche Zeichen eures Herrn wollt ihr also leugnen?

فَبِأَيِّ آلاَءِ رَبِّكُمَا تُكَذِّبَانِ

Die Seligen – erstes Garten-Ensemble:

46 Für die, die den Rang ihres Herrn fürchten, sind zwei Gärten.

وَلِمَنْ خَافَ مَقَامَ رَبِّهِ جَنَّتَانِ

47 Welche Zeichen eures Herrn wollt ihr also leugnen?

فَبِأَيِّ آلاَءِ رَبِّكُمَا تُكَذِّبَانِ

48 Mit vielen Fruchtarten,

ذَوَاتَا أَفْنَانٍ

49 Welche Zeichen eures Herrn wollt ihr also leugnen?

فَبِأَيِّ آلاَءِ رَبِّكُمَا تُكَذِّبَانِ

50 Darin sind zwei Quellen, fliessende,

فِيهِمَا عَيْنَانِ تَجْرِيَانِ

51 Welche Zeichen eures Herrn wollt ihr also leugnen?

فَبِأَيِّ آلاَءِ رَبِّكُمَا تُكَذِّبَانِ

52 Darin sind von allen Fruchtbäumen ein Paar.

فِيهِمَا مِن كُلِّ فَاكِهَةٍ زَوْجَانِ

53 Welche Zeichen eures Herrn wollt ihr also leugnen?

فَبِأَيِّ آلاَءِ رَبِّكُمَا تُكَذِّبَانِ

54 Darin liegen sie angelehnt an Kissen mit Futter aus Brokat, während die Früchte des Garten auf sie herabhängen.

مُتَّكِئِينَ عَلَى فُرُشٍ بَطَائِنُهَا مِنْ إِسْتَبْرَقٍ وَجَنَى الْجَنَّتَيْنِ دَانٍ

55 Welche Zeichen eures Herrn wollt ihr also leugnen?

فَبِأَيِّ آلاَءِ رَبِّكُمَا تُكَذِّبَانِ

56	Darin sind (Mädchen,) züchtig blickende, die weder Mensch noch Jinn berührt hat,	فِيهِنَّ قَاصِرَاتُ الطَّرْفِ لَمْ يَطْمِثْهُنَّ إِنسٌ قَبْلَهُمْ وَلَا جَانٌّ
57	Welche Zeichen eures Herrn wollt ihr also leugnen?	فَبِأَيِّ آلَاءِ رَبِّكُمَا تُكَذِّبَانِ
58	Als wären sie Rubine und Korallen.	كَأَنَّهُنَّ الْيَاقُوتُ وَالْمَرْجَانُ
59	Welche Zeichen eures Herrn wollt ihr also leugnen?	فَبِأَيِّ آلَاءِ رَبِّكُمَا تُكَذِّبَانِ
60	Ist der Lohn für Wohltat anderes als Wohltat?	هَلْ جَزَاءُ الْإِحْسَانِ إِلَّا الْإِحْسَانُ
61	Welche Zeichen eures Herrn wollt ihr also leugnen?	فَبِأَيِّ آلَاءِ رَبِّكُمَا تُكَذِّبَانِ

Die Seligen – zweites Garten-Ensemble :

62	Und außer ihnen sind zwei weitere Gärten,	وَمِن دُونِهِمَا جَنَّتَانِ
63	Welche Zeichen eures Herrn wollt ihr also leugnen?	فَبِأَيِّ آلَاءِ رَبِّكُمَا تُكَذِّبَانِ
64	Von dichtem Grün,	مُدْهَامَّتَانِ
65	Welche Zeichen eures Herrn wollt ihr also leugnen?	فَبِأَيِّ آلَاءِ رَبِّكُمَا تُكَذِّبَانِ
66	Darin sind zwei Quellen, die heftig sprudelnd fließen.	فِيهِمَا عَيْنَانِ نَضَّاخَتَانِ
67	Welche Zeichen eures Herrn wollt ihr also leugnen?	فَبِأَيِّ آلَاءِ رَبِّكُمَا تُكَذِّبَانِ
68	Darin sind Fruchtbäume, Palmen und Granatbäume.	فِيهِمَا فَاكِهَةٌ وَنَخْلٌ وَرُمَّانٌ
69	Welche Zeichen eures Herrn wollt ihr also leugnen?	فَبِأَيِّ آلَاءِ رَبِّكُمَا تُكَذِّبَانِ
70	Darin sind (Mädchen,) gute, schöne,	فِيهِنَّ خَيْرَاتٌ حِسَانٌ
71	Welche Zeichen eures Herrn wollt ihr also leugnen?	فَبِأَيِّ آلَاءِ رَبِّكُمَا تُكَذِّبَانِ
72	Schwarzäugige, in Zelten abgeschirmt,	حُورٌ مَقْصُورَاتٌ فِي الْخِيَامِ
73	Welche Zeichen eures Herrn wollt ihr also leugnen?	فَبِأَيِّ آلَاءِ رَبِّكُمَا تُكَذِّبَانِ
74	Die weder Mensch noch Jinn berührt hat.	لَمْ يَطْمِثْهُنَّ إِنسٌ قَبْلَهُمْ وَلَا جَانٌّ
75	Welche Zeichen eures Herrn wollt ihr also leugnen?	فَبِأَيِّ آلَاءِ رَبِّكُمَا تُكَذِّبَانِ

76	Darin liegen sie angelehnt an grüne Kissen auf erlesenen Teppichen.	مُتَّكِئِينَ عَلَى رَفْرَفٍ خُضْرٍ وَعَبْقَرِيٍّ حِسَانٍ
77	Welche Zeichen eures Herrn wollt ihr also leugnen?	فَبِأَيِّ آلَاءِ رَبِّكُمَا تُكَذِّبَانِ
78	Gepriesen sei der Name deines Herrn, voller Majestät und Würde!	تَبَارَكَ اسْمُ رَبِّكَ ذِي الْجَلَالِ وَالْإِكْرَامِ

2.2 Analyse von Sure 55

Der kurzgliedrige Auftakt des Anfangs-Hymnus (V. 1–4), der als erstes Reimwort den Gottesnamen *ar-Raḥmān* einspielt, benennt die beiden Themen: Schöpfung (*khalq*, V. 3) und klare Rede (*bayān*, V. 4), um die der ganze Text kreisen wird: „Der Barmherzige / Lehrte den Koran / Erschuf den Menschen / Lehrte ihn die klare Sprache".

Die Komposition läßt sich unter Zugrundelegung struktureller Kriterien in folgendes Schema fassen[22]: I Hymnus ohne explizit genannte Adressaten (V. 1–13), II Hymnus mit Adressaten: Dämonen und Menschen (V. 14–36), III Eschatologisches (V. 37–78)[23]. Während die beiden Hymnen (ohne V. 31–36) und der eschatologische Teil (ohne die kurze Gerichtsbeschreibung 37–45) mit Schöpfung, bzw. ihrer Entelechie im Paradies befaßt sind, wird das zweite Thema: die klare Sprache, gerade nicht argumentativ, sondern exklusiv durch Mittel der Rhetorik entfaltet: Die Sure kann als einer der am meisten poetischen Texte des Koran gelten, der ein zentrales Theologumenon, die Symmetrie der göttlichen Schöpfungsordnung, nicht nur semantisch, sondern auch grammatisch, d. h. morphologisch und syntaktisch, sowie klanglich gestaltet. Symmetrie ist mithin ein Charakteristikum des Bezeichneten, der Schöpfung, wie auch des Zeichens selbst, der Sprache. Und da der Koranvortrag selbst als der erhabenste Sprechakt gilt, so läßt sich *bayān*, klare Sprache, als Evokation vor allem der koranischen Sprache verstehen und die Sure als eine Exposition des Ineinanderwirkens von *khalq*, Schöpfung, und *qurʾān*, Offenbarung, göttliche Lehre, erkennen. *Zwei* im Schöpfungswerk selbst angelegte Ideen durchziehen die Sure:

---

22 S. zu diesen im einzelnen A. Neuwirth; Symmetrie und Paarbildung in der koranischen Eschatologie. Philologisch-Stilistisches zu Sūrat ar-Raḥmān, in: L. Pouzet S. J. (Hg.), Mélanges Michel Allard s.j. et Paul Nwiya s.j. = Mélanges de l'Université St Joseph, 1984, 447–480; M. Abdelhalim, Context and internal relationships: Keys to qurʾanic exegesis. A study of Surat al-Rahman. (Qurʾan Chapter 55), in: G. R. Hawting/ A. K. Shareef (Hg.), Approaches to the Qurʾan, 1993, 71–98. Abdelhalim, p. 75, nimmt eine Einteilung in: 1–30; 31–45; 46–77 vor.

23 A. Neuwirth, Studien zur Komposition der mekkanischen Suren, 209–210.

die geradezu symmetrische Ordnung, *kosmos*, und die hermeneutische
Verständlichkeit, *logos*. Insofern beide als gleich-primordial eingeführt
werden, evoziert die Vermittlung des *logos*, die sogar noch der physischen Erschaffung des Kosmos vorausgeht, den Anfang des Johannes-
Evangeliums. Zugleich klingt mit dem Gedanekn der Ausstattung des
Menschen mit den beiden Kräften *physis* und *logos* griechisches Gedankengut an. Der Dual ist bei einer unvoreingenommenen Lektüre also in seiner Funktionalität schwerlich anzufechten.

Ein fast philosophischer Text also, der sich außerhalb des im Koran
sonst üblichen zeit-gebundenen mekkanischen Kommunikations-Sze-
nario stellt. Nicht nur ist der (ab V. 13) durchgehende Refrain mit seiner rhetorischen Anfrage nicht an die historischen Hörer, sondern an
die mythische Doppelgruppe, Menschen und Dämonen, gerichtet[24],
auch der diskursive Hauptstrang der Sure bewegt sich nicht in der
innerweltlichen Realität. Vielmehr resumiert Teil I (V. 1–13) das pri-
mordiale Schöpfungswerk, unterbrochen nur durch einige – assoziativ
erinnerte – Erstaunen auslösende Aspekte an den Schöpfungsstruktu-
ren, wie Schiffe auf der Meeresoberfläche oder Perlen und Korallen in
der Meerestiefe.

Und auch Teil II (V. 14–36, der den kurz vorher eingeführten Refrain nun regelmäßig aufnimmt, bewegt sich im rein Mythischen, indem er die Menschen- und Dämonenschöpfung kontrastiert und poten-
tielle Rebellen unter den Dämonen, die sich gegen die Ordnung der
Schöpfung auflehnen wollen, in ihre kosmisch gesetzten Grenzen
verweist. Der eschatologische Schlußteil (V. 37–78) bringt zwar kurso-
risch die ‚historischen‘ Leugner in Erinnerung (V. 43), bleibt sonst aber
ebenfalls dem mythischen Ensemble Menschen und Dämonen vorbehalten, die am Jüngsten Tag in der Situation des Gerichts, bei ihrer
Aburteilung und folgenden Vergeltung eingeblendet werden. Dabei
wird das Geschick der Verdammten nur gestreift, während für die
Seligen der Ort ihrer jenseitigen ewigen Beglückung in einer sonst
ungekannten Ausführlichkeit und mit einem einzigartigen Arsenal
stilistischer Mittel ausgemalt wird. Dieser Teil, die doppelte Paradiesbeschreibung ist, wie gezeigt werden soll, der eigentliche Höhepunkt
der Sure. Ewigkeit, räumlich imaginiert, ist also das zentrale Theologumenon der Sure.

---

24 S. dazu A. Neuwirth, Qur'anic literary structures revisited, in: S. Leder (Hg.), Story-
   telling in the framework of non-fictional Arabic literature, 1998, 188–420.

2.3 Q 55 – eine Litanei?

Was ist der Sitz im Leben dieser Sure? Angesichts des fast gänzlichen Fehlens irgendwelcher Referenzen zur mekkanischen Realität – nur V. 8–9 und V. 31–35 sind Anreden an eine Mehrzahl von realen Angesprochenen – und des alles zusammenhaltenden Refrains zum anderen erscheint sie als ein integraler liturgischer Text, konkreter: als ein antiphonischer Text, eine Litanei. Dies allerdings nur der Form, nicht der Funktion nach, da die für alle Texte geltende Vortragspraxis nur einen einzigen Rezitator vorsieht. Es liegt hier also ein Fall der von Michael Riffaterre statuierten ‚Ungrammatikalität' – *ungrammaticality* – vor, konkreter ein Beleg für das *dual sign*, das ‚doppelt deutbare Zeichen'[25], d. h. ein sprachliches Zeichen, das durch seine Anomalie in seinem Kontext auf einen anderen Text verweist, in dem das auffällige Phänomen ‚normal' ist. Die Bedeutung dieses ‚anderen Textes' geht dabei über die eines üblichen Subtextes hinaus, insofern erst seine Beiziehung die vollständige Dekodierung des zu erschließenden Textes ermöglicht. Für Sure 55 ist dieser ‚andere Text' Psalm 136, ein Text, dessen antiphonische Struktur in seinem Milieu durchaus perfomativ umgesetzt worden sein kann. Der Psalm, in der jüdischen Tradition seit talmudischer Zeit als das „Große Gotteslob"[26], *he-hallēl hag-gādōl*, – gegenüber dem einfachen „Gotteslob", *hallēl*, Ps 115–118 – gefeiert', ist in Ausschnitten sowohl in das jüdische Tischgebet (*birkat ham-māzōn*)[27] als auch in das christliche eingegangen. Dass er einzelnen Frommen im Umkreis der koranischen Gemeinde liturgisch vertraut war, ist nur

---

25   M. Riffaterre, Semiotics of Poetry, 1978, 92: "(…) the dual sign works like a pun. (…) It is first apprehended as a mere ungrammaticality, until the discovery is made that there is another text in which the word is grammatical; the moment the other text is identified, the dual sign becomes significant purely because of its shape, which alone alludes to that other code".

26   *bPes.* 118b.

27   Es ist bemerkenswert, dass das sabbatliche Tischgebet, das mit einer Reminiszenz aus Ps 134 beginnt, eine Litanei enthält, die sechsmal mit emphatischen *ha-raḥamān*, ‚Der Barmherzige', einsetzt. Bei dieser Litanei geht es jedoch vornehmlich um die menschliche Erhaltung, die Erwählung Israels und das Kommen des Messias: *Bārūkh hū u-bhārūkh shemō. Bārūkh 'attā YHWH elōhēnū melekh ha-ʿōlām, haz-zān 'et ha-ʿōlām kullō, be-ṭūbhō be-ḥēn be-ḥesed u-bhe-raḥamim; hū nōtēn leḥem le-khol basar kī le-ʿōlām ḥasdō.* (...) „Gelobt sei Er und gelobt sei Sein Name. Gelobt seist Du, Herr unser Gott, König der Welt, der Du die ganze Welt speisest mit Güte, Huld, Gnade und Barmherzigkeit, gibst Unterhalt jeder Kreatur, ewig währet Deine Güte! (...). Ein Hymnus auf *ar-raḥmān/ha-raḥamān* könnte also schon vor der Konstitution des Korantextes geläufig gewesen sein. A. Z. Idelsohn 1932:124 hält den *Raḥamān*-Hymnus, „ein Pastiche aus biblischen Versen", für eine spätere Hinzufügung zum Tischgebet, ohne allerdings Gründe dafür zu nennen (freundlicher Hinweis von Dirk Hartwig, New York University).

naheliegend – der in der jüdisch-christlichen Tradition prominente Text dürfte zu einer koranischen Neulektüre herausgefordert haben. Die These der ‚Koranisierung' eines Schlüsseltextes der älteren Religionen gewinnt noch an Plausibilität, wenn wir bedenken, dass Sure 55 – angesichts des Gottesnamens *ar-Raḥmān* – in jene Periode der intensivierten Kultentwicklung der Gemeinde gehört, aus der auch andere aus dem Gespräch mit jüdisch-christlichen Traditionen hervorgegangene Basistexte, vor allem die *Fātiḥa*, datieren. Die ‚Koranisierung' manifestiert sich nicht in einer bloßen *mimesis*, sondern in der Komposition eines Gegentextes, der zwar eingangs der Psalm-Argumentation folgt, dann aber an entscheidender Stelle eine gegenläufige Stoßrichtung einschlägt. – Nun ein kursorischer Vergleich:

3. Q 55 und Ps. 136 im Vergleich

3.1 Text des Psalms[28]

1	Danket dem Herrn; denn Er ist freundlich, denn Seine Güte währet ewiglich.	הוֹדוּ לַיהוָה כִּי־טוֹב כִּי לְעוֹלָם־חַסְדּוֹ.
2	Danket dem Gott aller Götter, denn seine Güte währet ewiglich.	הוֹדוּ לֵאלֹהֵי הָאֱלֹהִים כִּי לְעוֹלָם חַסְדּוֹ.
3	Danket dem Herrn aller Herren, denn Seine Güte währet ewiglich.	הוֹדוּ לַאֲדֹנֵי הָאֲדֹנִים כִּי לְעוֹלָם חַסְדּוֹ.
4	Der allein große Wunder tut, denn Seine Güte währet ewiglich.	לְעֹשֵׂה נִפְלָאוֹת גְּדֹלוֹת לְבַדּוֹ:כִּי לְעוֹלָם חַסְדּוֹ.
5	Der die Himmel mit Weisheit gemacht hat, denn Seine Güte währet ewiglich.	לְעֹשֵׂה הַשָּׁמַיִם בִּתְבוּנָה: כִּי לְעוֹלָם חַסְדּוֹ.
6	Der die Erde über den Wassern ausgebreitet hat, denn Seine Güte währet ewiglich.	לְרֹקַע הָאָרֶץ עַל־הַמָּיִם: כִּי לְעוֹלָם חַסְדּוֹ.
7	Der große Lichter gemacht hat, denn Seine Güte währet ewiglich:	לְעֹשֵׂה אוֹרִים גְּדֹלִים כִּי לְעוֹלָם חַסְדּוֹ.
8	Die Sonne, den Tag zu regieren,	אֶת־הַשֶּׁמֶשׁ לְמֶמְשֶׁלֶת

---

28   Verf. folgt hier der Luther-Übersetzung.

	denn Seine Güte währet ewiglich;	בַּיּוֹם כִּי לְעוֹלָם חַסְדּוֹ
9	Den Mond und die Sterne, die Nacht zu regieren, denn Seine Güte währet ewiglich.	אֶת־הַיָּרֵחַ וְכוֹכָבִים לְמֶמְשְׁלוֹת בַּלָּיְלָה כִּי לְעוֹלָם חַסְדּוֹ.
10	Der die Erstgeborenen schlug in Ägypten, denn Seine Güte währet ewiglich;	לְמַכֵּה מִצְרַיִם בִּבְכוֹרֵיהֶם כִּי לְעוֹלָם חַסְדּוֹ.
11	und führte Israel von dort heraus, denn Seine Güte währet ewiglich;	וַיּוֹצֵא יִשְׂרָאֵל מִתּוֹכָם: כִּי לְעוֹלָם חַסְדּוֹ.
12	mit starker Hand und ausgerecktem Arm, denn Seine Güte währet ewiglich.	בְּיָד חֲזָקָה וּבִזְרוֹעַ נְטוּיָה כִּי לְעוֹלָם חַסְדּוֹ.
13	Der das Schilfmeer teilte in zwei Teile, denn Seine Güte währet ewiglich;	לְגֹזֵר יַם־סוּף לִגְזָרִים: כִּי לְעוֹלָם חַסְדּוֹ.
14	Und ließ Israel mitten hindurchgehen, denn Seine Güte währet ewiglich;	וְהֶעֱבִיר יִשְׂרָאֵל בְּתוֹכוֹ כִּי לְעוֹלָם חַסְדּוֹ.
15	der den Pharao und sein Heer ins Schilfmeer stieß, denn Seine Güte währet ewiglich.	וְנִעֵר פַּרְעֹה וְחֵילוֹ בְיַם־סוּף: כִּי לְעוֹלָם חַסְדּוֹ.
16	Der sein Volk führte durch die Wüste, denn Seine Güte währet ewiglich.	לְמוֹלִיךְ עַמּוֹ בַּמִּדְבָּר כִּי לְעוֹלָם חַסְדּוֹ.
17	Der große Könige schlug, denn Seine Güte währet ewiglich;	לְמַכֵּה מְלָכִים גְּדֹלִים כִּי לְעוֹלָם חַסְדּוֹ.
18	und brachte mächtige Könige um, denn Seine Güte währet ewiglich;	וַיַּהֲרֹג מְלָכִים אַדִּירִים כִּי לְעוֹלָם חַסְדּוֹ.
19	Sihon, den König der Amoriter, denn Seine Güte währet ewiglich;	לְסִיחוֹן מֶלֶךְ הָאֱמֹרִי כִּי לְעוֹלָם חַסְדּוֹ.
20	und Og, den König von Baschan, denn Seine Güte währet ewiglich;	וּלְעוֹג מֶלֶךְ הַבָּשָׁן כִּי לְעוֹלָם חַסְדּוֹ.
21	und gab ihr Land zum Erbe, denn Seine Güte währet ewiglich;	וְנָתַן אַרְצָם לְנַחֲלָה כִּי לְעוֹלָם חַסְדּוֹ.

22	Zum Erbe seinem Knecht Israel, denn Seine Güte währet ewiglich.	נַחֲלָה לְיִשְׂרָאֵל עַבְדּוֹ כִּי לְעוֹלָם חַסְדּוֹ.
23	Der an uns dachte, als wir unterdrückt waren, denn Seine Güte währet ewiglich;	שֶׁבְּשִׁפְלֵנוּ זָכַר לָנוּ כִּי לְעוֹלָם חַסְדּוֹ.
24	Und uns erlöste von unsern Feinden, denn Seine Güte währet ewiglich.	וַיִּפְרְקֵנוּ מִצָּרֵינוּ כִּי לְעוֹלָם חַסְדּוֹ.
25	Der Speise gibt allem Fleisch, denn Seine Güte währet ewiglich.	נֹתֵן לֶחֶם לְכָל־בָּשָׂר כִּי לְעוֹלָם חַסְדּוֹ.
26	Danket dem Gott des Himmels, denn Seine Güte währet ewiglich.	הוֹדוּ לְאֵל הַשָּׁמָיִם כִּי לְעוֹלָם חַסְדּוֹ.

3.2 Gemeinsamkeiten und Differenzen

Der Psalm setzt wie die Sure mit Gotteslob ein (V. 1–4: „*hōdū la-YHWH kī ṭōbh kī le-ʿōlām ḥasdō / hōdū le-lōhē hā-elōhīm kī le-ʿōlām ḥasdō / hōdū la-adōnē hā-adōnīm kī le-ʿōlām ḥasdō / le-ʿōsēh niphlāʾōt gedōlōt levaddō kī le-ʿōlām ḥasdō*"– „Danket dem Herrn, denn Er ist freundlich, denn Seine Güte währet ewiglich. Danket dem Herrn aller Herren, denn Seine Güte währet ewiglich. Der allein große Wunder tun, denn Seine Güte währet ewiglich").

Er trägt aber den Refrain *kī le-ʿōlām ḥasdō* – „denn Seine Güte währet ewiglich" vom ersten Vers an. Es folgt eine Erinnerung an die Schöpfung des Himmels (V. 5) *le-ʿōsēh ha-shāmayim bi-tebhūnāh kī le-ʿōlām ḥasdō* – „Der die Himmel mit Weisheit gemacht hat, denn Seine Güte währet ewiglich"; entsprechend in der Sure Q 55:7: *wa-s-samāʾa rafaʿahā wa-waḍaʿa l-mīzān* – „Den Himmel hat Er erhoben und die Waage angebracht", wo die göttliche Einsicht (*tebhūnāh*) durch das Symbol der Waage repräsentiert zu sein scheint.[29] Auch der Vers über die Erschaffung der Erde, V. 6, *le-rōqaʿ hā-āreṣ ʿal ham-māyim kī le-ʿōlām ḥasdō* – „Der die Erde über den Wassern ausgebreitet hat, denn seine Güte währet ewiglich", hat eine koranische Entsprechung: Q 55:10: *wa-l-arḍa waḍaʿahā li-l-anām* – „die Erde hat er ausgebreitet für die Menschen", die jedoch nicht auf Kosmologisches, sondern auf die

---

29 T. Nöldeke, GdQ² I, 106 f. hält V. 8–9, das auf Q 83:1–3 rekurriert, unnötigerweise für sekundär, die exzessiv sprachbezogene Sure spielt aber auch sonst mit intertex-tuellen Rückverweisen auf bereits Vorgetragenes.

Erhaltung des Menschen ausgerichtet ist. Die folgenden Psalmverse zur Erschaffung der Himmelskörper sind im Koran bereits vorwegenommen, V. 7–8: *le-ʿōsēh ōrīm gedōlīm kī le-ʿōlām ḥasdō, et hash-shemesh le-memshelet bay-yōm kī le-ʿōlām ḥasdō* – „der große Lichter gemacht hat, denn Seine Güte währet ewiglich / die Sonne, den Tag zu regieren, denn Seine Güte währet ewiglich" entspricht Q 55:5 *ash-shamsu wa-l-qamaru bi-ḥusbān* – „Sonne und Mond folgen einer Berechnung". Wie im Psalm dienen die Himmelskörper nicht zuletzt der Tagzeitenordnung; V. 9 *et hay-yārēaḥ we-khōkhābhīm le-memshelōt bal-lāylāh kī le-ʿōlām ḥasdō* – „den Mond und die Sterne, die Nacht zu regieren" entspricht Q 55:6: *wa-n-najmu wa-sh-shajaru yasjudān* – „Stern und Baum werfen sich nieder". Hier biegt die koranische Argumentation jedoch ab: Nicht Mond und Sterne herrschen über die Nacht, sondern Sterne werden – zusammen mit Bäumen – umgekehrt in Anbetungshaltung dargestellt.

Während aber die Schöpfung in beiden Texten insgesamt weitgehend kongruiert, gehen beide Texte hinsichtlich der Heilstaten Gottes in der Welt auseinander. Die Argumentation des Psalms wendet sich mit V. 10 dem Handeln Gottes in der Geschichte zu: *le-makkēh Miṣrayim bi-bhekhōrēhem kī le-ʿōlām ḥasdō* – „Der Ägypten schlug an seinen Erstlingen, denn Seine Güte währet ewiglich", gefolgt von weiteren Geschichtsreferaten, die unter beiden Aspekten, dem der Errettung Israels und dem der Heimsuchung und Vernichtung der Feinde Israels (Ps 136:11–22), aufgeführt werden. Dabei irritiert das Alternieren von im Text berichteten vernichtenden Aktivitäten Gottes und seiner im Refrain beschworenen Güte. Eben diese Irritation löst auch ein Oxymoron im koranischen Text aus. Denn der koranische Text bietet in seiner mythischen Geschichtsferne zwar keine ähnlichen historischen Paradoxien, er zeigt jedoch im polemischen Teil (Q 55:31–35) dieselbe Struktur, indem die Drohreden an die Menschen und Dämonen im Hauptstrang der Rede von einem bis dahin positiv konnotierten Refrain „kommentiert" werden, ganz zu schweigen von dem gerichtsspezifischen Teil Q 55:37–45, wo der Refrain mit seinen bis dahin als Wohltats-Zeichen verstandenen *ālāʾ* mit Vernichtungsakten kontextualisiert ist, wie etwa V. 35: *yursalu ʿalaykumā shuwāẓun min nārin wa-nuḥāṣun fa-lā tantaṣirān / fa-bi-ayyi ālāʾi rabbikumā tukadhdhibān* – „Es werden über euch Feuerzungen geschickt und heißes Erz, so dass ihr euch nicht retten könnt. / Welche Zeichen eures Herrn sollt ihr also leugnen?"

Diese im Koran sonst nirgends nachweisbare Antithetik zwischen zwei auf einander bezogenen Versen kann schwerlich anders als aus dem psalmistischen Intertext erklärt werden.

Allerdings wird diese Demonstration der Ambivalenz göttlichen Handelns, die zwischen Wohltaten und Bestrafungen oszilliert, an zwei ganz verschiedenen Textsorten exerziert, einem Geschichtsbericht im Psalm, V. 10–20, und einer Warn- und Strafrede im Koran, Q 55:31–45. Nicht diese Strafrede ist aber die wirkliche Entsprechung des psalmistischen Geschichtsteils, der als Demonstration von Gottes befreiender Macht und Treue gegenüber seinem Volk das Herzstück des Psalmtextes bildet. Dem historischen Herzstück des Psalms entspricht vielmehr als Höhepunkt der Sure die Paradiesbeschreibung. Die in den Psalmen entwickelte Geschichtserinnerung hat im frühen Koran keine Entsprechung, wo Geschichte zumeist Vernichtungsgeschichte ist; an ihrer Stelle steht im Koran die Vervollkommnung der Schöpfung im Paradies, die – wie wir sehen werden – die Positiv-Projektion einer altarabischen Verlusterinnerung ist. Der Geschichtsteil des Psalms ist also gewissermaßen ‚überschrieben', ersetzt, durch einen eschatologischen Teil in der Sure. – Ewigkeit, räumlich imaginiert, ist an die Stelle der historischen Zeit getreten. Sie ist gleichzeitig an die Stelle des leeren Raumes in der altarabischen Dichtung mit seinen Erinnerungen an verlorene Geschichte getreten.

3.3 Die koranischen Ewigkeits-Axiome: Eschatologischer Raum und göttlich verliehene Sprache

Zwei Texte über göttliche Macht und Sorgewaltung für die Geschöpfe stehen sich gegenüber. Im Psalm geht es um Gottes Schöpfung und Erhaltung und die Erwählung Seines Volkes durch die Zeit, die Geschichte. In der Sure geht es zwar ebenso um Schöpfung und diesseitige Erhaltung – zentral aber um die Entelechie der Schöpfung in der Ewigkeit. Während der Psalm in der Dramatik von Rettung und Vernichtung zum einen, in der als Geschenk wahrgenommenen göttlichen Zuwendung zum anderen, den Beweis göttlicher Präsenz erblickt, ist es im Koran die alles umfassende Schöpfungs-Ordnung, die im Zentrum steht und deren sprachliche Darstellung in der koranischen Verkündigung selbst Beweisführung für diese Ordnung ist.[30] Zugespitzt könnte man sagen: Es geht anders als in den Psalmen nicht um Erinnerung, sondern um Hermeneutik.

Die koranische Neulektüre von Psalm 136 markiert also eine Wende, eine Umkehrung der Stoßrichtung von Geschichte und innerweltlicher Zeit zu Eschatologie und Ewigkeit – Gott-menschliche Interaktion ist nicht primär göttliche Intervention im sozial-politischen Leben, sondern ist eine Mitteilung von Zeichen, seiner sprachlichen Verlautba-

---

30   A. Neuwirth, Form and Structure of the Qur'ān, in *EQ* II, 2002, 245–266.

rung der Offenbarung und seiner ‚figürlichen Handschrift' der Schöpfung. Die thematische Akzentverschiebung von Geschichte zu Eschatologie wird also von einem Metadiskurs begleitet: der Verstehbarkeit des Kosmos und damit der Sprache, die gleich zu Eingang der Sure thematisiert wird und dort sogar mit der Schöpfung auf eine Ebene gestellt wird: Q 55:1–4. Diese besondere Selbstreferentialität ist dem Psalm fremd. Der Koran aber, Zeugnis seiner Zeit, der exegetisch und paränetisch orientierten Debattenkultur der Spätantike, bleibt nicht bei hymnischer Rede stehen, er orchestriert vielmehr zusammen mit der Preisung Gottes als des Schöpfers und Lehrers, des Stifters von *physis* und *logos*, auch triumphal den Gedanken der im Arabischen erreichbaren sprachlichen Virtuosität und preist damit implizit die hermeneutische Sensibilität der historischen Gemeinde der Hörer.

4. Noch einmal: Zeit und Ewigkeit

Noch eine andere Referentialistät spielt in der Sure eine Rolle. Man darf die im frühen Koran so zentrale Vorstellung vom eschatologischen Dereinst nicht sogleich als a-politisch oder a-sozial abtun. Wie politisch oder zumindest geschichts-relevant die Paradiesbeschreibungen sind, wird erst deutlich, wenn man den Koran-Text gegen seine nicht-biblischen Vorgänger-Texte, d. h. die von den altarabischen Gedichten transportierte vorislamische *masternarrative* liest.

Der altarabische Dichter, der vor dem Auftreten des Propheten der Sprecher seiner Gesellschaft war, beklagt im Einleitungsteil seiner Ode, dem Nasib, die fast ausgelöschten Spuren, *atlāl*, früherer Besiedlung eines jetzt öden Ortes. Die Natur stellt sich ihm unzugänglich und abweisend dar, sie hat keine Antwort auf seine Frage nach dem *„ubi sunt"*[31], dem Verbliebensein des einst dort herrschenden sozialen Lebens; sie ist ein stummer Spiegel seiner eigenen Vergänglichkeit. Alle Kultur, alle menschlichen Errungenschaften, fallen der Zeit anheim[32] oder werden von der sich zyklisch erneuernden Natur überwuchert: Auf die Wohnstätten und die soziale Ordnung der einstigen Bewohner des Ortes verweisen nur noch verwitterte Siedlungsspuren; ein Verlust, der sich auch individuell-persönlich spiegelt: Die einstige Beziehung des Dichters zu seiner Geliebten ist zerbrochen, Geselligkeit, Lebensfreude und feiner Umgang in einer materiell, vor allem textil luxuriös

---

31   Vgl. zu diesem populärphilosophischen Motiv in der Spätantike, C. H. Becker: Islamstudien, 1921, 501–519.

32   S. P. Stetkevych, The Mute Immortals Speak. Pre-Islamic Poetry and Poetics of Ritual, 1993.

ausgestattenen Lebenswelt, die sich insbesondere mit der Welt der
Frauen verband, sind geschwunden, seit die Sänften-tragende Karawa-
ne der Frauen fortgezogen ist, sich ihr Bild, wie ein Vers des Dichters
Labid es ausdrückt, in einer Luftspiegelung auflöste.

So vergänglich aber wie die Spuren menschlicher Kultur so ewig
sind in der Wahrnehmung des Dichters die Naturphänomene – in den
Worten Labids:

> Wir vergehen, aber die aufgehenden Sterne vergehen nicht. Berge und Fes-
> ten bleiben wenn wir vergangen sind.

> *Balīnā wa-lā tablā n-nujūmu ṭ-ṭawāliʿu, wa-tabqā l-jibālu baʿdanā wa-l-maṣāniʿu*

Zeit kann der Natur nichts anhaben, sie ist ewig, *khalid*, oder erneuert
sich doch zeitlos zyklisch. Der Mensch dagegen wird von der Zeit –
personalisiert als *dahr*, ‚Geschick' – ‚aufgezehrt'. – Dieser Wahrnehmung der Überwältigung des Menschen und seiner Kultur durch die
Natur tritt der Koran entgegen. – Gott selbst übernimmt die Rolle des
Geschicks und befreit den Menschen aus seiner Vergänglichkeit, er
bestimmt die Zeit des Menschen neu. Sie reicht nun von der Erschaffung der primordialen Welt und der gleichzeitigen Erschaffung des
logos, d. h. der dem Menschen von Anfang an eignenden Kraft des Ver-
stehens, *bayān*, der klaren Sprache, bis zum Ende der Welt, wenn nach
Auflösung der kosmischen Strukturen am Jüngsten Tag, der Mensch
das primordial empfangene Pfand der göttlichen Lehre zurückzugeben
hat, ja sie reicht sogar noch darüber hinaus. Denn nach dem Gericht
beginnt jene endlose Ewigkeit, die der Koran in die räumliche Vorstellung des Paradieses einkleidet. Wir bemerkten in der Paradiesbeschreibung unserer Sure nicht nur die Verheißung ewig grünender und
Frucht-tragender Natur, sondern auch materiellen Luxus: ‚grüne Kissen', ‚erlesene Teppiche', ‚Brokat-überzogene Polster', vor allem aber
die Präsenz von schönen jungen Frauen, sämtlich Sehnsuchts-Objekte
des mit dem veröäeten Raum und seiner verlorenen Geschichte einer
vergangenen Zivilisation konfrontierten altarabischen Dichters. Das
Paradies ist ein Raum, in dem der Mensch der Natur nicht mehr
ausgeliefert ist, sondern das verloren-Beklagte wieder vorfindet: seine
einstige kulturelle ‚Einkleidung', d. h. die – auch jetzt wieder mit der
Präsenz von Frauen verbundene – ästhetische Kultur, und sogar höfi-
schen Luxus bei dem jenseitigen ewigen Mahl. Die einst bedrohliche
und sich den Fragen des Menschen verweigernde Natur wird dabei zur
Festkulisse. Sie ist ihrerseits in ihrer jahreszeitlichen Höchstform ver-
ewigt und gewährt ewig grünend und Früchte tragend Fülle und Ge-
nuss. Kultur, soziale Kommunikation und verfeinerte Lebensart ist aus
dem Vergänglichen ins Ewige herübergerettet, die vorher ambivalent-
ewige Natur ist gezähmt und zu einer uppig-lebensspendenden Kulisse

des ewigen Mahles erhoben. Die koranische Neulektüre des Psalms trägt also dort, wo sich die Sure von dem psalmistischen Geschichts-Paradigma abwendet, mit der Exegese altarabischer Gedichte ihrerseits Geschichtsreflektionen in den Text ein.

Die ‚verlorene Geschichte' der altarabischen Wahrnehmung wird jenseits der Geschichte restituiert. Ewigkeit, die im Koran an die Stelle der historischen Geschichtserinnerung tritt, ist auch Wiederherstellung des in der Zeit verlorenen Glücks.

„Und für alle Zeit erschien aus ihrer Mitte das Alleräußerste Licht"

Zeit und Ewigkeit im populären Islam der häretischen Schia Mesopotamiens

BÄRBEL BEINHAUER-KÖHLER

Zeitkonzepte der islamischen Kultur

Vorstellungen und Begriffe von „Zeit" und „Ewigkeit" sind im Islam in Form verschiedener Referenzrahmen zu verfolgen: Ein vorislamisch-beduinisches Zeitverständnis um den Begriff *dahr* mit Affinitäten zur Personifizierung der Zeit als Schicksalsbestimmer verändert sich in Koran und Hadith dahingehend, dass Allah die Autonomie über Zeit und Schicksal zugesprochen wird.[1] Die logische Erschließung von Dimensionen der Zeit, wo sich Vorstellungen von Ewigkeit und menschlich erfahrene begrenzte Zeit begegnen, war bei gleichzeitiger Rezeption philosophischer Ansätze der Antike ein großes Thema für die islamische Philosophie und Theologie.[2] Nicht zuletzt bilden Modelle von Zeit Topoi in narrativen Traditionen, so im Märchen die Einleitungsformel *kāna fī qadīm az-zamān*, „es geschah vor langer Zeit", eine Formel, die eine Erzählung in eine andere Dimension entrückt, welche nicht nur schlicht vergangen ist, sondern so weit zurückliegt, dass sie ganz eigenen Gesetzmäßigkeiten gehorcht und eine eigene Welt bildet.

Angesichts dieser Vielfalt verwundert es nicht, im islamisch geprägten Kulturraum selbst solche Zeitvorstellungen vorzufinden, die man dort angesichts orthodoxer Lehren niemals vermuten würde: Vorstellungen sich über nahezu unendliche Zeiträume wiederholender Zeitzyklen, wie man sie in der indo-europäischen Religionsgeschichte kennt, und ferner Vorstellungen göttlicher „Inkarnationen" in der Zeit. Sie treten auf in der Schia, vornehmlich der extremen Schia des südlichen Mesopotamien in einer Periode noch vor der Ausdifferenzierung spezifischer Imamlinien und großer schiitischer Theologien, in einem

---

1   W. M. Watt, Art. „Dahr", in: EI² II, 1965, 94 f.
2   Siehe u. a. J. C. Bürgel, Allmacht und Mächtigkeit. Religion und Welt im Islam, 1991, 124.

religiös außerordentlich vielschichtigen heterodoxen Milieu mit Tendenz zur Synkretismusbildung. Diese Zeitvorstellungen gilt es zunächst zu rekonstruieren. Sie sind trotz der Marginalisierung ihrer Trägerschaften nicht gänzlich verschwunden. Vielmehr sind sie in Ansätzen in die Theologie der Siebenerschia, der Ismāʿīlīya, eingegangen, und es wäre nach ihrem Fortwirken in der orientalischen Literatur sowie in populären Heiligenlegenden bis hin zu Kontexten der religiösen Praxis zu fragen.

Das *Umm al-Kitāb*

Im Kern ist der angesprochene Komplex heterodoxer Zeitvorstellungen im sogenannten *Umm al-Kitāb* der Ġulāt rekonstruierbar. Es handelt sich um eine umfangreiche arabisch-persische Schrift aus der Zeit um 800 n. Chr., als im südlichen Zweistromland in schiitischen Kreisen eine besondere Richtung aufkam, die von der orthodoxen Mehrheit von Sunniten und Schiiten als „Übertreiber" oder „Überschreiter" diskreditiert wurde. Ihnen wurden verschiedene Verstöße gegen gängige Dogmen nachgesagt, so die Idee, dass sich Allah in den Körpern der Imame inkarniere *(ḥulūl)*, die Seelenwanderung *(tanāsuḫ)* sowie eine eschatologische Hoffnung, verbunden mit einem Antinomismus *(ibāḥa)*, der die Befolgung des islamischen Gesetzes außer Kraft setzen würde.[3]

Mesopotamien und die Region um das ehemalige sasanidische Seleukeia-Ktesiphon[4], in dessen Nähe erst um 750 die abbasidische Hauptstadt Bagdad gegründet worden war, war ein religiös äußerst pluralistischer Raum. Heinz Halm, der das *Umm al-Kitāb* maßgeblich erschlossen hat,[5] schildert dessen Bezüge zu den die heterodoxen Schiiten umgebenden teils häretisch-gnostischen Juden, nestorianischen Christen, Mandäern und Zoroastriern. Als kulturelle Strömungen wird zudem der Hellenismus mit besonders seinem neuplatonischem Gedankengut greifbar. Die die Gruppe entscheidend prägende Religion war jedoch der Islam, in der Zeit um 800 mit einer sich etablierenden sunnitischen Theologie und in der Schia mit bereits existenten Vorstellungen vom abwesenden *(ġāʾib)* Imam und eng damit verknüpften eschatolgisch-heilsgeschichtlichen Hoffnungen sowie einsetzender weitreichender Verklärung der Heilsgestalten der Schia. In der hier

---

3 H. Halm, Die Schia, 1988, 186–189.
4 M. Streck, Seleucia und Ktesiphon, in: Der Alte Orient 16 (1917), 1–64, hierzu 3 f.
5 Vgl. H. Halm, Die islamische Gnosis, 1982.

beleuchteten Region lagen nicht zufällig auch die schiitischen Heiligtümer Najaf und Kerbela und mit Kufa das frühe Zentrum der Schia.

Die zu untersuchende arabisch-persische Hauptquelle ist nach lite-
rargeschichtlicher Analyse Halms vielschichtig und weist Textfragmen-
te aus unterschiedlichen Perioden auf, deren älteste – die uns vorwie-
gend beschäftigen werden – auf die Zeit zwischen 750 und 800 n. Chr.
zurückzudatieren sind.

Das Werk entspricht von der Gattung her einer Apokalypse, seine
Rahmenhandlung besteht aus einer Vision, in der sich der 5. Imam
Muḥammad al-Bāqir (gest. um 732 n. Chr.), der „Eröffner der Geheimnisse" *(bāqir al-ʿilm)*, seinem Anhänger Ǧābir al-Ǧuʿfī aus Kufa[6] offenbart.
Beschrieben wird die Entstehung des Kosmos, der, der Gnosis ähnlich,
in zahlreichen Stufen vom „Erhabenen König", *al-mālik-i taʿālā*, ausgehend emaniert. Dieser Prozess ist mit einem Verfallsprozess gleichzusetzen, bei dem ein Engelsturz eine entscheidende Rolle spielt. Der
entstehende Kosmos und die Erde sind somit, je weiter vom Ursprung
entfernt desto mehr, zutiefst ambivalent – hier standen zoroastrische
und manichäisch-gnostische Kosmogonien und Kosmologien Pate.
Dem Menschen, der durch einen negativ konnotierten Leib und gott-
nahen Geist gekennzeichnet ist, obliegt es, sich für das ethisch Gute, ein
Leben in Reinheit, absolute Loyalität mit der Gemeinschaft und zum
verborgenen Imam zu entscheiden, um den individuellen Aufstieg
zurück zum Erhabenen König zu ermöglichen.

Die sogenannte „Ǧābir-Apokalypse" ist in stilistischer Hinsicht ein
Dokument, das zahlreiche narrative Motive des Volksislam aufweist.
Auf den entstehenden Himmelssphären finden sich, ähnlich der bis
heute lebendigen Hadithmotivik um Muhammads Himmelsreise, di-
verse heilsgeschichtliche Gestalten, mythologische Tiere, gute und böse
Engel, Geister, wundersame Bäume. Wie nun sind im Rahmen von
Kosmogonie und Soteriologie Begriffe von Zeit bestimmt?

Zeitvorstellungen im *Umm al-Kitāb*

Auffällig ist, dass die Zeitvorstellungen selten isoliert in den Beschrei-
bungen kosmischer Zusammenhänge greifbar werden, sie stehen vielmehr überwiegend mit räumlichen Vorstellungen in Verbindung. Die
Sphäre Allahs befindet sich am äußersten Punkt übereinander gestaffel-
ter Sphären, die mit wechselnder Terminologie mal als „Kuppel"
(qubba), mal als *dīwān* und mal als „Vorhang" (pers. *pardeh* oder arab.

---

6   Halm, Die islamische Gnosis, 96–112.

ḥiǧāb) in Erscheinung treten. Für die oberste himmlische Sphäre kommen dabei folgende Begriffe für die Zeit ins Spiel:

> „Bāqir sprach: ‚Da ist (zuerst) der Vorhang der Urewigkeit, der über dem weißen Meere und der Gestalt des Erhabenen Königs ist.'" [7]

Der „Vorhang der Urewigkeit", wie Halm übersetzt, ist *pardeh-e ġāyat al-azal*. Der Terminus *azal* wurde auf philosophischer Ebene intensiv diskutiert. Er korrespondiert dort mit *abad*, beide meinen so viel wie „unbegrenzt", *azal* jedoch meist mit der in die Vergangenheit weisenden Konnotation „ohne Anfang" und *abad* mit der in die Zukunft weisenden Zuschreibung „ohne Ende".[8] Die angesprochene vergangenheitsbezogene Unbegrenztheit wird durch die Verknüpfung mit dem Begriff *ġāya* verstärkt, der „äußersten Grenze", dem „äußersten Punkt". Räumliche und zeitliche Vorstellung verschmelzen in der Verknüpfung: Es geht um den „Vorhang der äußersten anfanglosen Ewigkeit". Dies erscheint zunächst paradox, denn wenn die Ewigkeit keinen Anfang in der Zeit besitzt, mutet die Aussage, dass sie einen konkreten Ort habe, eigenartig an. Dennoch ist dies im Kontext des eben nicht logisch-philosophischen, sondern didaktischen Texts schlüssig, zeichnet dieser doch ein „Bild", eine Imagination, der kosmischen zählbaren, unterscheidbaren Sphären, und solche haben einen räumlichen Ausgangspunkt: den Ort der mit der zeitlichen Dimension der Ewigkeit gefüllt ist.[9] Dieser alleräußerste Bereich des Kosmos umhüllt dem Zitat zufolge die ersten genannten Größen: das weiße Meer und die Gestalt des Erhabenen Königs. Allein aus der Beschreibung lässt sich die mit der anfanglosen Ewigkeit verbundene Sphäre bildlich vorstellen. Sie scheint gänzlich transzendent, denn sie überlagert ein als solches lichtes „weißes Meer" sowie die figurale Gestalt des göttlichen Makroanthropos, dessen Leib die folgenden nach unten gestaffelten Himmelssphären durchdringt.

Die Zeit im begrenzten Sinne kommt konsequent mit den niedrigeren Stufen des Kosmos ins Sein. Der Erhabene König erschafft einen Demiurgen, der sich zu einem fallenden Engel entwickeln wird, ʿAzāziʾīl. Dieser stößt einem ersten göttlichen Schöpfungsruf ähnlich einen

---

7 Die Edition des arabisch-persischen Textes bei W. Iwanow, *„Ummuʾl-kitāb"*, in: Der Islam 23 (1936), 1–132, hierzu 87, in der dortigen Manuskriptzählung (MS) 96. Die zitierte Übersetzung folgt Halm, Die islamische Gnosis, 149.

8 R. Arnaldez, Art. „Kidam", in: EI² V, edited by C. E. Bosworth, E. van Donzel, B. Lewis and Ch. Pellat, Leiden, 1986, 95–99, hierzu 95.

9 Ähnlich auch Ivanow, *„Ummuʾl-kitāb"*, 82, MS 121; Halm, Die islamische Gnosis, 156: *qubbat ġāyat al-ġāyāt*, die „Kuppel des Alleräußersten."

Schrei aus, und aus dem gehen zahllose Orte und Zeitalter (zamānī) hervor:

> „… so wie der Erhabene König den Schöpfungsruf hatte erschallen lassen, so machte er (?) aus dem Schrei ʿAzāziʾīls (?)dasselbe, so daß so viele Orte und Zeiten (Äonen?) entstanden … daß deren Zahl niemand kennt, außer dem Erhabenen König." [10]

Man ist versucht, sich diese Fülle ins Leben gerufener Räume im Sinne zeitgenössischer *science fiction* als „Paralleluniversen" vorzustellen, denn wieder sind die hervorgerufenen Räumen mit Zeiten verknüpft. Festzuhalten ist ferner, dass mit dem Teminus *zamān* hier die Konnotation der „begrenzten geschaffenen Zeit" anklingt. Diese Unterscheidung korrespondiert mit dem gängigen islamischen Weltbild, mit seiner Unterscheidung zwischen Gott einerseits als demjenigen, der autonom über die Ewigkeit verfügt, und andererseits seiner Funktion als Schöpfer des Universums und nicht zuletzt der linearen Zeit. Die Wahl des Terminus *zamān* ist zudem schlüssig im Hinblick auf den Aufbau der Kosmogonie, die nun sukzessive den Schöpfungsprozess schildert.

Auffällig sind in der Folge die nahezu unendlichen Zeitperioden, die genannt werden und denen trotz der Erwähnung eines bestimmten Zeitmaßes über dessen nahezu unvorstellbare Länge die Assoziation von „Ewigkeit" und „unendlicher Dauer" innewohnt. Dies gilt, obwohl mit dem schlichten persischen Terminus *sāl*, „Jahr", gearbeitet wird. Im kosmogonischen Prozess stehen sich inzwischen unterschiedlichste Gruppen von Wesenheiten gegenüber: Abtrünnige um ʿAzāziʾīl und Gehorsame um Salmān – nach dem Prophetengefährten Salmān al-Fārisī, der offenbar für die Träger des *Umm al-Kitāb* als meist persische Mawali eine Identifikationsfigur war. Im Auftrag Gottes stößt Salmān die Ungläubigen immer eine himmlische Sphäre tiefer:

> „Salmān ol-Qodrat jagte ihnen einen Schrecken ein und schleuderte sie unter den feuerfarbenen Vorhang hinab. Er nahm ihnen das karneolfarbene Licht weg, sosehr sie auch weinten, und breitete es wie eine Erde unter ihnen aus; jene feuerfarbene Kuppel machte er zu ihrem Himmel [144] und verhüllte (so) vor ihnen die rubinrote Kuppel. Zwischen den beiden Vorhängen (ḥeǧāb) blieben diese Wesen weitere tausend Jahre … so daß sie alle tausend Jahre von Dīwān zu Dīwān stürzten, bis sie schließlich in die schnöde Welt hinabstürzten, ohne zu wissen, wo sie auf einmal waren." [11]

Insgesamt sind es, wie später erwähnt wird, 7000 Jahre (haft hezār sāl), die so vergehen. Die Zahl 7000 taucht ebenfalls auf im Zusammenhang

---

10   Ivanow, „*Ummuʾl-kitāb*", 82, MS 124; Halm, Die islamische Gnosis, 156.

11   Ivanow, „*Ummuʾl-kitāb*", 78, MS 143 f.; Halm, Die islamische Gnosis, 162 f.; siehe auch 166–169. Laut 169 fallen sie 7000 Jahre lang.

mit einer Variante des Geschehens, wenn Gott die Anhänger des Iblīs mit einer entsprechend langen Höllenstrafe versieht.[12]

Das Motiv ist mit analog konstruierten Akteuren und einer tausendjährigen Zeitperiode bekannt aus der Johannesoffenbarung 20,1–3. Besonders lange Zeitzyklen sind in der indischen Mythologie geläufig, wo ein *yuga* zigtausend Jahre umfasst und die Perioden sich wie im vorliegenden Text vom Charakter her verschlechtern. Auch die griechische Mythologie weist dieses Muster auf.[13] In gnostisch geprägten Kosmologien findet sich ähnliches. Der zyklische Gedanke selbst, die Vorstellung, dass die Zyklen nach einem bestimmten Muster aufeinander folgen, dem auch die Gegenwart unterworfen ist, wird im Text später weiter ausgeführt. Zunächst ist an dieser Stelle festzuhalten, dass auch, wenn die erwähnten Zeitperioden überaus lang sind, es außer Frage steht, wer sie ins Leben ruft und beherrscht. Es ist immer Gott selbst, der die Zeitalter aufeinander folgen lässt.

Nicht zu vernachlässigen ist an dieser Stelle die Tatsache, dass es Zahlen der „Vollkommenheit" sind, die erwähnt werden, die 1000 oder die 7000.[14] Das große kosmische Gefüge, das der Text beschreibt, weist sympathetisch verwobene Elemente auf, insofern als sakral-magische Korrespondenzen zwischen Himmelssphären, Farben, Wochentagen, Gliedern des Erhabenen Königs und schiitischen Heilsgestalten angedacht sind. Dies ließe darauf schließen, dass selbst wenn die letztgenannten Zeitspannen einen berechenbaren abgegrenzten Umfang besitzen, diese dennoch mit der göttlichen Ewigkeit verschränkt sind: einmal, weil sie über ihre Dauer an diese erinnern und zum zweiten, weil sie ein komplexes von Gott geschaffenes System von zu ihm ins Transzendente weisenden Bezügen bilden.

Die zyklischen Vorstellungen finden ihre Fortsetzungen, wenn die damalige Gegenwart thematisiert wird. Hier kommt das Zeitkonzept zum Tragen, das sich später auch in der Siebenerschia fortsetzen wird: die Vorstellung, dass die irdische Heilsgeschichte durch Protagonisten geprägt ist, die in einem festgelegten, an ein größeres System gebundenen Rhythmus aufeinander folgen. In den Anfangspassagen des *Umm al-Kitāb* wird eine Episode um einen frühen Schiiten, ʿAbdallāh ibn Sabaʾ, aus Perspektive der Ġulāt geschildert, wobei diese den Imam Bāqir mit den für die Gruppe typischen Heilszyklen in Verbindung setzen:

---

12 Ivanow, „*Ummu'l-kitāb*"', 64, MS 206; Halm, Die islamische Gnosis, 182.

13 M. Eliade, Geschichte der religiösen Ideen 4. Quellentexte, 1993, 140–144 mit Quellenübersetzungen Hesiods und Ovids.

14 Siehe zumindest als Ansatz der Deutung F. C. Endres / A. Schimmel, Das Mysterium der Zahl. Zahlensymbolik im Kulturvergleich, 1998.

„Als der Öffner der Erkenntnisse (bāqir al-ʿilm) nach Hause zurückkehrte, da umringten ihn jene Erleuchteten … und sprachen zu Baqir: ‚Du Herr der Zeit (walī az-zamān) …'"

Wenig später antwortet er:

„… denn während der sechstausend Jahre des Gesetzes (šarīʿat) hat man den Schleier nicht von uns weggezogen …"[15]

Bāqir ist der walī az-zamān, also das damalige Oberhaupt der Gruppe. Dies ist einerseits als ein politischer Titel zu erklären, der walī ist zunächst im einfachen Wortsinn der „Bevollmächtigte", der die Geschicke der Gemeinschaft leiten soll und dies zumindest in der Rückprojektion der Ġulāt tat. Andererseits klingen in der Genitivverbindung „Herr der Zeit" auch die größeren Dimension nach Art der Zeitzyklen an, die bereits für die Jahrtausende der Entstehung des Kosmos galten. Der Terminus az-zamān ist analog zum kosmogonischen Kontext gefüllt. Es geht um, wenn auch sehr lange, so doch begrenzte Zeiträume innerhalb der irdischen Zeit. Diese ist dabei dennoch nicht rein profan, sondern über das Modell der kosmischen Sympathien, die auch die Zeit umschließen, an den eigentlichen Herrn über alle Zeiten gebunden. Nicht zu vergessen ist auch das hier nicht näher zu thematisierende Konzept vom Imamat. Die Imame sind über die kosmischen Analogien, z. B. das Licht, unmittelbar mit Gott verbunden, ja Ġābir selbst offenbart sich an anderer Stelle als Gott. Auch diese Konnotation wohnt dem „Herrn der Zeit" inne.[16]

Der Zeitraum, den Bāqir an dieser Stelle angibt, sechstausend Jahre als vom damaligen Zyklus des Gesetzes (šeš hezār sāl-i daur-i šarīʿat) vergangen, korrespondiert mit den früheren Angaben zu Zeitzyklen von Himmeln und Höllen. Er informiert seine Anhänger, dass ʿAbdallāh ibn Sabaʾ, um den die Episode kreist, sich rund 940 Jahre zu früh öffentlich zum Glauben der Ġulāt bekannt habe, vom aktuellen Zyklus seien erst sechstausend Jahre vergangen, was in der Summe wieder um die 7000 Jahre ergäbe. Aufschlußreich ist an dieser Stelle auch der Terminus daur, für „Zyklus". Dies meint einen abgegrenzten Zeitraum und impliziert gleichzeitig, dass dieser sich regelmäßig wiederholt.

Am Ende der Apokalypse des Umm al-Kitāb wird der Weg zur Erleuchtung und Erlösung aufgezeigt. Vereinfacht gesagt findet über eine Kultivierung der Seele ein Aufstieg durch die gestaffelten Sphären hin zu Gott statt. Auch dabei bestehen Bezüge zu Zeitvorstellungen. Nach-

---

15 Ivanow, „Ummuʾl-kitāb"', 98, MS 45 f.; Halm, Die islamische Gnosis, 134 f.

16 Siehe auch die „Imame der Zeit" (imāmān-i zamān): Ivanow, „Ummuʾl-kitāb"', 92, MS 75; Halm, Die islamische Gnosis, 143. Zur Selbstoffenbarung Bāqirs: Halm, Die islamische Gnosis, 132–134.

dem die Gläubigen informiert wurden, welche Pflichten sie zu erfüllen haben, heißt es:

> „… dann … werde ich euch verzeihen und euch das ewige Paradies zurückgeben."[17]

Das bedeutet, dass der Gemeinschaft das Paradies zurückgegeben wird, wenn sie die kreatürlich angelegten Verfehlungen durch ein den Regeln entsprechendes Verhalten ausgleicht. Dieses Paradies ist nicht allein dem koranischen gleichzusetzen – wenn auch im Folgetext koranische Paradiesverheißungen zitiert werden (Sure 4, 57). Das hier erwähnte Paradies wird daneben ausdrücklich mit dem zu Beginn der Kosmogonie eingeführten verglichen, es soll sich um die Region ganz nahe bei Allah handeln, die als „ewig" zu charakterisieren ist, im Gegensatz zu den Zeitperioden innerhalb der Schöpfung. Korrekt übersetzt lautet die Formulierung *behešt-i ǧāwīd*, „Paradies der Ewigkeit".

Ausstrahlung der extremschiitischen Zeitvorstellungen

Die Ġulāt erfuhren im 9. Jahrhundert starke Verfolgungen. Sie wurden aufgrund der dargestellten Glaubensinhalte als Häretiker verurteilt, vor allem wohl, weil sie nicht wie die entstehende sunnitische Theologie, die in der neuen Hauptstadt der Abbasiden Bagdad ein Zentrum besaß, einen strengen Monotheismus lehrten. Auch der Titel einer ihrer Hauptschriften, das untersuchte sogenannte „Urbuch", musste provozieren, wird der gleiche Ehrentitel doch auch mit dem Koran verbunden. Aufgrund der Verfolgungssituation verlor sich die Gemeinschaft. Einige ihrer Lehren lebten jedoch in der Religionsgeschichte der Schia fort. Ihre unmittelbarsten Nachkommen sind wohl die syrischen Nusairier bzw. Alawiten.[18] Aber auch die Siebenerschia, die mit den ägyptischen Fatimiden ihre Blütezeit erlebte, übernahm das zyklische Modell, das heißt die Vorstellung von einer Zeitebene, die ewig zu Allah gehört, sowie einer anderen Zeitebene, in der mit der ersten verschlungen Gott permanent das irdische Geschehen in Zyklen ordnet und den Menschen jeweils zur Orientierung Größen wie die Propheten, Imame oder Walis schickt. Diese sind wiederum nach einem komplizierten System aufeinander bezogen. Zur Zeit der Gültigkeit eines prophetischen Offenbarungsempfängers kommen in der Ismāʿīlīya analog sieben dessen Geheimwissen enthüllende Walis, jeweils begleitet von sieben Imamen. Dabei gilt das gleiche Prinzip wie schon bei den Ġulāt, wo die

---

17   Ivanow, „*Ummuʾl-kitāb*'", 61, MS 218; Halm, Die islamische Gnosis, 186.
18   Halm, Die islamische Gnosis, 284–355.

Ebene der göttlichen Ewigkeit und diejenige der menschlich erfahrbaren zyklischen Epochen nicht unabhängig zu verstehen sind. Sie hängen zusammen, denn die Entsandten haben Anteil am Göttlichen über ihre besonderen Qualitäten, wie die absolute Reinheit oder Vollkommenheit bzw. einen direkten Anteil am präexistenten göttlichen Licht.[19]

Sind hier konkrete Modelle von Zeitvorstellungen zu erkennen, so findet sich in der islamischen volksreligiösen Vorstellungswelt eine Analogie, die weniger mit bewusst konstruierten Modellen von Zeit zu tun hat und überhaupt innerislamisch kaum als generelles Phänomen reflektiert wird. In zahllosen islamischen Überlieferungen, beginnend mit dem Prophetenhadith und fortgesetzt in Legenden islamischer Heiliger (awlīyāʾ), begegnen sich irdische begrenzte und göttliche ewige Zeit als ein Motiv des Wunderbaren. Auch dieser Kontext erscheint hier erwähnenswert, um das Umm al-Kitāb zu kontextualisieren, denn es scheint ebenfalls ein in hohem Maße volksreligiös geprägter Text zu sein. Dies deckt sich mit Annahmen über dessen Trägerschaft, die, abgesehen davon, dass es Führungsgestalten gab, wohl kaum in der rational geprägten Art damals etablierter islamischer Theologie reflektierte. Die erhaltenen Texte verweisen auf ein vermutlich ländliches Milieu unabhängig von den theologischen Zirkeln in Kufa oder Bagdad.[20]

Ein erstes, sicher bekanntestes Beispiel dieser Art von Erzählstoff ist Muhammads Nacht- und Himmelsreise.[21] Dort treffen in zeitlicher Hinsicht ewiger göttlicher Raum und die irdische Sphäre aufeinander. Durch ein Wunder wird Muhammad seinem Aufenthaltsort, der Stadt Mekka, des nachts enthoben und durch den Engel Gabriel auf dem Reittier Buraq nach Jerusalem und von dort aus in den Himmel geführt. Er bewegt sich durch die Sphären – die im Umm al-Kitāb nicht unähnlich gezeichnet sind – und begegnet dort verschiedenen Engeln und Propheten der islamischen Heilsgeschichte. Die lineare Zeit ist auch hier durchbrochen, indem die Vergangenheit in den Himmelssphären durch die dort Lebenden in einem überzeitlichen Raum noch andauert. Ganz oben angekommen begegnet er Gott von Angesicht zu Angesicht, und die Kommentatoren der folgenden Jahrhunderte reflek

---

19   Halm, Die Schia, 1988, 202 f.

20   B. Beinhauer-Köhler, „Die Engelsturzmotive des Umm al-Kitāb. Untersuchungen zur Trägerschaft eines synkretistischen Werkes der häretischen Schia", in: C. Auffarth / L. Stuckenbruck (Hg.), The Fall of the Angels, Studies in Biblical Narrative 6, 2004, 161–175.

21   Siehe die Teilübersetzung von Ibn Isḥāq bzw. Ibn Hišām: Gernot Rotter, Ibn Isḥāq. Das Leben des Propheten, 1986³, 78–86 sowie Ibn Hišām, Sīra an-nabawīya, 4 Teile in 2 Bdn., hg. v. Walīd ibn Muḥammad ibn Salāma, Ḫālid ibn Muḥammad ibn ʿUṯmān, 2001, hierzu Teil 1, 34–37.

tierten fortwährend darüber, wie diese Begegnung unserer und der göttlichen Dimension, nicht zuletzt in zeitlicher Hinsicht, zu denken sei. Für die rational orientierte Theologie und Geschichtsschreibung bildete das Motiv eine Herausforderung, denn es ist Teil der Sīra, der anerkannten Überlieferung aus der Frühzeit des Islam.

Die Weiterentwicklung des Motivs und dessen Attraktivität zeigt jedoch, dass es in Kreisen anders orientierter Gläubiger weitere Ebenen als den Intellekt anspricht. Es interessiert als Vorbild für religiöse Erfahrung, solche der Mystik oder solche der unmittelbaren „Teilhabe". Annemarie Schimmel hat die Rezeption der Himmelsreise in bewegenden Beispielen, in religiösen Liedern, mystischen Gedichten und Erzählungen nachgezeichnet. Immer wird dabei spürbar, wie die Rezipienten von der Möglichkeit der Begegnung mit Allah, aber auch dem Motiv der farbenprächtig ausgeschmückten Himmel und Höllen, die eben nicht der Alltagswelt entsprechen, fasziniert sind.[22]

Ein Beispiel aus der Zwölferschia, der Imāmīya, scheit seine Attraktivität aus einer ähnlichen Spannung zu beziehen. Diese Richtung der Schia entfaltete um das Jahr 1000 n. Chr. eine rege Erzähltradition. Darin wird das Leben der zwölf Imame sowie ihrer Ahnherrin Fatima mit zahlreichen Wundermotiven ausgemalt. Vielfältig sind dabei die Sphären von Erde und Himmel bzw. Paradies, dem Ort nahe bei Gott, miteinander verflochten. Das folgende Zitat weist zwar keine Terminologie von „Zeit" und „Ewigkeit" auf, die Vorstellungen ihrer grundsätzlichen Unterscheidung sowie gleichzeitigen Verbindung, wird jedoch überdeutlich in den Figuren der schiitischen Heilsträger:

> „Allah … sprach: Oh Muhammad, ich habe dich und ʿAlī als Licht geschaffen, das heißt als Geist ohne Körper, bevor ich meine Himmel, meine Erde, meinen Thron und mein Meer erschuf, und du hörtest nicht auf, mir zuzujubeln und mich zu preisen. Dann vereinigte ich eure beiden Geistexistenzen und machte sie zu einer, die damit beschäftigt war, mich zu preisen, zu heiligen und mir zuzujubeln. Dann teilte ich sie entzwei und teilte die zwei Teile entzwei und sie wurden vier, eines Muhammad, eines ʿAlī und zwei Ḥasan und Ḥusain."[23]

Diese Erzählung ist überlieferungsgeschichtlich mit denen des *Umm al-Kitāb* verwandt. In beiden Traditionslinien existiert das Motiv von der Gruppe um Muhammad, die noch vor Beginn der materiellen Schöpfung aus Allahs Licht entstand. Das göttliche Licht ist dabei einerseits von ewiger Natur und lebt andererseits fort in den historischen irdi-

---

22 Vgl. A. Schimmel, Und Muhammad ist Sein Prophet, 1981, 139–154. Hier auch zahlreiche Verweise zur theologischen Diskussion.

23 Muḥammd ibn Yaʿqūb al-Kulīnī, al-Kāfī fī ʿilm ad-dīn, hg. v. ʿAlī Akbar al-Ġaffārī, 8 Bd. u. 2 Indexbd., 1984², hierzu Bd. I, 440.

schen Erscheinungen der genannten Heilsgestalten. In der Imāmīya gelten diese Gestalten jedoch nicht wie bei den Ġulāt als Manifestationen Gottes – hier unterscheidet sich die Fortsetzung der Geschichte –, sondern sie haben begrenzt Anteil an seiner aus dem Ewigen Uranfang hervorgegangenen Lichtsubstanz und gelten somit in ihrem irdischen Handeln als unfehlbar, maʿṣūm.

Wie in Muhammads Himmelsreise und im *Umm al-Kitāb* begegnen sich auch in zahlreichen weiteren Überlieferungen der Imāmīya die Sphären und ihre Zeitebenen unmittelbar. So heißt es von der Geburt der Prophetentochter Fatima, dass sich dabei Huris aus dem Paradies eingefunden hätten, die das neugeborene Mädchen unmittelbar mit Wasser aus dem Paradiesfluß Kauṯar gewaschen hätten, bei ihrer Hochzeit wurden im Himmel Paradiesgärten geschmückt und Allah ließ es Blumen auf die Hochzeitsgesellschaft regnen etc.[24]

Es scheint in jedem dieser Fälle eine Vorliebe für charakteristische narrative Formen und Muster vorzuliegen, die mit Motiven des Wunderbaren, des Einbruchs göttlicher Gesetzmäßigkeiten in die Alltagswelt, arbeiten, in denen Räume und Zeiten ein Stück weit fließend sind.

Auch in den Literaturen des Orients ist eine ähnliche Motivik zu finden, denken wir an Nīẓāmīs *Haft paikar*, die „Sieben Bilder" der sieben Prinzessinnen, wo ein König sieben Welten mit sieben Prinzessinnen erkundet, bevor er schließlich die Dame seines Herzens findet. Die Parallelen zu mystischen Pfaden oder neuplatonischen Erlösungsmustern eines Anstiegs der Seele durch verschiedene Sphären zu Gott wurden bei der Interpretation des Werkes immer wieder hervorgehoben.[25] Oder denken wir zurück an die eingangs erwähnten Formeln, die Märchen in andere Zeiten und Räume entführen.

Die Religionswissenschaft thematisiert das Motiv eines solchen „Einbruchs" der göttlichen in die menschliche Zeit vielfach. Mircea Eliade beispielsweise betont die „Aktualisierung" „mythischer Zeit" im regelmäßig wiederholten Ritual oder auch in heilsgeschichtlichen Vorstellungen. Eliade verband dies mit einem in der Tradition Ottos stehenden kontrovers diskutierten Ansatz, der von der Realität der ewiggöttlichen Dimension des „Heiligen" ausgeht.[26] Heute würde man die Frage nach der Realität „des Heiligen" eher aus der religionswissenschaftlichen Forschung ausklammern, jedoch dessen Realität für jewei

---

24 Vgl. B. Beinhauer-Köhler, Fāṭima bint Muḥammad. Metamorphosen einer frühislamischen Frauengestalt, 2002, 108, 114.

25   Vgl. Nīẓāmī, Die sieben Geschichten der sieben Prinzessinnen, 1959, 289 f.

26 U. a. M. Eliade, Kosmos und Geschichte, 1994 (Original Parisl 1949), 126–143 u. a. zu Zeitzyklen.

lige Gläubige wahrnehmen. Auch im vorliegenden Fall scheint das Modell in dieser Hinsicht tragfähig. Man könnte folgern, dass die extremen Schiiten in den Gestalten der von ihnen verehrten Imame in ihrer jeweiligen Zeitepoche die göttliche Ewigkeit aktualisiert fanden.

Frits Staal fokussiert den Aspekt des unmittelbaren, im Sinne einer rationalen Durchdringung „bedeutungslosen" Vollzugs einer rituellen Handlung.[27] Die unmittelbare religiöse Erfahrung steht zunehmend auch im Forschungszweig der Religionsästhetik im Mittelpunkt. Dabei wird davon ausgegangen, dass sinnliche Erfahrungen und Eindrücke, also das Hören, Sehen und Bewegungen, etwa wenn ein Text rezitiert wird, Dimensionen von Religion transportieren, die bisher aufgrund einer langjährigen Fokussierung der Forschung auf kognitive Glaubensinhalte kaum erschlossen sind. Navid Kermani hat dies für das nicht selten als „mystische" Erfahrung beschriebene Hörerlebnis des Koran untersucht.[28] Wir wissen so gut wie nichts über die Rituale der extremen Schia in Mesopotamien und diese sind nur mit viel Phantasie zu rekonstruieren. Aber allein die Metaphorik ihrer Texte lässt die Dynamik ihrer Glaubenswelt deutlich werden, die wohl von einem allumfassenden „manichäischen Drama" geprägt war, in dem auf unzähligen Stufen des Kosmos, einschließlich der Erde, Gut gegen Böse kämpften. Sofern die Rezitation jedoch eine gängige Form des Umgangs mit dem Werk war, gewannen die „überzeitlichen" Erzählmotive für die Zuhörer sicherlich ebenfalls eine unmittelbare und vermutlich überzeugende Aktualität in ihrer jeweiligen konkreten „Zeit".

Im *Umm al-Kitāb* liegt ein besonders ausgeprägtes frühes Muster für einen solchen Erzählmodus vor, der in diesem Fall auch mit einem eher volksreligiösen Milieu zusammenhängen wird. Versetzen wir uns zurück in die Trägerkreise des Werkes, so wird plausibel, dass die dortigen Konzepte von göttlicher Ewigkeit und zyklischer, in der Schöpfung wirkender Zeit, in diesem Sinne nicht primär logisch rationale Unterscheidungen sind. Die entsprechenden Zeitbegriffe haben eine bestimmte Funktion, die eng mit den Erlösungsvorstellungen verknüpft ist: Der exremschiitische Gnostiker wusste sich in einem begrenzten, irdischen Zeitkontinuum, einem Zyklus, *daur*, in dem ein bestimmter Imam als der *walī az-zamān* herrschte. Dies bedeutete für ihn selbst, dass er einerseits weit weg von einer Periode des Eschaton lebte,[29] an

---

27   F. Staal, „The meaninglessness of Ritual", Numen 26 (1979), 2–22.

28   Vgl. N. Kermani, Gott ist schön. Das ästhetische Erleben des Koran, 2007³.

29   In der Quelle wird das Eschaton nicht bald in Aussicht gestellt, sondern in der jetzigen Periode ein individuelles Erlösungsstreben mit einer quietistischen Lebensweise gefordert, s. o. zum „Imam der Zeit", Halm, Die islamische Gnosis, 143.

dererseits, dass er über die Orientierung am Wali, der unmittelbar Anteil an der göttlichen Ewigkeit *azal* besaß, für sich selbst das Paradies der Ewigkeit, *behešt-i ǧāwīd*, verwirklichen konnte.

Sachregister

abad 346

Abbild 74–78, 82f., 86, 88–91, 95f.

Abraham 248

Adam-Literatur 174

agency 142

Ahura Mazdā/ Ohrmazd 54f., 57–59, 61–64

Amarna 173

ameshaspentas 54

Anamnesislehre 94

Anderssein 310

Anfang 107

Angra Mainyu 54f.

Äon 238, 247f., 256, 261, 265, 267, 291, 293f.

Apokalyptik 217, 223–225

Aristoteles 140f.

Astronomie 38, 84

Augustinus 183

Außerweltlichkeit Gottes 182

Avesta 54

azal 346

Befreiung 247–249

Beweger 109, 112f., 116, 118, 120f.

Bewegung 78–81, 83–90, 92–97, 99f., 101f., 109f., 114, 119

Bilderverbot 238

das Böse 248f.

Bundahišn 55–57, 59, 62, 66

cause 135, 139

Christus Logos 254, 273

Chronographie 44

Chronologie ,45, 224

Corpus Coranicum 320

creatio prima 169

Datierung 222, 227

Dauer 32

daur 349

Demiurg 70, 69–73, 75f., 79f., 83, 85, 89–95

Dēnkard 59–66

Dialektik 91

Diasporajudentum 187

Diesseits 192, 194f., 197, 199, 210, 239

Dimension 104

Djet 173

Dualismus
   – im Zoroastrismus 63, 65

Einheit 89f., 95–97

Ende 107, 200

Endgericht 192, 204f., 234

Endlichkeit
   – des Menschen 159, 164, 171

Enuma Elisch 39–41

Endzeitreden 234

Epochenwechsel 235

Erinnerungslandschafen 157

Erlösung 349

Eschatologie 273, 275, 289
   – eschatologisch 205f., 212, 325

Eschaton 188, 193, 199, 208

Ewigkeit 81–83, 85f., 88–91, 94–97, 101, 107, 168–170, 172, 180, 188, 194f., 199f., 212, 228, 343, 346–348, 350–352, 354f.
   – der Geschöpfe 291f.
   – Gottes 254, 292
   – von Ewigkeit zu Ewigkeit 168,

Exil 175

Fātiḥa 334

Fixsternhimmel 109, 115f.

Frašegird 58, 61, 64

fravahrs 56f.

Freiheit 313–315

Friede 308–312

future 132, 142

Ganzheit 310

Gebet 270

Gebetszeiten 219

Geburt Jesu 246

Gegenwart 80, 82f., 87–90, 96, 239,
    241f., 246, 249–252

Geistbegabung 248

Geisttaufe 234

Genealogie 45

Generation 167f., 180

Generationenwechsel 171

Gerechte 166

Gericht 196f., 198f., 205

Gerichtszenario 184, 196, 204

Gerichtsworte 234

Geschaffenheit 214

Geschichte 223f., 225, 229, 233–238,
    240f., 245f., 248, 250f.

gētīg 55, 62, 65

Ghulat 344, 349f.

Gleichnis 238–240, 242

Gott
    – als Schöpfer 172

Gottesname 177

Grabinschriften

Grabstätten 157

Grenze 102

Güte 178
    – Gottes 278

he-hallēl hag-gādōl 333

Heiliger Geist 237f.

Heiligtum 156

Heilsplan 246

Hellenismus 344

Herrlichkeit 301, 315

Herz 178

Himmel und Erde 182

Hiob 175

Hoffnung 236, 238f., 242, 246, 248f.

Hölle 306f., 314

Idealjahr 36

Ideen 74–77, 79f., 82, 89–97

Identität 182

Intertextualität 320f.

Jahr 171

Jenseits 211, 239, 241, 248, 251
    – der Zeit 173

Jerusalem 319f.

Jesus 233–243, 250–252

das Jetzt 106f., 108

Johannes der Täufer 233, 244

Judentum
    – Wissenschaft des 321

καιϱός 188, 197, 200, 212, 236, 238, 242,
    250

Kalender 34ff., 217, 219, 224
    – kultischer 35

kēšdārān 61

Kirche 236, 249f.

Klagelieder 180

Klagepsalmen 165

Knechte 166f., 177, 180, 183
    – Gottes 161, 164, 175, 177, 182

Königtum
    – Gottes 180

Kontinuität 101f., 108, 112, 119

Konzentration 305–307, 311f., 315

Kosmogonie 345, 347, 350

Kosmologie 70, 69–71, 74, 76, 79f., 82,
    85, 87, 90–92, 94f., 345, 348

Körper 119

Kosmos 70

Leben
    – ewiges 176

Lebenszeit 175, 178

Lebewesen 75, 77, 91f., 94–96, 118

Liebe Gottes 237

Liturgie 223, 229

Logos 332, 339

Makroanthropos 346

Makrozeit 44

mālik-i taʿālā 345

Manichäismus 345
megethos 104
mēnōg 55–57, 61, 65
Mesopotamien 343f., 354
Messias 234, 246, 244
Mitleid 178
Mitternacht 220
Möglichkeit 301, 305, 312–319
Monotheismus 233, 237, 250f.
movement 126, 141
– tensional movement 128
Naherwartung 236f.
necessary 144
Neues 307, 313, 315
Neumond 217
Neuplatonismus
Nizäa 233
Normjahr 35ff.
Nous 121
now 137
Offenbarung des Johannes 252
Ordnung 70–74, 79, 88
Pahlavi 53, 55, 58f–60, 64f.
Paradies 42
past 132, 142
Paulus 246–252
perception 132
Philo 213, 202
Physis 332
Platon 106
possible 144
Postexistenz 169
Prädestination 247
Präexistenz 169
predicates 134–137
present 132–138
Prinzip 110
Psalmen
– arabische Übersetzungen 322
– Rezeption 323
Psalter 321, 323
Ptolemäer 183

Raum 114
– Raum und Zeit 169f.
rational 143
Refrain 236f.
Reich Gottes 234f., 251
Rotation 101, 103, 115
Ruhe 89, 93–96
Sabbat 216
Sabbatjahr 224, 226f
sāl 347
sayables 135
Schaltung 35
Schlaf 173
Schöpfung 40ff., 216f., 229, 201, 203,
    257f., 350, 352, 354
– am Anfang 169
Schöfpungsintention 200f, 203
Schöpfungsordnung 331
Schöpfungstheologie 169
Schuld 175
Seder Olam 224
Seele 119, 193f., 203, 211
Selbstbewegung 119
– Selbstbeweger 116–118, 120
Selbstreferentialität 339
Selbstvoraussetzung 103
Seligpreisungen 236
Sendung 246
Sterben 194, 196f., 199f., 203, 212
Stetigkeit 103
Sündenvergebung 248
Symmetrie 331
Synkretismus 344
Tag 171
– und Jahr 156,
tan ī pasēn 61
Teilhabe 93
Tempel 167f., 179
Tempelbau 179
Thron Gottes 170
time
– conceptual 132

Tod 175, 192, 198, 200f., 203, 206f., 210, 212

Totenreich 197

totum 310

Transzendenz
– Gottes 253, 289

Überzeitlichkeit 182

Ubiquität 111

Uhr 86, 217, 220, 222, 229

Ungrammatikalität 333

Unsterblichkeit 188, 193f., 199f., 202f.

Unterwelt 208

Unvergänglichkeit 188, 193f., 200, 202f.

ὑπάρχειν 134

Ursprung 40f.

Ursünde 174

Urzeit 170

Vater unser 234

Vedic Sanskrit 55

Vergänglichkeit 340
– des Menschen 178

Vergangenheit 31, 107

Vigil 323f.

Vollendung
– der Welt 273, 275, 289
– der Zeit 273, 275, 289

Vorbild 74–77, 83, 85, 89–93, 95–97

Vorsehung Gottes 253, 270f.

vorweltliches Sein Gottes 167

Wassertaufe 234

Weisheit 175

Weltende 172

Weltgericht 238

Weltzeit 29ff.,223f.

Weltzeitalter 233

Wende 244–247, 249–251

Wille Gottes 257, 269, 287f., 290

Willensfreiheit des Menschen 269–271, 282

Wörter für die Zeit 185

yazads 56, 58

Zahl 81ff.

zamān 343, 347

Zaraθuštra 53–57, 63–66

Zeit 69–72, 75ff., 100f., 104, 106, 111, 114, 343ff.
– als Geschöpf 259
– aristotelisch 260
– christlich 259, 265
– Heiligung der Zeit 217
– platonisch 262–264
– Stoa 261
– und Raum 155, 172
– zyklische 343ff.

Zeitkonzeption 34

Zeilosigkeit
– der Geschöpfe 291f.
– der Schöpfung 257
– Gottes 254, 271, 291f.

Zeitmessung 81, 83–87

Zeitmodi 97–81, 88

Zeitrechnung 222

Zeitrelationen 80, 88

Zeitwirtschaft 29ff.

Zeitzahlen 87

Zeno 123f.

Zion 180, 183

Zorn
– Gottes 166, 174f., 177, 180

Zorngericht 233

Zoroastrismus 53f., 56, 59, 63, 65

Zukunft 107

Zwischenzustand 197

zyklisch 44

Zyklus 233

Zukunft 239, 244, 248, 252

12x3 36